Medhananda

Das altägyptische Senet-Spiel

Das Spiel der Archetypen

Aquamarin Verlag

Erste deutsche Ausgabe 2022

DAS ALTÄGYPTISCHE SENET-SPIEL – Das Spiel der Archetypen

Aus dem Englischen übersetzt von Rosemarie und Christoph Graf
unter Mitarbeit von Linda Graf

Erste englische Ausgabe 2006 nach dem Manuskript, das Medhananda in enger Zusammenarbeit mit Yvonne Artaud 1988 geschrieben hat, mit dem Titel:
THE ANCIENT EGYPTIAN SENET GAME
The Game of Archetypes

Dies ist der fünfte Band einer Serie von fünf Bänden über ägyptische Symbole:

1. DER WEG DES HORUS – Bilder des inneren Weges im alten Ägypten
2. ARCHETYPEN DER BEFREIUNG – Psychodynamik im alten Ägypten
3. DIE PYRAMIDEN UND DIE SPHINX – Wie die alten Ägypter sie in ihren Hieroglyphen-Inschriften sahen
4. DIE KÖNIGLICHE ELLE – Selbstfindung im alten Ägypten
5. DAS ALTÄGYPTISCHE SENET-SPIEL – Das Spiel der Archetypen

Die Illustrationen wurden bereits für das Manuskript von 1988 von Freunden Medhanandas nach Abbildungen ägyptischer Originale gezeichnet.

Die Anmerkungen und Quellenangaben wurden von Medhananda und Yvonne Artaud hinzugefügt.

Titelbild aus Dondelinger, E. *Der Jenseitsweg der Nofretari*, 64.

ISBN 978-3-89427-905-9

Aquamarin Verlag GmbH
Voglherd 1 / D-85567 Grafing

www.medhananda.com
www.liberating-symbols-publishing.com

‚... ein Spielfeld
von Dir – Ich‘

Sri Aurobindo [1]

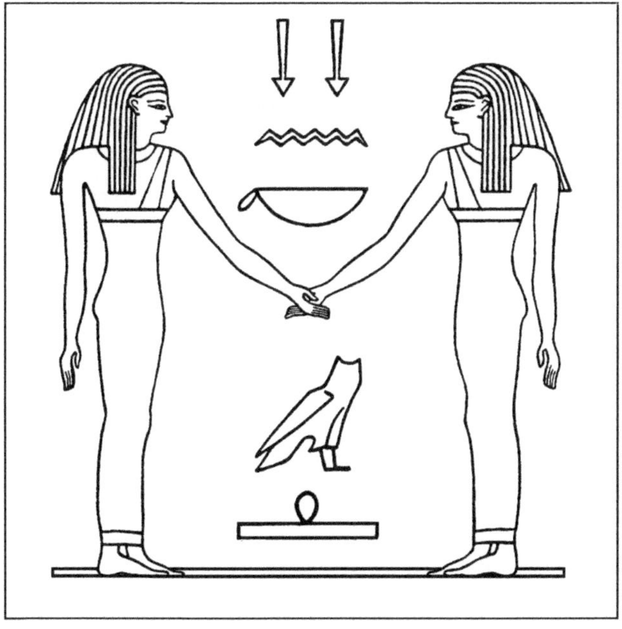

Das Bild zeigt die zwei Schwestern Isis und Nephthys – auf dem zweitletzten Feld eines Senet-Spielbretts aus der 18. oder 19. Dynastie abgebildet, mit der Bezeichnung:
‚Die Zwillinge sind in Frieden‘.[2]

Inhalt

Danksagung

Wir möchten allen Ägyptologen des 19. und 20. Jahrhunderts danken, die mitgeholfen haben, die Hieroglyphentexte zu übertragen und uns die alten ägyptischen Bilder zugänglich zu machen, sie in Publikationen abzubilden und zu interpretieren.

Unser Dank richtet sich speziell an Dr. Edgar B. Pusch, der all das ihm zur Verfügung stehende Material über das Senet-Spiel – auch die drei GROSSEN SENET-TEXTE[3] – in seinem 1979 erschienenen Buch *Das Senet-Brettspiel im Alten Ägypten* gesammelt hat, ohne welches sich unsere psychologische Studie nicht auf ein verlässliches Fundament stützen könnte.

Vor allem aber sind wir Sri Aurobindo, in dessen Ashram wir seit 1952 leben, zu Dank verpflichtet. Unsere Untersuchungen basieren ganz allgemein auf seinen Werken, im Besonderen auf seiner eingehenden Erforschung der psychologischen Natur und Struktur des Menschen und des Universums. Seine pionierhafte Enträtselung der vedischen Symbolsprache, aufgezeichnet in seinem Werk *Das Geheimnis des Veda*[4], bei der er eine Sammlung von alten vedischen Hymnen interpretiert und die Grundlagen der verborgenen indischen Gnosis herausarbeitet, zeigt uns die psychologische Symbolik der prähistorischen Menschheit und spielt eine wichtige Rolle in unserem Studium der Psychologie des alten Ägypten, die der gleichen Zeitepoche angehört wie die vedische Weisheit Indiens.[5]

Wir sind auch den alten Ägyptern dankbar, die – mit Hilfe der *Königlichen Elle*, ihrem Maß aller Dinge – nicht nur ihre Pyramiden gebaut haben, sondern ebenso sich selbst, und wir sind besonders ihren Pharaonen dankbar, die ihr inneres und äußeres Leben – wie auch das vereinigte Königreich von Ober- und Unterägypten – mit Hilfe des Senet-Spiels regiert haben.
Allen diesen gilt unsere aufrichtige Wertschätzung.

Anmerkungen und Quellenangaben zu Seiten 3 und 6

[1] Aus dem Gedicht *The World Game* von Sri Aurobindo, SABCL, V, Collected Poems, 591.

[2] Von einem Senet-Spiel aus der 18. oder 19. Dynastie; Pusch, *Das Senet-Brettspiel,* Teil 1.2, Tafel 75a.
Die Hieroglyphen vervollständigen die Körpersprache der beiden Figuren.
Wir sehen eine betonte Form von ‚wir zwei' (was gewöhnlich geschrieben wird mit 𓈖) mit zwei Pfeilen (wobei ⇩ schon ‚zwei-in einem' bedeutet), und zusätzlich mit der Hieroglyphe ‚Du' 𓂧 zwischen den beiden Figuren.
Die beiden Figuren, Isis und Nephthys, sind in perfekter Harmonie, sie sind ‚in' 𓅓 ‚Frieden' 𓊵 .

[3] Zur Bezeichnung ‚Große Senet-Texte': Edgar B. Pusch nennt in seinem Buch *Das Senet-Brettspiel im Alten Ägypten*, Teil 1.1, 392-400 drei ‚große' Brettspiel-Texte, die sich mit dem Senet-Spiel befassen. Sie sind leider nur unvollständig erhalten. Der erste befindet sich im Kairoer Papyrus No 58.037, der zweite im Turiner Papyrus No 1.775 und der dritte ist eine Wandmalerei in Deir el-Medina. Pusch hat ihre Übereinstimmung in seinem Buch nachgewiesen und die drei unvollständigen Texte zu einem Konkordanz-Text zusammengefügt. Daneben gibt es als Beischriften zu bildlichen Darstellungen zahlreiche ‚kleine', wesentlich kürzere Brettspieltexte, die Formeln des ‚großen' Textes enthalten. Alle in Großbuchstaben gesetzten Textstellen im vorliegenden Buch stammen aus diesem Großen Senet-Text; Medhananda hat ihn aus der Hieroglyphenschrift übersetzt.
Vollständiger GROSSER SENET-TEXT auf S. 337.

[4] Sri Aurobindo schreibt in seinem Werk *Das Geheimnis des Veda* (*The Secret of the Veda*), dass die Rishis, die Seher des indischen vedischen Zeitalters, in ihren Hymnen nicht Dinge, Natur-Phänomene oder Natur-Götter beschrieben und anriefen, sondern dass sie solche Naturbilder verwendeten, um ihr seelisches Wissen, ihre mystischen Erfahrungen, ihre inneren Visionen auszudrücken. Das Feuer, das sie anriefen, war nicht das Holzfeuer, sondern das seelische Feuer. Hinter dem vordergründigen Bild sollte sich dem Sucher der Wahrheit die tiefere Bedeutung erschließen – dem Unwissenden blieb sie verborgen.

[5] Die psychologische Weisheit der Vergangenheit, ob ägyptisch oder vedisch, chinesisch oder meso-amerikanisch, hallt durch die Korridore der Zeit in das kommende psychologische Zeitalter.

Alle in GROSSBUCHSTABEN gesetzten Textstellen in diesem Buch stammen aus dem Großen Senet-Text.
Er wurde von Medhananda aus der Hieroglyphenschrift übersetzt.
Vollständiger Großer Senet-Text auf S. 337,
Quellenangabe siehe S. 7, Anmerkung 3.

Vorwort

Ist das Universum ein Spiel?
Warum nehmen es die Menschen so ernst?
Ist eine spielerische Herangehensweise
an seine Rätsel und Geheimnisse und Wunder
nicht erfolgreicher
als abergläubische Angst?

Das Hauptproblem, dem wir auf unserer Suche
nach Wahrheit begegnen, ist:
Wie kann ich eine Kommunikation herstellen
zwischen dem Bewussten und dem Unbewussten?

Das Bewusste stellt Fragen,
das sogenannte ‚Unbewusste' – wir könnten es auch
Über- oder Unterbewusstes nennen –
antwortet in Bildern und Symbolen,
z. B. mit Schlange, Fisch, Mond, Sternen...
So war es, seit Homo zu Homo sapiens wurde.
‚Sapiens' steht für die Weisheit, die sich in Symbolen äußert,
und ‚Homo' steht für den Verstand, der seine Orakel befragt
oder versucht, die ihn umgebenden Lehr-Koans –
die Rätsel des Daseins – zu verstehen.

Der Mensch hat zahlreiche Spiele erfunden,
um das in seinem Inneren verborgene geheime Wissen
auf spielerische Art und Weise zu ergründen
und die Frage „Wer bin ich?“ zu beantworten.
Das Spiel der Archetypen ist eines davon.

Wenn etwas von mir nach diesem Leben fortbesteht,
sollte ich es nicht kennen
und ganz identisch werden mit ihm,
es vielleicht sogar lieben
und jedes Mal, wenn ich ‚Ich‘ sage,
dieses meinen?

Das ‚Ich‘, welches das Spiel der Archetypen spielt,
ist nicht ein Ich-Bewusstsein,
das durch Trennungsbewegungen entsteht,
sondern eines, das durch Zusammenfügen
all unserer Wesensteile, all unserer Archetypen
eine Ganzheit bildet und sich dabei selbst zusammenbaut,
und sich immer wieder neu baut,
aus Freude an dem größten aller Spiele,
der Selbst-Erschaffung.

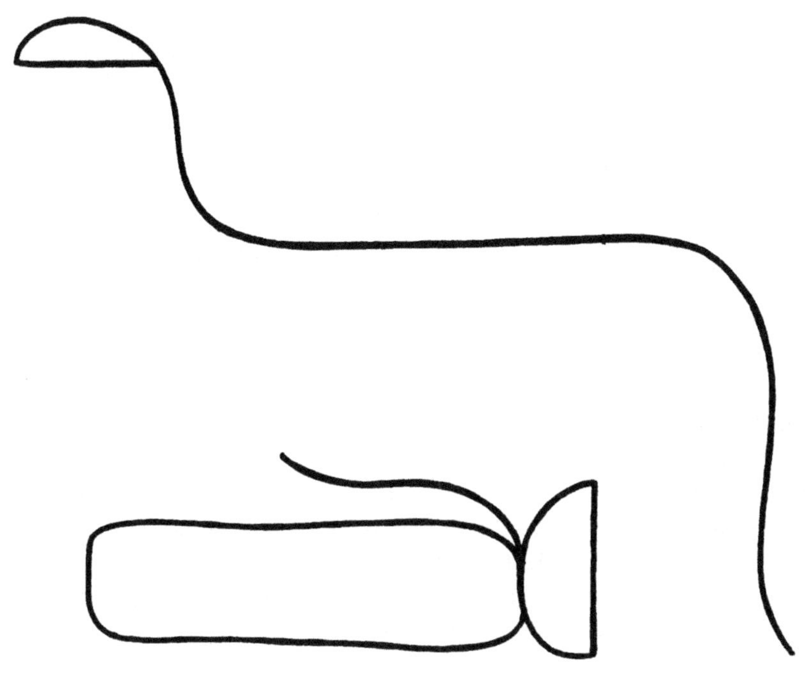

I

EINFÜHRUNG

Der Weg der Zwei-in-Einem

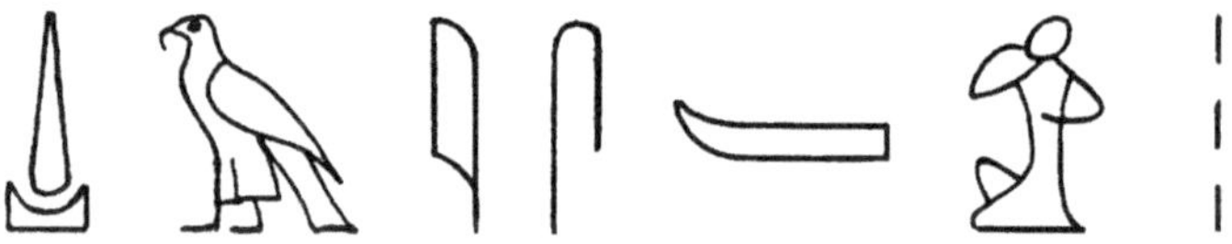

Urzeitliche Weisheit [1]

Das erste Evangelium – ein Spiel

Das wohlgeordnete Universum von Newton aus dem 17. Jahrhundert
ist in unserer Zeit von einem Quanten-Universum abgelöst worden,
in dem die Partikel, welche die materiellen Erscheinungen bilden,
aus einem vibrierenden Schwingungs-Energiefeld kommen,
in das sie – gemäß der *Unbestimmtheitsrelation* * –
immer wieder verschwinden können.
Im Universum von Newton konnte nichts wirklich Neues geschehen,
es gab keinen Platz dafür.
Im Universum des Quantenphysikers Heisenberg, des Bewusstseins-forschers Gebser oder des Malers Picasso ist alles möglich,
denn nichts ist im Voraus festgelegt, nichts ist fixiert.
Wenn wir die vielen Farbtuben betrachten, die einem Kunstmaler
zur Verfügung stehen, können wir die Schönheit,
die durch seine Hände zum Ausdruck kommen wird, noch nicht sehen.
Dieser Zustand, der einer Schöpfung vorausgeht,
wird als chaotisch bezeichnet.
Was aus den Bewegungen in einem Chaos entstehen wird, ist nicht
vorhersagbar.

* Unbestimmtheitsrelation: Werner Heisenberg schreibt: *„Man kann nie die beiden für die Bewegung entscheidenden Bestimmungsstücke eines solchen kleinsten Teilchens – etwa seinen Ort und seine Geschwindigkeit – gleichzeitig genau kennen. Wenn man ein Experiment macht, das genau angibt, wo es sich im Augenblick befindet, so wird die Bewegung in solchem Grade gestört, dass man das Teilchen nachher gar nicht mehr wiederfinden kann. Umgekehrt wird bei einer genauen Messung der Geschwindigkeit das Bild des Ortes völlig verwischt."*

Große Ideen wie die Relativitätstheorie,
große Erfindungen wie die des Penicillins,
große Ereignisse wie der Fall der Berliner Mauer
konnten nicht vorhergesagt werden.
Es war dieses *Unbestimmtheits-Prinzip*, das uns veranlasst hat,
uns diesem sehr alten Spiel,
dessen Bedeutung in Vergessenheit geraten ist, zuzuwenden,
dem Senet-Spiel, dem Spiel des Pharao:
Dem Spiel des Menschen, der die Freiheit hat, sich selbst zu erschaffen.
Ein Spiel ist ein vom Menschen erfundenes künstliches Chaos,
das ihm ermöglicht,
das Universum aufzubauen, wieder zu zerstören
und erneut aufzubauen, so wie er es möchte.
Kreation und Chaos widersprechen sich nicht;
beide sind nötig, damit das Universum existieren kann.
Ein Spiel, das von vornherein Risiko und Zufall miteinbezieht,
ist eine Einladung an das Chaos, sich auf eine höhere Ebene
immerwährender Selbst-Erschaffung zu erheben.
Das Senet-Spielbrett bietet uns die Möglichkeit eines solchen Spiels
und die Gelegenheit, uns selbst immer wieder neu zu erschaffen.
Ein perfekt organisiertes Universum hingegen würde uns daran hindern,
dies zu tun.
Alle großen Religionen der Vergangenheit haben großartige
theologische Konstruktionen errichtet, oder sie haben den kreativen Geist
des Universums und des Menschen *erklärt*. Damit erreichten sie aber nur,
dass das Offenbarwerden dieses kreativen Geistes verhindert wurde.
Es herrschte die Meinung, alles sei am Anfang der Zeit ein für alle Mal
gesagt worden.
Bemühungen des Menschen, seine Sicht der Wahrheit des Universums
zu ändern oder zu erneuern, endeten auf dem Scheiterhaufen.
Das Senet-Spiel des frühen Menschen aber, das uns dank des alten Ägypten
erhalten geblieben ist, scheint geschaffen worden zu sein,
um dem Menschen die Erneuerung und andauernde Wandlung
seiner Sicht des Universum und seiner selbst zu ermöglichen –
durch die totale Abwesenheit von Spielregeln und das Zulassen
von höchst unvereinbaren, chaotischen psychologischen Situationen.

Erst wenn der Mensch sein inneres Chaos entdeckt, wird er fähig –
in Übereinstimmung mit seiner höchsten Aspiration –,
die spezifisch menschliche Arbeit anzufangen, sich zu einem
einzigartigen Selbst, zu einem Individuum zusammenzubauen,
und dabei seine inneren Widersprüche und Möglichkeiten
in eine triumphierende Sinfonie zu verwandeln.
Das erste Evangelium war nicht ein Buch,
sondern ein Spiel, das dem Menschen
die Schönheit eines völlig undogmatischen Universums anbot.
Nichts wurde von vornherein abgelehnt;
allem wurde die gleiche Chance gegeben,
seinen Platz und seine Rolle in uns zu finden:
Von der allerkleinsten Schwingung des Selbstgewahrseins
bis zum höchsten, allumfassenden Bewusstsein der Einheit, der Ganzheit.

Vergessen wir nicht, dass alle Schöpfung – auch die Selbst-Schöpfung –
mit etwas beginnt, das wir heute Big Bang nennen.
Und diese ‚Explosion' innerer Werte darf nicht aufhören,
sie muss in jedem Ton der großen Sinfonie weiterklingen,
die uns einerseits vertraut ist, weil sie das Ganze enthält,
andererseits jedoch stets unvorhersehbar ist –
bereit, immer wieder in ein völlig neues Spiel zu ‚explodieren'.

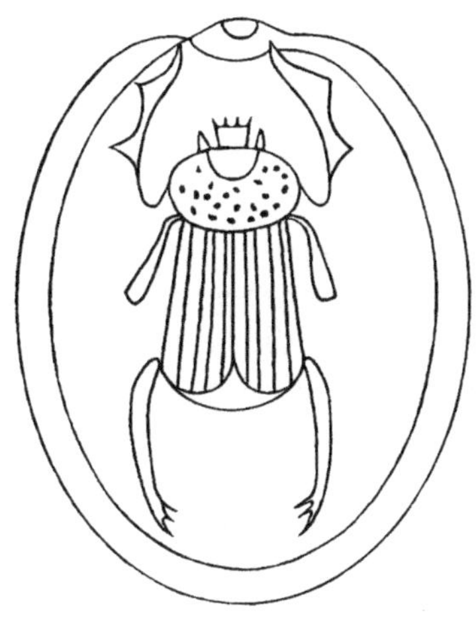

Kheper (der Skarabäus)
und Mehen (die Schlange,
die sich in den Schwanz beißt);
aus dem Papyrus von Djed-Amon-iuf-ankh.[2]

Ein Märchenspiel

Das Spiel der Archetypen – im alten Ägypten als Senet-Spiel bekannt –
zeigt uns ein Spielbrett mit drei Reihen zu je zehn Feldern.
Jedes dieser dreißig Felder ist das Märchenreich oder Märchenhaus
eines unserer Archetypen, einer unserer psychologischen Kräfte.
Wir sind eingeladen, sie zu erkennen, mit ihnen zu spielen
und uns mit ihnen zu identifizieren,
denn sie sind grundlegenden Wesensteile unserer selbst.
Um den Vorgang der Identifikation zu unterstützen,
können wir jedem Haus auch begegnen,
als wenn es ein Spiegel wäre, und fragen:
Spieglein, Spieglein an der Wand, sag mir, wer bin ich?
Der Spiegel spielte im alten Ägypten eine wichtige Rolle.
Während Opferzeremonien, so sagte man, strahle er wie die Sonne.[3]
Jedes der dreißig Häuser wird nun in seiner eigenen Weise
als Spiegel antworten:
Du bist die Große Mutter, du bist Wasser, du bist Feuer,
du bist die Aspiration, die bis zu den Sternen reicht,
du bist deine eigene Wiedergeburt, du bist das ewige Kind …

Was ist ein Märchen?
Eine Bühne, auf welcher Personen auftauchen und wieder verschwinden,
auf welcher sich ein Geschehen entfaltet,
das nicht zu unserem gewöhnlichen, äußeren Leben gehört.
Nicht die Personen lösen das Geschehen aus,
sondern es ist das Geschehen, das die Personen (Archetypen) hervorruft.
Das Spiel der Archetypen bietet uns dreißig Märchenreiche
zum Spielen an, die alle in sich vollständig sind.
Jedes von ihnen – sogar das erste und das letzte –
hat eine Geschichte, die ihm vorausgeht, und eine, die ihm folgt.
Das sollte uns aber nicht zu der falschen Annahme verleiten,
die vorausgehende Geschichte enthalte die Ursache für das,
was in der folgenden geschieht.
Die Zusammenhänge zwischen den dreißig Häusern sind subtiler.
Wie lautet das Ende der meisten Märchen?
Nun, sie heirateten, lebten glücklich weiter und hatten viele Kinder ....
Der Rest wird uns nicht erzählt, denn dies ist dann eine andere Geschichte.
Ursachen und Wirkungen erscheinen nicht in der gleichen Geschichte,
und von keinem Märchen kann gesagt werden,
es sei die logische Folge eines anderen.

Betrachten wir doch einmal die wohlbekannten Geschichten
von Schneewittchen und Dornröschen.
Selbst wenn wir uns in den beiden Hauptfiguren wiedererkennen,
können wir ihre Geschichten nicht zu einer einzigen zusammenfügen.
Es ergibt sich kein tieferer Sinn,
wenn wir die eine an die andere anhängen.
Es sind zwei verschiedene Erzählungen, sie zeigen uns jeweils
andere Archetypen, nehmen unterschiedliche Bewusstseinsräume ein,
ereignen sich vielleicht in verschiedenen Leben –
vielleicht auf verschiedenen Erden.
Fähig zu sein, eine Ursache voll und ganz mit ihren Wirkungen
in Beziehung zu setzen, ergäbe eine Geschichte jenseits aller anderen,
eine, die *alle* Ursachen mit *allen* Wirkungen in Verbindung bringen würde.

Um das zu erreichen, müssen wir das Spiel der Archetypen
viele, viele Male spielen.
Dann können wir vielleicht eines Tages eine Kraft entdecken,
die in keinem der Häuser speziell dargestellt ist,
die aber dennoch alle Häuser, alle dreißig Märchenreiche
insgeheim miteinander verbindet, wirklich alle.

Diese Kraft, diese Wellenenergie ist wie eine Schlange,
die sich in den Schwanz beißt,
und die damit Anfang und Ende – Ursache und Wirkung – aufhebt,
beziehungsweise sie als ein ‚Zugleich' wahrnehmen lässt.
Das Spiel, das wir spielen werden, ist ein Schlangen-Spiel.
Um bei der kreativen Absicht der Schlange mitzuwirken,
müssen wir sie anleiten, sich in jedem Haus und in jedem Moment
‚in den Schwanz zu beißen',
so, wie Kheper, der Skarabäus (Symbol für das ewige ‚Werden') es tut,
indem er, sanft und präzise,
Kopf und Schwanz seiner Mehen-Schlange zusammenführt,
und so von ihr in wunderbarer Weise umarmt wird (siehe Bild Seite 15).

Das Universum, in dem wir leben,
und alle kosmischen und irdischen Geschehnisse
sind wie Kopf und Schwanz, die es zu verbinden gilt,
damit wir – der Homo sapiens –
das große Spiel immer besser verstehen können
und schließlich erleuchtet werden.

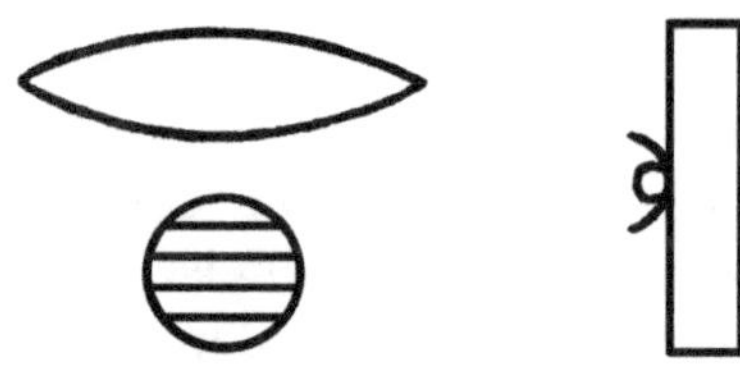

erkennen, ‚wissen‘ [4,]

Ein Erkenne-Dich-Selbst-Spiel

Wahres Wissen beginnt mit Selbsterkenntnis;
ein anderer Ausdruck dafür ist Gnosis.[5]
Gnosis ist das Wissen,
in dem alles seinen Platz und seine Bedeutung findet.
Es ist die Fähigkeit, durch und hinter die Schleier zu sehen –
die Schleier des Universums und unsere eigenen Schleier.
Ein gnostisches Spiel ist also ein Welt-Spiel,
und gleichzeitig ist es unser eigenes individuelles Spiel.
Wie alle Lehrbotschaften, die aus alten Kulturen
lebendigen Wissens zu uns kommen,
kann auch das Senet-Spiel nicht mit einer einzigen Formel
erfasst werden.
Die Geheimnisse des Universums, von Leben und Tod,
können nicht durch einen einzigen Satz wie ‚Alles ist Brahman‘,
oder durch eine Gleichung wie $E = mc^2$ umfassend ausgedrückt werden.
Unsere gewöhnliche, eindimensionale Logik genügt hier nicht,
wir müssen in uns ein multidimensionales Wahrnehmen
entwickeln und aktivieren.
Damit wir das Senet-Spiel und seine verborgenen Lehrbotschaften
verstehen können,
sollte es oft gespielt, ja als eine Weise des Seins gepflegt werden:
Ein ‚Großes Haus‘ [6] zu sein, (wie der Pharao genannt wurde),
ein großes Haus mit vielen verschiedenen ‚Bewusstseins-Räumen‘.

Es ist das Anliegen dieses Spiels der Archetypen,
sowie das Thema vieler Märchen
und auch der Inhalt jeglichen gnostischen Lehrens,
die scheinbaren Widersprüche und Gegensätze,
die dem Universum und dem Menschen inhärent sind,
überwinden zu helfen, wie zum Beispiel denjenigen von
Welle und Korpuskel ganz an der Basis der physischen Welt.
Die Menschen des alten Ägypten erkannten,
dass es für den Spieler – das ‚Korpuskel' – notwendig und wichtig ist,
sein individuelles Energiewellenfeld
(das sie als Schlange *Mehen* darstellten)
kennenzulernen, um ganz und vollkommen zu werden.
Es scheint, dass wir diese Widersprüche schon am Anfang der Welt
gewählt haben, so wie Schneewittchens Mutter
in dem Märchen *Schneewittchen und die sieben Zwerge*.
Jene Geschichte stammt aus einer gleich weit zurückliegenden Zeit
wie die Upanishaden Indiens
und gehört zu der gleichen alten Gnosis.
Um von der Quelle ihres verborgenen Wissens trinken zu können,
müssen wir aber ihre Symbolik verstehen:

Die Große Mutter wünscht sich ein Kind, das Universum.
Und sie empfängt es in seinen drei widersprüchlichen Aspekten:
weiß wie Schnee, rot wie Blut, schwarz wie Ebenholz.
Weiß wie stilles Leuchten, kristallisierte individuelle Erinnerung
und unbewegte Weisheit;
rot wie das Leben, wie Sonnenaufgänge und Sonnenuntergänge
und plötzliche feurige Transformationen;
schwarz wie die Weite des Raumes zwischen den Sternen,
wie die unbekannte und unsichtbare Substanz,
aus der das Universum gemacht ist – die schwarze Materie.
Auch im Senet-Spiel werden wir eingeladen –
und dies ist einer seiner feierlichsten Momente –,
‚die Drei zu erkennen', den scheinbaren Widerspruch
der drei Wirklichkeiten: Vielheit, Polarität, Einssein.

Es wird uns gezeigt, wie wir ihn – während wir spielen – verstehen, überwinden, transzendieren können.
Die Rolle des Menschen ist es, Widersprüche aufzulösen, indem er mehr und mehr das Wesen jenes Spiels erkennt, das er zunächst noch recht unwissend spielt:
Das Spiel von Geburt und Wiedergeburt, von Unwissenheit und Wissen, von Selbsterschaffung und Unsterblichkeit …
Er wird in die Schule der sieben Zwerge geschickt, um dort sieben Zweige des Wissens zu studieren, die er, um das ihm auferlegte Erziehungsprogramm zu erfüllen, kennen muss.
Die sieben Zwerge oder sieben Prinzipien, die den Menschen eigentlich klein machen, werden auch mit den ‚sieben Schleiern der Unwissenheit' [7] symbolisiert.
Wir müssen durch jeden hindurchgehen, um schließlich die Wirklichkeit in ihrer Ganzheit zu erkennen.
Das widersprüchliche Wesen des Menschen, welches auf die bereits dem ganzen Universum innewohnenden Widersprüche zurückzuführen ist, wird nun in der Geschichte dargestellt mit dem wie tot im Sarg liegenden Schneewittchen.
Wir leben, wir funktionieren in einem physischen Körper, wir fühlen, wir denken – aber gleichzeitig sind wir in tiefem Schlaf.
Die Tatsache, dass der Körper sterben muss, fordert uns aber heraus, nach Bewusstsein und Licht zu suchen.
Der Tod selbst ist nur eine äußere Erscheinung.
Die tote Person, im alten Ägypten *Osiris* genannt, hat alle Eigenschaften eines Lebenden:
‚Sein Herz ist Horus, seine Leber ist der lebende Eine, seine Brust ist der Öffner der Wege, der Scheitel seines Kopfes ist RE.' [8]
Aufzuwachen ist unsere größte Aufgabe.
Die vergiftete Hälfte des Apfels, die Schneewittchen in der Geschichte verschluckt hat – ein weiteres Symbol für die widersprüchliche Natur des Universums, in dem wir leben –,

kann nun leicht wieder aus ihrem Mund herauskommen,
wie das Märchen erzählt.
Die böse Stiefmutter in dieser Geschichte ist nur ein anderer Aspekt
der ‚Großen Mutter', welche,
wie der Archetyp MUT (die Geierin) im alten Ägypten,
ihre Kinder gebiert und sie, in derselben Liebeshandlung,
wieder frisst, wenn die Zeit dazu gekommen ist.
Tatsächlich ist sie – durch ihre Identifikation mit ihren Kindern –
ihr fortwährender Prozess der Umwandlung.
Sie ist die Energiewelle, welche die Formen hervorbringt,
und auch das, was durch das Feuer der Transformation geht
und ‚in den rot-glühenden Schuhen' tanzt und schließlich stirbt –
entsprechend einer alten Symbolik,
gemäß welcher das Wegwerfen unserer Schuhe
das Verlassen unseres physischen Körpers bedeutet,
und wir unsere Ewigkeit und Unendlichkeit
als die kreative Energiewelle, die wir sind, wiedererlangen.
Wenn wir diese Bewegung der Befreiung verwirklichen können,
ohne vorher sterben zu müssen – weil sie uns *hier und jetzt* schon
zu unserem Ursprung und Seinsgrund hinführt –,
werden wir verstehen, dass, wie Laotse es ausdrückt,
‚wahres Wissen *wie umgekehrt* ist'.[9]

Jenen von uns, die wie Gilgamesch und Herakles[10] schon hier und jetzt
(noch im Körper lebend) unsterblich werden wollen,
wird das unvergängliche Kraftfeld der vibrierenden Energiewelle
angeboten. Dies ist das einzige Gepäck, das wir benötigen,
und der Schlüssel zu unserem Königreich.

Zur Einführung in diese allgegenwärtige Energiewelle wollen wir nun
in einige Visionen und Erfahrungen eintauchen, die von den Suchern
und Sehern des alten Ägypten und der vedischen Zeit Indiens
in Bildern und Hymnen ausgedrückt wurden.

Anmerkungen und Quellenangaben zu Seiten 9-21

Das erste Evangelium – ein Spiel und folgende Kapitel

Seite 11: Das Bild ist die Hieroglyphe für ‚sagen, sprechen, erzählen'; Faulkner, *Dictionary*, 325.

1 Vgl. Budge, *Dictionary*, 896a.

2 Piankoff, *Mythological Papyri*, Papyrus of Djed-Amon-iuf-ankh, 27, Detail.

3 Husson, *L'Offrande du miroir*, 263.

4 Faulkner, Dictionary, 151. Nach unserer Interpretation bedeutet ‚wissen' *rch* (rech) auch: ‚mit der Vibrations-Wirklichkeit hinter dem Schleier kommunizieren'. Siehe auch Kapitel ‚Netz', S. 221, und Medhananda, *Der Weg des Horus*, Kapitel ‚Heilende Schönheit', S. 113.

5 Sri Aurobindo erklärt auf fünfzig Seiten seines Buches *Das Göttliche Leben*, was Gnosis ist. Wir zitieren hier nur einen Satz: ‚Alle supramentale Gnosis ist ein zweifaches Wahrheits-Bewusstsein: ein Bewusstsein der inneren Erkenntnis des Selbst und, infolge der Identität von Selbst und Welt, ein Bewusstsein gründlicher Welt-Erkenntnis. Diese Erkenntnis ist das Kriterium, die charakteristische Macht der Gnosis.' Sri Aurobindo, *Das Göttliche Leben*, Zweites Buch, Teil zwei, 431 (Sri Aurobindo, SABCL, XIX, *The Life Divine*, 1008).

6 Faulkner, *Dictionary*, 89.

7 Sri Aurobindo erläutert die ‚sieben Schleier der Unwissenheit' in *Das Göttliche Leben*, 2. Buch, Kap. XV (Wirklichkeit und integrales Wissen).

8 Adapted from Piankoff, 'The Great Litany', *The Litany of Re*, 38.

9 Richard Wilhelm, *Laotse: Tao Te King*, (sect. 78) 83, Eugen Diederichs Verlag, Jena 1921.

10 Diese beiden sehr alten märchenähnlichen Legenden, die eine sumerisch, die andere griechisch, beschreiben den vollständigen psychologischen Weg des Helden zur Erleuchtung und zur Unsterblichkeit in einem einzigen Leben.

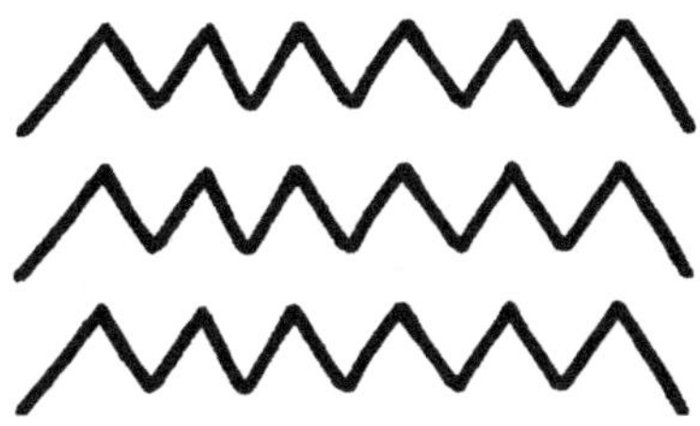

‚Die gewaltige Kraft der großen Flut‘ [1]

Die Seher des alten Ägypten sahen die Grundlagen
und den Ursprung der Welt in den ‚Ur-Gewässern‘,
einem undifferenzierten Zustand,
welchen sie *Nun* nannten.
Nun konnte auf unterschiedliche Arten dargestellt werden,
je nachdem, welcher der vielen Aspekte
der symbolischen ‚Flut‘ betont werden sollte:

Nun,
die ‚Wasser‘,
in denen alles ‚ruht‘; [2]

die ‚himmlischen‘
‚Wasser‘,
welche die Töpfe (die Formen) füllen; [3]

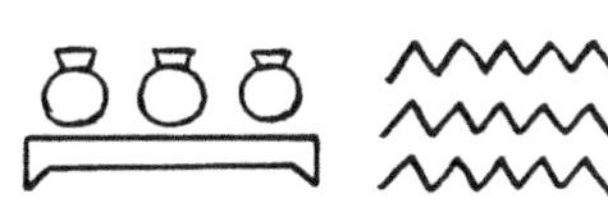

und in den Pyramidentexten:
das ‚vibrierende‘
Schwingungsfeld meiner
‚individuellen Existenz‘. siehe 3

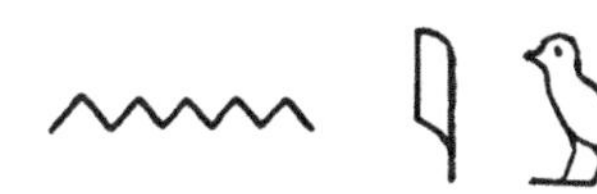

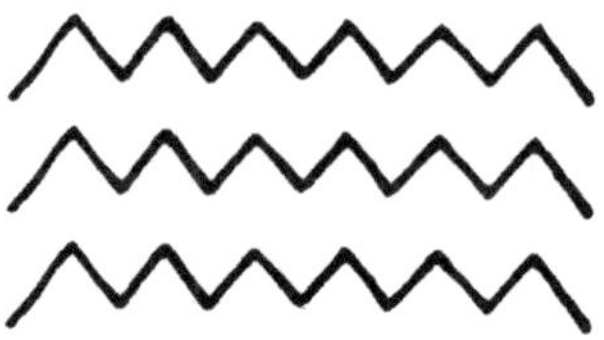

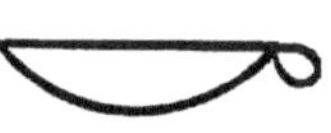

‚Deine Essenz‘ [4]

Die vedischen Seher im alten Indien hatten die gleiche Gewissheit:
‚Die Flut, die das Herz der Dinge ist‘ [5],
ist unsere psychologische Grundlage, das Fundament alles Existierenden.
Jemand, der sich dessen bewusst ist, ist ‚wie ein zerrendes Pferd, das –
wenn es von den Wellen genährt wird –
seine Schranken [seine Begrenzungen] durchbricht‘.[6]

Die Flut ist auch das, was uns regeneriert, während wir ruhen,
und das, was uns befreiende Weite bringt.
Auf den Schreinen des Tut-Ankh-Amun wird von RE gesagt:
‚Dieser große Gott ruht sich in den tiefen Wassern aus.‘[7]

In ihren Hymnen über die Schöpfung sprechen die vedischen Seher
von einem ‚Ozean ohne mentales Bewusstsein, …
aus ihm wurde das Eine geboren, durch die Größe Seiner Energie‘.[8]
Nur die göttlichen Kräfte im Menschen scheinen sich dessen
ganz bewusst zu sein, weil sie diese reine vibrierende Energie sind.

‚Die göttlichen Wasser …,
in denen alle Götter den Rausch von Energie haben ...,
mögen jene göttlichen Wasser mich nähren‘,[9]
sagt ein vedischer Mystiker und Dichter.

Im alten Ägypten werden wir eingeladen, uns damit zu identifizieren:
‚Du bist die Wasser-Unendlichkeit‘,[10]
‚der älteste, der Vater der Götter‘.[11]

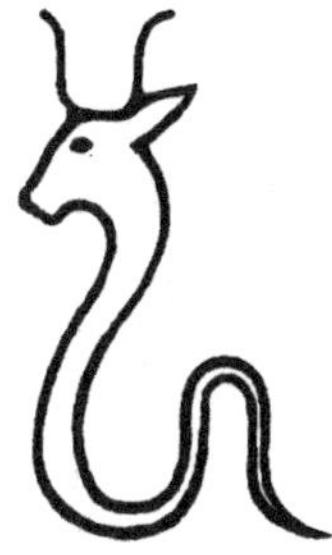

Hieroglyphe Kuh-Universum[12]

Eine göttliche Kraft wurde als vibrierende Wellen-Energie gesehen,
die sich ihrer selbst in einer Welt von Schwingungen bewusst ist;
sie wurde durch eine Schlange symbolisiert.
Die Schlange –
die Aufsteigende[13] –
erscheint
in der ‚Flut'.[14]

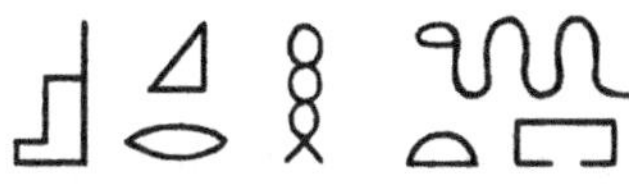

Sogar ‚Atum' (das Ganze, Alles)
ist in einem seiner Namen,
‚Sitz unserer höchsten Aspiration',
eine Schlange.[15]

Die vedischen Weisen nannten die göttliche Kraft eine Welle,
und strebten danach, ihr zu begegnen und sie zu werden:
‚Mögen wir jene Honigwoge von Dir schmecken …,
welche in der Kraft der Wasser geboren wird,
wo sie zusammenkommen.' siehe 8
Das Universum wurde von den Ägyptern als Kuh-Schlange dargestellt
(siehe Bild oben),
auch alle Götter und Göttinnen zeigen diese Schlangennatur
als eine Manifestationsweise und eine Kraft der Erleuchtung.

‚O ihr Wasser; diese höchste Welle …,
mögen wir uns heute deiner erfreuen'.[16]

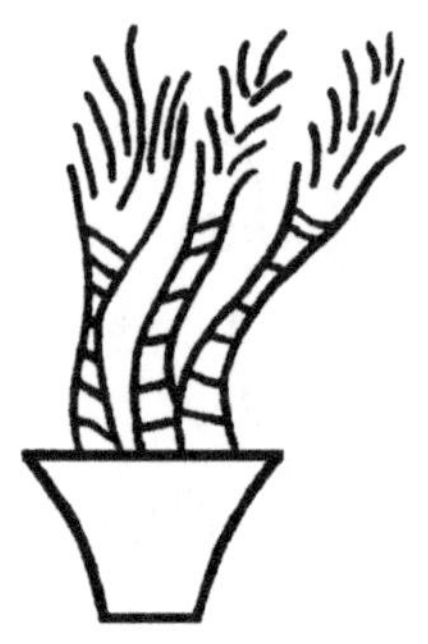

,Lampe' aus dem Grab
des Nefer-Abu [17]

Gehen wir doch einmal eine Million Jahre oder mehr zurück
in die Zeit, in der unsere Vorfahren das Feuer kennenlernten,
dessen feurige ,Wellen-Schlangen' zum Himmel stiegen.
Es war das *Feuer*,[18] das die Menschen menschlich machte.
Sie verehrten es und sahen es in allen Dingen:
In den Schlangenbewegungen des dahinfließenden Flusses,
in den Wellen, in der peitschenden Kraft des Windes, des Sturmes,
in den Blitzen, die ihre feurigen Schlangen zur Erde niederwarfen
(wie jene Blitze, durch welche die ersten Kohlenstoff-Ringe des Lebens
entstanden sind).
Sie nahmen es in allen Dingen als wirkende Energie wahr,
als schwerelose, fliegende, siegreiche Kraft
ohne genau bestimmte Form:
Hier in einem Wasserfall oder in glühender Lava,
dort im wachsenden Gras oder im Flug eines aufsteigenden Vogels.
Was uns heute als getrennt, gegenteilig oder widersprüchlich vorkommt,
konnte der frühere Mensch mit seiner intuitiven Intelligenz
als miteinander verbunden sehen, als zusammen tanzend,
die Rollen tauschend, sich vereinigend, sich erfreuend.
Kein Prinzip, keine Art der Energie, keine Funktion des Seins
war auf sich selbst begrenzt;
sie konnte sich auch als das ganz Andere in irgendeiner Form zeigen.
Wasser und Feuer waren nicht voneinander getrennt
oder einander entgegengesetzt, nicht einmal komplementär:
Sie gingen ineinander über wie das Blau und das Rot im Regenbogen.

Während die Ur-Wasser (die Ur-Schwingungen) undifferenziert blieben,
differenzierte sich die Schlange:
Ihre feurige Form, Agni (das vedische Feuer), wurde Symbol
für den göttlichen Willen der Manifestation, der Transformation,
der Realisation, der Erleuchtung.
Es ist offensichtlich, dass das innere Seelen-Feuer,
je mehr wir uns der Wahrheit nähern, an Intensität und Kraft zunimmt.

‚... In den göttlichen Wassern wird Agni sichtbar,
geboren in Leichtigkeit mit all seiner Kraft, all seinem Wissen
und all seiner Freude, völlig weiß und rein.
Mit zunehmendem Wachstum aber wird Agni handelnd rötlich.‘ [19]

In jener tanzenden Welt vibrierender Wellen-Energien
war die Gestalt, die alle Lebewesen und Götter (die Archetypen)
sowie der Himmel und die Erde als Erste annahmen,
die Schlange.
Das gab dem frühen Menschen die Möglichkeit, seine Träume,
seine Aspirationen, seine inneren Vorgänge zu visualisieren
und sie als ein *Spiel von Kräften, von Energien* darzustellen.
Wenn wir dieses ägyptische Bild und Konzept einmal verstanden haben,
wird die Schlangenbewegung zum Öffner der Tore
zwischen den reinen formlosen Energien
und der Welt der lebenden Formen.
Um sich zu entmaterialisieren, musste man
durch die Schlange – als Schlange – hindurchgehen,
und ebenso, um sich zu materialisieren:
Dies gab der physischen Geburt des Kindes eine freudige Qualität,
indem das ‚Geschmeidige‘, wie es genannt wurde,
ohne Mühe herauskam.
„Komm, kleine Schlange, komm!“ [20]

Auf diese Weise geboren zu werden
und in einem Feld von Kräften zu leben,
können wir wieder lernen – mit Hilfe des Senet-Spiels.

Anmerkungen und Quellenangaben zu Seiten 23-27

Die gewaltige Kraft der großen Flut

1 „... die Götter, die durch die gewaltige Kraft der großen Flut wirken ... ; ... es ist anzunehmen, dass damit die große Flut der Inspiration gemeint ist ...‘ Sri Aurobindo, *Das Geheimnis des Veda*, 108 (Sri Aurobindo, SABCL, X, *The Secret of the Veda*, 96).

2 Budge, *Dictionary*, 349b.

3 Gardiner, W 24, 530.

4 Budge, *Book of the Dead*, lviii.

5 vgl. Sri Aurobindo, *Das Geheimnis des Veda,* 117 (Sri Aurobindo, SABCL, X, *The Secret of the Veda*, 106).

6 vgl. Sri Aurobindo, *Das Geheimnis des Veda*, 112 (Sri Aurobindo, SABCL, X. *The Secret of the Veda*, 100).

7 Nach Piankoff *Tut-Ankh-Amon*, 85.

8 Sri Aurobindo, *Das Geheimnis des Veda,* 113 (Sri Aurobindo, SABCL, X, *The Secret of the Veda*, 101).

9 Sri Aurobindo, *Das Geheimnis des Veda,* 117 (Sri Aurobindo, SABCL, X, *The Secret of the Veda*, 105).

10 Die Wasser-Unendlichkeit ist auch Mutter Lucina, die Mutter des Lichts, die Virgo im Zodiak; sie wird mit einem Fischschwanz dargestellt.

11 Piankoff, *Tut-Ankh-Amon*, 26.

12 Vgl. Budge, *Dictionary*, cxii, No. 7.

13 ist der ägyptische Name für die sich erhebende Schlange;
Bonnet, *Reallexikon*, 844 f.;
Hornung, *Das Amduat*, Teil II, 151, 617;
siehe auch Medhananda, *Der Weg des Horus,* 74 f.

14 Faulkner, *Dictionary*, 76

15 Budge, *Gods*, I, 353.

16 Ibid., 107.

17 Hornung, *Tal der Könige*, 74, Detail.

[18] Im Märchen ‚Hänsel und Gretel' ist die Hexe Symbol für das Feuer, welches die Wandlung und Transformation in allen Wesen vorantreibt (sowohl biologisch als auch psychologisch). Ihr Haus (die äußere Form) ist essbar und enthält die Energie (das Feuer).
Die unzähligen Märchen, in denen das Feuer und das Wasser des Lebens vorkommen, geben uns Einblick in die tiefe Einfühlsamkeit des prähistorischen Menschen, des Schöpfers all der Archetypen, die auch in uns immer noch wirksam sind.

[19] vgl. Sri Aurobindo, *Das Geheimnis des Veda,* 125
(Sri Aurobindo, SABCL, X, *The Secret of the Veda*, 114).

[20] ‚Komm, kleine Schlange, komm!' war das erfolgreiche Mantra der Hebammen, bis dann das Konzept des *homunculus* (‚Menschlein') vorherrschend wurde und sich der Vorgang des Geborenwerdens in ein physisches und psychologisches Trauma verwandelte.

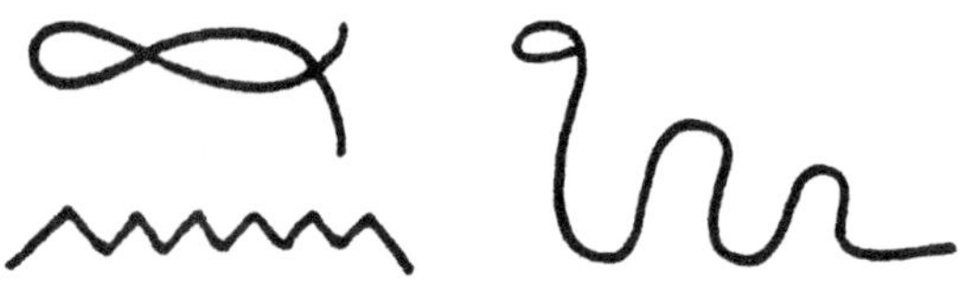
[1]

Ein Schlangenspiel – und die Mehen

Die Schlange ist in der alten ägyptischen Bildersprache
das Symbol einer ihrer selbst bewussten Schwingung
in einem Universum, das im Wesentlichen
ein endloser Ozean vibrierender Energie ist, *Nun*,
dargestellt mit drei parallelen, horizontalen Wellenlinien.
In diesem Energiefeld *bewusst* mitzuschwingen,
bedeutet, seine ‚Essenz' [2] zu kennen.

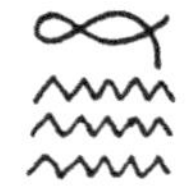

Das unendliche Meer von Schwingungen, *Nun*,
ist der Bereich der kosmischen Form der Schlange, *Apop* –
mit der wir zwar nicht spielen können, weil sie die Unendlichkeit ist,
durch die wir aber hindurchgehen können,
so wie RE es jede Nacht tut, wenn seine Korpuskularität verschwindet,
und er in das Amduat,[3] das Reich der Sterne, eintritt.
Oder wir können uns auf die kosmische Schlange legen,
so wie es in der Mythologie der Hindus von Vishnu erzählt wird,
der im Traum die Welten erschafft.
Die symbolisch bedeutsame *horizontale* Ausrichtung von *Nun*
(im unteren Teil des Bildes auf S. 31)
kann als eine Ausdrucksweise gesehen werden,
die deutlich macht, dass *Nun* der Seinsgrund ist,
aus dem sich alle Dinge, auch die Götter, erheben.
Dieses bedeutsame Bild ermöglicht es, zu zeigen,
dass sich unser individuelles Feld –
dargestellt mit einer *vertikalen* Wellenbewegung,

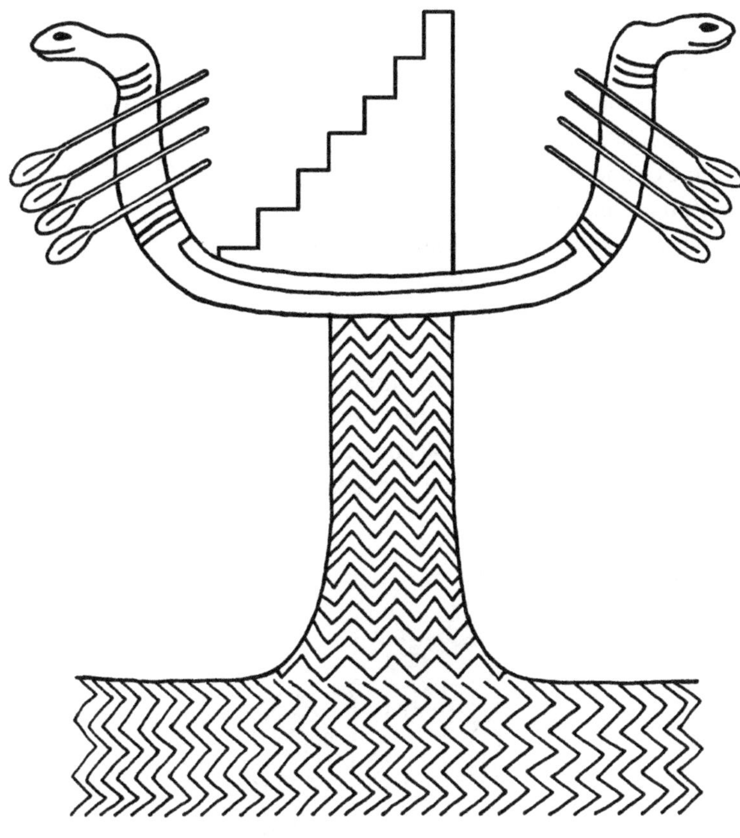

Aus dem Papyrus von Neb-seni [4]

aus *Nun,* dem Wellenmeer, herausdifferenziert
und gleichzeitig in voller Kommunikation mit ihm bleibt.
Dieses individuelle Feld oder diese besondere Art der Schwingung
ist unser Energiekörper.
Er wurde im alten Ägypten als Schlange *Mehen* dargestellt.
Auf dem Bild sieht man, wie die zweiköpfige Energiekörper-Schlange
die Form eines Seelenschiffs annimmt
und uns stufenweise in die Höhe zu unserer Bestimmung führt,
zu unserer Selbsterschaffung und Selbstmanifestation.[5]

Ein alter Text beschreibt *Mehen* als ‚Wurzel' jedes Lebewesens [6],
die in die Ur-Gewässer getaucht ist und nun den konstanten Vorgang
unseres Auftauchens aus diesen aktiviert.
Schleier um Schleier muss gelüftet werden,
wenn wir Zeuge des Mysteriums sein wollen,
das sich zwischen dem Nicht-Manifestierten
und dem Manifestierten ereignet,
die beide durch die *Mehen* verbunden werden.
Mehen ist mehr als reine Energie:
Sie ist eine beinahe sichtbare Schwingung,
eine fühlbare, vibrierende Gegenwart in und um uns herum,
der Wächter an den Toren aller Paradiese.
Sie trägt uns und wir tragen sie auf unserem Weg.

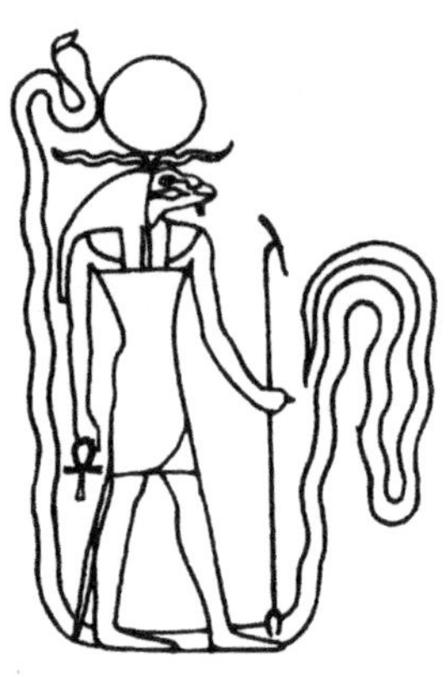

Aus dem Papyrus von
Djed-Konsu-iuf-ankh [7]

Selbst *RE*,
Symbol für das Selbstgewahrsein des *Einen* in einer Welt der *Vielheit,*
der im Bild oben als Widder erscheint, ist von seiner *Mehen* umgeben.
Auf sie verlässt er sich auf seiner Reise,
wenn er von einer Phase des Seins in eine andere hinüberwechselt,
zum Beispiel von der Aktivität zur Ruhe, vom Wachsein zum Schlaf.
Selbst wenn er in das große kosmische Energiefeld eintaucht,
wird er immer von seinem eigenen individuellen Feld begleitet:
von seiner *Mehen*.

Die *Mehen* nimmt nicht eine genau festgelegte Form an.
Es gibt viele verschiedene Darstellungen von ihr;
jede enthüllt einen ihrer psychologischen Aspekte:

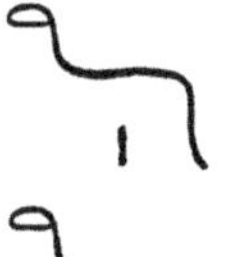

Die ‚Schlange',[8]
(ihre einfachste Darstellung)

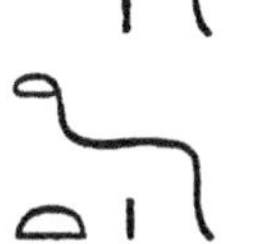

ein ‚Bild'[9]
für das Ganze.

Ein Echo dieses Wissens hören wir in der Genesis[10], wo gesagt wird, Gott habe den Menschen nach seinem ‚Bilde' erschaffen.

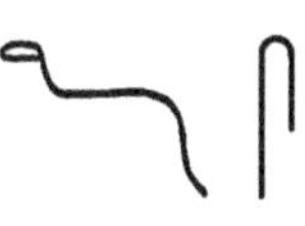

Ein Bild, das die ‚Ursache' unseres Seins ist
und welches das ‚Selbst'[11] offenbart
als die Wurzel von
ich selbst, du selbst, er selbst, sie selbst

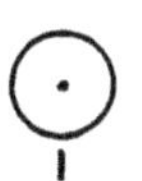 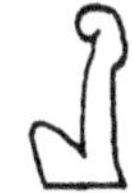 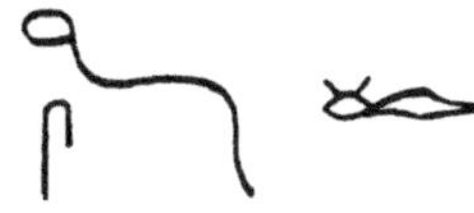

und von ‚RE selbst'.[12]

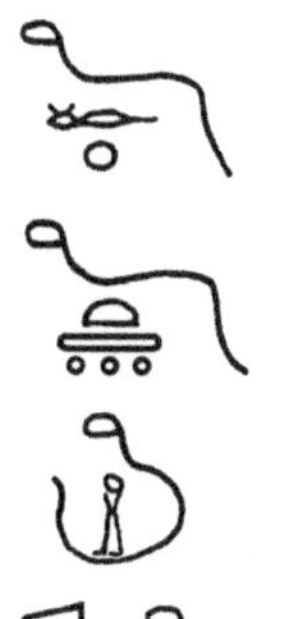

Ein Selbst, so kostbar
wie die ‚Pupille des Auges'[siehe 8]

unsere ‚Ewigkeit'[siehe 9]

und ‚Unendlichkeit'[13], immerwährendes Sein

und ‚göttliche Wohnstatt'.[siehe 8]

Die *Mehen* ist auch

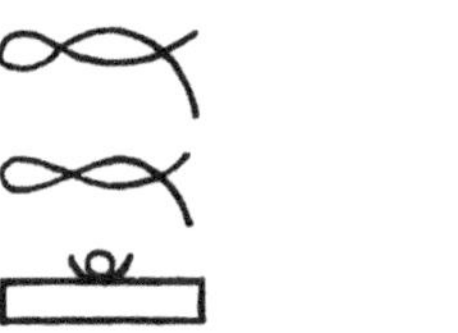

ein psychologischer *Superstring*,
das Messband für die Selbsterkenntnis [14]

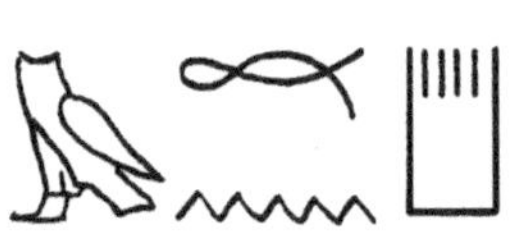

und das essenziell ‚Vollständige', [15]

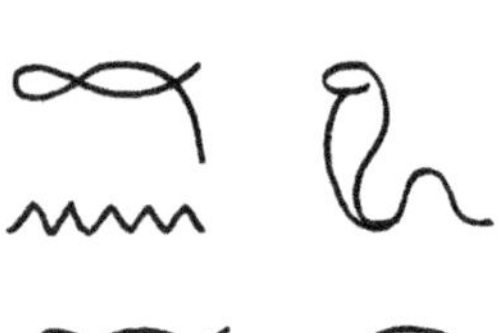

die Kenntnis des Teppichs, [16]
der alles mit allem verbindet,

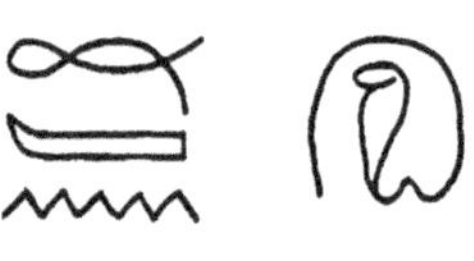

und die ‚Zusammengerollte', ‚Spiralförmige',
mhn (ausgesprochen *mehen)* [17]
Symbol unserer schlafenden Möglichkeiten –

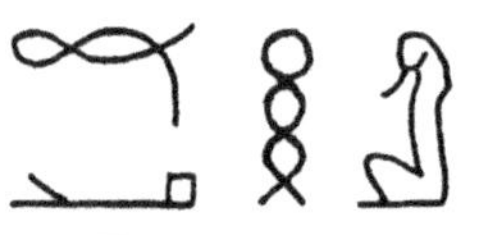

bereit, aufzuwachen und in Selbstgewahrsein
und Realisationskraft zu explodieren, [siehe 6]

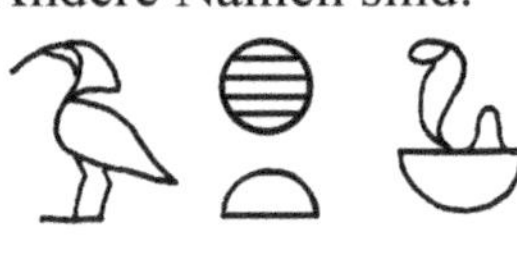

und auch eine ‚Wächter-Gottheit' [siehe 15]

Andere Namen sind:

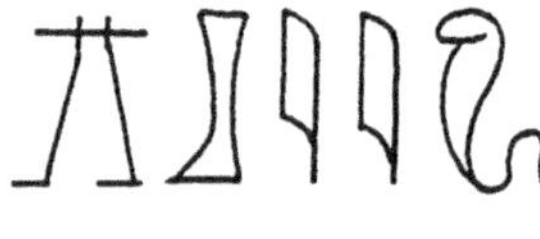

‚Uraeus', [18]
die Schlange des Geistigen in ‚allem',
deren Kraft von der ‚Wirklichkeit hinter
den Schleiern der Erscheinungen' kommt –

diejenige, die über die Zäune springt, [19]
unsere Fähigkeit, uns selbst zu transzendieren –

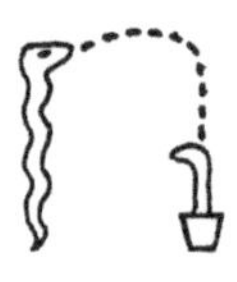

die aufrecht Stehende,
die ‚Feuer-Schlange' [20] –

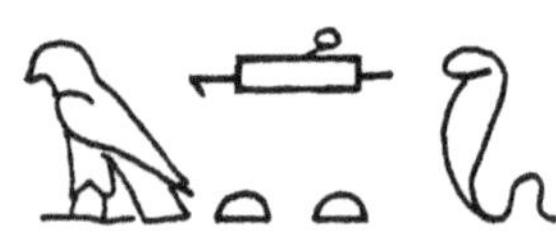

das ‚Eine',
das auch die ‚Zwei-in-Einem' ist,
ein königlicher Name von MAAT-KA-RE. [21]

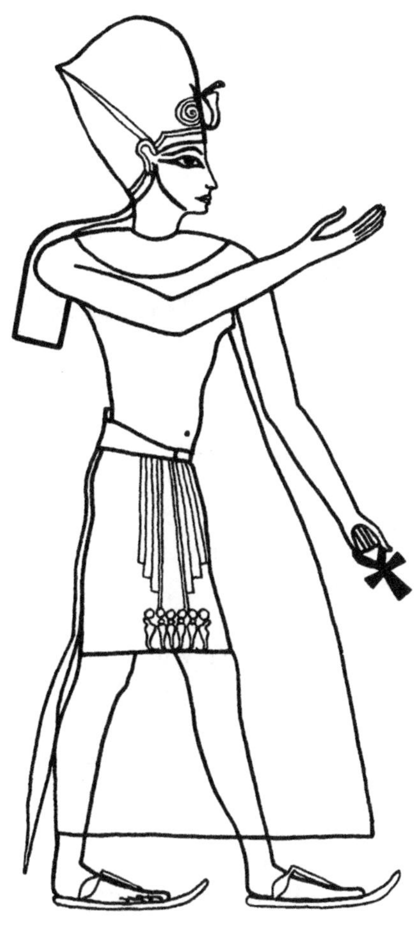

Ramses II. aus dem
Tempel von Sethos I. [22]

Der Pharao ist das lebende Modell eines Menschen,
der sich seiner Vibrations-Natur, seiner *Mehen*, bewusst ist.
Der Kopf der Kobra auf seiner Stirne
transzendiert das gewöhnliche Mental,
und der Schwanz der Schlange, den der Pharao würdevoll trägt,
erinnert ihn an seine Gemeinschaft mit allem Leben
und an sein immerwährendes Sein.[23]
Das ist die spirituelle Gestalt des Königs:
Schlange – vom Schwanz bis zum Kopf eine aufgerichtete Vibration,
die über den ganzen Bereich seines Schwingungs-Feldes herrscht.

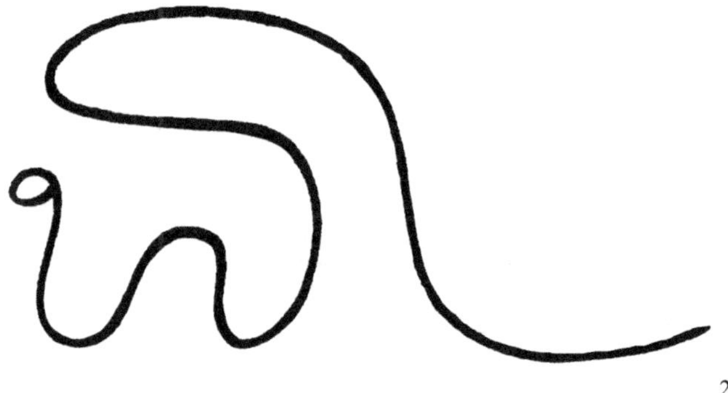

[24]

Mehen ist auch das Senet-Spiel in seiner Gesamtheit
sowie das Spielbrett selbst und die Spielfiguren.
Dies ist der Grund,
weshalb die Pharaonen es sogar in ihr Grab mitnahmen –
um mit ihrer Mehen zu gehen, mit der sie ‚tragenden' Welle.
Schlangenspiele müssen schon sehr früh
in prähistorischen Gemeinschaften existiert haben;
die Spiralen, die in vielen Kulturen gefunden wurden, weisen darauf hin.
Ein altägyptisches Spiel in der Form einer aufgerollten Schlange,
wurde ‚Mehen' genannt.[25]
Das mittelalterliche Gänsespiel scheint davon abgeleitet zu sein.
Auch Labyrinthe waren eine Art Schlangenspiel.
Das bestbekannte aller Schlangenspiele,
das Senet-Spiel mit seinen meist dreißig Feldern,
erreichte eine große psychologische Vollkommenheit:
Hier ist die Mehen nicht nur das Spiel selbst,
sondern spielt auch unerwartete, mysteriöse Rollen in ihm –
manchmal als unser Gegner, manchmal als unser Verbündeter.
In der Pyramide des Unas lesen wir:
‚Angenehm ist die Reine, die in mir ist', (sagt das Feld).[26]
Manchmal ist sie mein Zeuge, mein innerer Beobachter.[27]
Ich kann nicht wirklich wissen, wer sie ist,
solange ich nicht weiß, wer ich bin;
aber wir kommen einander immer näher,
bis wir beide als Eines
das Spiel der Selbst-Erkenntnis und der Seligkeit gewinnen.

Mehen, die ‚honigsüße Welle' der vedischen Mystiker,
spielt mit den Partikeln, von denen wir glauben, dass wir sie sind:
Sie ist nicht an sie gebunden, hebt sie aber hoch
(in Form der Spielfiguren) und bringt ihnen Seligkeit.
Sie ist jener Aspekt von uns,
welcher frei ist von allen Begrenzungen
und sich doch an ihnen erfreut.
Sonst hätte sie nicht erlaubt, ihre Schlangenform
in etwa dreißig Felder aufteilen zu lassen
wie im Senet-Spiel;
und das Universum, das aus vielen Teilen und
Bewusstseinsebenen besteht, würde nicht existieren.
Dennoch ist in Wirklichkeit nichts geteilt, und war es auch nie.
Mehen ist das, was uns zusammenhält,
nicht in einer abstrakten oder ideellen Art,
sondern in der Art der Schlange, die sich in den Schwanz beißt,
in der Art des Shen-Rings[28], der überall und andauernd
in Berührung mit dem Sein und dem Werden ist.
Lasst uns ‚weise sein wie die Schlange'.[29]

Die moderne theoretische Physik schreibt
der Wellenfunktion[30]
eine seltsame, aber reale Wirklichkeit zu,
welche Einsteins Separabilität annulliert,
ohne die Existenz der Vielheit zu negieren.
Ist das nicht eine neue Betrachtungsweise der *Mehen*-Funktion?

Zwischen dem *Einen* und den *Vielen* ist das,
was sich daran erfreut,
von der Art der Schlange zu sein.

Anmerkungen und Quellenangaben zu Seiten 30-37

Ein Schlangenspiel – und die Mehen

1 ‚Mehen' wie hieroglyphisch in den Großen Senet-Texten geschrieben, z. B. im Grab des Tjanefer; Pusch, *Senet- Brettspiel*, 1.1, 121.

2 Budge, *Dictionary*, 317b.

3 *Amduat* wird meist übersetzt mit *Das, was in der Unterwelt ist* oder *Schrift des verborgenen Raumes* oder *Schrift des Jenseits*. Die so benannten altägyptischen Hieroglyphentexte zeigen Darstellungen von verschiedenen nicht-mentalen Bewusstseinszuständen, die als die zwölf verborgenen Stunden der Sonne in der Nacht (Sonne = Sinnbild für unser Selbstgewahrsein) ihren Ausdruck fanden (vor allem an den Grabwänden der Pharaonen, z.B. des Thutmosis III.). In Symbolsprache werden verschiedene Bewusstseinszustände erläutert, die wir im Schlaf (im Unterbewussten, Unterwelt, Jenseits, Tod) erfahren, und es werden Antworten gesucht auf die Frage: „Was geschieht in diesen Zwischenzuständen?"

4 Nach Naville, E., *Totenbuch*, I, CXXIII, Detail.

5 Von den beiden Köpfen, die in entgegengesetzte Richtungen blicken, mag der eine in die Vergangenheit, der andere in die Zukunft schauen. Wie wir im 17. Kapitel des sogenannten ägyptischen Totenbuches lesen, sagt *Atum*, der ‚Alles' ist, von sich selbst: „Ich bin das Gestern und ich bin das Morgen."
Ein ähnliches Symbolbild ist auch die vielköpfige Schlange, die Buddha beschützt und seine höchste Realisation unterstützt.

6 Hornung, *Totenbuch der Ägypter*, 27.

7 Piankoff, *Mythological Papyri*, 158, Fig. 64, Detail.

8 Budge, *Dictionary*, 893a.

9 Faulkner, *Dictionary*, 317.

10 Die Bibel, *Genesis* 1:26.

11 Faulkner, ibid., 324; ‚Selbst' ist gleichzeitig Maskulinum, Femininum und Neutrum.

12 Gardiner, §36, 40.

[13] Budge, Dictionary, 893a; siehe auch Piankoff, 'The Book of the Two Ways' in *The Wandering of the Soul*, 30: '... my brother is the Enveloper (Mehen, the serpent)'.

[14] Vgl. auch: Der das Selbst messende Stab:
die ‚königliche' ‚Elle' Abkürzung

[15] Faulkner, Dictionary, 113.

[16] Budge, *Dictionary*, 319b.

[17] Faulkner, *Dictionary*, 114f.

[18] Ibid., 4.

[19] Ibid., 219.

[20] Bucher, *Textes des Tombes de Thoutmosis III*, Planche XIX, Détail. Der Name der feurigen Schlange in Hebräisch ist שָׂרָף , śārāf (der Brennende), wovon sich das Wort Seraphim (= Plural) ableitet.

[21] Budge, *Dictionary*, 501a.

[22] Roeder, *Kulte und Orakel im alten Ägypten*, 71.

[23] Die Hieroglyphe für den als königliches Attribut getragenen Tierschwanz, vgl. Budge, *Dictionary*, 306a, hat als Wurzel ‚bleiben, permanent sein, andauern'; ibid., 296.

[24] Nach Faulkner, 115.

[25] Ranke, H., *Das altägyptische Schlangenspiel*, 9.

[26] Piankoff, *Pyramid of Unas*, 23.

[27] In Sri Aurobindos Gedicht *The Witness and the Wheel* (*Der Zeuge und das Rad*) finden wir eine ähnliche psychologische Situation:
‚Wer bist Du, Gefährte des Menschen, der Du erhaben im Herzen sitzest,
seine Werke beobachtest, seinen Freuden und Leiden zuschaust,
unbewegt, nicht um Schmerz besorgt, nicht um Tod und Schicksal? ...
Zeuge, wer denn bist Du, eins mit Dir wer bin ich?'
Sri Aurobindo, SABCL, V, *Collected Poems*, 562.

[28] Der Shen-Ring verbindet Zeit und Ewigkeit (dargestellt als begrenzte horizontale Linie und unendlicher Kreis); psychologisch zeigt er uns, dass wir von einer gewöhnlichen, linear funktionierenden Seins-Weise in eine höhere, umfassendere, intensivere Seins-Frequenz hinüberwechseln können.

[29] Die Bibel, Matthäus 10:16.

[30] Der theoretische Physiker und Wissenschaftsphilosoph Bernard d'Espagnat machte Experimente in seinem Labor an der Université d'Orsay in Paris Süd, welche das Einsteinsche Prinzip der Separabilität ungültig machten. d'Espagnat, B., 'Théorie quantique et réalité', in: *Pour la Science* (édition française de Scientific American) No. 27, janvier 1980, pp. 72-87.

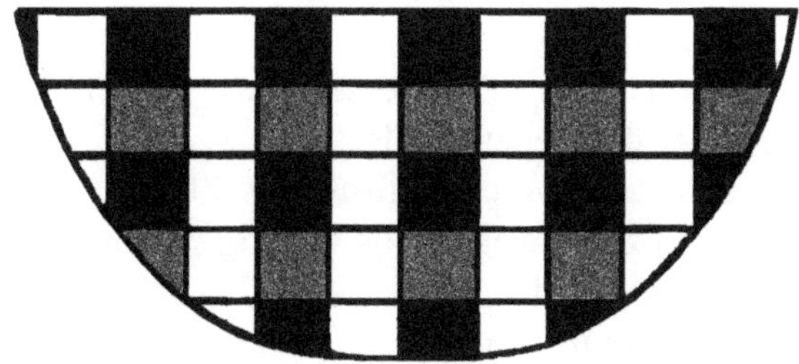

Gewobene Gesamtheit.[1]

Ein Viele-in-Einem-Spiel

Eine Person kann nicht mit einer einzigen Bezeichnung
oder einem einzelnen Beiwort beschrieben werden.
Ramses II. hatte mehr als hundert Namen;
jeder Name enthielt ein erkennbares psychologisches Programm.
Und was für eine Bibliothek würden wir benötigen, um all unsere
genetischen Möglichkeiten mit Namen zu kennzeichnen!
Jedes lebende Wesen ist eine Vielheit.
Das konkreteste und eindrucksvollste Seelen-Bild des Menschen
ist die Pyramide –
jeder Stein repräsentiert einen psychologischen Aspekt
unserer Beziehung zu unserem wahren Selbst.
Alle zusammen zeigen, wie jeder von ihnen hilft,
die anderen zu tragen und in die Höhe zu heben – in den Himmel.
Das machte es einem Ägypter leicht,
sich selbst als aus vielen unsterblichen psychologischen Elementen
zusammengesetzt zu verstehen –
und dadurch gerechtfertigt,
Unsterblichkeit für sich zu beanspruchen.
Nur wenn wir diese Vielen miteinander in Beziehung setzen
und unsere scheinbaren Gegensätze
als miteinander verbundene Ergänzungen sehen,
können wir bewusst *Viele-in-Einem* werden
und unser fantastisches Erbe,
das unser Geburtsrecht ist, in Besitz nehmen.

Als die Pyramide – noch in ihren Anfängen –
für den Menschen wie ein Spielzeug war,
mit dem er lernen konnte, sich selbst besser zu verstehen,
sammelten die Erfinder des Senet-Spiels
die grundlegendsten unserer psychologischen Kräfte –
etwa dreißig, mit denen zu spielen sie als wichtig erachteten –,
um mit ihnen vertraut zu werden
und sie als Wesensaspekte ihrer selbst zu erkennen.
Aber diese Vielheit der Aspekte ist nicht das Ergebnis von Teilungen.
In Wahrheit ist sie eine facettenreiche Einheit,
wobei jede Facette eine psychologische Kraft, einen Archetyp
und ebenso die *Mehen* in ihrer *Gesamtheit* darstellt.
Diese Archetypen wurden in der alten Gnosis
‚Götter des Paradieses' genannt.
Das Evangelium der Eva[2a],
das Evangelium des Gilgamesch,
wie auch dasjenige des Mani [2b]
empfehlen dem Sucher der Wahrheit,
die ‚Götter des Paradieses' einzuladen
und sie alle in sich selbst zu ‚sammeln'.
Ohne sie wären wir nicht vollständig
und könnten unseren inneren Paradiesgarten,
unser Königreich, nicht wiederfinden.
Diese psychologischen Kräfte zu kennen, bedeutet,
sich mit einer nach der anderen zu identifizieren,
alle psychologischen Erfahrungen zu machen,
welche zu ihren jeweiligen Feldern gehören,
sie dann alle gleichzeitig zu ‚umarmen'
und schließlich mit ihnen allen *über sie hinauszugehen.*
Von dieser Art ist also das Senet-Spiel.
Seine Spielweise wird nie veraltet oder überholt sein.
Die Archetypen mögen sich wandeln,
ihre Namen sich ändern,
aber die königliche Spielweise wird königlich bleiben,
offen für alle Kandidaten
der Selbsterkenntnis und der Unsterblichkeit.

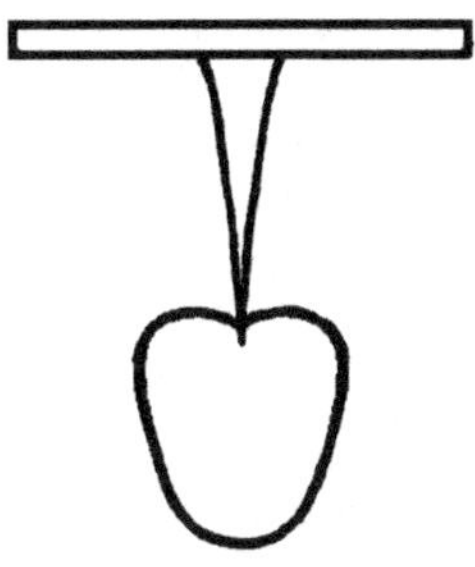

Vereinigung [3]

Ein Zwei-in-Einem-Spiel

„Zwei Seelen wohnen, ach! in meiner Brust“,
lässt Goethe seinen Faust ausrufen.[4]
Die frühen Ägypter müssen sich der dem Menschen
innewohnenden Zweiheit sehr bewusst gewesen sein,
und um diese zu heilen, erfanden sie das Senet-Spiel
als eine einende psychologische Übung.

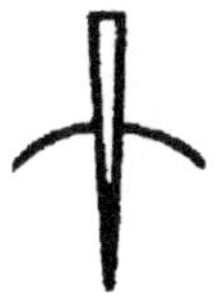

Die Funktion des Priesters ist,
zu vereinen.[5]

Späte mythologische Geschichten erzählen vom endlosen Kampf
zwischen Horus (dem Sohn des Osiris)
und Seth (der Osiris in Stücke schnitt) –
zwei scheinbar gegensätzlichen Kräften.
Aber auf alten esoterischen Bildern sieht man,
wie beide zusammenarbeiten
und das obere und untere Ägypten vereinen:
Ein Symbol für das Vereinen der inneren und äußeren Welt
im vollkommenen Menschen, dem Pharao.
Unsere Fähigkeit zu vibrieren, in Resonanz zu sein,
kommt von der erfolgreichen Kontrolle über die Spannung,
die von zwei entgegengesetzten Polen ausgeht.

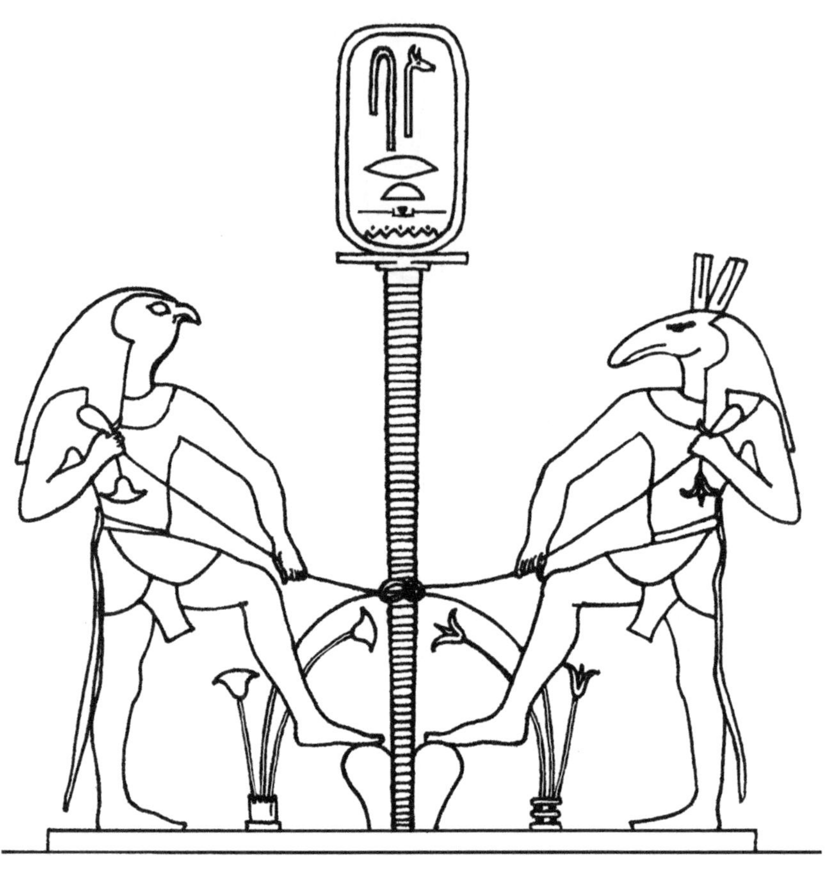

Horus und Seth sorgen dafür, dass König Senwosret III.
höher steht, stärker und siegreicher ist.[6]

Horus und *Seth* sind nicht die einzigen Symbole für solch eine Polarität. Wir werden das grundlegende ‚Zwei-in-Einem'-Prinzip bei allen Archetypen, die im Spiel vorkommen, antreffen.

Wir finden es z. B. auch bei *Thoth* ausgedrückt: 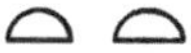
Er ist einer, der analysiert und gleichzeitig einer, der synthetisiert –
einer, der (in seiner Pavian-Form) auf dem Erdboden geht,
und einer, der (in seiner Ibis-Form) fliegt.
Wir finden es auch bei *Neith,* 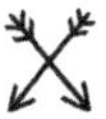
deren zwei Bögen und zwei Pfeile
in entgegengesetzte Richtungen zeigen,
und auch bei *Osiris*,
dessen Auge die Möglichkeiten der Manifestation sieht 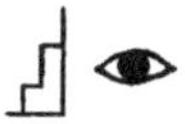
und sie dadurch zur Wirklichkeit bringt.
Selbst *Atum*, der Alles-Seiende,
ist als ‚Zwei-in-Einem' strukturiert,
was den Prozess der Selbst-Realisation unterstützt:
Die zwei Kufen seines Schlittens[7] 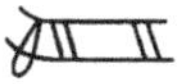
symbolisieren zwei sich ergänzende,
komplementäre Seinsweisen (Korpuskel und Welle).
Das ist es, was die Archetypen so lebendig macht.
Das Senet-Spiel zeigt auch den Weg des Menschen im Amduat –
dem Reich der Sterne –,
in welches er in der Meditation oder im Tiefschlaf eintritt,
und auch, wenn er seine physische Existenz verlässt.
Für den modernen Menschen ist der Tod eher ein Feind,
den man fürchten und bekämpfen muss.
Doch für den Ägypter war er eine Gelegenheit, die Verbindung
zu seinen Seelenkräften zu vertiefen,
das souveräne ‚Herr-über-sich-selbst-sein' zu intensivieren,
tiefer in seine Quelle von Energie und Schönheit,
von Selbstkenntnis und Freude einzutauchen,
um dann mit einem neuen Körper
und einer neuen Bestimmung für das Leben wieder aufzutauchen.
Das ist, kurz zusammengefasst, die doppelte Wahrheit des Senet-Spiels:
Die Wahrheit unseres Tages, welche verlangt, dass wir lernen, zu leben,
ist untrennbar
von der Wahrheit unserer Nacht,[8] welche von uns verlangt,
dass wir wissen, wie man stirbt und wie man wiedergeboren wird.

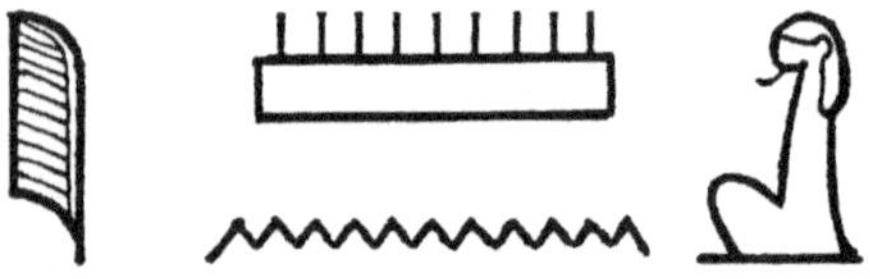

,Amon'[9]

Das Bild oben zeigt mit einem einzigen Namen
die in der goldenen Zeit geübte Art und Weise, sich selbst zu erkennen:
Amon (auch *Amen, Amun* ausgesprochen).

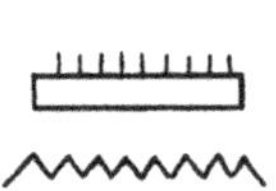

Die zwei Hieroglyphen in der Mitte, transkribiert *mn* (gesprochen *mon, men* oder *mun*), zeigen ein Spielbrett über Wellen, ein Spiel also, das mit der vibrierenden Schwingungswelt in Verbindung steht und daher gut ,gegründet, dauerhaft'[10], permanent ist.

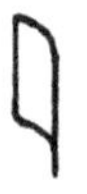

Der Vokal ist ein Schilfrohr oder Grashalm,
ein blühendes Riedgras im Sumpf des Flussdeltas.
Es repräsentiert den Menschen im Kreislauf der Natur –
heute anwesend, morgen abgeschnitten: das kleine ,Ich'.[11]

Ein Spiel findet also statt zwischen dem göttlichen Spieler, Amon,
und dem Riedgras, dem kleinen Ich, welches ebenfalls er selbst ist –

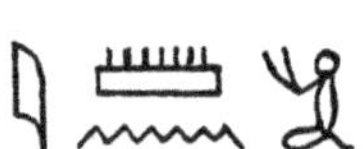

allerdings nicht sichtbar für das physische Auge,
sondern ,verborgen' und ,geheim',[12]
so wie Amon selbst auch verborgen bleibt.

Die polare Ergänzung zu Amon ist Amaunet,[13]
diejenige, welche die wahren Bilder der Dinge verbirgt,
um uns dazu zu bringen, die verborgene *Wahrheit*
hinter den äußeren Erscheinungen zu suchen und zu erkennen.

Ja, es gibt das ‚Goldene Zeitalter', in Sanskrit *Satya Yuga, Zeitalter der Wahrheit,* genannt.
Das ‚golden' ist nicht physisch gemeint, sondern psychologisch,
und weist auf ein solides, ‚goldenes' Bewusstsein hin,
das von ganz anderer Art ist als das gewöhnliche Ego-Bewusstsein,
welches nur eine billige Imitation davon ist.
Eine billige Nachahmung ist die moderne Auffassung,
dass wir aus einem Körper und einer Seele bestehen –
einer Seele, die noch keiner, wie es scheint, gesehen
oder angetroffen hat; und beide kennen einander nicht.
Um an der Manifestation des Universums teilzunehmen
und in ihm handeln und intervenieren zu können,
muss Amon sich in eine temporäre Form der Existenz verwandeln:
in ein kleines Ich. Es wird mit einem Grashalm dargestellt.
Und dieses begrenzte Ich muss sich, um an der Evolution des Lebens
mitwirken zu können, daran erinnern, dass es sein eigener Schöpfer ist.
Die zwei kommunizieren und interagieren miteinander,
indem sie an *demselben* Spiel teilnehmen.
Das Dauerhafte erscheint als das Nicht-Dauerhafte,
unter der Bedingung, dass es ein Spiel ist.
Und das Nicht-Dauerhafte wird zu dem, was es schon immer war,
indem es das Spiel des Dauerhaften spielt.
Die Funktion des Senet-Spiels ist es nun,
diese komplizierte Situation zu klären.
Das, was wir in Wahrheit sind,
das, was dauerhaft, permanent ist und bleibt,
ist der ewige Spieler, das Spiel, die Freude.
Es bedarf nur eines kleinen Schrittes des Selbstgewahrseins,
um diese Freude, dieses Entzücken in uns selbst wahrzunehmen:
Amon, der in uns sein freudiges Versteckspiel spielt
und darauf wartet, entdeckt zu werden.

In der Litanei von RE lesen wir:
‚Deine Mutter ist Wahrheit, Oh Amon …
Deine Tochter (Wahrheit) hat dich geschaffen,
dich, der du sie geschaffen hast.' [14]

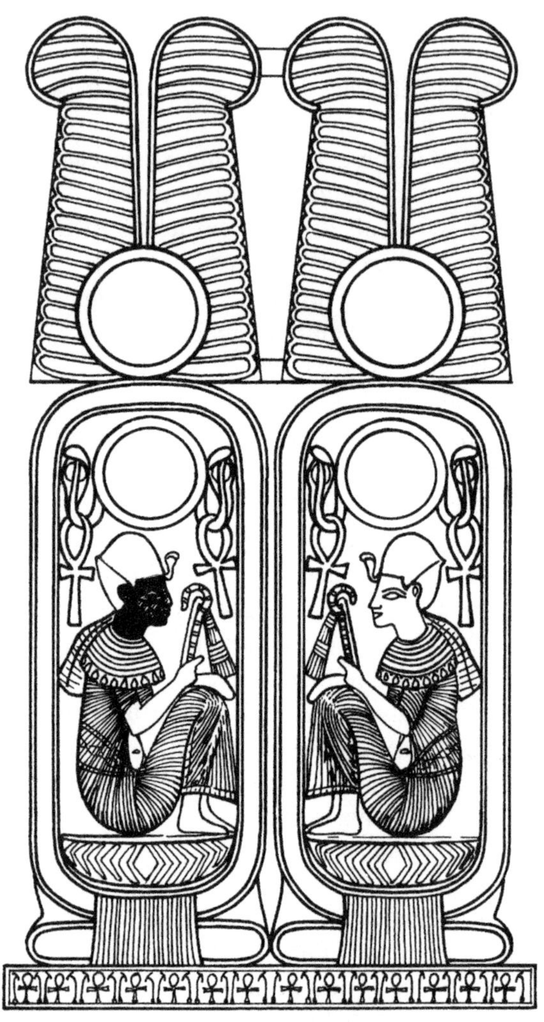

Eine andere geheimnisvolle Repräsentation unserer ‚Zwei-in-Einem'
ist das Doppelfläschchen von Tut-Ankh-Amon,[15]
das zwei wertvolle Duftessenzen enthält
und unsere zwei sich ergänzenden Hauptpersönlichkeiten symbolisiert.
Es hat nur einen Stöpsel;
die zwei Fläschchen werden also gleichzeitig geöffnet,
sodass beide Düfte, sich vermischend, uns erfüllen –
auf dass unsere Sonnen- und unsere Mondpersönlichkeit sich vereinen.

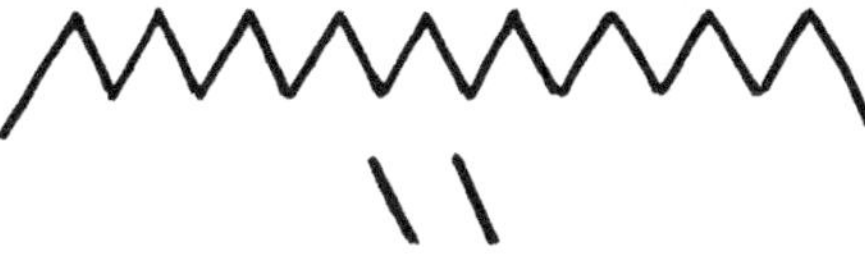

‚wir zwei‘ [16]

In alten Kulturen gab es das Pronomen: *wir zwei.*
Es ist aus den meisten modernen Sprachen verschwunden,
hat aber noch in einigen sogenannten ‚primitiven‘ Sprachen überlebt.
Unsere Vorfahren nahmen an, dass *wir zwei* schon vor der Entstehung der Welt existierte –

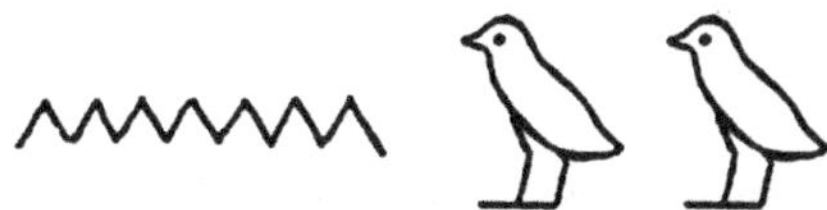

als die Urwasser,[17] als die Sehnsucht der Ur-Wasser (des Einen),
zwei zu sein.
Wir zwei (als universales Prinzip) wurde als notwendig erachtet,
nicht nur für das Werden von allem, was in die Existenz kommen will,
sondern auch für die höchste aller Realisationen,

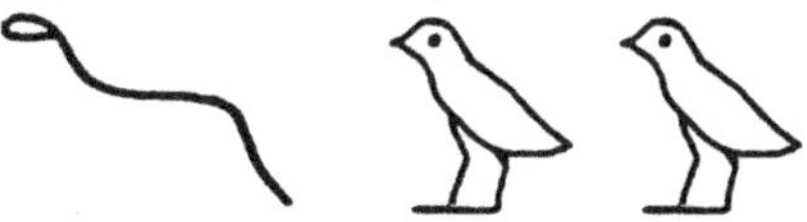

[18]

die Besteigung des Berges des Bewusstseins –
auch dies ein Name unserer *Mehen.*
Sri Aurobindo beschreibt diese Erfahrung als
‚… die Verklärung deiner selbst auf dem Berge.
Sie besteht darin, Gott als dich selbst zu entdecken
und ihn dir selbst in allen Dingen zu enthüllen. …
Sei jenes Feuer und jene Sonne und jenes Meer.‘ [19]

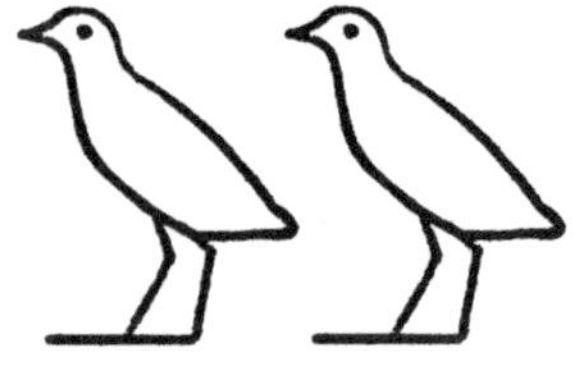

,das Eine-Eine'

Das achtundzwanzigste Symbolbild auf der Königlichen Elle,[20]
das (im Zyklus der 28 Mondphasen) dem Vollmond entspricht –
wenn wir also erwarten könnten, das *Eine* zu treffen und es zu werden,
weil wir es insgeheim schon sind
und unser Weg von ihm aus begonnen hat –,
zeigt uns zwei Küken: Das *Eine-Eine*,
eine kühne Darstellung des Rätsels der Welt und seiner Lösung.
Ist eines von den *wir zwei* unsere Mehen?
Ja, jedes ist jeweils das *Zweite*, die *Ergänzung*, die *Mehen* des anderen;
aber nicht ausschließlich.
Die Ägypter gaben sich freudig diesem ontologischen Narzissmus hin,
der zur Entdeckung eines wunderbaren Geheimnisses führt,
dass in uns ein ewiger Begleiter und bester Freund ist,
eine innere Gegenwart, die es uns ermöglicht,
vollständig, wirklich, bewusst und glücklich zu werden.
Der Frage „Wer oder was ist dieses *Zwei-in-Einem*?"
wird während des ganzen Senet-Spiels
und über das Spiel hinaus nachgespürt –,
denn keine mentale Kraft kann ,das Herrlichste des Herrlichen',
,das Heiligste des Heiligen' [21],
das, was uns Leben um Leben wiederkommen lässt,
erfassen oder definieren.[22]

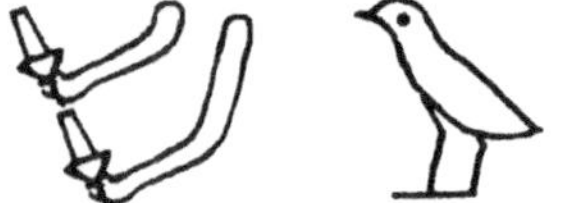

,Das Herrlichste alles Herrlichen'

Anmerkungen und Quellenangaben zu Seiten 41-50

Ein Viele-in-Einem-Spiel

[1] Piankoff, *Mythological Papyri*, Papyrus 9, Detail.
Die Hieroglyphe ‚Korb' ⌣ bedeutet ‚Alles', Gardiner, V 30, 525.

[2a] Hennecke/Schneemelcher, *Neutestamentliche Apokryphen I,* ‚Evangelien unter dem Namen einer Person des Alten Testaments', 166.
Siehe auch Medhananda, *Archetypen der Befreiung*, 130.

[2b] Hennecke/Schneemelcher, *Neutestamentliche Apokryphen I*, Das Evangelium des Mani, 268.
‚Wer zu jener Welt des Friedens zu kommen strebt, der möge von hier ab seine Seele (sich selbst) im Zeichen der Paradiesgötter sammeln.'

[3] Faulkner, *Dictionary*, 226;
Die vollständige Hieroglyphe für ‚Vereinigung' ist *sm3t*:

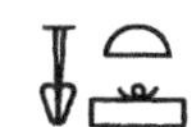

[4] Goethe, *Faust I*, Vers 1112–1117.

[5] Faulkner, ibid., 227; ‚Vereinigung' und ‚Priester' (der Vereiniger) werden ähnlich ausgesprochen. Priester *sm3* (schma):

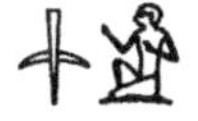

[6] Roeder, *Ägyptische Götterwelt*, 197.
Das gleiche Bild findet man auf den Thronen vieler Pharaonen.

[7] Siehe Medhananda, *Archetypen der Befreiung*, 151, 158f.

[8] Kapitel 17 des so genannten Totenbuches wird oft bei der Darstellung von Senet-Spielern im Hintergrund gezeigt. In der Übersetzung von A. Piankoff in *The Shrines of Tut-Ankh-Amon*, S. 50, finden wir eine Verdeutlichung zu Tag und Nacht, ‚As to eternity – it is the day. As to everlastingness – it is the night.'

[9] Gardiner, *Egyptian Grammar*, Y 5, 534.

[10] Faulkner, *Dictionary*, 106.

[11] Ibid., 7.
In der Bibel, *Psalm 103:15* lesen wir:
‚... Des Menschen Tage sind wie das Gras ...'

[12] Faulkner, *Dictionary*, 21.

[13] Siehe Medhananda, *Archetypen der Befreiung*, 180f.

[14] Piankoff, *Litany of Re*, 45.

[15] Von Zabern, *Tutanchamun Katalog*, 101.

[16] Faulkner, *Dictionary*, 124.

[17] Ibid., 125.

[18] Dies wird auch mit der Hieroglyphe ‚Berg' geschrieben.
Budge, Dictionary, 869b and 904a.

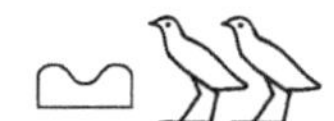

[19] Sri Aurobindo, SABCL, XVII, *Hour of God*, 76.
'It is to discover God as thyself and reveal him to thyself in all things'
Sri Aurobindo, *Die Stunde Gottes,* 11

[20] Siehe Medhananda, *Die Königliche Elle*, 179f.

[21] Budge, *Dictionary*, 912a.

[22] Die alten Ägypter haben die Zwei-in-Einem und die Zwei-in-Allem als gemeinsame Basis und Spielfeld des Einen und der Vielen entdeckt und damit experimentiert.

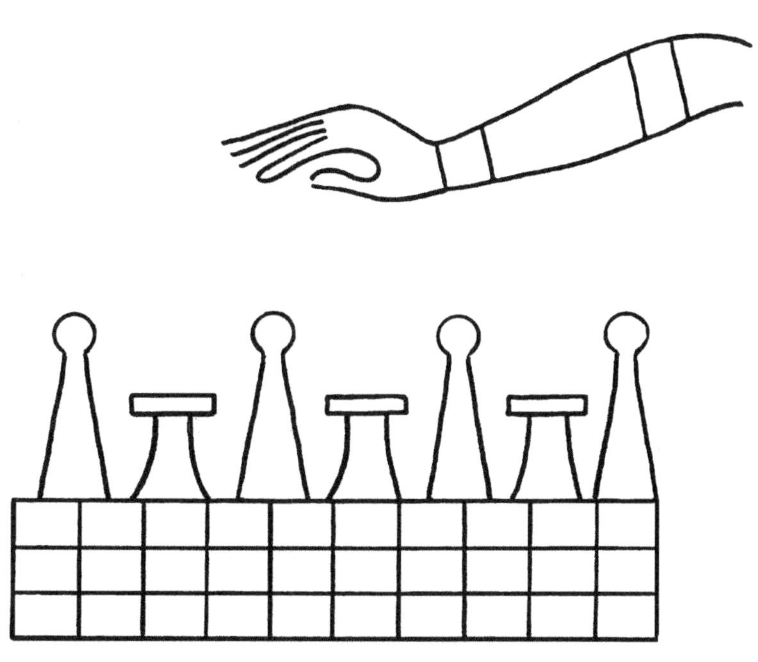

II

WIE SPIELEN ?

Jenseits der Gedanken erkenne ich

‚Meine Finger sind wie die Schakale,
die mein Sonnenschiff ziehen.‘ [1]

Senet, mein Spielfeld

Es handelt sich beim Senet um ein Spiel von großem Alter und
großer Weisheit, das uns zuerst seltsam und fremd erscheinen mag,
als wenn es einer ganz anderen Zivilisation angehören
oder von einem anderen Planeten stammen würde.
In Wirklichkeit ist es nicht schwierig, sich ihm zu nähern
und in seine Atmosphäre von Schwerelosigkeit einzutauchen,
vorausgesetzt, dass wir uns zuerst darüber klar werden,
was für Bilder die alten Ägypter von dem hatten,
was wir heute *Seele* nennen.
Während der moderne Mensch sich selbst als physischen Körper sieht,
der vielleicht – oder vielleicht auch nicht – eine Seele *hat*,
basiert die Sicht des alten Ägypters auf der Wahrnehmung,
dass der Mensch Seele *ist*,
welche ab und zu einen physischen Körper hat oder auch nicht.
Für den Spieler des Senet ist die Seele nicht ein ‚Etwas',
sondern eine Art und Weise zu *sein*:
Ein Lehrer zu sein oder ein Kind zu sein, sind Seelen-Aktivitäten.
Vater, Anwalt, Ehepartner, Sohn, Freund zu sein,
impliziert *verschiedene* Arten des Seins.
Die Hände in Aspiration in die Höhe zu heben, entspricht nicht
der gleichen seelischen Aktivität, wie mit ihnen die Erde zu berühren.
Unsere Seelen-Aktivitäten können mit den verschiedenen Bewegungen
einer Schlange verglichen werden; einmal sich zusammenrollend,
dann sich aufrichtend, sich über Hindernisse hinwegsetzend
oder sich in den Schwanz beißend.
Seele sein kann auch bedeuten, fliegender Vogel zu sein
oder Honig sammelnde Biene oder segelndes Schiff, leuchtender Stern
oder ins Ziel schießender Bogen …
Auch wenn es für das Verständnis des modernen Erwachsenen verwirrend
sein mag, so ist es für das (von Aberglauben noch unberührte) Kind
ganz natürlich, bei allem, was es tut, voll und ganz Seele zu sein.
Und dies entspricht auch der Seinsweise der alten Ägypter.
So müssen wir bereit sein, hinter jedem Archetyp des Senet-Spiels
das ungeschriebene Wort ‚Seele' zu lesen:
‚Brot, meine Seele', ‚Skarabäus, meine Seele', ‚Sonne, meine Seele',
‚Baum, meine Seele', ‚Horizont, meine Seele'….

Wir schlagen vor, für eine gewisse Zeit anstelle des Wortes Seele,
das heutzutage mit so vielen Einschränkungen behaftet ist,
die Bezeichnung ‚Archetyp‘ oder ‚psychologisches Prinzip‘
oder ‚Neter‘ zu verwenden, und wir betonen –
wenn wir die Kraftfelder des Spiels erläutern –
die *Zusammengehörigkeit* der Archetypen,
die wir als Aspekte unserer selbst erkannt haben.

Jeder Archetyp wird mit einem Symbolbild dargestellt,
dessen Funktion in der ägyptischen Psychologie immer dieselbe ist:
Uns zu helfen, unsere vielen Begrenzungen zu transzendieren,
indem wir uns mit etwas Wesentlicherem und Wahrerem identifizieren
als mit den Vorgängen des äußeren Lebens.

Eine in den Pyramidentexten oft wiederholte Aufforderung
lautet: ‚Iss das Auge des Horus‘!
Wir sollen alles so sehen, wie Horus, der Falke, es sieht,
alles von oben überblickend, und dadurch selbst Horus werden.

Auf Grab- und Tempelwänden wird die Darstellung des Senet-Spiels
oft mit dem siebzehnten Kapitel des *Totenbuchs* (dem *Buch von denen, die ins Licht gehen*) [2] hinter dem Spieler ergänzt.
In jenem Kapitel wird *Atum*, das Prinzip des Sich-selbst-erschaffens,
als unser wahres Selbst herausgestellt, dessen Bewusstsein
zur Selbst-Manifestation, zur Manifestation der Welt, führt.
Die alten Griechen sahen dieses Prinzip als *Eurynome*,
die Polynesier als *Taaroa*,
die Hindus nennen es *Brahman* –
lauter metaphysische Ausdrucksweisen.

‚Ich bin Atum, ganz allein
in den Ur-Wassern.
Ich bin RE, wenn er erscheint
am Anfang seiner Herrschaft …
Ich bin das, was sich selbst erschafft.‘ [3]

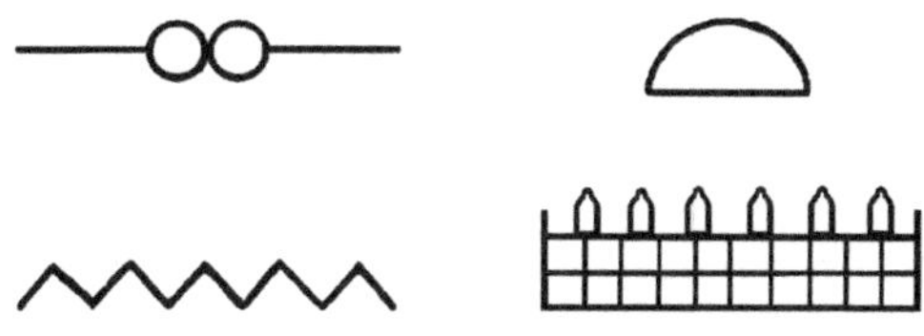 [4]

Was ist Senet?

Bei unserer Präsentation des Senet-Spiels mag die Frage auftauchen, was denn ‚Senet' bedeutet.
Wir sehen es an den Hieroglyphen, die damit assoziiert sind:

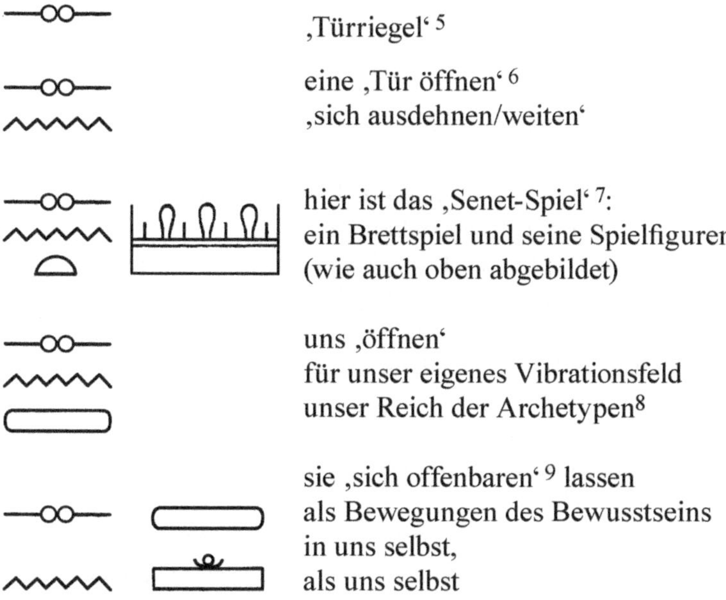

‚Türriegel' [5]

eine ‚Tür öffnen' [6]
‚sich ausdehnen/weiten'

hier ist das ‚Senet-Spiel' [7]:
ein Brettspiel und seine Spielfiguren
(wie auch oben abgebildet)

uns ‚öffnen'
für unser eigenes Vibrationsfeld
unser Reich der Archetypen[8]

sie ‚sich offenbaren' [9] lassen
als Bewegungen des Bewusstseins
in uns selbst,
als uns selbst

Senet bedeutet also, kurz gefasst: Spiel zum Öffnen der inneren Türen, Spiel der Initiation, der Offenbarung, der Enthüllung.

Die Wurzel ***sn***, ‚vorbei gehen'
die im Wort Senet vorkommt,
erscheint ebenfalls
im Verb ‚vorbeigehen'.[10]

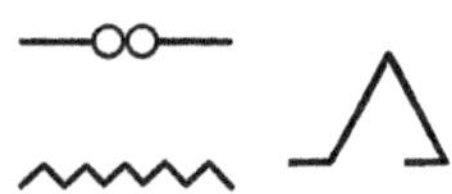

Dies weist auf eine Philosophie und Psychologie hin,
die nicht nur für das Spiel, sondern auch für das Leben gilt:
Solange wir nichts begehren, an keinem Besitz hängen,
einfach vorbeigehen und alles auf unserem Weg genießen –
leben wir in einer Märchenwelt.
Dieses Universum ist so geartet, dass wir in keiner Situation,
in keinem Daseinszustand ewig bleiben können –
nicht einmal im Nirvana oder im Tod.
Wir müssen von einem Zustand zum anderen gehen,
wie vom Tagesbewusstsein zum Schlaf,
und wieder zum Tagesbewusstsein.
Aber statt von äußeren Umständen oder von Biorhythmen
oder unbeherrschten Stimmungen getrieben zu werden,
können wir es freiwillig tun, bewusst, mit Vergnügen und Freude.
So können wir auch nicht ewig in einem der ‚Häuser' des Spiels bleiben.
Die einzige Regel des Senet-Spiels – und des Lebens –
ist es, ein Haus unserer Wahl zu besuchen, es zu erforschen,
Freude an ihm zu haben, und dann,
ohne ihm gleichgültig den Rücken zu kehren,
‚vorbeizugehen', um über uns selbst hinauszugehen.
Das Ziel ist, frei zu sein
und auf der ganzen Skala unserer seelischen Möglichkeiten,
die durch die Häuser repräsentiert werden, nach Belieben zu spielen.

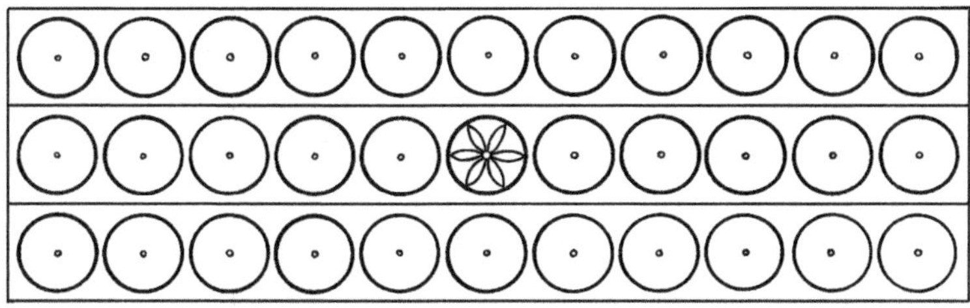

Das Spielbrett

Die meisten Spielbretter des Senet-Spiels
sind wie das oben gezeigte Beispiel aufgebaut,[11]
mit drei Reihen von ‚Häusern',
ein jedes das Feld oder Haus eines Archetypen, die alle
als Manifestationen von RE, dem ‚Einen', gesehen werden. ☉
Die Anzahl der Häuser kann zwischen 30 und 33, 36 oder mehr variieren.
Am häufigsten sind es 30 Häuser.
Alle zusammen bilden das ‚Große Haus' (Per-ao) – ein Name des Pharao,
dessen Bewusstsein alle seine Archetypen (seine Seelenkräfte) erkennt.
In den Märchen wird es ‚Schloss' genannt; ein Symbolbild
für unser eigenes psychologisches ‚Schloss' mit seinen vielen Räumen,
die wir alle besuchen müssen, einen nach dem anderen,
um unser inneres Wissen in Besitz zu nehmen.
In Wirklichkeit sind sie mehr als nur Räume;
jeder ist ein weiter und komplexer psychologischer Bereich,
eng verbunden mit allen anderen.
Einer von ihnen, der am schwierigsten zu ‚öffnen' und
für ein noch unentwickeltes Selbstgewahrsein sogar tabu ist,
enthält das Geheimnis von Geburt, Leben und Wiedergeburt –,
in Wahrheit die Fähigkeit, nicht im Sinne von: ‚Es war einmal …',
geboren zu werden, sondern immer wieder in jedem Moment,
jetzt und hier.
Dieser Raum (‚Feld') – auf dem Senet-Spielbrett mit einer Rosette gezeigt –
ist immer an demselben Platz: in der Mitte des Spiels.

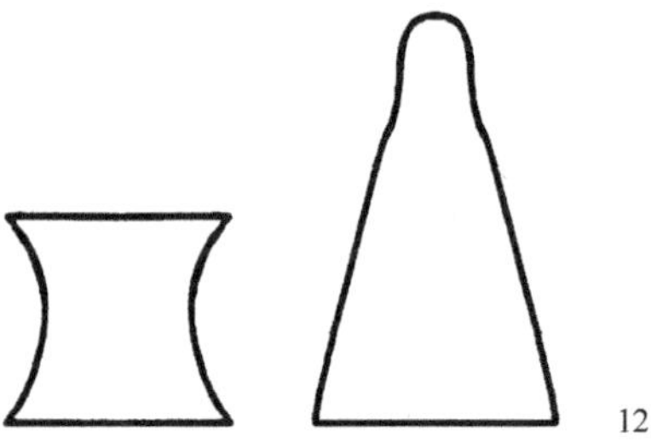

12

Die Spielfiguren

Es hat immer zwei Sets von Spielfiguren gegeben:
Ein Set für jeden der zwei Spieler,
auch wenn eigentlich nur einer spielt.
Die ältesten unterschieden sich nur in der Größe,
indem die Spielfiguren des einen Sets einfach etwas höher
und breiter waren als die des anderen.
Einige Figuren bestanden aus Lehm vom Nil,
andere aus kunstvoll bearbeitetem Elfenbein.
Vor allem die 1. Dynastie ist für ihre sorgfältig
aus Elfenbein geschnitzten Spielfiguren bekannt.
Eine ganz besondere davon ist etwa acht Zentimeter hoch
und stellt einen von der Basis aufsteigenden Lotosstängel dar,
der von seiner aufgehenden Blüte gekrönt ist.
Ein aus derselben bemerkenswerten Periode (2900 v.Chr.)
stammendes Senet-Spiel wurde, liebevoll verpackt,
unter dem Kopf eines Verstorbenen gefunden.
Später wurden die Formen genauer festgelegt,
und die zwei Sets der Spielfiguren waren gut unterscheidbar,
wie im Bild oben dargestellt.
Die größeren Figuren haben eine konische Form,
die kleineren gleichen einer Fadenspule.
Selten tragen sie eine Inschrift:
Einige Spielfiguren aus der ersten Dynastie
tragen auf ihrer Unterseite das Symbol von Atum.

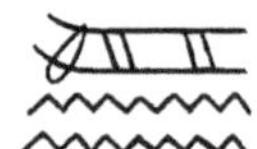

In einem Spiel aus der 18. Dynastie
wird auf der Unterseite der Figuren ihr Eigentümer genannt:
Diener von Amon, Geliebter von Amon.[13]
Normalerweise gab es insgesamt zehn oder vierzehn Figuren:
zwei Sets mit fünf oder zwei Sets mit sieben.
Die 5er Sets waren am häufigsten in Gebrauch
und am besten an ein Spielbrett mit 30 Häusern angepasst,
weshalb wir sie übernommen haben.

Es gibt natürlich auch psychologische Gründe für unsere Wahl:
Ein Pharao hat fünf königliche Namen.
Fünf ist auch die Anzahl der Strahlen des ägyptischen Sterns,
und fünffach strukturiert ist auch das psychologische Modell
des Menschen, sowohl im alten Ägypten
als auch im alten Indien und in China. (Vgl. S. 261)

Nirgends in den Senet-Texten wird erwähnt,
dass Würfel oder Stäbchen geworfen wurden,
um den nächsten Spielzug zu bestimmen.[14]
Dies stände im Widerspruch zum Geist dieses Spiels,
in welchem der Spieler in kontemplativer Weise
seine eigenen Spielfiguren
sowie die seines (geheimen) Mitspielers
dorthin stellte, wo sie seiner Intuition nach gerade hingehörten.
Es scheint, dass immer alle Figuren verwendet wurden
und so ein Drittel des Spielbretts belegt war.
Die Anzahl von Kombinationen,
die auf den dreißig verschiedenen Feldern möglich sind,
ergibt ein Spiel von unendlich vielen psychologischen Möglichkeiten.

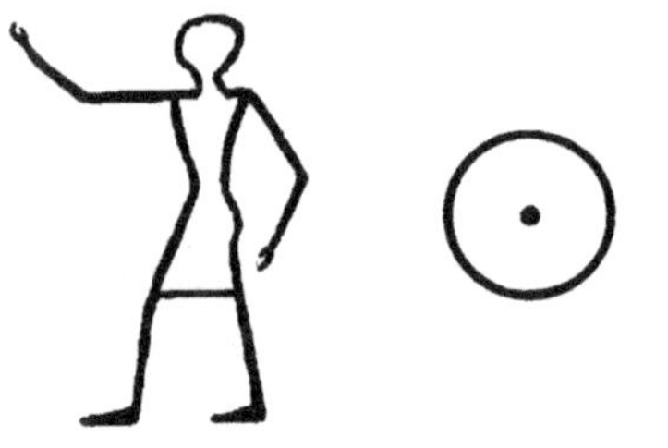 [15]

Der Spieler

Die Spielfiguren zu führen
– oder führen sie uns? –
ist eine freudvolle Erfahrung.
‚Spielfigur' wird mit ‚Zicklein'
und ‚Fuß' geschrieben [16]
und *iba* ausgesprochen.
Iba bedeutet auch ‚tanzen'.[17]
Das freudig hüpfende ‚Zicklein' [18]
wird als *ib* gelesen,
ebenso wie das ‚Herz'.[19]

Das Zicklein und das Herz hüpfen und tanzen,
und genauso tun es die Spielfiguren des Spielers.
Indem er ihre Positionen, eine nach der anderen, verändert,
erforscht er neue Aspekte seines Inneren
und verändert eine psychologische Situation,
verwandelt sie in eine neue Konfiguration
von Entzückung und Kraft.
Tanzend erobert er alle seine Archetypen, alle seine Seelenkräfte.
In der Litanei von RE[20] lesen wir:
‚... er geht durch alle Mysterien hindurch,
von denen du eines bist,'
[O RE]
‚... er erfreut sich an deiner Herrlichkeit
als dein zweites Selbst.'

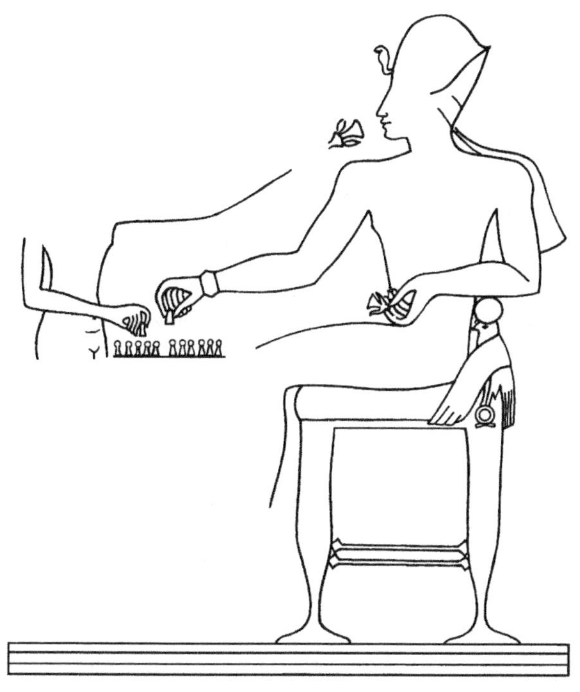

21

Ramses III., der eine blaue Kopfbedeckung, die Chepresch-Krone,
ein Symbol seiner Universalität, trägt,
spielt das Senet-Spiel,
und seine Uräusschlange überblickt dabei die Spielsituation.
Seine rechte Hand nähert sich dem Spielbrett mit einer Spielfigur,
in seiner linken Hand hält er eine Lotosblüte.
Dem königlichen Spieler gegenüber steht eine junge Figur,
die ebenfalls mit ihrer rechten Hand einen Spielzug macht,
während sie mit der linken eine Lotosblüte
unter die Nase des Königs hält.
Der mit dem Sonnenbewusstsein gekrönte Horus
sitzt auf Ramses‘ Sitz und hält den Shen-Ring,
Symbol für die Verbindung von Zeit und Ewigkeit.
Was für eine selige Art und Weise, das ewige Spiel zu spielen!

In keiner der frühen Darstellungen trägt der Spieler eine Krone
oder benötigt ein ergänzendes Bewusstseins-Symbol.
Später werden einige mit einem Flagellum gezeigt[22]
oder mit einem Zepter der Macht –
Macht im Sinne von Meister seiner Seelenkräfte sein –
oder mit dem Tuch eines Vornehmen, das der Spieler
so in der Hand hält, dass es eine Schlaufe bildet,
ein Symbol für Selbstgewahrsein und Selbsterkenntnis (vgl. S. 325).

Die ägyptischen Künstler zeigen die Senet-Spieler
an den schmalen Seiten des Spielbretts,
was auf den Bildern gut erkennbar ist.
Sie geben den vielen ‚Häusern' auf dem Brett dadurch volle Geltung
und ermöglichen dem Betrachter oft eine Sicht von oben.
Eine Darstellung aus Lehm zeigt die zwei Spieler jedoch
einander an den langen Seiten gegenübersitzend.[23]
Wenn wir selbst das Senet-Spiel spielen,
wollen wir das Spielbrett natürlich so betrachten,
dass seine ‚Häuser' mit den Symbolbildern gut überblickbar sind.

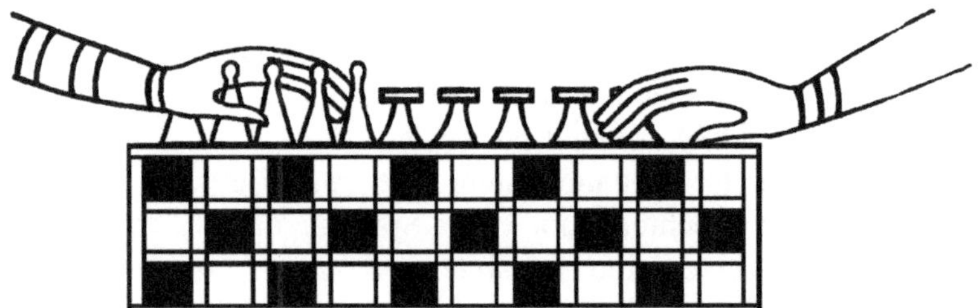

24

Anmerkungen und Quellenangaben zu Seiten 54-64

Senet, mein Spielfeld und folgende Kapitel

Seite 51 Titelbild: Pusch, Teil 1.2, Tafel 29b;

[1] Piankoff, *Wandering of the Soul* (Part III, The Egyptian Game of Draughts), 120; eine Übersetzung der Großen Senet-Texte.

[2] ‚*Das Totenbuch*' ist nicht der Titel eines ägyptischen Buches. Diese moderne Bezeichnung umfasst verschiedene Texte, von denen die ältesten die Pyramidentexte sind. Einer der bekanntesten Texte aus der thebanischen Periode hatte einen in Hieroglyphen geschriebenen Namen, den wir frei übersetzt haben mit ‚Das Buch von denen, die ins Licht gehen'.

[3] Nach Hornung, *Totenbuch der Ägypter*, 59.

[4] Faulkner, *Dictionary,* 229.

[5] Ibid., 205.

[6] Budge, *Dictionary*, 604a.

[7] Ibid., 604b.

[8] Faulkner, *Dictionary*, 229, wie geschrieben in den Pyramidentexten.

[9] Faulkner, *Dictionary,* 229.

[10] Ibid. Die gleiche Hieroglyphe bedeutet auch ‚übertreffen, überbieten'.

[11] Pusch, Teil 1.2, Tafel 94 b. Ähnliche Muster sind auf den unteren Seiten einiger Senet-Spielbretter abgebildet. Sie zeigen aber nicht unbedingt die gleiche Anzahl Felder wie dieses hier mit seinen omnipräsenten RE-Symbolen. ⊙

[12] Ibid., Tafel 55, *Grab des Thutmosis III.*

[13] Ibid., 238.

[14] Stäbchen, Würfel (mit nur vier beschriebenen Flächen) und Fingerknöchelchen wurden zwar gefunden und bestimmt von einigen Spielern auch verwendet. Sie erscheinen aber nicht in den psychologischen Aufzeichnungen über das Spiel, den Senet-Texten.

[15] Bucher, *Textes des Tombes de Thoutmosis III*, 1re heure, 5.

[16] Faulkner, *Dictionary*, 15.

[17] Ibid., wie geschrieben in den Pyramidentexten.

[18] Gardiner, *Egyptian Grammar*, E8*, 459.

[19] Faulkner, *Dictionary*, 14.

[20] Piankoff, *Litany of Re*, 30.

[21] Pusch, Teil 1.2, Tafel 31a.

[22] Gardiner, S. 45, 510.
Das mit Ladanum, einem wohlriechenden Extrakt aus Zistrosen getränkte Flagellum soll seinen Träger an seinen Seligkeitskörper erinnern.

[23] Pusch, Teil 1.2, Tafel 16.

[24] Ibid., Tafel 30, Detail.

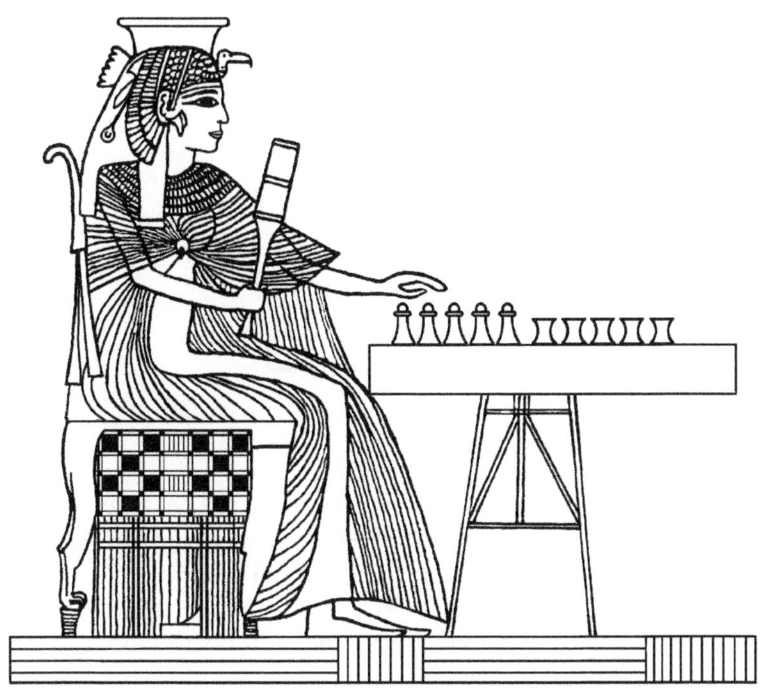

1

Der Geist des Spiels

In einem der exquisitesten Gräber, die je bemalt wurden,
spielt Nofretari, die schöne Frau von Ramses II.,
das Spiel der Ewigkeit.
Sie hält das Zepter der Macht in der Hand,
ein Symbol für die Meisterschaft über ihre Seelenkräfte.
Damit einem das Senet-Spiel gelingt, muss man würdig sein,
von einer unserer ‚inneren Gottheiten' geliebt zu werden.
Für Nofretari ist es einfach,
weil sie ‚von der großen Mutter Mut geliebt' wird.[1]

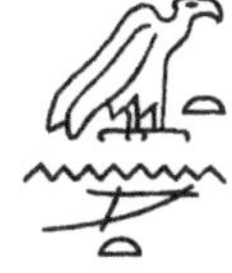

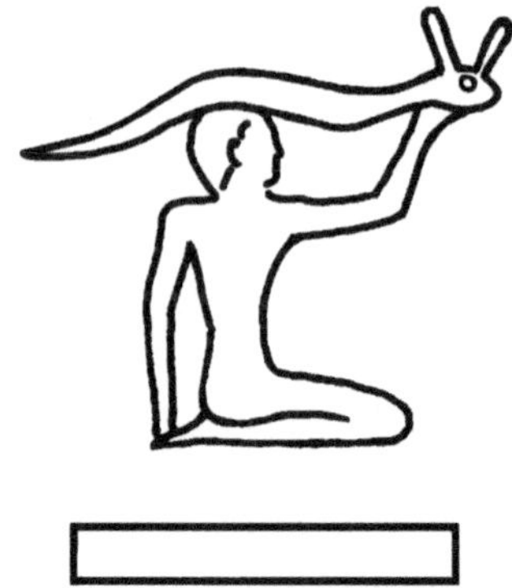

[2]

Sich selbst emporheben

In Sakkara werden auf Wandreliefs aus der 5. und 6. Dynastie
zwei sich gegenübersitzende Spieler gezeigt, die ihre Hände
über ein mit Spielfiguren zweier verschiedener Größen
ausgestattetes Senet-Spielbrett ausstrecken.
Einige Hieroglyphen beschreiben die psychologische Situation.
Eine davon (die oben abgebildete)
fällt aufgrund ihrer Eigenartigkeit und Würde besonders auf.
Was die Figur auf dem Kopf trägt,
sieht wie eine Nacktschnecke aus [3]
(in späterer Zeit wurde es zum Buchstaben **f** im ägyptischen Alphabet).
Eine Schnecke berührt die Erde nie;
sie bewegt sich auf ihrem eigenen durchsichtigen Sekret.
Als Hieroglyphe bedeutet sie:
‚Er', ‚ihn', ‚seine', ‚es', ‚seines' (er selbst, es selbst)
und auch ‚erheben', oder ‚emporheben',[4]
und ‚vom Schlaf aufstehen'.[5]

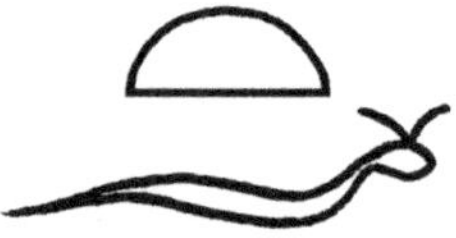

Sie ist bedeutsamerweise die Hauptkomponente
des ägyptischen Wortes für ‚Vater',
als das Prinzip, das sich selbst erschafft,[6]

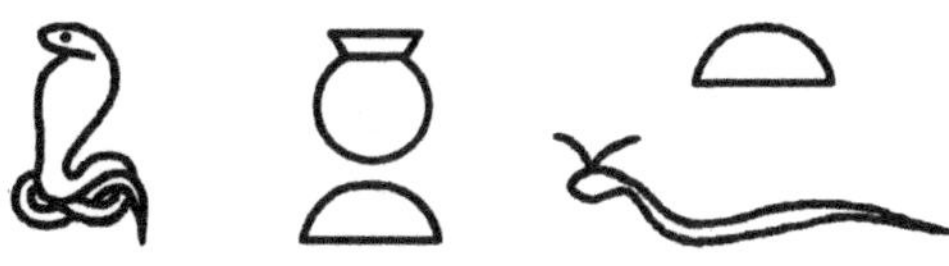

und die Hauptkomponente des Namens ‚Tefnut', der großen Göttin der Enneade.[7]
Die Nacktschnecke ist auch eines der vielen Symbole der Atef-Krone,[8] der Krone des Vollkommenen.
Sie erscheint auch im Titel von Hohepriestern und im Namen des RE, des Osiris und der Sphinx.
Eine ihrer hauptsächlichen Bedeutungen finden wir

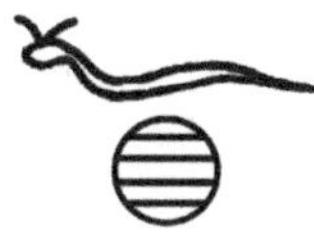

im Verb ‚entkleiden' [9] im Sinne von enthüllen/entschleiern:
Was wir hinter dem Schleier der Dinge finden, ist ‚Pracht' und ‚Herrlichkeit'.[10]

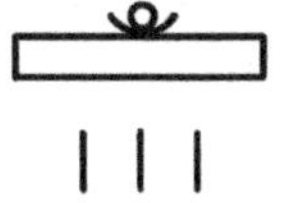 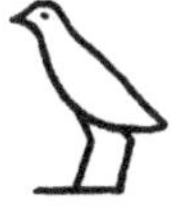 

So ist das, was wir auf unserem Kopf tragen, nicht eine Last, sondern unser Selbst.
Das Senet-Spiel zu spielen, bedeutet, mit unserem Selbst zu spielen, es emporzuheben, es zu erhöhen.

Dieses Bild (S. 68 oben) von uns als dem menschlichen Wesen, das auf seinem Schwingungsfeld kniet und etwas über seinen Kopf emporhält, was auch unsere gezähmte Mehen sein könnte, lässt uns auf einen Blick die psychologische Essenz (die Hindus nennen es das *rasa*) des gesamten Spiels erkennen.

Anmerkungen und Quellenangaben zu Seiten 67-69

Der Geist des Spiels und folgendes Kapitel

1 Dondelinger, *Jenseitsweg der Nofretari*, 64.

2 Pusch, Teil 1.2, Tafel 1b.

3 Budge, *Dictionary*, I, cxix, No. 30.
Später wird sie zum Drachen.

4 Faulkner, *Dictionary*, 97.

5 Budge, *Dictionary*, 258a.

6 Faulkner, *Dictionary*, 32.
Siehe auch Medhananda, *Die Köngliche Elle*,
Kapitel: Vater meiner selbst sein, S. 159.

7 Ibid., 298.

8 Ibid., 6.

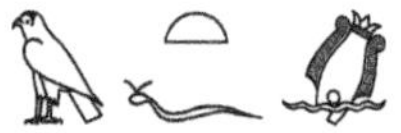

9 Budge, *Dictionary* 261b.

10 Faulkner, *Dictionary*, 98.
Die alten Ägypter hatten kein Gefühl für Hässlichkeit und auch kein Wort dafür. So waren sie offen für die psychologische Kraft und Schönheit der Fliege, des Mistkäfers, der Schnecke.
Die Schnecke erscheint mit der großen Schlange und dem Stoßzahn des Elefanten als ‚die ewigwährende Schlange'. Budge, *Dictionary*, 480a.

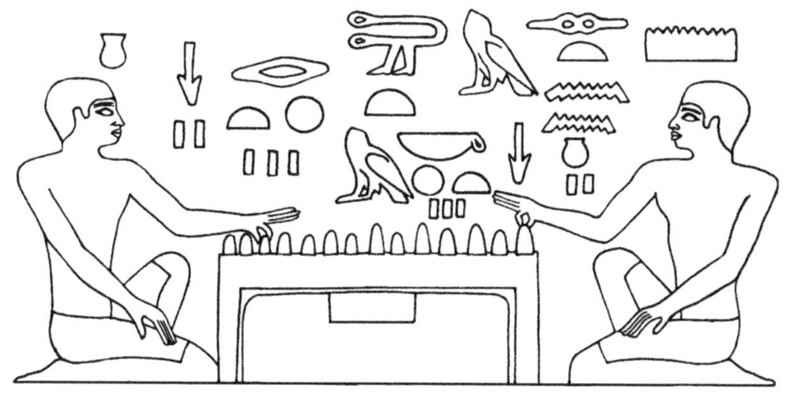

1

Die zwei Hälften vereinen

Dies ist eine der ältesten bildlichen Darstellungen
von Spielern des Senet-Spiels.
Sie stammt aus der Zeit von König Sahure, etwa 2450 v. Chr.
Oben rechts im Bild
steht die Hieroglyphe ‚Spielbrett'
und neben ihr das Wort ‚Senet',
was bestätigt,
dass hier das Senet-Spiel gespielt wird.
Aber sagten wir nicht gerade
(auf den vorhergehenden Seiten),
dass man das Senet-Spiel mit sich selber gespielt hat?
Hier sind es zwei Spieler,
und das Wort ‚Gegenspieler'[2]
erscheint im Text.

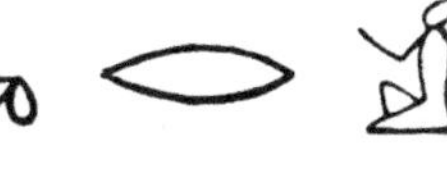
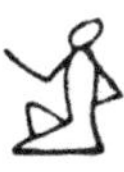

Aber die zwei Spieler im Bild
gleichen sich nicht nur und führen dieselbe Geste aus,
beide werden auch von den gleichen Symbolen begleitet;
in Wirklichkeit sind sie eins.

Wir können aus dem Text herleiten,
dass sie den Titel ‚Bruder‘ tragen
und auch die Bezeichnung ‚gleich‘.[3] 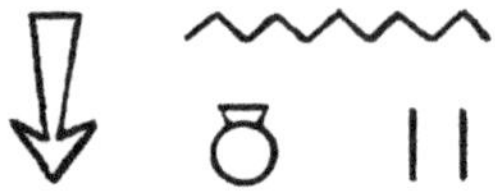
Selbst wenn sie nicht wirklich die gleiche Person sind,
so gehört es zur Spielweise, dass sie so handeln,
als ob sie die gleiche Person wären.
Die auf beiden Seiten präsente Eule 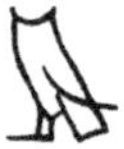
ist das Symbol für das Wissen der Nacht,
das verborgene Wissen, das Wissen der inneren Welt.
Beide Spieler werden an die Zwei I I und an die Drei I I I erinnert.
Nicht Zahlen sind damit gemeint,
sondern Realisationen von großer Bedeutung,
welche auf dem Senet-Spielbrett symbolisch dargestellt wurden.
Die Hieroglyphe ‚nehmen‘ kann ganz einfach bedeuten,
ein Ding zu nehmen, oder – subtiler –,
sein inneres Königreich ‚in Besitz zu nehmen‘[4]. 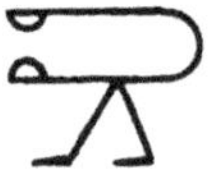
In Wirklichkeit ist jeder Spieler nur die eine Hälfte
unserer Persönlichkeit,
vielleicht unsere rechte und unsere linke Seite –
denn der eine Spieler hat zwei rechte Hände und der andere zwei linke –
oder unsere involutive und unsere evolutive Wirklichkeit,
oder eine andere der zahlreichen binären und polaren Funktionen,
die jedes lebende Wesen aufweist.

Der Hieroglyphentext könnte, wenn man alle anderen
damit verwandten Texte berücksichtigt,
pauschal als Scharade interpretiert werden,
welche die Frage aufwirft:
Wozu dem Gegenspieler die Spielfiguren wegnehmen?
Es sind deine eigenen Spielfiguren.
Lasse dich vom Spiel nicht durcheinanderbringen.
Füge deine zwei Hälften zu einer einzigen zusammen.
Der Gegenspieler ist jeweils deine andere, dich ergänzende Seite.
Werde ‚voll‘ und ‚ganz‘.[5]

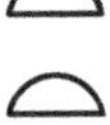

Werde RE.

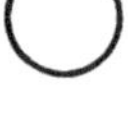

Es gibt keine Alternative für uns,
als das Spiel mit uns selbst zu spielen.
Das hindert uns aber nicht, es auch (falls wir das möchten)
in einem Team zu spielen:
Zum Beispiel von Ehemann und Ehefrau[6] (wie oft auf Bildern dargestellt),
oder von Vater und Tochter[7], oder von Schwester und Schwester;
oder auch in einem Team mit irgendjemandem, der uns hilft,
uns selbst – und unsere zukünftigen Leben – zu bauen.
In all diesen Konstellationen sollte unser ‚Gegenüber' –
auch wenn es sich um einen Gegenspieler handelt –,
beim Spielen als *wir selbst* gesehen werden.

Wenn wir denjenigen auf dem gegenüberliegenden Kraftfeld-Sitz
als etwas uns Fremdes sehen, als etwas, das wir nicht sein möchten,
oder etwas, womit wir uns nicht identifizieren wollen,
könnten wir uns plötzlich in einem Spiel von Trennung
und Tod wiederfinden.
Das wäre aber nicht das Senet-Spiel,
sondern eine abergläubische Degeneration davon.
Das menschliche Wesen, das wir sind, liebt es natürlich,
sich einen Gegner einzubilden, weil, ihn zu bezwingen, Freude bereitet.
Aber das wäre ein strategisches Spiel,
nicht das Spiel eines Vorübergehenden,
der sich freut, *zwei* zu sein, und doch weiß,
dass er in Wirklichkeit ungeteilt *Eines* ist.

Re sagt zum König *Men-kheper-Re:*
‚Du bist wie ich, bist wirklich mein zweites Selbst.' [8]

Anmerkungen und Quellenangaben zu Seiten 71-73

Die zwei Hälften vereinen

[1] Pusch, Teil 1.2, Tafel 1a.

[2] Faulkner, *Dictionary*, 302.

[3] Ibid., 230.

[4] Ibid., 34.

[5] Ibid., 302.
Zwei halbe Kreise sind auch ein Symbol für Thoth, den Lehrer.
So könnten wir beifügen: Lasst uns unser eigener Lehrer und Führer werden.

[6] Das Ehemann-Ehefrau-Team ist das bemerkenswerteste. Die Ehefrau durchläuft die gleichen Bewusstseinsübungen wie ihr Ehemann, ohne das Spiel direkt selbst zu spielen, und wird schließlich genauso als für die Ewigkeit würdig und gerechtfertigt befunden wie ihr Mann. Sie haben die gleiche Mehen.

[7] Es ist uns kein Text über eine Ewigkeits-Rechtfertigung der Tochter oder der Schwester des Spielers bekannt.

[8] Piankoff, *Litany of Re*, 12.

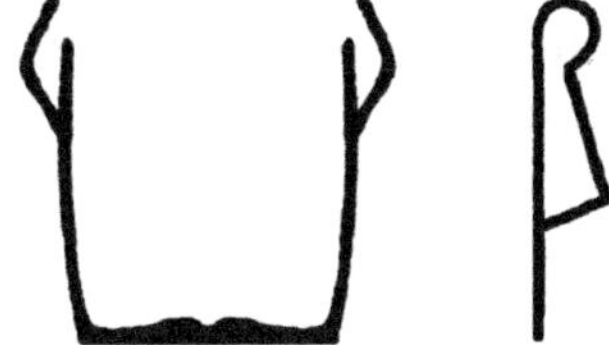

,KA-Maat' [1]

Der Weg des Senet

Die Großen Senet-Texte zeigen uns
(trotz einiger verlorener Textstellen) den ganzen Weg,
vom Eintreten in das ,Haus' des Thoth, des Lehrers,
bis zum Erreichen des Status eines für die Ewigkeit
Würdigen und Gerechtfertigten.
Parallel dazu betonen kürzere klassische Dokumente
die grundlegenden Bewegungen des Spiels
und die Freude, es zu spielen.
Andere erläuternde Texte geben dem Senet-Spieler
schon vor Spielbeginn spezifische Empfehlungen, wie:
,Solange Du lebst, lasse dein Leben vollkommen sein, jeden Tag.
Auch Dein Haus sollte mit schönen Dingen
eingerichtet werden, Tag für Tag.' [2]
Oder sie nennen eine andere gute Vorbereitung für das Spiel:
,singe täglich für Dein KA …' [3]
,… Oh Du, der Du Maat liebst.' [4]
KA ist unsere Kraft der Aspiration,
die größte uns zur Verfügung stehende Kraft der Realisation.
Es hilft, auf unserem Weg zu singen!
Maat ist unsere individuelle Bestimmung, unser inneres Programm,
dem zu folgen und es zu realisieren unser KA bestrebt ist.

Die kurzen klassischen Senet-Texte bringen dem Spieler,
auch wenn sie im Detail von den Großen Senet-Texten abweichen,
dieselbe Botschaft und beginnen im Allgemeinen mit:
„Mögest Du in der *sh* Halle sitzen, an der Seite der Mehen,
während du voller Freude das Senet-Spiel spielst."

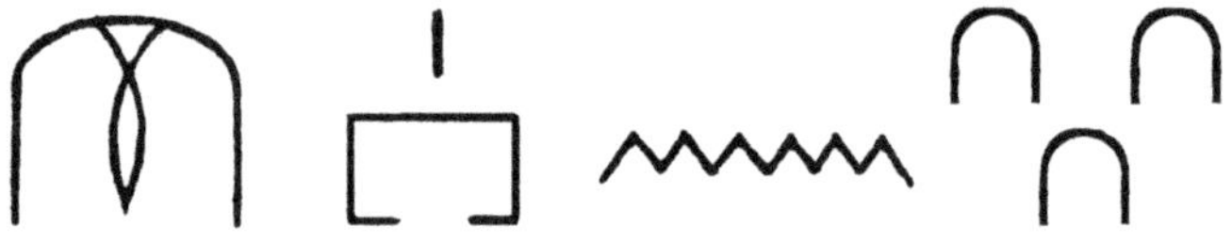

Die Halle ist auch die ‚Halle der Dreißig',[5]
der dreißig Archetypen (Neteru, Götter) des Senet-Spiels,
in deren Gegenwart wir uns begeben, um zu spielen.

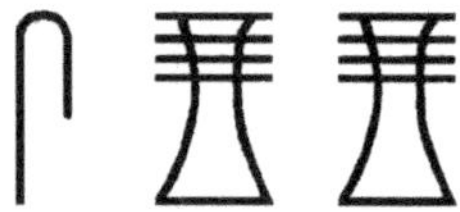

Wir ‚machen uns permanent' [6], indem wir das Spiel spielen.
Die geliebte Ehefrau, die Dame des Hauses,
steht an der Seite ihres Mannes und ermutigt ihn,
einen wichtigen Zug zu machen:
‚Lasse die drei Gefährten sich zusammen hinsetzen
im Haus der drei Gefährten, das zur Ewigkeit gehört,
so dass Du selbst ein ‚Gott' werden kannst,

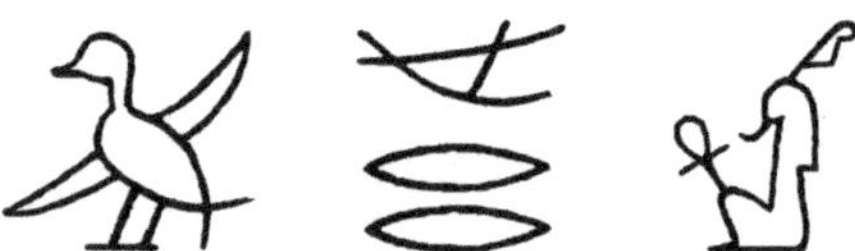

Oh Du, der Du Maat liebst.' [7]
Die drei Gefährten könnten der physische Körper,
das Vital und das Mental des Menschen sein.
Die ‚Drei' (III) symbolisieren am Ende des Spiels
auch die göttliche Zusammengehörigkeit von allem mit allem.

Die Realisation der ‚Drei'
geht immer der Realisation der ‚Zwei' voraus.
Diese zwei Stadien bilden in allen kurzen klassischen Texten den Schlüssel zu dem ganzen Spiel und seinen Höhepunkt.
Genannt werden sie schlicht:

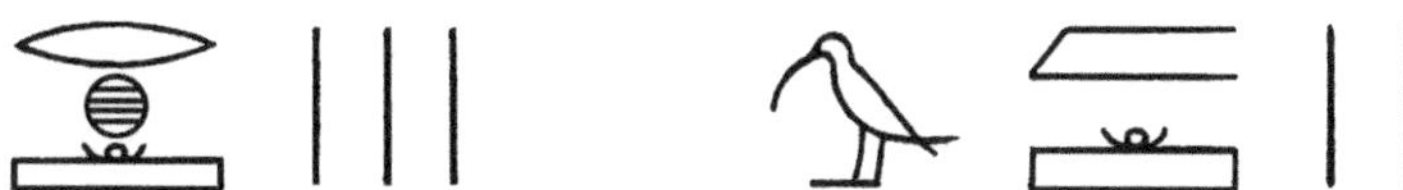

‚das Wissen von den Drei' und ‚das Finden der Zwei'.[8]

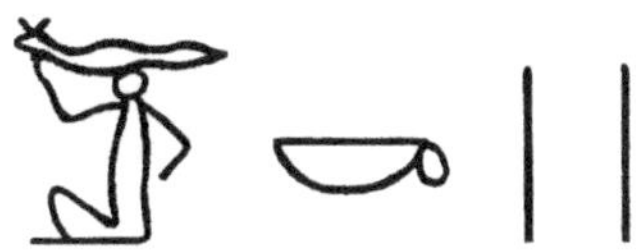

Das ‚Finden der Zwei' kann die Form [9]
des Tragens und Hochhebens des Zweiten annehmen.

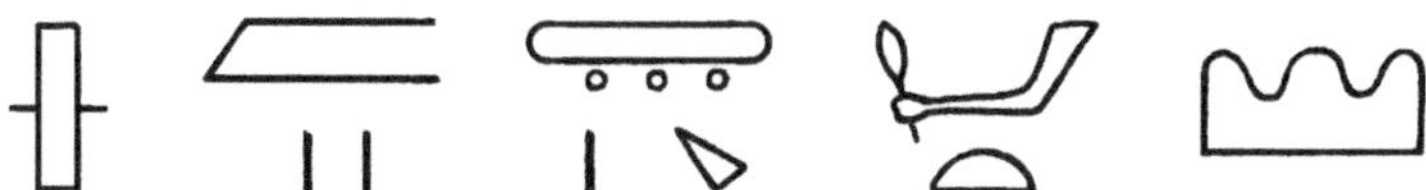

Dann folgt der Spaziergang ‚im Heiligen Land' [10]

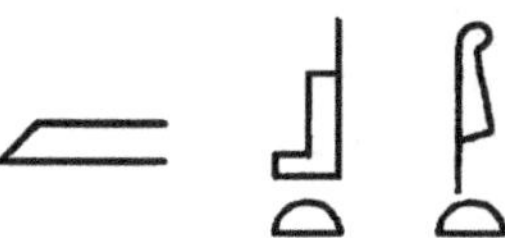

‚am Ort, wo die Wahrheit regiert' [11]

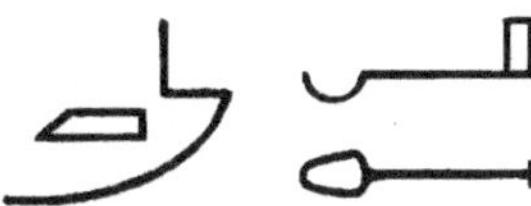

für X, den ‚Gerechtfertigten'.[siehe 11]

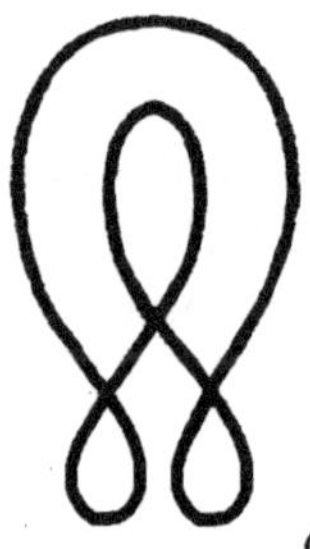

‚Grundlage, Plan‘ [12]

Ein Spiel scheinbarer Widersprüche, in Wirklichkeit aber ein Programm der Befreiung

Wir können nur einige Einblicke in das Wesen des Senet-Spiels geben,
das so reich an Möglichkeiten ist
und in so vielen Varianten gespielt werden kann
als es engagierte Spieler gibt,
die es schon gespielt haben, es spielen oder noch spielen werden.
Das heißt, der Spieler spielt es ganz individuell,
betritt jedes Haus und begrüßt das Ganze
auf seine ihm eigene Art des Seins, des Liebens,
des Sehens und Erkennens.
Ein solcher Reichtum an Möglichkeiten führt
zu vielen scheinbaren Widersprüchen.
Wir fragen: „Können wir das Spiel gewinnen?“
Wir können es nicht,
denn es ist, wie die Ewigkeit, ohne Anfang und Ende.
Genauso wahr ist es aber zu sagen, dass wir beim Eintreten
in das erste Haus, das Haus des *Thoth*, bereits gewonnen haben.
Bei jedem Schritt in dem Spiel betreten wir ein neues Haus
und stellen fest, dass wir bereits dort sind
und schon immer dort waren.
Der Pharao konnte das Spiel jeden Tag spielen,
und immer wieder war es neu,
brachte ihm neue Lösungen für psychologische Probleme,
neue Selbst-Entdeckungen,
zeigte ihm neue Seiten des ewigen Gefährten in ihm.

Ein Spiel der Geduld

Viele moderne Spiele sind Spiele voll von Ungeduld,
die so schnell als möglich zum Sieg führen müssen.
Die alten Spiele hingegen, insbesondere das Senet-Spiel,
lehren uns Geduld –
eine Geduld genährt durch Wachsamkeit und durch das Gefühl,
für alle unsere psychologischen Kräfte verantwortlich zu sein,
so wie es ein Hirte für seine Schafe ist.
Das Spiel kulminiert in einer Art feierlicher Anrufung,
einem Ruf an alle unsere Archetypen, sie möchten doch
an unserem nächsten Spielzug teilnehmen,
mit uns in unsere nächste ‚Lebenssituation' treten
und gemeinsam von Leben zu Leben reisen.
Die Pyramidentexte beschreiben den Weg des Königs
zurück in das Einssein.
Damit ihm das gelingt, muss er sich mit Allem identifizieren.
Nichts anderes als die Vollständigkeit dieses *Alles*, dieser *Ganzheit*,
kann ihn zufriedenstellen.
Uns *ganz* zu machen, ist die eigentliche Bedeutung
des Lebens und des Universums.
Auf diesem abenteuerlichen Weg wird uns empfohlen,
uns der Führung unseres individuellen Kraftfeldes,
unserer Mehen, anzuvertrauen.
Der einzige Schutz, den wir haben, ist das *Wissen* –
dasjenige der physischen, der vitalen und der mentalen Welten,
und wie wir uns in ihnen zu verhalten haben –
aber noch viel mehr das Wissen, wie es ein ägyptischer Schreiber
über die tiefere Bedeutung der Hieroglyphen- und Symbolbilder hatte,
und die Fähigkeit, diese wie Gehstöcke zu benutzen,
um sich beim nächsten Schritt darauf zu stützen.
Praktische Psychologie ist, den nächsten Schritt zu kennen, nur diesen,
und dann den nächsten, und dann wieder den nächsten,
um auf diese Weise unserem Ziel näher zu kommen.
Das könnte die moderne Praxis der Psychoanalyse
vorteilhaft ersetzen oder zumindest ergänzen.

Fragen und Antworten

Wie können wir lernen, mit unseren Archetypen zu spielen?
So, wie wir schwimmen lernen,
aber in deren eigenen Wellen-(Kraft-)feldern:
Kämpfe nicht mit deinen Archetypen,
versuche auch nicht, sie zu ignorieren,
habe keine Angst vor ihnen, bete sie auch nicht an,
bettle nicht um etwas, eile nicht von ‚Haus' zu ‚Haus',
um rasch vorwärts zu kommen.
Lerne, mit deiner Mehen zu kommunizieren;
deine Mehen ist der Weg.
Vergiss nicht, dass dies ein Ewigkeitsspiel ist,
lerne von der spielerischen Natur der Archetypen
und gewinne, indem du über sie hinausgehst, sie transzendierst.

Warum spielen?
Um uns besser kennen zu lernen, um wir selbst zu werden,
um uns zu transformieren;
um der Freude willen, schöne ‚Häuser' und Gärten zu betreten
auf dem Weg zur Erleuchtung und Verewigung.

Könnte das Senet-Spiel die Rolle eines Orakels übernehmen?
Wenn wir gewahr sind, dass wir zu einem bewussten Universum gehören,
zu einer Welt der Kommunikation und des Austausches von Wissen und
Seligkeit, enthalten (so wie in der Cro-Magnon-Zeit) alle Dinge,
die wir antreffen – sei das ein Tier, ein Baum, eine Wolke oder ein Stern –
eine frohe Botschaft.
Die Archetypen antworten nicht mit ‚Ja' oder ‚Nein',
sie sprechen in Bildern, in Symbolen,
auf die wir unser verborgenes inneres Wissen projizieren können
und aus denen es zurückgespiegelt wird.
Leider wurde das Interpretieren solcher Symbolbilder
zu einem Zufallsspiel, in welchem Würfel, Stäbchen
oder Fingerknöchel als Vermittler zwischen den Archetypen
und dem Menschen verwendet wurden.
Wir sollten wieder in direkte Kommunikation mit ihnen kommen,
indem wir unser zentrales Wesen, das ‚Kind in uns', befragen.

Was zählt am meisten in diesem Spiel?
Wichtiger als die Wahl eines ‚Hauses' ist es, in ihm
etwas von unserer Dualität, unserem Getrenntsein zu verlieren
und dafür an Einheit und Ganzheit zu gewinnen.
Die innere Bewegung dazu ist das Transzendieren:
Ein Transzendieren unserer Begrenzungen
und sogar unserer menschlichen Form,
um fähig zu werden, uns mit allen und allem zu identifizieren.
Worauf es ankommt, ist der Wille des Spielers.
Wer bestrebt ist, die alte Weisheit des Senet-Spiels zu erkunden,
wird natürlich auch Anstrengungen auf sich nehmen müssen.
Er wird das Spiel viele Male spielen müssen.
Jedes Mal erfährt er eine Intensivierung seines Selbstgewahrseins,
eine Erweiterung seiner psychologischen Sicht, seines Horizonts,
und wird mit seinen Archetypen, seinen Spielgefährten besser vertraut.
Das wiederholte Spielen aktiviert in ihm einen Prozess des Integrierens,
des Sich-selbst-erbauens, Sich-selbst-sammelns.
Die auf dem Spielbrett dargestellte Djed-Säule symbolisiert
den Archetyp für das innere ‚Zusammenbinden' aller Fasern
unseres Wesens, einen Vorgang des Integrierens.
Nichts kann ausgelassen oder ausgeschlossen werden,
wenn es unsere Aspiration ist, in die Unendlichkeit hineinzuwachsen.
Die ägyptische Hieroglyphe für ‚Ganzheit', für ‚Alles',
ist ein einfacher Korb, 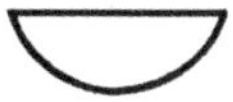
der gleichzeitig das Symbol für Sammeln, Einsammeln,
Aufnehmen, Empfangen ist.
Wenn wir an dieser Ganzheit teilhaben wollen,
müssen wir anfangen, alles als uns selbst zu sammeln.
Während wir dies tun, entdecken wir,
weshalb der Korb (oder die Schale) auch ‚Meisterschaft' bedeutet –
wir werden Meister unserer selbst –,
und weshalb er auch das Symbol für ewiges ‚Fest' [13] 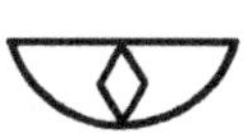
sein kann.
Dazu sollte der wahre Spieler, unsere *Mehen*,
den Korb (das All, das Ganze) bewohnen.

Ist das Senet-Spiel ein Yoga?
Ein Yoga, ja, aber einer mit dem großen Vorteil,
dass man sich dabei nicht so ernst nimmt:
Man sieht sich vergnügt in einem Spiel.
Das Ego als die Formation, die sich selbst ernst nimmt,
kann hier keine zentrale Funktion beanspruchen.
Ein neues Zentrum hat dadurch die Chance, sich zu manifestieren –
und damit ein ganz neues Universum, nämlich das der *Mehen*.
Sie beginnt, aus ihrer korpuskularen Form, dem physischen Körper,
in dem sie eingerollt war, herauszukommen,
entfaltet sich nun, erhebt sich und kann sogar
über die mentalen Begrenzungen des Spielers hinausspringen.
Dessen Ego ist zwar immer noch da,
aber jetzt leitet die Mehen über seinem Kopf das Spiel.[14]

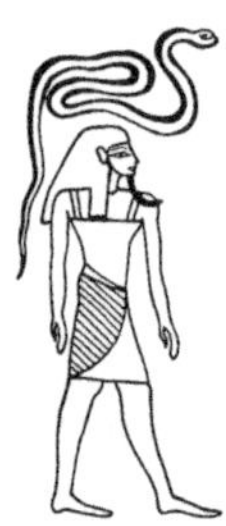

Um diesen Zustand erreichen zu können, müssen wir uns daran erinnern,
dass das Fundament des Spielbretts von Amon
das Wellenreich der Unendlichkeit ist, die sogenannten Ur-wasser.
Wenn wir das vergessen, kann es sein, dass wir uns als Spieler
wie ein Grashalm benehmen, gänzlich absorbiert
von den Bewegungen der Spielfiguren, der Korpuskel,
als wenn unsere Existenz von ihnen abhinge.
So ein Spieler kann das Senet nicht wirklich spielen und vollenden,
denn als Grashalm ist er nicht fähig, die letzten fünf Häuser zu betreten.
Nur als *Mehen* können wir die Wasser (das Schwingungsreich)
überqueren und die Bereiche der Ewigkeit und Seligkeit
der wahren Vielheit (Fülle), Zweiheit (Polarität) und
und des Einsseins erreichen.
Das ist der Yoga, den das Senet-Spiel vorschlägt.

Welches sind die Regeln des Spiels?
Der technische Aspekt des Senet, die Art, wie die alten Ägypter es gespielt haben, wurde bis jetzt nicht entdeckt.
In den Großen Senet-Texten wird keine Regel angegeben.
Jedes ‚Haus' ist ein besonderes Schwingungsfeld, mit dem in Resonanz zu kommen schwieriger ist, als irgendeine äußere Regel zu befolgen.
Wir können, während wir spielen, selbst einige Regeln aufstellen.
Für den modernen Menschen ist es sicher nicht einfach, sich in ein viertausend Jahre altes Spiel hineinzuversetzen.
Für einige Spieler mag es ein Spiel der Selbst-Erkenntnis und des Sich-selbst-Verewigens gewesen sein, für andere ein Spiel zur Entscheidungsfindung für das innere und äußere Leben, ausgehend von gegebenen psychologischen Situationen.
Für wieder andere Spieler mag es ein Weltenspiel gewesen sein, in welchem gleichzeitig die Geschichte des Universums und ihre eigene Geschichte erzählt wurde, oder ein Spiel im Sinne von wiederholten Theaterproben, um an den Weg zu erinnern: Von den *Vielen* zu dem *Einen* und von dem *Einen* zu den *Vielen*, oder ein Festspiel, um in Resonanz mit der Freude des Seienden zu treten.
Uns ist es nicht möglich, das Senet-Spiel als ein bloß strategisches Spiel zu sehen (wie es heute üblich ist), wenn auch viele moderne Spiele diese Form angenommen haben.
Das dem Anschein nach polytheistische Senet birgt einen Monismus, der typisch ist für die alte ägyptische Psychologie, und führt uns ein in ein Universum, in welchem der einzige Spieler das *Eine* ist, das mit sich selbst spielt– in allen seinen Aspekten.
So werden alle Regeln, alle Spielzüge, sogar unsere Bewegungen der Befreiung, von uns selbst gemacht.
Wie in dem altägyptischen spiralförmigen Schlangen-Spiel [15] kann der Spieler sicher sein, dass er eines Tages zu dem gelangen wird, was er realisieren möchte.
Und nichts ist wichtiger als das.
Beginnen wir also zu spielen, mit dem Wissen, das wir haben, ohne schon alle Häuser zu kennen.

Anmerkungen und Quellenangaben zu Seiten 75-83

Der Weg des Senet und folgende Kapitel

[1] Bucher, *Textes des Tombes de Thoutmosis III*, 1re heure, 4.

[2] Pusch, Teil 1.1, 66.

[3] Ibid., 143.

[4] Ibid., 98. ‚Maat lieben' erscheint wie ein Leitmotiv in vielen Texten.

[5] Pusch, 1.1, 393, aus den Großen Senet-Texten.

[6] Faulkner, *Dictionary*, 260, ‚permanent machen'.

[7] Nach Pusch, Teil 1.1, 98 (Text), 102 (beide Zeichnungen).

[8] Ibid., 102.

[9] Ibid., 120.

[10] Ibid., 97, 102.

[11] Ibid., 110.

[12] Faulkner, *Dictionary* 234. Es wird *senett* gelesen und hat die gleiche Wurzel wie das Senet. Es bedeutet ‚Grundlage', ‚Plan' – was das Senet in Wahrheit ja auch ist.

[13] Faulkner, *Dictionary*, 166.

[14] Hornung, *Totenbuch der Ägypter*, 343.

[15] Ranke, *Das altägyptische Schlangenspiel*

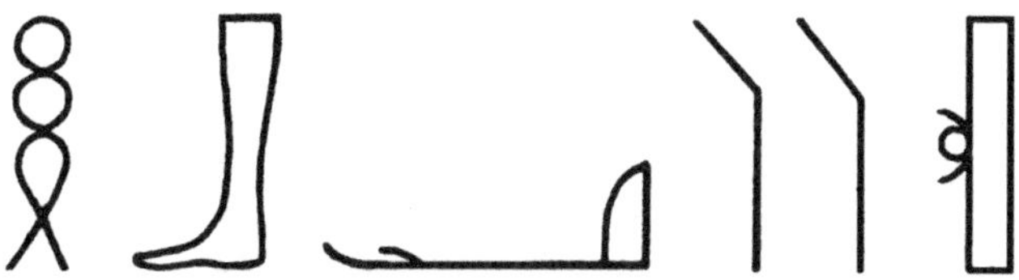

‚Spielzüge‘ [1]

Lasst uns spielen

Auch wenn wir es noch nicht wie ein Pharao spielen,
sollten wir uns bewusst sein, dass das Senet-Spiel
nicht ein Familienspiel oder ein Ferienspiel ist,
sondern ein *Erkenne-dich-selbst*-Spiel.
Es zeigt uns eine andere Weise zu spielen,
auch eine andere Art zu denken, zu funktionieren, zu leben.
Der kleine Löwe spielt Löwen-Spiele,
um Löwe zu werden.
Das Königskind spielt Königs-Spiele,
um König in seinem Königreich zu werden.
Die wenigen Spiel-Vorschläge, die hier folgen,
richten sich an jene, die sich noch nicht er-*innern* können,
dass auch sie ein Pharao sind;
sie werden eingeladen,
so bald als möglich ihre eigenen Regeln aufzustellen
und diesen zu folgen.
Für denjenigen, der Maat, sein inneres Programm,
seine individuelle Wahrheit, kennt
und bereit ist, sich von ihr führen zu lassen,[2]
gibt es keine weiteren Bedingungen, die erfüllt werden müssten,
um das Spiel als Pharao zu spielen,
das Spiel von Leben und Auferstehung –
ohne die Notwendigkeit, sterben zu müssen.

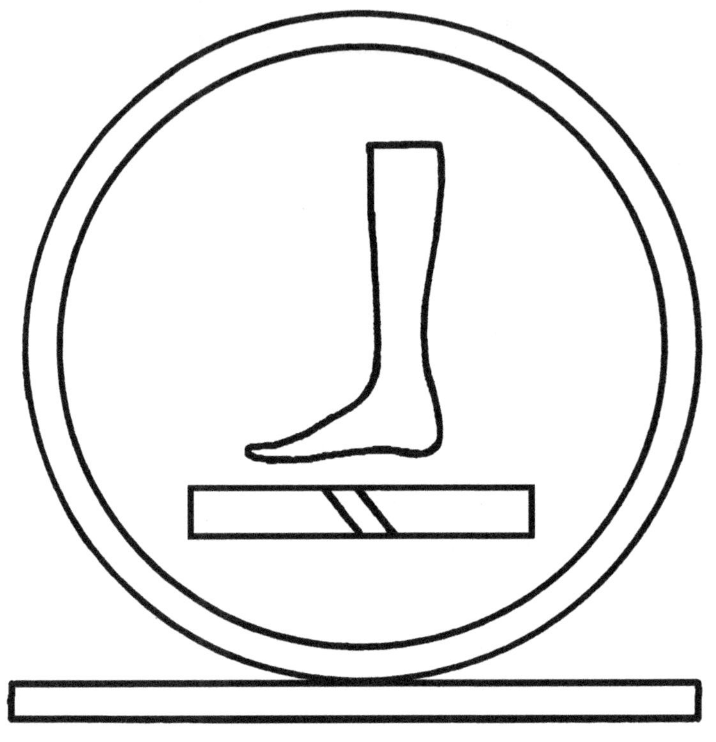

BA,
an den Ufern der Wellen der
Unendlichkeit gehend,
im Shen-Ring,
der das Zeitliche mit dem Ewigen verbindet.[3]

Um mit dem Spiel vertraut zu werden, können wir es
wie eine fantastische Reise in einem Märchenland spielen.
Wir nehmen eine Spielfigur in die Hand
und folgen mit ihr der natürlichen Bewegung des Spiels,
welche die einer Schlange, unserer Mehen, ist.
Das ist auch die Art, wie der Ochse das Feld pflügt,
indem er in abwechselnder Richtung hin- und hergeht.
Wir gehen also auf diesem *Boustrophedon-Pfad* – ganz langsam bitte –,
und wechseln nach Belieben die Richtung, bis wir das Gefühl haben,
wir möchten auf einem bestimmten Symbolbild anhalten;
dorthin stellen wir unsere Spielfigur.
Wenn wir das Symbol, das uns anhalten ließ, nicht verstehen,
können wir Erläuterungen dazu finden (siehe Teil IV, ab S. 115)
oder in der Kurzbeschreibung der ‚Häuser‘ nachsehen (S. 344).
Trotz der offensichtlichen Mitwirkung des ‚Zufalls‘
bei der Auswahl des Feldes
und unserer Unkenntnis über den Inhalt des Symbols sollten wir wissen –
und dies ist beim Senet-Spiel ganz wichtig –,
dass, was auch immer wir entdecken, nur *wir selbst* sein können.
Indem wir das ausgewählte Feld, auf dem unsere Figur steht, betreten,
zum Beispiel dasjenige des BA,
gelangen wir sozusagen in die Schatzkammer dieser Seelenkraft
und beginnen von dort aus, dieses Feld zu erfahren und
die Geschichte unseres Abenteuers zu erzählen:

Oh BA, ‚Ich kenne Deinen Namen,
ich lasse Deinen Namen nicht außer Acht – endlos ist Dein Name.‘[4]
Ich möchte tanzen, weich und schmiegsam ist der Boden
unter meinen Füßen,
und so dynamisch der Impuls, zu hüpfen und in Freude aufzugehen!
Mein BA, das sind meine Füße des ewigen Wanderers und Pilgers,
das ist meine Liebe zur Mutter Erde, zur Inkarnation, zur Materie,
das sind meine Erinnerungen an vertraute Kontakte mit ihr,
in verschiedenen Umgebungen, in vielen Zeitaltern.
Ich möchte bei der Berührung mit ihr aufblühen
und bewusster und liebevoller auf ihr gehen.

Mit ein wenig Imagination und Information (Teil IV, S. 115 ff.)
kann jede Schatzkammer, jedes ‚Haus' des Spiels,
als ein ganzes Märchen gesehen und erfahren werden.
Tatsächlich enthalten die meisten Häuser nicht nur eines,
sondern viele Märchen oder psychologische Erfahrungen.
Betrachten wir zum Beispiel *Sokar* (S. 237).
Er ist die Fähigkeit, zu träumen, und gleichzeitig
die Fähigkeit, unsere schönsten Träume wahr werden zu lassen.
Er ist auch die Sehnsucht, aufzuwachen,
aus unserem schlafwandlerischen Zustand herauszukommen
und stets in einem voll bewussten, glücklichen Zustand zu bleiben.

Das Senet-Spiel kann auf verschiedene Weise und auf verschiedenen
Ebenen des Selbstgewahrseins gespielt und erfahren werden.
Wir können uns ihm nähern:
Als ein sich Informierender, dann wird es kaum Wirkung auf uns haben;
als ein Erforscher der alten Psychologie, der verstehen möchte,
wie sich der Mensch in einem vergangenen ‚goldenen' Zeitalter sah;
als ein Sucher der großen Gnosis, des Wissens von ‚allem als wir selbst',
hochgeschätzt und gesammelt seitdem der Mensch zum Menschen wurde;
als Yogi, der diese Landkarte seiner selbst kontempliert und
sich nach deren Bildern aufbaut;
als Pharao, der sein inneres und sein äußeres Königreich verbinden
und auf die bestmögliche Weise führen will;
oder als Kind, das hüpfend und spielend einen Garten betritt
und hie und da einen Moment lang neben seinem Lieblingsvogel,
unter einer wehenden Fahne oder inmitten von
Universum, Raum und Zeit verweilen möchte.
Es gibt keine Regel, die besagt,
dass wir es als Homo Sapiens spielen müssen.
Wir können es ebenso als Stern, Baum, Frosch spielen –
oder als mit was immer wir uns identifizieren möchten.
Die einzige Regel ist,
dass wir es *nicht gegen* jemand *anderen* spielen können.
Wenn wir einen Gegenspieler brauchen,
können nur *wir selbst* dieser Gegenspieler sein.

Der Pfad des Mondes

Wenn wir das Senet als ein Spiel der Ewigkeit, der Vollständigkeit
und Fülle spielen wollen, sollten wir den Boustrophedon-Weg wählen,
der bei *Thoth* anfängt (links oben) und uns in das *Eine* führt (rechts unten).
In diesem Fall repräsentiert *Thoth* auch den Mond,
und zwar den Leermond und seine langsame Entwicklung hin
zum Vollmond (ein Symbol für Einssein, Erleuchtung).
Entlang dieses Weges sollte unser Selbstgewahrsein – wie der Mond –
an Helligkeit zunehmen.
Wir folgen also dem Weg des Mondes in der Nacht,
um uns – wie der königliche Mensch, Osiris,
der von seinem Gegner Seth in Teile (hier sind es 30) geschnitten
und in alle Winde zerstreut wurde –
auf eine Reise des Sich-selbst-Entdeckens, Sich-selbst-Erschaffens,
Sich-selbst-Sammelns zu begeben.
Um uns selbst vollständig einzusammeln, müssen wir unsere Archetypen –
die 30 psychologischen Felder des Senet-Spiels – kennenlernen.
Dabei sollten wir aber nicht vergessen, dass dies,
selbst wenn es ein Yoga ist, ein Yoga des Spiels ist.
So wählen wir die Spielfelder nach unserem Belieben
(nicht zu viele gleichzeitig).
Auf jedes der ausgewählten Felder stellen wir eine Spielfigur
(aus dem Set der großen Figuren) und sinnen darüber nach,
was es bedeuten könnte.
Nehmen wir einmal an,
die unserem Bewusstsein verloren gegangenen Archetypen,
die wir als Erste aus dem Vergessen heraufholen wollen,
wären die folgenden:
Horizont, Netz, Hathor, Djed-Tet, Thoth.

Der *Horizont* symbolisiert eine Bewegung des Sich-weitens.
Er lädt uns ein, über all unsere gegenwärtigen Begrenzungen –
seien diese physischer, vitaler oder mentaler Art –
hinauszugehen in eine größere Weite und Freiheit.
Wir werden psychologisch weit genug, die von uns gewählten Archetypen
nicht als etwas außerhalb von uns Liegendes zu sehen,

sondern sie als fundamentale Prinzipien und Fähigkeiten in uns selbst wahrzunehmen, die darauf warten, hervorgerufen und entwickelt zu werden, zur Bereicherung unserer wahren Individualität.
Durch stetes Weiten und allumfassendes Miteinbeziehen verlieren wir nach und nach das Gefühl des Getrenntseins, unsere Angst, unser Elend und entfliehen schließlich allen Arten der Gefangenschaft, dem *Netz* der Erscheinungen.
Das *Netz* wird zu dem, was es immer war:
Die subtile Struktur, die das Universum aufrechterhält, und es wird – während wir uns weiten – immer durchlässiger für die leuchtende Wirklichkeit dahinter.
Das Haus der großen Mutter *Hathor* gewährt uns, dem Kind Horus, Schutz in seinem Werden;
diese Art von Begrenzung akzeptieren wir freudig.
Es ist unsere Intention, bewusst an dem Sich-selbst-Erbauen mitzuwirken als die ewige *Djed*-Säule, die von *Tet*, der Liebe der großen Mutter Isis, umgürtet ist.
Dies alles geschieht in Anwesenheit von *Thoth*,
unserem inneren wohlwollenden Lehrer, der uns zeigt, wie wir das psychologische Gleichgewicht in allen Situationen halten können.
Es mag Tage, Monate, Jahre oder ganze Leben dauern,
bis wir dieses Minimum an Archetypen oder auch alle dreißig erobert haben, je nach unseren Fähigkeiten des Wahrnehmens und der Identifikation.
Unsere ‚Spiel-Stimmung' hoch zu halten, ist die treibende Kraft des Spiels.
Wenn wir das Symbol für das *Eine* erreicht haben,
können wir nach Belieben wieder bei Thoth beginnen –
denn die Essenz des Spiels ist *Mehen*, die psychologische Energie,
die sich in den Schwanz beißt
und dadurch Unwissenheit und Wissen verbindet.
Den Pfad der Nacht in mehreren Zyklen zu durchlaufen,
wird dessen Reichtum nicht erschöpfen.
Warum sollten wir müde werden, unseren psychologischen Mond zu bestaunen? Eher werden wir voller Freude feststellen,
dass die Perle unseres Selbstgewahrseins – Schicht um Schicht – an leuchtender Substanz zunimmt.

Der Pfad der Sonne

Wir können unsere Reise der Selbst-Entdeckung
auch von dem *Einen* her beginnen.
In diesem Falle nähern wir uns den dreißig Spielfeldern
aus einem anderen Blickwinkel,
um unsere Bekanntschaft mit ihnen zu erneuern und zu vertiefen.
In der vorherigen Betrachtungsweise (Mondpfad) steht
der Baum des Lebens mit seinen Wurzeln in der Erde verankert,
und seine Äste wachsen der Sonne entgegen.
In unserer neuen Sichtweise (Sonnenpfad) sind seine Wurzeln
im Himmel[5], und seine Äste mit ihren himmlischen Wundern
reichen tief zu uns herab.
Der Pfad des Mondes, von *Thoth* zu dem *Einen,*
könnte ‚*Evolutions-Weg*' genannt werden.
Er führt uns durch die Vielheit und durch die Ambivalenzen
unserer psychologischen Prinzipien, auf dass wir schließlich
das *Eine* entdecken – unsere Wellensubstanz, unseren Seinsgrund,
der sowohl unser Ursprung als auch unser Ziel ist.
Der Pfad der Sonne, der von dem *Einen* zu *Thoth* führt,
könnte ‚*Involutions-Weg*' genannt werden.
Er zeigt die Bewegung der Selbst-Manifestation von dem Einen
in die Zwei-in-Einem, in die Drei-in-Einem, in die Vielheit,
in das Universum, die irdische Welt, uns selbst.
Dieser Involutionsweg lehrt uns,
alles in der großen Zusammengehörigkeit des Einsseins zu sehen.
In ihm erneuert sich das Universum in jedem Augenblick
und lässt die Freude seines Ursprungs in allem stets neu erstrahlen.
Der Teppich der dreißig fundamentalen Bewegungen
des Selbstgewahrseins breitet sich majestätisch vor uns aus,
und seine dreißig herrlichen Farben und Töne des Eins-seins,
des Sich-selbst-seins beginnen in Resonanz zu erklingen
und voller Jubel zu singen.
Es macht nichts, wenn dieser Weg uns noch nicht begehbar erscheint,
wesentlich ist, ihn manchmal singen zu hören.
Und wir sollten wissen, dass unser Zweiter von dort zu uns kommt.

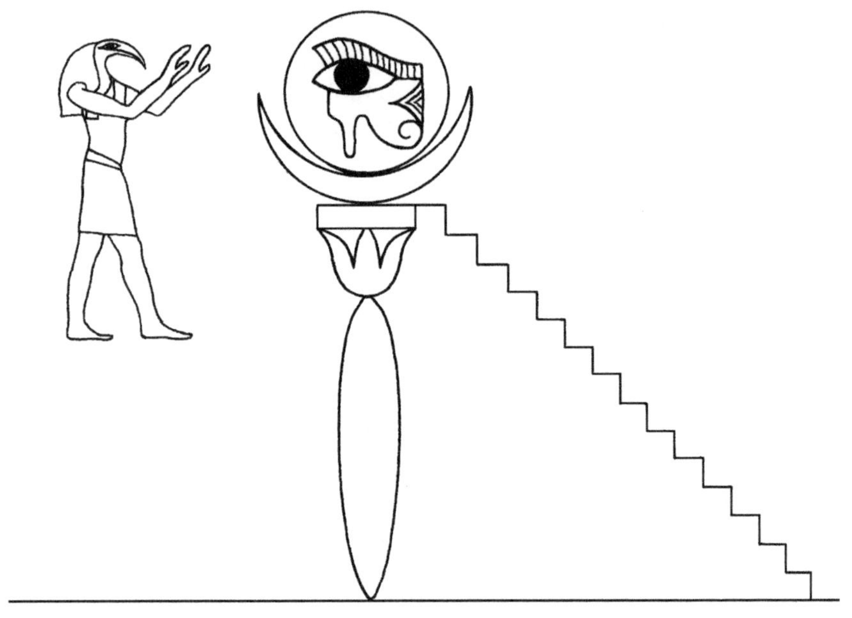

Aus dem Tempel von Dendera,
nach einer Wiedergabe von Lanzone.[6]

Der Pfad der Zwillinge

Mit einer konischen Spielfigur auf dem Feld des *Thoth*
und einer spulenförmigen Spielfigur auf dem Feld des *Einen*
können wir dem Pfad der Zwillinge folgen.
Das gesamte Spielfeld wird nun von einem Phänomen erleuchtet,
von dem wir nicht erwartet hätten, dass ein Spiel es hervorbringen kann:
das Wunder der Spiegelung (vgl. Bild S. 92).
Wir schauen in das Udja-Auge des *Einen* – und wie in einem Spiegel
sehen wir *uns selbst* und *Thoth*, der hinter uns steht.
Wir schauen auf *Thoth,* und wie in einem Spiegel sehen wir uns selbst
und den *Einen* hinter uns.
In Wirklichkeit ist das, was wir sehen, die Art,
wie das *Eine* und wie *Thoth* uns sehen.
Jeder Pol spiegelt den anderen und gibt ihm so einen Reichtum,
der sich selbst weiter vervielfältigt.
Nun bewegen wir die zwei Spielfiguren aufeinander zu,
in die nächsten zwei Häuser, und das Wunder geht weiter:
Neith, Neter der Dualitäten in der Welt,
findet ihre Entsprechung in dem *Zwei-in-Einem*;
und das *Zwei-in-Einem* der großen ontologischen Anfänge
findet seine kreative Kraft am Werk in Neith.
Nun bewegen wir die zwei Spielfiguren, die immer noch miteinander
in Beziehung stehen, erneut aufeinander zu, in die nächsten Häuser,
wo das Herz des *Osiris* mit seiner Million vibrierender Bienen
und die *Drei-in Einem*, die Vielheit der großen auf- und niedersteigenden
Energien und Kräfte alle miteinander in Resonanz sind,
und jede die Seligkeit der anderen kostet:
die Fülle des Seins und des Lebendig-seins.
Zwölf andere reziproke Spiegelungen erwarten uns,
immer wieder Neues offenbarend.
Wir verstehen nun das Wesen der beiden sogenannten ‚Gegenspieler':
Sie repräsentieren komplementäre Prinzipien, die sich gegenseitig anziehen
und den Abgrund ihrer Unterschiedlichkeit überbrücken,
indem jedes den ihm gegenüberliegenden Pol auch in sich erkennt,
spiegelt und mit-verwirklicht.[7]

Anmerkungen und Quellenangaben zu Seiten 85-93

Lasst uns spielen und folgende Kapitel

1 Faulkner, *Dictionary*, 167.

2 ‚Gerechtfertigt' zu sein, das heißt, würdig sein, ewig zu leben, kann auch gelesen werden als ‚die Wahrheit führt dich'. Wenn wir ‚Maat', unsere Wahrheit (unser inneres Programm), bei jedem Schritt verwirklichen, spielen wir das Spiel des Pharao. Aber diesen Bewusstseinszustand permanent zu erreichen, ist keine leichte Aufgabe. Das Senet-Spiel ist eine Vorbereitung darauf. Siehe dazu auch S. 95.

3 Von einer königlichen Vase; Budge, *Book of the Kings*, I, XVIII.

4 Diese Begrüßungsformel, welche auf die Pyramidentexte zurückgeht, wird zitiert in Piankoff, *The Shrines of Tut-Ankh-Amon*, 42.
Für die Ägypter war der Name etwas sehr Wichtiges: Die Vibration, welche uns mit unserem Ursprung und mit unserem wahren Programm verbindet.
Ein Beispiel: Weil RE seinen Namen vergessen hatte, erlitt er den Stich der Trennung, symbolisiert durch einen Skorpion; aber als er sich wieder an seinen Namen (sein wahres Programm) erinnerte, verschwand der schreckliche Schmerz sofort. Siehe dazu Medhananda *Archetypen der Befreiung*, S. 5.

5 Der Ashwattha, ein Feigenbaum, der in der Hindu-Tradition die kosmische Manifestation symbolisiert, hat seine Wurzeln im Himmel.

6 Lanzone, *Dizionario*, I, Tav.XXXIX, Detail.

7 ‚Ich bin seine zwei Seelen in seinen Zwillingen';
Piankoff, *The Shrines of Tut-Ankh-Amon*, 55.

‚Vereinigung der beiden Ägypten‘.[1]

Das Spiel des Pharao

Auf dem Weg zu unserer Selbst-Eroberung können wir das Spiel auch
wie ein Pharao spielen (was wir uns bis jetzt kaum vorstellen konnten).
Es gibt da keine Tricks, die es uns erleichtern würden,
schnell voranzukommen. Es hat nie welche gegeben.
Die Betonung liegt nicht auf irgendeiner mentalen Anstrengung,
sondern auf einer Mutation des Bewusstseins,
die unser inneres und unser äußeres Leben zu *einem* werden lässt,
im Symbolbild als ‚die Vereinigung der beiden Ägypten‘ dargestellt.
Wir erkennen, dass wir einige unserer Seelenkräfte *bereits sind*:
Wir sind in Resonanz mit ihnen und manifestieren sie
in unserem täglichen Leben; das ist wichtig.
Wir erkennen aber auch, dass wir viele Seelenkräfte erst *potenziell sind*;
auch wenn sie in unserem inneren Selbst bereits angelegt sind,
können wir sie noch nicht verwirklichen:
Sie sind noch nicht in unserer gegenwärtigen ‚Reichweite‘,
bilden aber unser zukünftiges Programm.
Wir werden sie üben – nicht mühevoll als Pflicht,
das würde dem Geist des Spiels nicht entsprechen –,
sondern in der Freude, auf dem Weg zu ihrer Verwirklichung zu sein.
Auch wenn wir nicht gerade am Spielbrett spielen,
können wir mit unseren Archetypen, unseren Seelenkräften
in Verbindung sein und kommunizieren[2], in der Symbolsprache des Senet,
die auch ein Überbringer von Botschaften ist
zwischen dem Leben, das wir jetzt leben und dem nächsten.

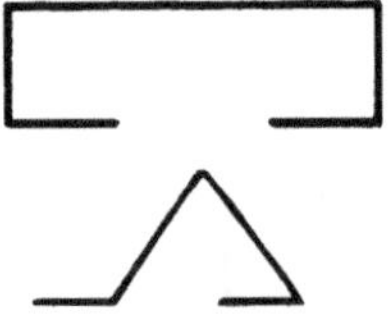

‚Herauskommen' und ‚hinaufgehen'.[3]

Der Pfad des Helden

Der Pharao, der vollkommene Mensch, geht von Haus zu Haus,
von Transformation zu Transformation.
Er hat sich im königlichen Haus der Neith niedergelassen
und es sich vertraut gemacht,
aber wie ein Sannyasin[4] ist er bereit, alles hinter sich zu lassen,
um auf dem Weg in das Eine ein *freier* Reisender zu werden.
Diese innere Freiheit erlaubt es ihm, seine Spielfiguren
und diejenigen seines Gegenspielers dorthin zu stellen,
wo er wahrnimmt, dass sie hingehören. (Nicht jeder ist dazu fähig.)
Er setzt zum Beispiel eine Spielfigur, die von den *Wassern* kommt,
auf *Buto,* das Feuer.
Es gibt einen Schwingungszustand,
in welchem Wasser auch Feuer ist,
und Wasser auch Licht ist,
und Wasser sowohl Tod als auch triumphierendes Leben ist.
Es gibt kein Wort, mit dem man *Wasser-Feuer-Licht-Tod-Leben*
gleichzeitig ausdrücken könnte.
Wenn wir die Gnosis unseres Vorfahren, des ‚Homo Rishi'[5],
verstehen und verwirklichen wollen,
müssen wir uns an eine Substanz gewöhnen,
in welcher alle diese scheinbaren Gegensätze verbunden und eins sind,
und in der wir alle diese Zustände von Selbstgewahrsein gleichzeitig sind.
Das ist der Weg des Helden.

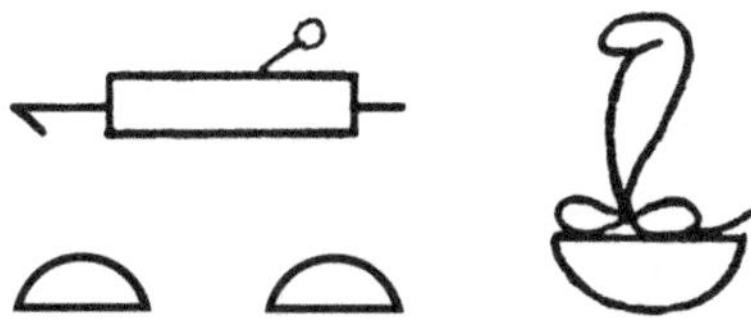

Königliche Uräus, *die Sich-erhebende* [6]

Der königliche Pfad

Wenn der Unterarm des Pharaos, verehrt als die ‚Königliche Elle',
das Maß aller Dinge, über dem Spielbrett erscheint,
ist es, als würden die dort stehenden Figuren zum Leben erweckt.
Jede steht an dem ihr zugewiesenen Platz – scheinbar inaktiv.
In Wirklichkeit aber weist jede auf die Anwesenheit
einer unterbewussten Kraft des Spielers hin,
auf einen Archetyp, der bereit ist, sich zu manifestieren,
auf eine Verbindung mit unserer *zusammengerollten* Mehen.
Wird nun eine Spielfigur von *königlicher* (*bewusster*) Hand
aufgenommen, ist es, als würde sie dadurch
in einen Zustand der Erhöhung versetzt:
Sie wird – durch eine Art Energieübertragung –
zu der sich *erhebenden* Mehen und springt wie von selbst
in ein von ihr ausgewähltes Feld.
Hat sie den Platz in dem von ihr ausgewählten ‚Haus'
einmal eingenommen, klingt die energiegeladene Kraftwelle ab,
das Spielfeld bleibt aber weiterhin wie magnetisiert.
In jedem Haus – das wissen wir – ist unser Zweiter verborgen.
Ihn zu entdecken, sich mit ihm in seinem besonderen Schwingungsfeld
und in unserer besonderen psychologischen Lebenssituation zu vereinen,
ist Teil der Überraschung und Verzückung, die das Spiel in uns auslöst.
In jedem der dreißig Häuser können wir unseren Zweiten
in einer seiner vielen, ganz unterschiedlichen Archetypen-Rollen treffen.
In allen diesen Häusern wollen wir wohnen,
sie alle in unser Sein einbeziehen; wir gehen von Seligkeit zu Seligkeit.

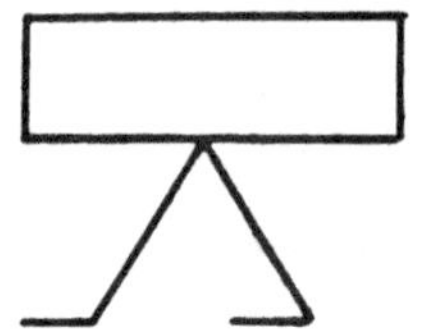 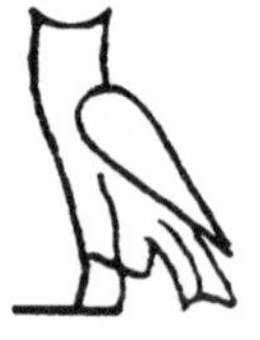 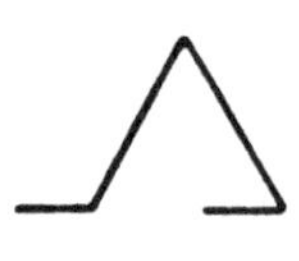

zu einer Reise ‚aufbrechen‘ [7]

Das Spiel des Besuchens aller dreißig Häuser

Wir stellen unsere fünf konischen Figuren in klassischer Weise
auf *Thoth*, *Neith*, *Herz des Osiris*, *Ba* und *Maat*,
und die fünf spulenförmigen Figuren
auf *Eins*, *Zwei*, *Drei*, *Wasser* und *Schönheit.*
Äußerlich sind die fünf Spielfiguren eines jeden Sets alle gleich,
nun soll aber jede – wie ein Pharao – unterschiedliche psychologische
Charakteristika oder Namen bekommen;
zuerst den Namen des Feldes (des Hauses), auf dem sie gerade steht,
danach die Namen und inneren Qualitäten der von ihr besuchten Felder.

Wir lassen die Figuren den Boustrophedon-Weg gehen:
Die Figur auf *Thoth* und ihre 4 Gefährten gehen den Pfad des Mondes,
diejenige auf dem *Einen* und ihre 4 Begleiter folgen dem Pfad der Sonne.
Als Spielregel soll gelten, dass jedes Haus nur einmal besucht werden
kann, mit Ausnahme der zwei Häuser *Wasser* und *Zwei-in-Einem.*
Nun geben wir jeder der zehn Figuren mögliche Flugbahnen:
(Wenn man das Spiel einmal kennt, kann man später auch anders vorgehen,
neue Regeln aufstellen und neue Pfade kreieren.)

Ba, unser Wegbereiter, macht den ersten Zug und geht in das Haus
des *Benu* (Symbol für die Bewegung nach oben, zum Licht),
weitet sich dann im *Baum* mehrdimensional aus
und gleitet über die ewigen *Wasser*, über die er gehen kann.
So bekommt diese Spielfigur den Namen: *Ba-Benu-Baum-Wasser.*

Die Figur auf *Maat*, der Wahrheit, geht zuerst in das Haus *Ka*,
wo ihre Höhen und Tiefen durch dessen Verbindung mit dem Ursprung
bestärkt werden, lässt sich dann im ewigen *Djed Tet* nieder
und fügt ihrer intensiven Kraft noch *Buto*, das Feuer, hinzu.
Sie wird also zu *Maat-Ka-DjedTet-Buto.*

Das *Herz des Osiris* wird eins mit dem sich selbst opfernden *Brot*,
trifft dann seine archetypischen Wesensteile im *Horizont*
und bewahrt sie im Seelen-*Schiff.*
Sie bekommt den Namen *Herz des Osiris-Brot-Horizont-Schiff.*

Die Figur in *Neith* erforscht das Reich der *Dreißig*,
erobert das helle Bewusstsein von *Orion*,
umfängt ihre unermessliche Weite im *Netz*
und findet ihre Erfüllung im *Zwei-in-Einem.*

Thoth geht geradewegs zu dem *Einen* und das *Eine* zu *Thoth.*
Zwei-in Einem belebt die große Mutter *Hathor*
und richtet sich in *Leben* ein.
Drei-in Einem ermöglicht alle Veränderungen in *Kheper*
und nimmt teil an der ewigen *Wiedergeburt.*
Die *Wasser* fließen in die *Erfrischung*, bestimmen die Träume
von *Sokar* und stärken *Mut*, die Natur, in all ihren Taten.
Schönheit geht zum *Kind* und scheint dann wie die *Sonne*.[8]

Wie gelingt es uns, alle diese psychologischen Bewegungen und Namen
bewusst in uns gegenwärtig zu halten?

Wir könnten die Symbolbilder und -namen der dreißig Archetypen
wie ein Mantra wiederholen und in uns wachrufen:
Thoth, Neith, Herz des Osiris, Ba, Maat, Ka, Dreißig ...
und wenn wir dabei ins Stocken geraten,
ändern wir die Richtung der Litanei und beginnen am anderen Pol:
Eins, Zwei, Drei, Wasser, Schönheit, Schiff, Horizont ...

Unsere Archetypen auswählen und ein eigenes Spiel zusammenstellen

Es ist für uns ganz natürlich, die Archetypen des Senet-Spiels als *Häuser* zu bezeichnen (wie in den Märchen).
Diese Bezeichnung deutet darauf hin, dass die entsprechenden Archetypen (unsere Seelenkräfte) ‚domestiziert' worden sind.
Hathor heißt *Haus des Horus*, Haus des göttlichen Kindes.
Wir finden Hinweise auf diesen Prozess der Selbst-Domestizierung in den alten Mythen, etwa in demjenigen von Herakles, wo beschrieben wird, wie Herakles – im Rahmen seiner ‚Zwölf Arbeiten' – zwölf seiner Seelenkräfte, eine nach der anderen, erobert hat, zu einer Zeit, als der Mensch sich der Notwendigkeit bewusst wurde, sich selbst zu domestizieren – eine Aufgabe, welche bis heute unvollendet geblieben ist. Diese Notwendigkeit fühlte der Mensch bereits vor der Erfindung des Senet-Spiels; es hätte ohne eine solche Bewusstwerdung nicht entstehen können.

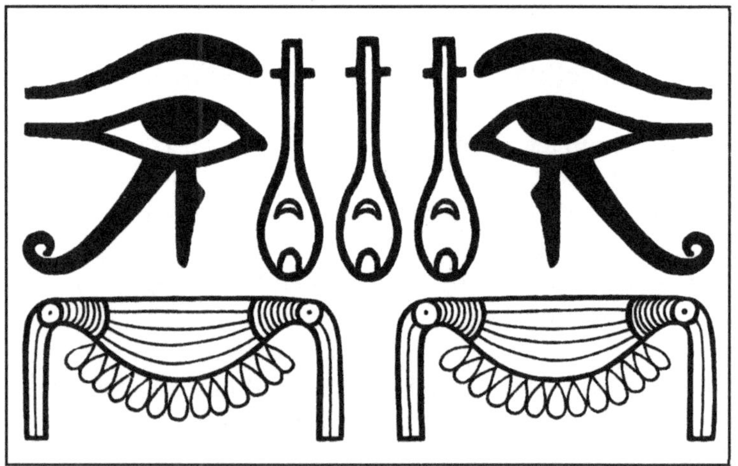

Das schematisierte Gesicht von Ptahmi [9] (oben) zeigt die Transzendierung seiner menschlichen Form: Es präsentiert einen Höhepunkt der Domestikation, eine ‚goldene' Art und Weise, wie man in Resonanz mit dem Ganzen mitschwingen kann.

Wenn wir die größtenteils leeren *Häuser* auf den Spielbrettern
der Pharaonen sehen, erstaunt uns das große Ausmaß an Leere.
Kannten die Pharaonen die *Häuser* des Spiels vielleicht
seit frühster Kindheit ‚auswendig' und brauchten nur
wenige Erinnerungen oder Referenzpunkte auf dem Weg?
Diese vielen leeren Felder auf der Spielfläche,
deren Umrisse die *Häuser* nur andeuten –
ohne dass ihnen ein Symbolbild oder ein Name zugeordnet ist –,
können nicht ohne psychologische Bedeutung sein.
Es scheint, als wollten sie die Gegenwart des Unendlichen
im königlichen Spiel betonen:
die Unendlichkeit von Spielmöglichkeiten, von Archetypen.

Jeder Pharao berücksichtigte wohl den wesentlichen Bestand
der wichtigsten Häuser, konnte um diesen herum aber
sein eigenes individuelles Spiel kreieren und weiterentwickeln.

Die meisten der kurzen klassischen Senet Texte
erwähnen nur zwei Häuser: die *Zwei* und die *Drei*.
Das Haus für das *Eine* wird stillschweigend vorausgesetzt,
aber nicht genannt.

Auf vielen Spielbrettern werden nur vier Symbole gezeigt:
Schönheit, *Wasser* (auch als *Vier* dargestellt), *Drei*, *Zwei*.
Einige zeigen zusätzlich die *Wiedergeburt*. Das ist alles.

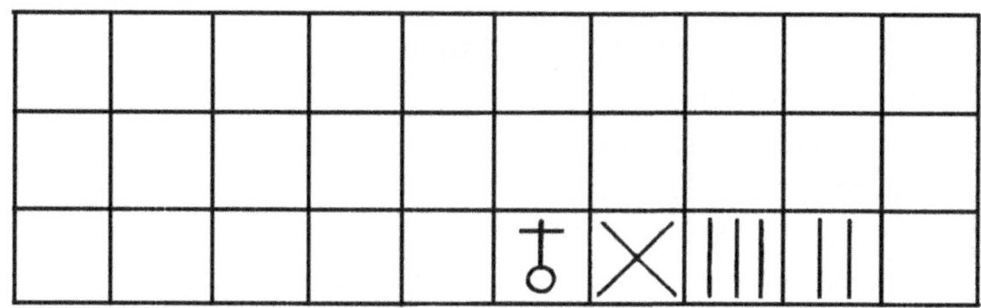

Die Häuser: *Schönheit, Wasser (Vier), Drei, Zwei* [10]

Um unser persönliches, individuelles Spiel zusammenzustellen, können wir für die auf den alten Spielbrettern leergelassenen Häuser eigene Archetypen auswählen.
Für unser in diesem Buch präsentiertes und erläutertes Spiel (Abbildung hinten im Buch) haben wir zum Beispiel neun Archetypen ausgewählt, die, soweit wir wissen, weder auf einem der erhaltenen Spielbretter dargestellt noch in einem der auf das Senet-Spiel bezogenen alten Texte erwähnt sind, die aber bei den alten Ägyptern sehr oft anderswo anzutreffen sind und sehr beliebt waren. Es sind dies:
Ba, Ka, Benu, Kheper, Sokar, Kind, Hathor, Horizont und *Schiff.*
In einem Spiel wie dem Senet, in dem die hauptsächlich zu übende Bewusstseinsbewegung die Identifikation ist, sollten wir bei der Auswahl der Archetypen gemäß unserer Aspiration und unserer Bereitschaft, uns mit ihnen zu identifizieren, vorgehen, und gemäß ihrer Eignung, uns so gut wie möglich auf unserem spirituellen Weg zu führen.
Viele weitere in unserer Präsentation nicht erwähnte Archetypen würden diese Kriterien auch erfüllen, wie der Widder, das Nilpferd, der Löwe, der Schlitten, die Pyramide, das Uas Zepter …
Es ist diese Freiheit, eigene Archetypen zu wählen, die das Senet-Spiel zu einem Spiel des Pharao und zu einem einzigartigen, individuellen Spiel macht – eine Freiheit, die alle Religionen verloren haben.
Nur in der *Bhagavad-Gita*, dem Lied des Geliebten, finden wir sie:
‚So wie die Menschen sich mir nähern,
so akzeptiere ich sie in meiner Liebe, …;
die Menschen gehen in jeder Weise auf meinem Pfad, …‘ [11]
Erinnern wir uns daran, dass das Senet das Spiel unseres Lebens ist – auch das unseres Lebens jenseits und all unserer zukünftigen Leben, die alle durch unsere Wellennatur verbunden sind, durch das, was die Ägypter unsere Schlangennatur oder *Mehen* nannten.
Indem wir unsere Wellennatur, unsere Schwingung, *Mehen*, als unseren Seinsgrund und Zeugen erkennen, gewinnen wir die Freiheit, unsere Archetypen selbst zu wählen und den Prozess des Selbst-Aufbauens und des Selbst-Erschaffens zu beginnen, der wohl nie enden wird.

Unser Ziel ist es, immer wieder das Eine zu realisieren
und von dem Einen aus uns wieder neu zu manifestieren,
mit neuen Inspirationen und Aspirationen, die es zu üben gilt.
Selbst wenn der Pharao die dreißig Archetypen seines ersten Senet-Spiels
realisiert hat und sie im Leben manifestieren kann,
wird er seine selbstschöpferische Intention nicht aufgeben.

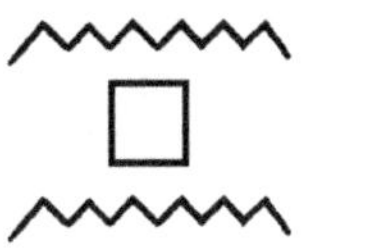 [12]

Auf den Wänden des Grabes von Thutmosis III.
sind siebenhundertzweiundvierzig Archetypen dargestellt.

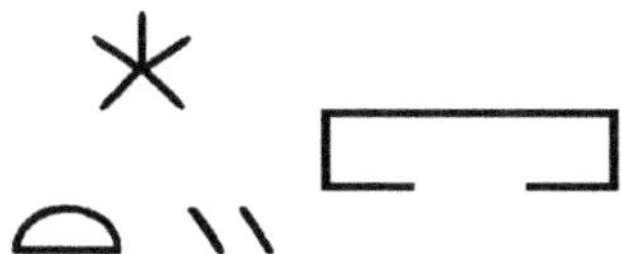

Aber noch nie wurden wirklich alle Möglichkeiten gezeigt,
die unserem Sein (als innerer König, als ‚Pharao') offenstehen.

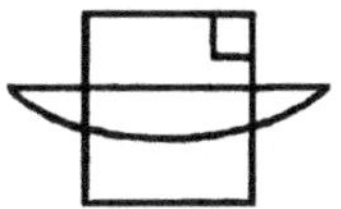

So können wir uns gut vorstellen,
wie wir in diesem und in vielen anderen Leben
unsere eigenen Senet-Spiele mit verschiedenen Archetypen kreieren
und dabei nie die wesentlichsten vergessen –
diejenigen, auf welche die alten Senet-Spielbretter hinweisen:
Das *Eine*, die *Zwei*, die *Drei*,
die *Wasser* (unsere Schwingungsnatur),
die *Schönheit* (die Resonanz von allem mit allem)
und die *Wiedergeburt* –
und dass wir uns unserer alles verbindenden und
zusammenhaltenden Mehen (des Superstrings) immer bewusst sind.

Wir werden in neue Lebenszyklen eintreten
mit unauflösbaren Schätzen unserer vergangenen Leben,
die wir – als Mehen – sorgfältig ausgewählt
und im Korb der ewigen Erinnerungen gesammelt haben.
Wichtig ist, dass wir die hohe Bewusstseinsebene
des wahren, inspirierten Unterscheidungsvermögens erreichen
und erkennen, dass es auch gewisse Archetypen gibt,
die wegen ihrer Funktion oder ihrer Spezialisierung
den Prozess unserer Einswerdung, unserer Ewigwerdung
erschweren könnten.
Einer von diesen ist *Ptah*, der in der Memphis-Periode
des alten Ägypten eine wichtige Rolle spielte,
als Archetyp des praktischen Mentals,
als praktischer Manipulator und Hersteller von Dingen,
als Erbauer von Zivilisationen.
Er ist weder Prometheus, der das göttliche Feuer herunterbrachte,
noch der weitsichtige Visionär eines erleuchteten Mentals.
Ptah ist, kurz gesagt, der ‚Ingenieur der Korpuskel'.
Die Ägypter verehrten ihn als den göttlichen Handwerker,
den Hersteller all der schönen Dinge,
an denen das alte Ägypten so überaus reich war.
Das menschliche Mental ist ein spezielles Organ,
das im Verlauf einer langen Evolution von der Natur entwickelt wurde,
um Korpuskel zu manipulieren.
Korpuskulares, materialistisches Denken,
wie es Ptah repräsentiert,
ist in einer korpuskularen Welt ein kraftvoller Freund der Menschheit –
aber ohne Verbindung zu den unsichtbaren psychologischen Energien,
die uns umgeben und durchdringen.
Wenn er sich nicht bewusst wird,
dass sein Spiel mit den Korpuskeln
nur an der Oberfläche eines sie projizierenden
unendlichen Ozeans bewusster Energien geschieht,
könnte Ptah den Prozess unserer wahren Selbstwerdung erschweren
und uns daran hindern, wieder ins Paradies einzutreten.

Wer sich an die Erfindung eines eigenen Senet-Spiels wagt,
sollte dessen grundlegende Natur berücksichtigen,
nämlich die eines dicht gewobenen psychologischen Teppichs,
in dem alles mit allem anderen verbunden ist,
sowie auch andere psychologische Gegebenheiten,
wie die Struktur des Zwei-in-Einem, die Polarität.
Ohne Beachtung dieser Gegebenheiten
könnten wir zwar ein Spiel erfinden,
aber es hätte wenig mit alter oder zukünftiger
Weisheit oder mit Yoga zu tun.
Damit wir bei unserem psychologischen Unternehmen
des Selbst-Erbauens und der Selbst-Ewigwerdung erfolgreich sind,
sollten unsere Archetypen (unsere Teilpersönlichkeiten)
wie ein gutes Basketball-Team *zusammen*spielen,
indem sie ihren Goldenen Ball – uns selbst – weitergeben,
bis sie ihre höchste Erfüllung
in einem gemeinsamen Triumph erreichen,
der unserer eigener ist.

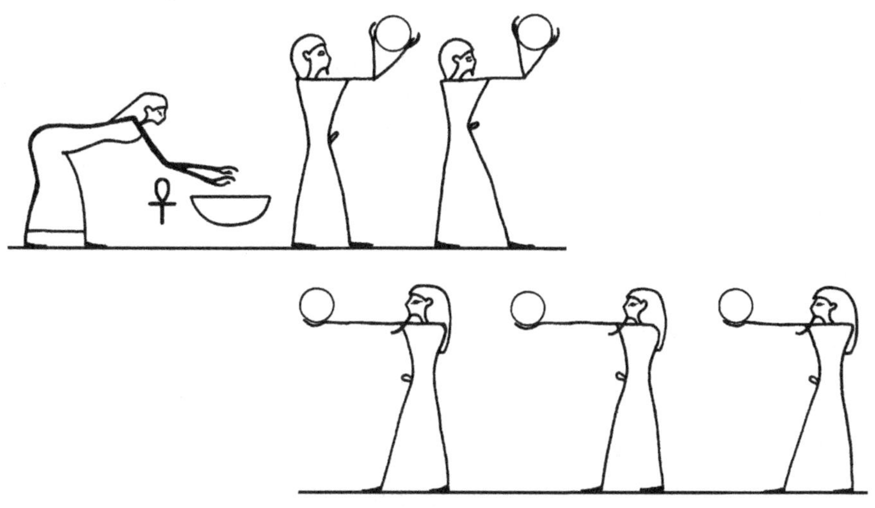

Aus dem Papyrus von Djed-Khonsu-ius-ankh.[13]

Anmerkungen und Quellenangaben zu Seiten 95-105

Das Spiel des Pharao und folgende Kapitel

1 Nach Lanzone, *Dizionario*, III, 934.

2 Medhananda, *Der Weg des Horus*, 79.

3 Faulkner, *Dictionary*, 90, 91.

4 Wenn der Sannyasin (der hinduistische Mönch) den Pfad der Entsagung betritt, um zur Befreiung zu gelangen, verbrennt er alles, was ihn an sein früheres Leben binden könnte.

5 Homo rishi, derjenige, der sieht, und durch das Sehen weiß. Die Sanskrit-Wurzel von ‚rishi', *drish*, bedeutet ‚sehen'; die Wurzel von Veda, *vid*, bedeutet ‚wissen', sehen.
Tyberg, *Language of the Gods*, 2, 5.

6 Faulkner, *Dictionary*, 56.
Die ‚königliche Uraeus-Schlange' enthält die Symbole des ‚Einen' , des ‚Zwei-in-Einem' und des ‚Ganzen' , auf dem sie sitzt.

7 Faulkner, *Dictionary*, 266.

8 In gleicher Weise bekommt nun die Spielfigur, die zu Beginn auf *Thoth* stand, den Namen *Thot-Eines,* und diejenige, die zuerst im Haus *Zwei* stand, heißt nun *Zwei-Hathor-Leben;* analog dazu: *Drei-Kheper-Wiedergeburt* und *Wasser-Erfrischung-Sokar-Mut* und *Schönheit-Kind-Sonne.*

9 Pusch, Teil 1.2, Tafel 73; Detail, von der Senet-Spiel-Box des Ptahmi (Ptḥ-mjj), 18. oder 19. Dynastie.
Das Zentrum des Gesichtes drückt kosmische ‚Schönheit' aus (Resonanz von allem mit allem),
eingebettet in die Herrlichkeit von ‚Gold' .

10 Pusch, Teil 1.2, Tafel 39 b, aus Sakkara, fünfte Dynastie.

11 Diesen Satz aus der *Bhagavad-Gita* erwähnt Sri Aurobindo in seinem Buch *Essays on the Gita*, SABCL, XIII, 139.

12 Bucher, Textes des Tombes de Thoutmosis III; 4, 5, 113.

13 Piankoff, Mythological Papyri, II, No. 29, Detail.

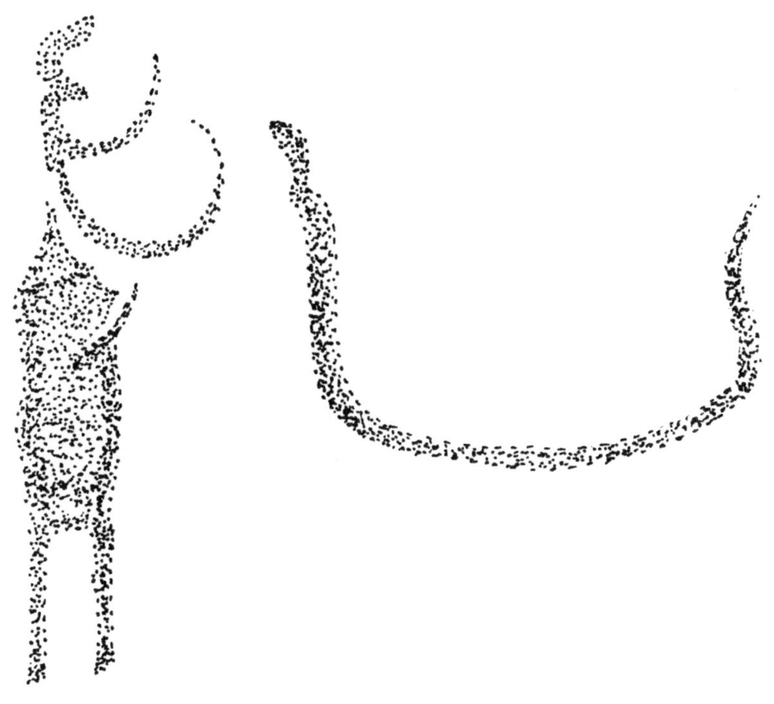

III

ICH NÄHERE MICH MEINER MEHEN

Jenseits der Angst erinnere ich mich

Der GROSSE SENET-TEXT beginnt so:

EIN KÖNIGLICHES GESCHENK
AN DIE SELBSTERKENNTNIS RE-ATUM
UND AN ALLE MEINE BEWUSSTSEINSEBENEN
THOTH SHU MAAT UNNEFER
(MENTAL ÜBERMENTAL SUPRAMENTAL
UND SELIGKEIT)
UND AN DIE DREISSIG HÄUSER DES SPIELS
DIE HÄUSER DER VERWIRKLICHUNG MEINER SEELE
GEFÄSSE VON MAAT [1]

Ein königliches Geschenk
an die Selbsterkenntnis RE-ATUM …

Die erste Hieroglyphe im großen SENET-TEXT bedeutet *König*.
Nicht ein historischer oder ein Märchen-König
ist gemeint, sondern unser eigenes
inneres Königtum, der König, der wir sind.

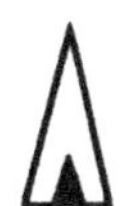

Die zweite Hieroglyphe bedeutet *Geschenk*.
Es ist auf der Waagschale einer unsichtbaren
Waage platziert und trägt bewusst
zum Gleichgewicht des ganzen Universums bei.

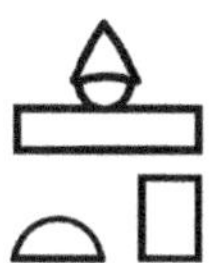

Die dritte Hieroglyphe bedeutet *Opfer*,
eine Opfergabe auf einen hohen Platz,
einen ‚Altar', legen und uns selbst in
jene Höhen erheben, wo alles heilig ist.

Das Geschenk geht von unserem inneren König
an die Archetypen, jene Seelenkräfte des Selbst-Wissens in uns.
Sie sollen hervorgerufen werden, damit sie im Leben wirksam
und bei der Eroberung unseres psychologischen Königreiches
siegreich werden können.

Es ist aber genauso wahr, zu sagen, dass
das Geschenk von den Archetypen an uns Menschen geht,
die wir unser wahres Selbst (unsere Senet-Natur) vergessen haben –
den unbezahlbaren Schatz von noch verhülltem Wissen,
das verborgene Königreich der Souveränität, der Seligkeit, Unsterblichkeit
und Göttlichkeit.

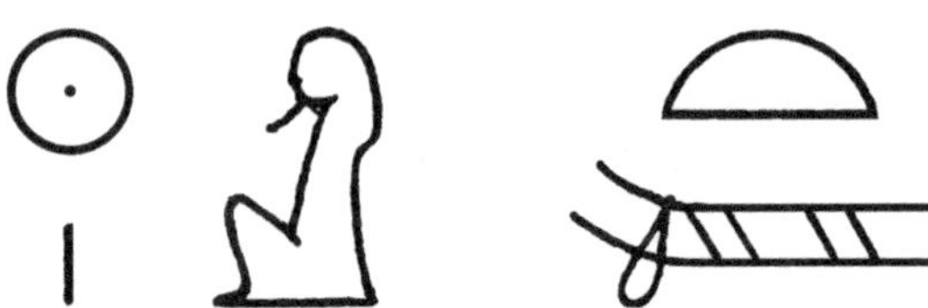

Re-Atum[1]

… und an alle meine Bewusstseinsebenen

Wenn wir empfänglich genug sind, in uns die gewaltige Mobilisierung
von Kräften unserer verschiedenen Bewusstseinsebenen wahrzunehmen,
können wir verstehen, dass jede yogische Bewegung, jedes ‚Haus'
als ein Privileg auf dem Weg, als ein königliches Geschenk zu sehen ist.
Horizont (das Sich-weiten) oder *Erfrischung* oder die *Drei*
sollte nicht eine Übung sein, die wir uns auferlegen,
sondern eine Bewusstseinsbewegung,
die wir zulassen, weil sie uns mit Freude erfüllt.
Und diese Freude bestätigt uns wiederum,
dass es uns erlaubt ist, sie auszuführen.
Selbst wenn wir das Spiel als ein ‚Bettler' (ein Ego) beginnen,
aber nicht aufhören, es zu spielen, werden wir merken, wie sich
unsere Aufmerksamkeit immer mehr auf unser wahres Wesen richtet,
und wie wir mehr und mehr an dem gegenseitigen
Geben und Nehmen teilhaben können.

So wie der Wassertropfen sich dem Eiskristall schenkt,
und der Eiskristall sich wiederum dem Wasser und dem Leben schenkt,
so ist das Aufwachen ein Geschenk des Träumens
und das Träumen wiederum ein Geschenk des Wachseins.
Die *Zwei* sind ein Geschenk von dem *Einen* an die Vielen
und das *Eine* ein Geschenk von den *Zwei* an die Vielen –
von beiden Seiten her gesehen machen wir ein Geschenk an uns selbst.

RE-ATUM, der im Großen Senet-Text zuerst Genannte,
ist das *Eine* und die *Vielen* in uns selbst.
THOTH, unser Lehrer und Führer, und MAAT, unsere Wahrheit
und inneres Programm, werden im Text ebenfalls genannt.
Sieben im Senet-Text erwähnte Seelenkräfte nehmen an der Opfergabe teil,
erscheinen aber nicht auf dem Spielbrett.
Dennoch beeinflussen sie das Spiel und lassen uns seine Plastizität
und sein unendliches Potenzial erahnen.
Diese sieben in dem Text erwähnten Seelenkräfte sind:

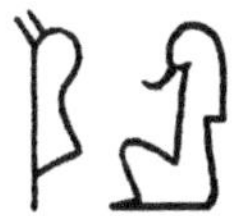

SHU
die Kraft des immerwährenden
Sich-ausdehnens.

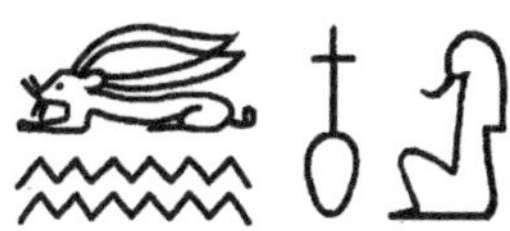

UNNEFER, ein Name von Osiris:
das schöne, glückselige Sein,
das sich immer wieder erneuert.

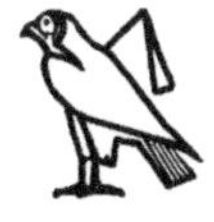

HORUS, unser Selbstgewahrsein
auf der Suche nach
unserem wahren Wesen.

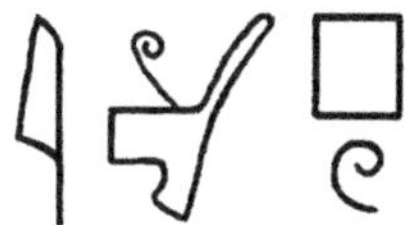

INPU, der ägyptische Name
für Anubis, den Seelenführer,
den Eroberer des Todes.

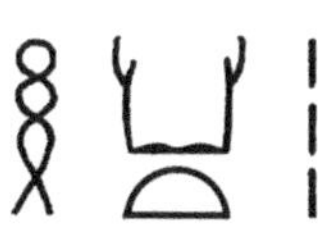

HEKKET, unsere Aspiration (KA),
die – wenn intensiviert und vervielfacht –,
zu einer großen magischen Kraft wird.

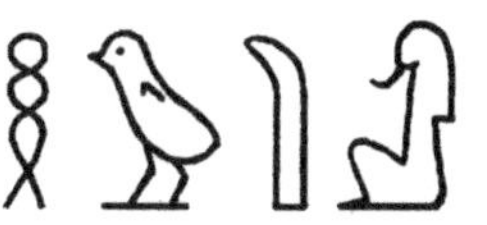

HU,
die kollektive, unbesiegbare Kraft
all unserer Seelenkräfte zusammen.

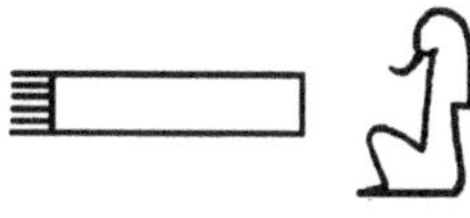

SIA, unsere Weisheit, die alle Kräfte
als miteinander verbunden und im
Teppich unseres Lebens verwoben sieht.

MÖGEN ALLE MEINE SEELENKRÄFTE
HORUS INPU THOTH SHU MAAT
MICH UMARMEN WENN ICH
IN IHRE SCHÖNEN HÄUSER EINTRETE
(IN DIESEM SPIEL)

MÖGE MEINE ASPIRATION HEKKET
MEINE SEELENKRAFT HU
MEINE WEISHEIT SIA
SICH OFFENBAREN
WENN ICH IN DIE HALLE
MEINER DREISSIG BESCHÜTZER EINTRETE
MEINER SELBSTE

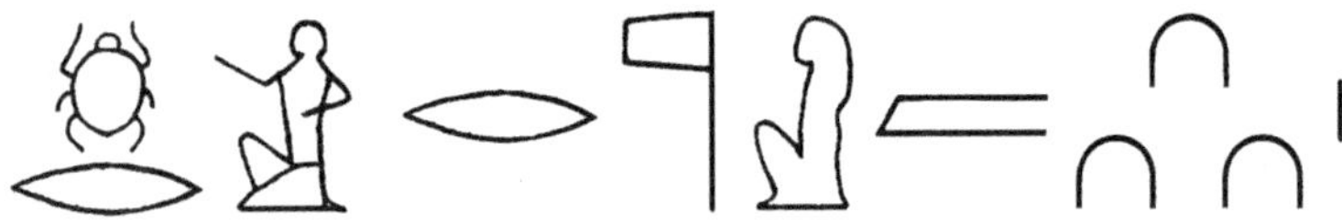

MÖGE ICH UNSTERBLICH WERDEN
UNTER DEN DREISSIG UNSTERBLICHEN
DER EINUNDREISSIGSTE

JETZT
NÄHERE ICH MICH
MEINEM INNERSTEN WESEN
MEINER MEHEN

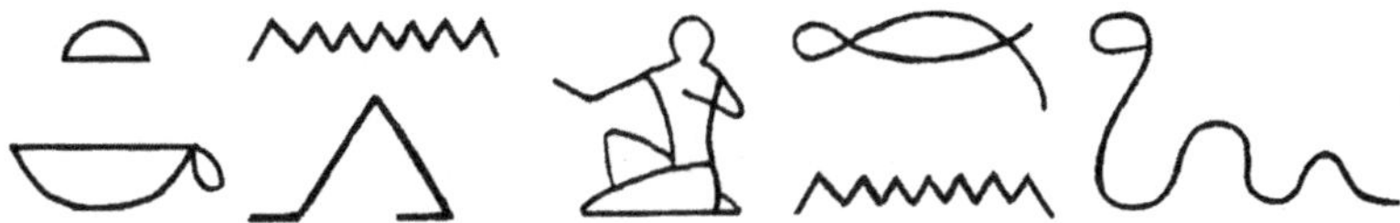

ES SIND IHRE SPIELFIGUREN
DIE ICH ZU MEINEM HERZEN HEBEN WERDE
UND IN DIE HÄUSER
UNSERER GEMEINSAMEN SEHNSUCHT

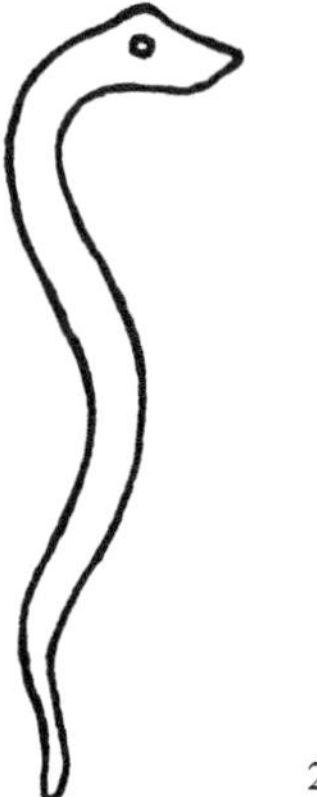

2

Anmerkungen und Quellenangaben zu Seiten 107-113,

Teil III *Ich nähere mich meiner Mehen*

Seite 107 zeigt eine Felszeichnung aus Assuan; nach Schweinfurth in: Keimer, Louis, *‚Histoires des Serpents dans l'Égypte ancienne et moderne'*, 2, Fig. I, und in: *Mémoires de l'Institut d'Égypte* No. 50, 1947.

1 Alle Hieroglyphenbilder und -Texte in Teil III dieses Buches stammen aus dem ‚Großen Senet-Text'.
Zur Bezeichnung ‚Großer Senet-Text' / ‚Große Senet-Texte':
Edgar B. Pusch nennt in seinem Buch *Das Senet-Brettspiel im Alten Ägypten*, Teil 1.1, 392-400, drei ‚große' Brettspiel-Texte, die sich mit dem Senet-Spiel befassen. Sie sind leider nur unvollständig erhalten.
Der erste befindet sich im Kairoer Papyrus No 58.037, der zweite im Turiner Papyrus No 1.775 und der dritte ist eine Wandmalerei in Deir el-Medina. Pusch hat ihre Übereinstimmung nachgewiesen und die drei unvollständigen Texte zu einem Konkordanz-Text zusammengefügt. Daneben gibt es als Beischriften zu bildlichen Darstellungen zahlreiche ‚kleine', wesentlich kürzere Brettspieltexte, die Formeln des ‚großen' Textes enthalten.
Alle in Großbuchstaben gesetzten Textstellen im vorliegenden Buch stammen aus diesem Großen Senet-Text; Medhananda hat ihn aus der Hieroglyphenschrift übersetzt. Vollständiger GROSSER SENET-TEXT auf S. 337.

2 Aus dem Tempel in Dendera, nach Denon, V., *Planches du Voyage dans la Basse et la Haute Égypte pendant les campagnes du Général Bonaparte*, Pl. 131.

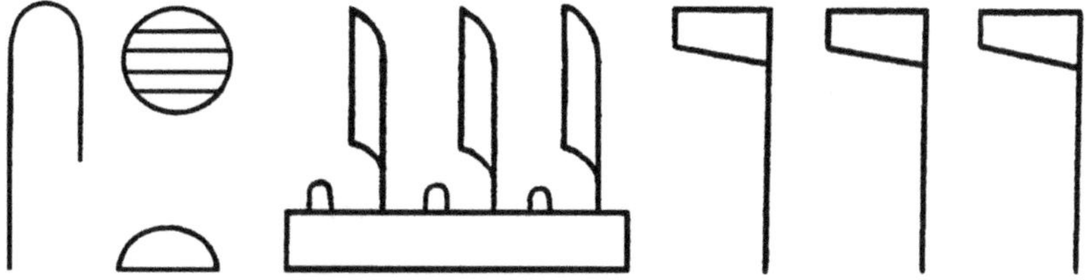

IV

DIE HÄUSER

Das Feld der Archetypen

Ich, das Große Eine,
habe meinen Pfad des Lichts geschaffen.
Ich bin der, dem es erlaubt ist,
vorbeizugehen.

nach Piankoff, *Wandering of the Soul*, spell 1086, 24

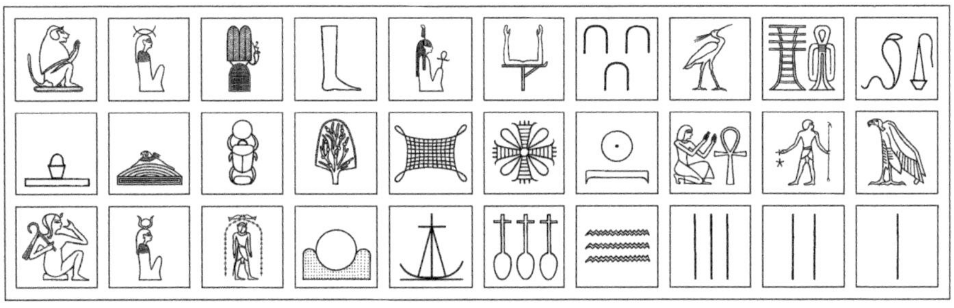

Das Bild oben zeigt die von uns getroffene Auswahl an Archetypen, siehe dazu S. 100-105 und S. 332. Eine Darstellung mit den Namen der Häuser/Archetypen findet sich ganz hinten in diesem Buch.

Bild auf S. 115 siehe Budge, *Dictionary*, 687a,
übersetzt von Budge mit ‚Feld der Götter'.

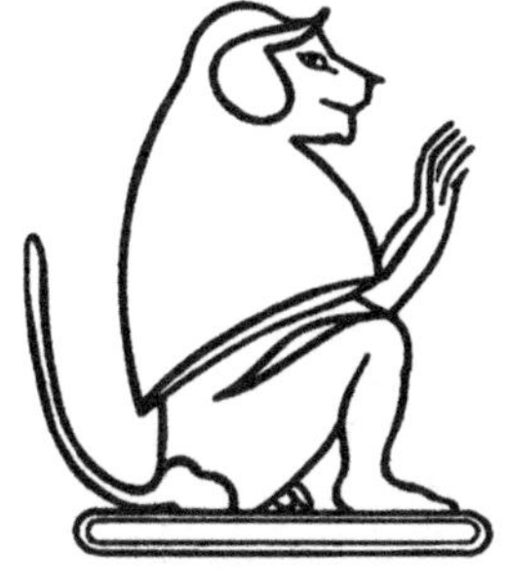

1

Thoth

Das erste Kraftfeld ist das Haus des Thoth –
der Ausgangspunkt eines spirituellen Lebens.
Bevor wir in sein Haus eintreten konnten,
mussten wir für einen Platz kämpfen –
unseren eigenen Bewusstseinsplatz – jenseits alles Zeitlichen.
So ein Platz wird uns nicht ohne Kampf gegeben;
es ist ein Kampf mit dem rebellischen Element in uns,
das sich weigert, seine wahre Natur zu erkennen.
An der Türe von Thoth enden nicht alle unsere Anstrengungen,
aber während wir uns vorher sehr ernst genommen haben,
ist es uns nun möglich, unsere Selbst-Eroberung
als Spiel fortzusetzen.
Und das macht unser Herz so leicht wie eine Feder.
Im Wissen um solch einen für uns bestimmten Bewusstseinsplatz
konnten wir das Haus des Thoth erreichen.

Der königliche Spieler sagt:

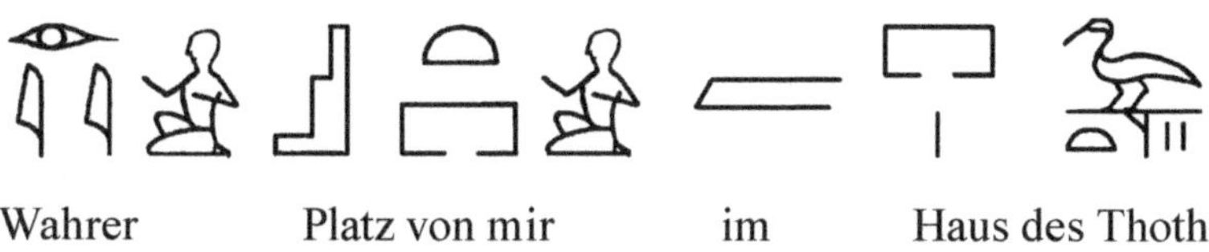

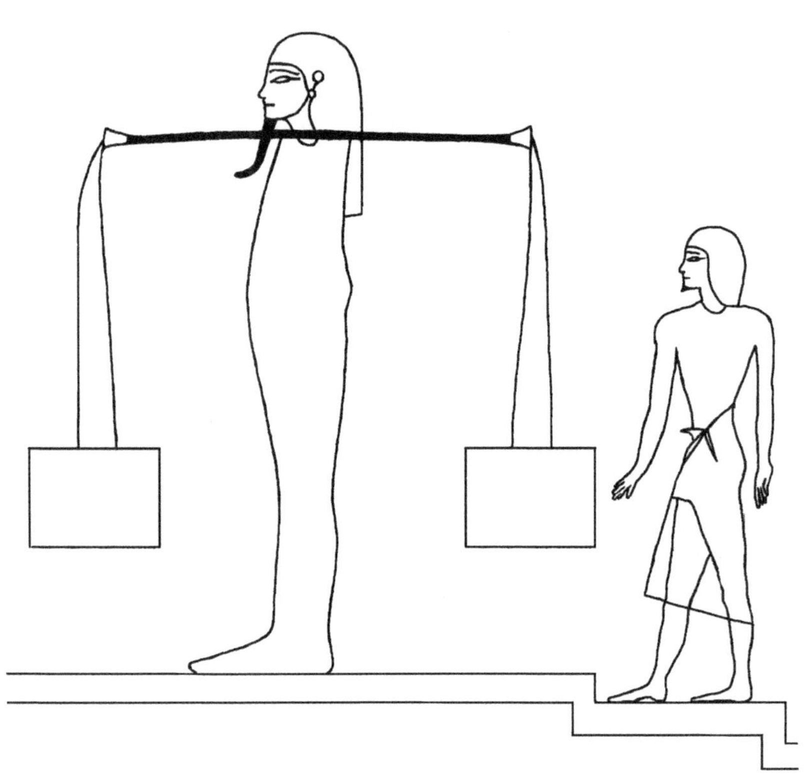

Haremhab als Waage,
gefolgt von allen Archetypen,
im Grab des Haremhab.[2]

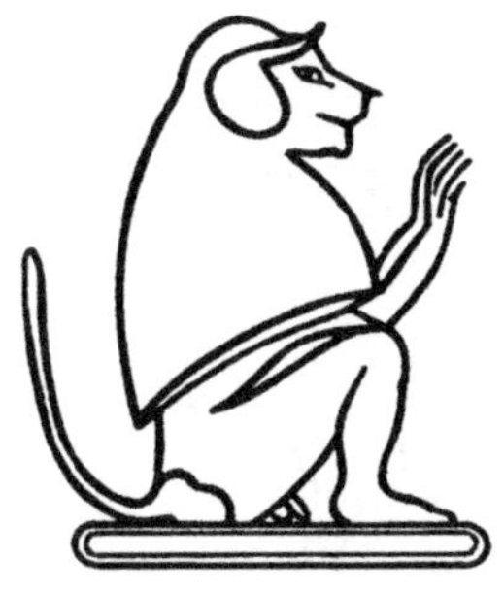

ICH BETRETE DAS HAUS MEINES LEHRERS
UND ENTDECKE MEINEN PLATZ
JETZT KANN ICH GEMEINSAM MIT IHM KÄMPFEN
ALS EIN GOTT

Es ist, als befände sich der Spieler in einer der zwei Waagschalen
einer Waage, auf der – zuoberst und unsichtbar – Thoth sitzt.[3]
Nichts und niemand bewegt sich.
Dennoch verbindet die Waage – eine innere Dynamik enthüllend –
alles mit allem.
Dank ihrer vibrierenden Energie fühlt der Spieler
die freundliche Gegenwart von Thoth und wie durch ihn
das ganze Universum im Gleichgewicht gehalten wird.
Unser Programm als Spieler ist es, diese Waage,
dieses Prinzip des Gleichgewichts in uns zu realisieren.

Dieses erste Kraftfeld könnte das Wichtigste sein,
das es kennen zu lernen gilt, denn,
gemäß einem alten Wissen
enthält die erste psychologische Kraft, die wir antreffen
und wirklich kennen lernen, auch alle übrigen.
Genau das ist es, was im Haus des Lehrers geschieht:
Die Ganzheit wird erfahrbar,
alle Häuser des Spiels beginnen
(wenn wir sie als zusammengehörig wahrnehmen)
in freudiger Erwartung aufzuleuchten.

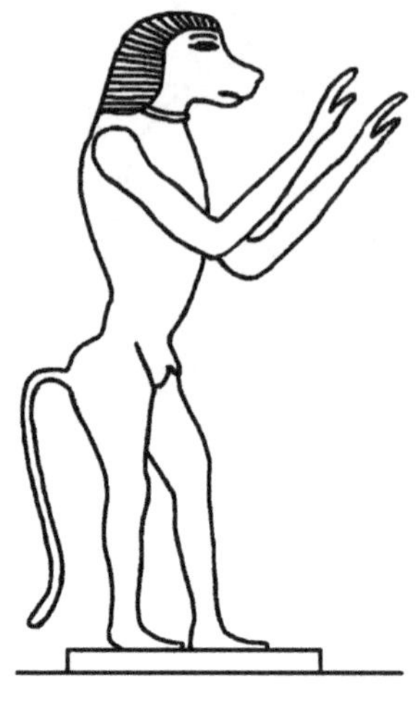

Thoth als Pavian,
nach Lanzone[4]

Wer ist Thoth?
Vielleicht glaubten wir, ihn nicht zu kennen.
Aber wir sind ihm schon viele Male und in vielen Formen begegnet –
und doch ist Thoth keine Form;
er ist eine besondere Art und Weise, zu funktionieren.
Jedes Mal, wenn unsere Umgebung oder eine bestimmte Situation,
ein Ereignis oder ein Lebewesen
uns etwas über unsere eigene Wirklichkeit
und über die Wirklichkeit des Universums beigebracht hat,
sind wir Thoth begegnet.
Er wird ‚der Lehrer' genannt, aber in Wahrheit
entspricht er der Lernfähigkeit, die in jedem Kind ist.
Solange wir in uns die Fähigkeit erhalten, auf spielerische Weise
und um der Freude des Spiels willen zu lernen,
leben wir im Hause des Thoth.

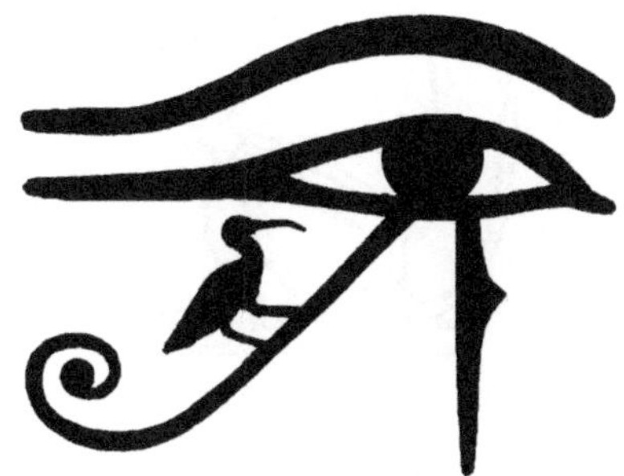

Thoth als Ibis
heilt unser Auge[5]
und macht es vollständig.

Thoth kann in der Symbolgestalt eines Pavians
oder eines Ibis erscheinen, oder als beides zugleich.
Als *Pavian* repräsentiert Thoth die Fähigkeit des Menschen,
sich als Ergebnis der Milliarden Jahre dauernden Evolution
der Erde zu sehen;
und sich nicht nur in seiner Vergangenheit als Tierwesen,
sondern auch in der über seine Spezies hinausweisenden
Zukunft zu erkennen.
Als *Ibis*, in seiner Funktion des ‚Finders',
weckt Thoth unsere Fähigkeit, zu entdecken
und zu ‚erwischen', was zu unserer Erfüllung notwendig ist.
Er heilt unsere Art zu sehen,
sodass wir die Dinge so sehen können, wie sie sind.
Er bringt uns dazu, unser eigener Lehrer zu sein.
Dies alles geschieht in demselben Haus.

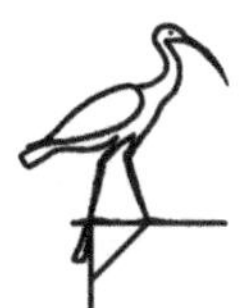

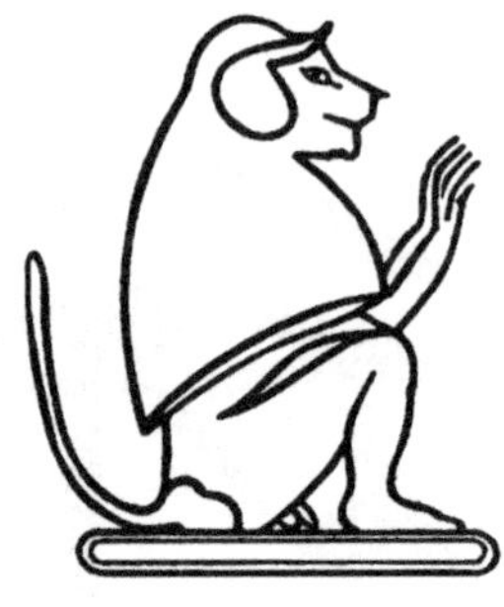

Thoth ist und bleibt dual und akzeptiert seine Zweiheit.
Ohne diese würde das Universum nicht existieren.
Er ist deshalb auch der Hüter aller sogenannten ‚Gegensätze',
aller Symmetrien, Komplementaritäten, Polaritäten.[6]
Aufmerksam hält er sie in der Balance,
von der Spitze seiner Waage aus,
als Engel des Gleichgewichts.
Um dieses zu erreichen, zögert er auch nicht,
ein wenig zu mogeln, wann immer es nötig ist.
Bei all diesen ‚Zweiheiten'
ist eine der Hauptaufgaben von Thoth –
wie man an den Hieroglyphen seines Namens erkennen kann –

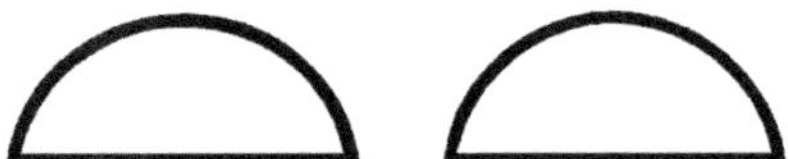

uns unsere zwei mentalen Funktionsweisen bewusst zu machen.
Die eine ist die Fähigkeit, in der materiellen Welt
mit einer erdgebundenen Personalität zu funktionieren: Thoth als Affe.
Die andere ist die Fähigkeit, über die Noosphäre hinauszugehen,
die Dinge von oben her als ein Ganzes zu sehen: Thoth als Ibis.
Beide Funktionsweisen in perfektem Gleichgewicht zu halten
ist Teil des Yogas, den es zu praktizieren gilt –
die Vereinigung, die im Hause des Thoth realisiert werden soll.

Um unsere Tendenz zu *teilenden* psychologischen Bewegungen
zu kompensieren, die durch die *trennende* Eigenschaft der Wörter
und durch unsere analytische Art zu denken entsteht,
hat Thoth heilmachende (ganzmachende) Symbole
in der Form von Hieroglyphen kreiert,
welche uns die Verbundenheit, Zusammengehörigkeit
und das Einsein
von allem mit allem zeigen.
So wurde er ‚Herr der Hieroglyphen' genannt,
und auch ‚Herr der göttlichen Bücher',[7]
als deren Erschaffer er ebenfalls galt.

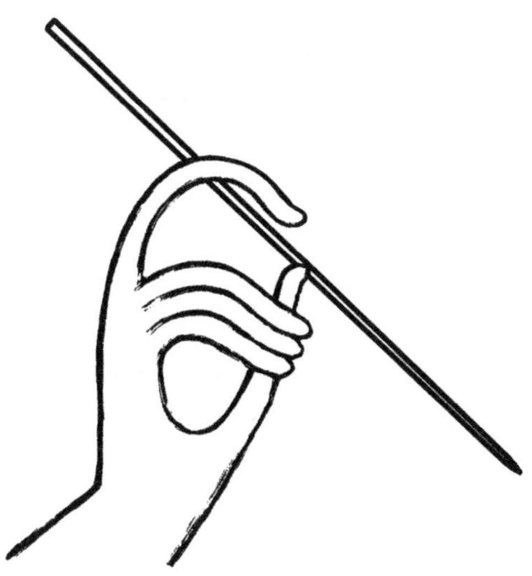

Thoth schreibt.[8]

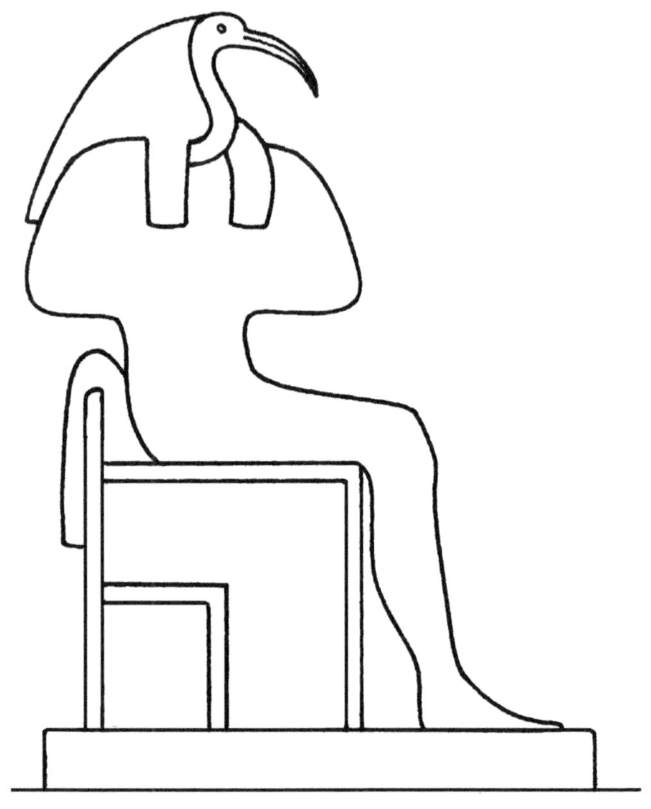

Thoth als Ibis,
der auch ein Symbol für den Mond ist.[9]

Jenseits der ihm innewohnenden Zweiheit ist Thoth auch der Eine;
und in diesem Spiel ist Thoth auch RE.
So lesen wir im Buch von der Himmelskuh:

‚Die Majestät RE sagte:
„Ich rufe Thoth.“
Sogleich kam er.
Die Majestät RE sagte zu Thoth:
„Nimm hier im Himmel Platz, an meiner Stelle.

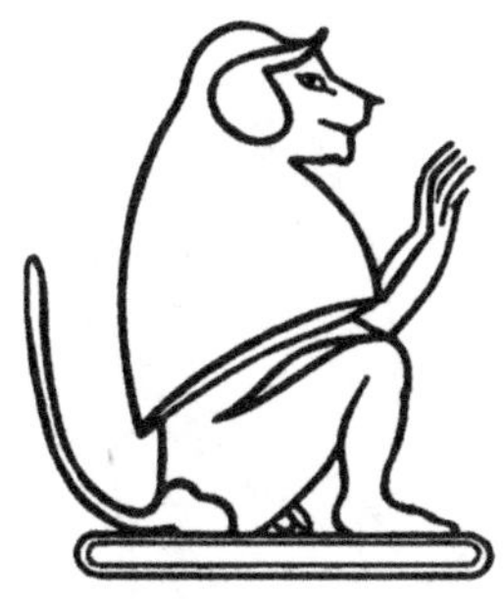

Wenn meine Herrlichkeit durch die Nacht scheinen muss –
im Amduat –, sollst Du meinen Platz einnehmen
und es möge von Dir gesagt werden:
Thoth, der Stellvertreter von RE.
(Auf diese Weise manifestierte sich der Ibis-Aspekt von Thoth.)
Du wirst Deine Hände zu jenen Göttern hin ausstrecken,
die größer sind als Du.
(Und so allen Aberglauben beenden.)
Du wirst die zwei Himmel mit Deiner Schönheit
und Deinen Strahlen umfassen.
(So manifestierte sich Thoth als Mond.)
Du wirst die Inseln (des Mittelmeers) umkreisen.
(So manifestierte sich der Pavian-Aspekt von Thoth.)
Du wirst mein Botschafter sein,
und die Gesichter all derer, die Dich sehen,
werden durch Dich geöffnet werden,
(Dank des Mondes können nun alle Menschen in der Nacht sehen.)
und die Augen aller Menschen werden Dir dankbar sein.“ ‘[10]

Dann folgen Empfehlungen,
wie ein Mensch gesalbt und gekleidet sein soll,
wenn er dieses Mantra über sich selbst zu sich selbst spricht.

Der obige Text ist also ein Mantra, in welchem Thoth
als eine *psychologische Kraft des Menschen* dargestellt wird.
Der Mensch sollte dieses Mantra ständig wiederholen,
um sich daran zu erinnern, dass er selbst Thoth ist.

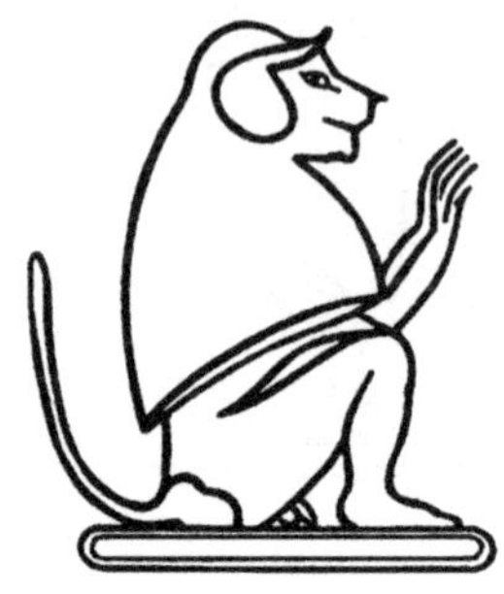

Thoth ist ein sehr eindrucksvolles Beispiel dafür,
wie sich der Mensch und seine Archetypen gegenseitig erschaffen.
Es erklärt die Geburt des Homo Sapiens,
bei welcher der Affe im Menschen
zu Thoth, dem göttlichen Affen, wurde, dem Sprecher und Führer
all der anderen psychologischen Kräfte.[11]
Eines seiner Beiwörter ist
‚der sich selbst kennt',[12]
ein anderes ist
‚groß, groß, groß'.[13]

Der königliche Spieler sagt:
Im Spielfeld von Thoth bin ich zu Hause,
im Gleichgewicht in mir selbst.
Auf diese Weise kann ich weitergehen und nach Belieben
auch in jedem anderen seelischen Kraftfeld spielen.

ICH KENNE IHRE NAMEN
UND IHRE BEDEUTUNGEN
NICHT UNWISSEND IST EIN SCHREIBER
(EIN KENNER DER HIEROGLYPHEN)
MIT LEICHTIGKEIT MACHT ER DIE BESTANDSAUFNAHME
SEINER SEELENKRÄFTE
(DER MANIFESTATION UND DER TRANSZENDENZ)

Anmerkungen und Quellenangaben zu Seiten 117-126

Thoth

1 Das erste Spielfeld ist unbestreitbar das Haus von Thoth, dem Lehrer.
Das Bild, das wir für unser Spielbrett ausgewählt haben, stammt aus dem Grab von Sethos II.
Hornung, *Tal der Könige*, 80, Fig. 51, Detail.
Das Spielbrett des *Turiner Papyrus* aus der 20. oder 21. Dynastie (Pusch, Teil 1.2, Tafel 102) zeigt in seinem ersten Haus Thoth als Ibis auf einer Standarte, mit dem Wort ‚Thoth' in Hieroglyphen darunter.
Auf dem Senet-Spielbrett einer Wandmalerei aus der 3. Dynastie in Sakkara (Pusch, Teil 1.1, 167) zeigt das Feld, das üblicherweise Thoth zugeordnet ist, eine psychologische Struktur in der Form eines fünfstrahligen Sterns. Dies unterstützt unsere Theorie, wonach das psychologische Modell des Menschen im Senet-Spiel (wie auch dasjenige des alten Indien mit seinen fünf *koshas)* auf fünf Ebenen oder Strukturen des Selbstgewahrseins basiert (vgl. S. 261).

2 Hornung, ibid., 151.

3 In der ägyptischen Bilderwelt sitzt Thoth zuoberst auf der psychologischen Waage, deren Balken immer waagrecht, in perfektem Gleichgewicht, gezeigt wird. Unter den Tausenden von Waagen gibt es im alten Ägypten nicht eine, die schräg, im Ungleichgewicht ist. Dass der Mensch seine eigene Waage ist, geht aus dem Bild von Haremhab auf S. 118 klar hervor.
Siehe auch Medhananda, *Der Weg des Horus,* S. 103-104.
Das Bild rechts stammt aus dem Papyrus von Anhai;
Rossiter, *Die Ägyptischen Totenbücher*, 82.

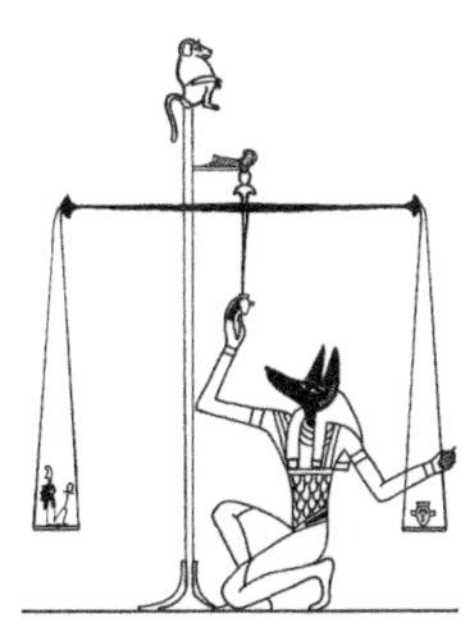

Sogar die griechische Schreibweise für einen nach Thoth benannten Monat zeigt uns Gleichgewicht und Symmetrie.

ΘΟΘ

Roscher, Lexikon, V, 825.
Das Gleichgewicht in allen Lebenssituationen zu bewahren, ist ein Spiel (nicht ein Kampf).

4 Lanzone, *Dizionario*, III CCCCIV/2.

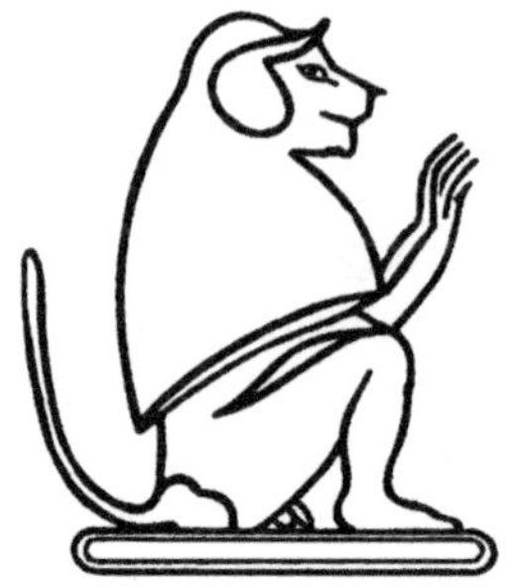

[5] Wir werden fähig, die Dinge zu sehen, wie sie wirklich sind; dargestellt im Papyrus von Paser; Piankoff, *Litany of Re*, 112/17, Detail.

[6] Thoth-*Pavian* und Thoth-*Ibis* sind nicht Gegensätze, nicht Dualitäten, sondern Polaritäten.
Der Kulturphilosoph Jean Gebser schreibt: ‚Polarität ist die lebendige Konstellation des Sich-Ergänzenden, des Sich-Entsprechenden, des Einander-Bedingenden: Tag und Nacht, männliches und weibliches Prinzip, Angst und Vertrauen sind beispielsweise Polaritäten. Ihre von einander abhängigen und aufeinander bezogenen Pole bilden eine Ganzheit und bewirken die das Leben ermöglichende Spannung, die auch Voraussetzung des Schöpferischen ist.' Jean Gebser, *Vom spielenden Gelingen,* 289 (Band 3 JGR, Chronos-Verlag Zürich, 2018).

[7] Budge, *Egyptian Book of the Dead*, XXVI.

[8] Peck and Ross, *Drawings from Ancient Egypt*, 1.

[9] Lanzone, ibid., CCCCII/2, Detail.

[10] Nach Piankoff, *The Shrines of Tut-Ankh-Amon*, 32.

[11] Mehr über Thoth (als Affe und als Ibis) in Medhananda, *Archetypen der Befreiung*, 27 ff. und in *Die Königliche Elle*, S. 56, 76, 89, 147 ff.

[12] Husson, *L'Offrande du Miroir*, 214.

[13] Vgl. Budge, *Gods of the Egyptians*, I, 401: ‚Dreimal groß', griechisch: *trismegistos.*

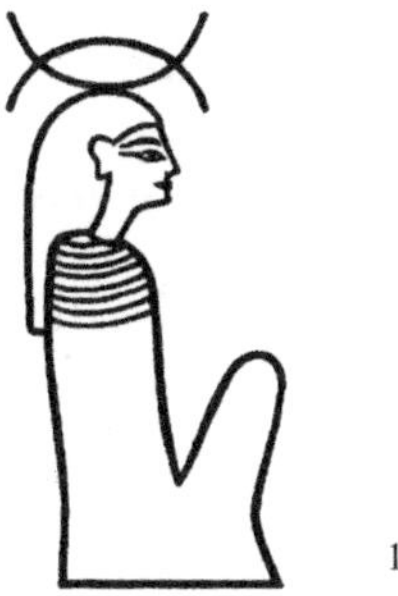 [1]

Neith

Die durch Thoth symbolisierte kreative Zweiheit,
die von ihm so aufmerksam in der Balance gehalten wird, hat es uns nicht erlaubt, uns als von der Einheit des Seins getrennt zu fühlen.
Das ließ uns vielleicht etwas zu vertrauensselig werden, und es kann sein, dass wir für das nächste Kraftfeld schlecht vorbereitet sind:
Das Reich der Neith, wo uns extreme Situationen erwarten.

Der königliche Spieler sagt:
(ICH BETRETE DAS HAUS MEINER MUTTER
ICH KENNE DEINEN NAMEN)
OH NEITH ICH KANN DEINE AUSGESTRECKTEN ARME
ÜBER DEM TISCH DER OPFERGABEN SEHEN

Glücklicherweise ist sie die Mutter und deshalb bereit,
uns aus unserer Unwissenheit zu retten – aber zu dem Preis,
dass wir von ihr aus unserem gewöhnlichen menschlichen Zustand herausgeschüttelt werden.
Die durch zwei Bogen repräsentierte Neith ist das Prinzip
der *Projektion* und auch das Prinzip von *Aktion* und *Reaktion*.
Die neun ursprünglichen Projektionen des Einen (die Enneade[2]),
die gemäß einer alten ägyptischen Kosmogonie
die Manifestation des Universums einleiteten,
konnten ganz einfach mit neun Bogen dargestellt werden.

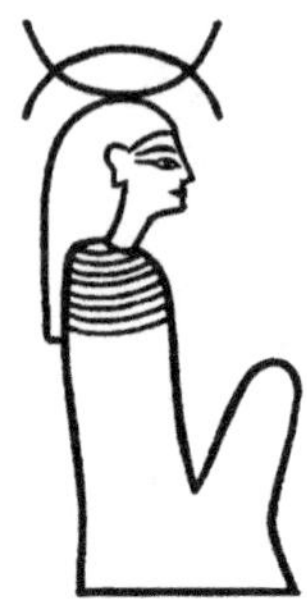

Die neun Bogen wurden bei Statuen des Pharao oft unter den Füßen
eingraviert, als Symbol für seinen göttlichen Urgrund,
und wir finden sie auch auf den Sandalen von Tut-Ankh-Amon.
Aber, auf die Erde projiziert zu werden, als physischer Körper,
kann zu unserer Trennung von allem anderen führen und,
sehr schmerzlich, zum Gefühl der Trennung
von unserem Ursprung, dem Einen,
was eine nicht unterdrückbare Angst hervorrufen kann.
Wenn wir vor irgendetwas Angst haben –
egal was es ist, zum Beispiel vor dem Tod –,
dann macht uns alles Angst.
Das wiederum lässt uns klein werden; wir schrecken vor allem zurück
und vergessen, uns an den Grund unseres Daseins,
an unsere wahre Größe zu erinnern.
Wir stehen wie in einem Zustand der Amnesie
im Vorzimmer der Selbsterkenntnis
und haben sogar Thoth vergessen, unser inneres Wissen, unseren Führer.
Aber Neith, die durch ihren Akt der physischen Projektion
dem Menschen extreme Dualität und Angst brachte,
ist auch diejenige, die ihn für immer heilen kann,
indem sie ihn dazu bringt, sich – in umgekehrter Richtung –
zurück in seinen Ursprung zu projizieren: in das Eine,
denn sie ist Trägerin von zwei Bögen und von zwei Pfeilen,
Symbol für zwei komplementäre Bewegungen:
die erste Bewegung projiziert aus dem Einen die Vielen,
die zweite schießt die Vielen wieder zurück in das Eine.

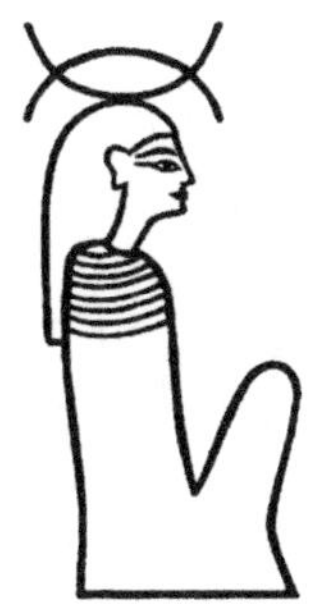

Nachdem wir akzeptiert haben, in die Vielheit
der manifestierten Welt hinaus projiziert zu werden,
müssen wir nun lernen,
uns selbst willentlich wieder zurück
in unseren Ursprung zu projizieren,
um Meister unseres eigenen Schicksals zu werden.
Es ist keine leichte Aufgabe, eine Bewegung auszuführen,
die angeblich erst am Ende eines yogischen Lebens
als transzendentale Errungenschaft,
als krönende Glückseligkeit realisiert werden kann.
Im alten Griechenland lernte der Held Herakles
die Kunst des Bogenschießens von Phoebus Apollo,
der als Personifikation der Sonne und als Symbol der Erleuchtung galt.
Die Bewegung, die Herakles üben musste, war,
sich selbst direkt in die Sonne zu projizieren.
Es galt, dieselbe angsteinflößende Trennung zu überwinden.
Diese ist sogar im Namen von Phoebus Apollo verborgen:
Phoebus, griechisch *phoibos*, bedeutet ‚der Leuchtende', die Sonne;
aber hinter der Bewegung des Sich-selbst-in-das-Licht-Projizierens
stand *phobos:* der Schrecken.
Nur wenn wir von einem großen Schrecken in Bedrängnis gebracht sind
und vor nichts anderem noch mehr Angst haben können,
springen wir instinktiv und sofort – angetrieben von Neith –
über den begrenzenden Zaun ins Unbekannte.
Vielleicht erreichen wir nicht die Sonne (RE: das Einssein),

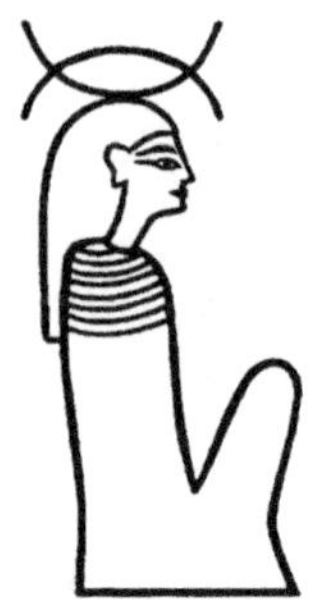

aber wir fühlen uns wunderbar sicher,
gewiegt von den zwei Projektionsbewegungen –
derjenigen in die äußere Welt
und derjenigen in die innere Welt.
In deren Intersektion ist ein psychologischer Platz,
wo der Mensch zwischen
der Verletzlichkeit der korpuskularen, materiellen Welt und
der Beständigkeit der wellenartigen, vibrierenden Wirklichkeit lebt.
Die beiden Projektionen formen eine *Mandorla* der Macht,
in welcher sie sich vereinigen. Das ist das Symbol der Neith.
Wenn wir uns ihr hingegeben haben, sind wir selbst zu Neith geworden.

Das Rotkäppchen unserer Märchen ist eine späte Form von Neith,
die immer noch den königlichen roten ägyptischen Kopfschmuck
des Kriegers/Jägers trägt.
Sie lässt es zu, vom Tod verschlungen zu werden,
um so den Tod besiegen zu können:
Neith, die zugleich die Jägerin ist,
tötet den Wolf (Symbol für den Tod), der sie gefressen hat,
öffnet seinen Bauch, rettet die Großmutter, die Groß(e)-Mutter Natur,
die ständig bedroht ist von Kälte, Hunger, Unglück und Tod,
und rettet auch sich selbst (in der Form des Rotkäppchens).
Im Märchen sind die Jäger-Göttin und das vom Wolf verschlungene Kind,
welches durch sie vom Tod erlöst wird, zwei verschiedene Personen;
im alten Ägypten waren sie noch ein und dieselbe.

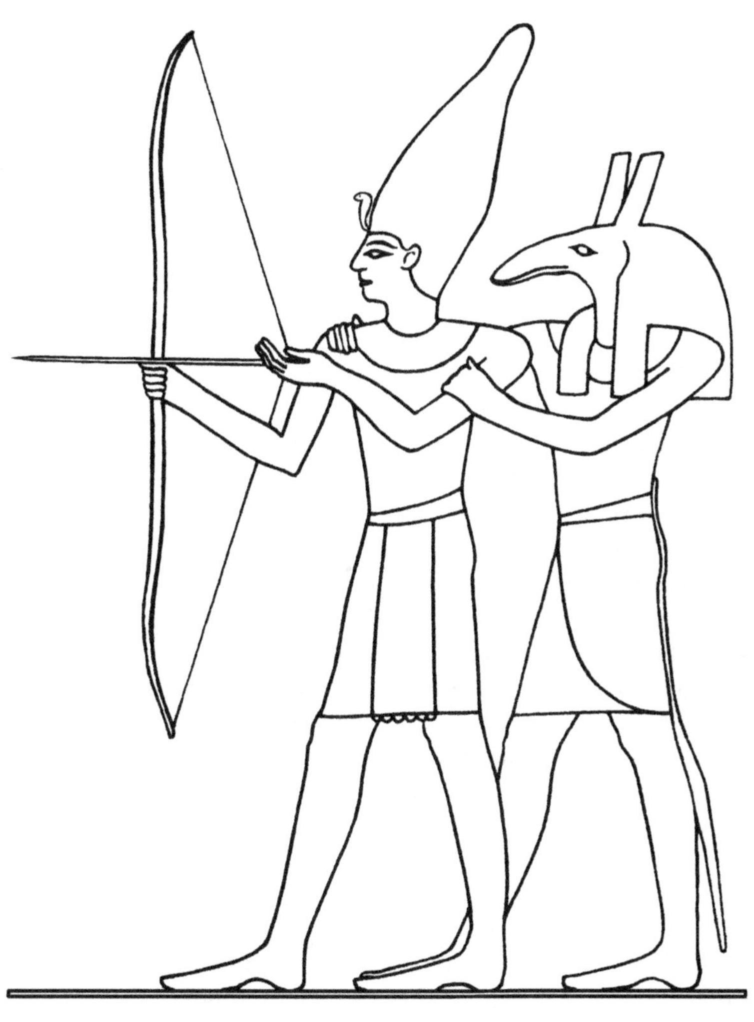

Im Tempel von Kom Ombo [3]
steht Seth, ebenfalls ein Symbol für unsere extreme Zweiheit,
treu hinter uns, als unser Schatten, aber auch als Schutzengel,
der bereit ist, uns zu helfen, diese Zweiheit zu überwinden –
indem er uns das Bogenschießen beibringt.

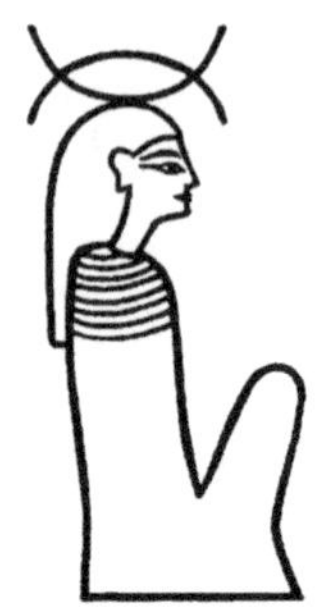

Sorgsam, liebevoll und unaufhörlich
müssen wir die zwei Projektionsbewegungen
– unsere zwei Bogen, unsere zwei Pfeile,
die in entgegengesetzte Richtungen zielen – zusammenbinden
und sie für das Leben und das Spiel der Manifestation nutzbar machen.
Im Thomas-Evangelium lesen wir,
dass wir – um ins Reich eingehen zu können –
‚das Innere wie das Äußere', und
‚das Äußere wie das Innere' machen müssen.[4]
Die Ägypter nannten diesen Yoga
‚die Vereinigung der zwei Ägypten' (Ober- und Unterägypten);
und mit ihm beginnt unsere Erziehung zum Pharao.
Am Tag unserer Krönung waltet Neith
über unseren ganzen königlichen Haushalt,
sie hält unsere zwei Zepter und unsere zwei Kronen –
die rote Krone des Kriegers
und die weiße Krone der Erleuchtung.
Die beiden Kronen müssen zusammen getragen
und die zwei Zepter auf unserer Brust gekreuzt werden,
denn sie bilden das Kreuz des Lebens, das wir zu tragen haben.

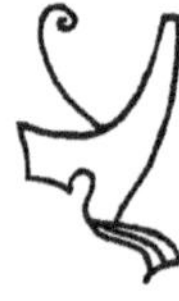

Rote Krone

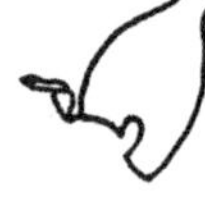

Weiße Krone

Krummstab und Flagellum

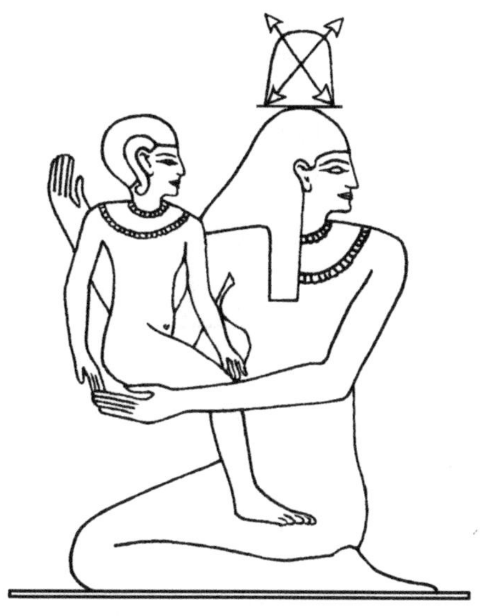

Neith von Saïs hält das Kind,
das ein Pharao werden soll.[5]

Wir mögen fragen: Gibt es nicht weniger drastische Methoden
als den heldenhaften Kampf und den reinen Schrecken,
mit deren Hilfe wir in unser Königreich eintreten können?
Ja, die gibt es: Jedes der dreißig Kraftfelder im Senet-Spiel,
dem Spiel von Thoth, bietet einen anderen Zugang.
Der sanfteste wird der des Träumers sein –
wenn wir nachts träumen und uns bewusst sind, dass wir träumen
(vgl. Sokar S. 237).
In diesem Moment vereinigen sich die beiden ‚Länder' in uns.
Der Traum hört auf, nur Traum zu sein,
und bietet uns eine wunderbare Möglichkeit,
in unser Königreich einzutreten.

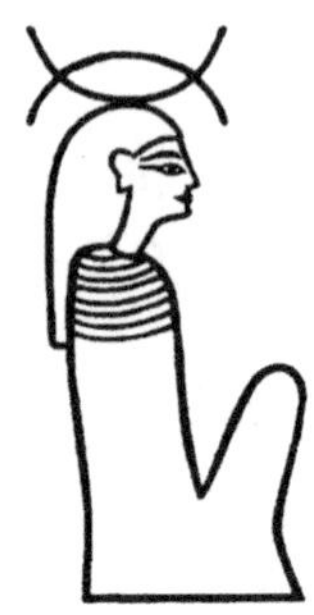

Die Wurzel des Namens von Neith ist *nt*
und bedeutet ‚das, was ist'.[6]
Nt repräsentiert die vibrierende Welt
unserer psychologischen Prinzipien
oder Archetypen, der Neteru (*ntr*),
die jenseits des Mentals, im übermentalen Bereich sind.
Von Neith, der großen Mutter, wird gesagt,
sie habe alle diese projiziert, einschließlich RE.[7]
Um ihren Namen klar erkennbar zu machen,
wird der hieroglyphischen Wurzel *nt* [8] ein Determinativum beigefügt,

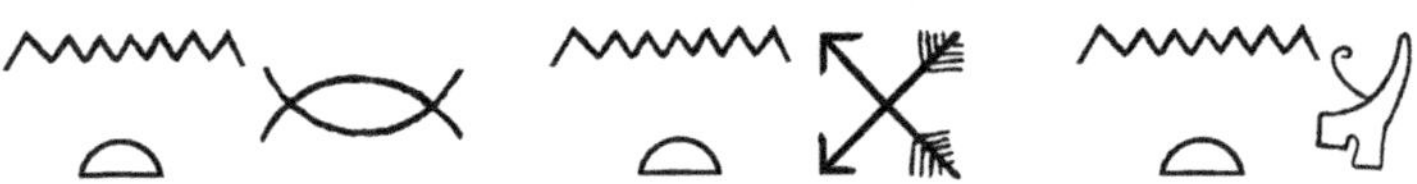

entweder ihre zwei Bogen, oder ihre zwei Pfeile, oder ihre rote Krone.

Aber die zwei Bogen allein genügen schon, um sie darzustellen.
Sie erinnern uns daran, dass wir unsere Neteru projiziert haben,
genauso wie sie uns projiziert haben, in einer gegenseitigen Projektion.
Ihre Wirklichkeit, und die unsrige, liegt jedoch nicht in den Projektionen,
sondern in deren *Intersektion*, in dem, was beiden gemeinsam ist,
in der Mandorla der Neith.
(In gotischen Kathedralen können wir die Mandorla
immer noch antreffen, z. B. in Chartre.)

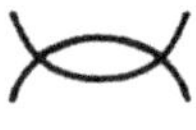

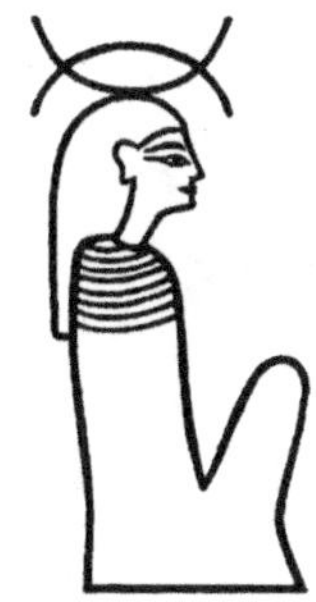

Lassen wir Neiths wunderschönes Mantra des Einsseins
unser eigenes werden:
Ich bin all das, was war, was ist und was sein wird,
und kein Sterblicher (keiner, der Angst hat vor dem Tod)
hat meinen Schleier gelüftet. [9]
Mit dieser Gewissheit sollte es uns gelingen, die Schleier
all der psychologischen Kräfte zu lüften,
jener Kräfte, die wir, eine nach der anderen,
während des Spiels in ihren 30 Kraft-Feldern (Häusern) besuchen werden.

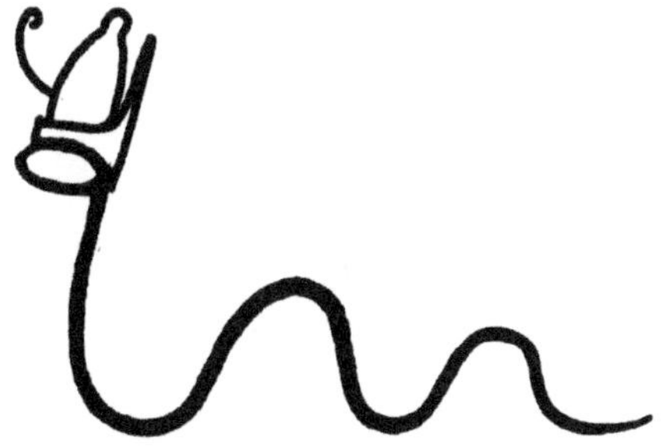

Neith[10],
wie sie in den Großen Senet-Texten
auch dargestellt wird, als Kobra-Göttin,
einer Form unserer Vibrations-Wirklichkeit,
der Mehen.

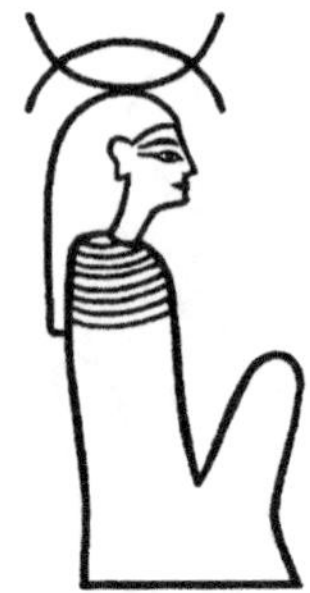

Anmerkungen und Quellenangaben zu Seiten 129-137

Neith

[1] In den Großen Senet-Texten kommt Neith nach Thoth. Für unser Spielbrett haben wir die zwei zusammengebundenen Bogen (Gardiner, R24, 503) als ihr Hauptemblem gewählt – das Symbol, das ihre psychologischen Funktionen am besten veranschaulicht.

[2] Enneade, siehe Medhananda, *Die Königliche Elle*, 63, 222.

[3] Roeder, *Ägyptische Götterwelt*, 253.

[4] Vgl. Guillaumont et al.: *The Gospel according to Thomas*, Log 22.

[5] Roeder, *Mythen und Legenden*, 242.

[6] Budge, *Dictionary*, 399a.

[7] Budge, *Gods of the Egyptians*, I, 459.

[8] Ibid., 450.

[9] Griffiths, *Plutarch's De Iside et Osiride*, 130.
Siehe auch Medhananda, *Der Weg des Horus*, 113.

[10] Zeichnung der Kobra-Göttin: Pusch, 1.1, 394.

Dies ist das Heiligtum der Neith;
nach Petrie, *Royal Tombs*, II, Pl. X, 2,
zitiert in Pusch, Teil 1.1, 374.

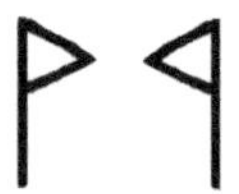

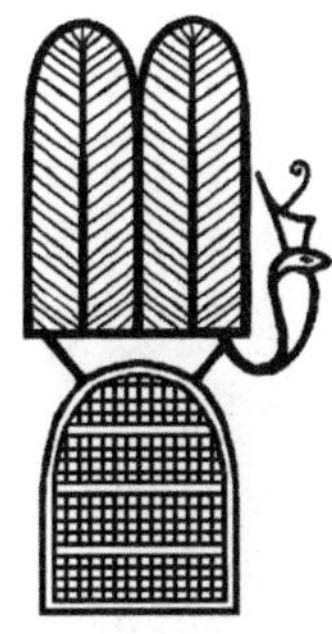

[1]

Das Herz des Osiris

Die über unser Herz gehaltenen ‚Hände' von Neith
reichen bis in das nächste Kraftfeld: das Herz des Osiris.
Osiris ist ein Symbol für den Menschen auf seiner Wanderschaft
von Leben zu Leben.[2]
Das ‚Märchen'-Herz des Osiris in einem Bienenkorb
kann als Versuch gesehen werden,
unserem Gefühlsleben einen bildhaften Ausdruck zu geben
und es aus der persönlichen Sphäre unseres täglichen Lebens
in die kosmische Dimension der Archetypen zu heben.
Das Herz des Osiris kann intensiv erlebt werden
und bringt dem königlichen Spieler
einen großen Zuwachs an Selbstgewahrsein.
Osiris steht für den Menschen,
der in viele Teile geschnitten wurde,
die wieder zusammengefügt werden müssen.
Sein Herz ist unser Wille,[3] alles zu umarmen und alles zu sein,
und seine ‚Feder-Antennen' lassen uns
in Resonanz mit dem Ganzen kommen.
Die sich über dem Herzen erhebende Schlange
symbolisiert die Energie des Willens,
die uns mit jedem Herzschlag von neuem realisieren lässt,
dass wahres Leben ohne Ende ist
und von Geburt zu Geburt zu Geburt weitergeht.

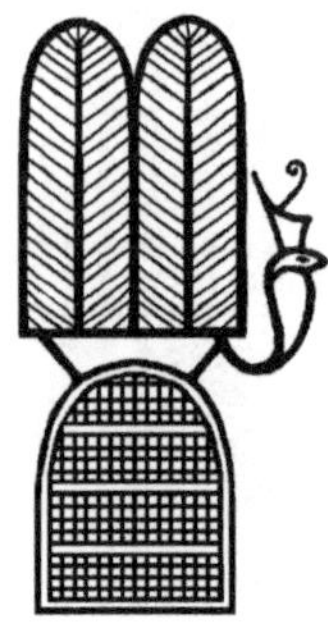

Dass das Herz aller Herzen,
der mystische Behälter der Fülle des Lebens,
in einem Bienenkorb verborgen liegt,
konfrontiert uns mit einem Paradox, das es im ‚Haus von Abydos',
wie dieses Kraftfeld auch genannt wird, zu lösen gilt.
Der Bienenkorb kann auch als Symbol
für unseren physischen Körper gesehen werden,
mit seinen Millionen von Zellen, die wie Bienen kommen und gehen,
die viele Male wiedergeboren werden
und die emsig Honig sammeln.
Für wen? Für uns, ihren Gott.
Das bringt uns auch die Erfahrung einer göttlichen Vielheit,
voll von pulsierendem Leben aus einem einzigen Herzen,
dem des Osiris.
Die Hieroglyphe ‚Biene' [4] war im alten Ägypten
eines der Symbole für ‚König'.

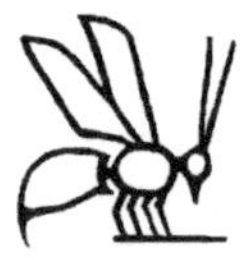

Alle Ereignisse in Honig zu verwandeln,
war eine der Funktionen des Pharao.
Dies alles zeigt, dass der märchenhafte Bienenkorb
in keiner Weise eine Begrenzung ist oder etwas Kleines bedeutet;
er ist ein Speicher für Honig, ein Symbol für Süße und Seligkeit.[5]

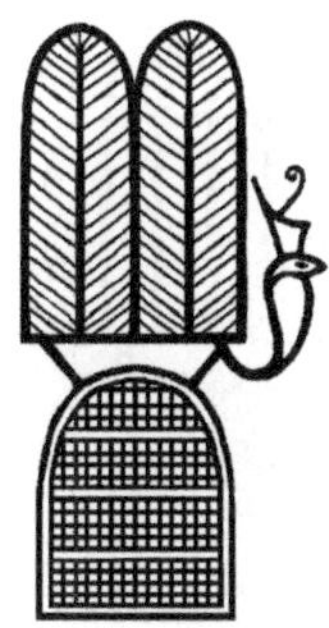

Indem die alten Kenner der Hieroglyphen
das Herz (Symbol für *Bewusstsein* und Willen)
des Osiris (Symbol für *Sein*)
mitten im Honig (in der *Seligkeit*) platzierten,
drückten sie klar aus, dass *Seligkeit* unabdingbar
zu *Bewusstsein* und *Sein* gehört,
so wie *Sein* und *Bewusstsein* unabdingbar zur *Seligkeit* gehören.
Ohne sie würde nichts existieren.

Während der königliche Spieler in dieses Haus eintritt,
spricht er das Mantra:
‚Im Herz des Osiris sind alle Lebewesen eins.'

Das Herz des Osiris wird zu einer immer umfassenderen Erfahrung,
je mehr wir mit unserem psychischen Wesen eins werden.
Zuerst vereinigen wir unser Leben, das wir gerade leben,
mit unserem Leben nach dem Tod, dann vereinigen wir unser Leben
mit all unseren vergangenen und zukünftigen Leben,
und schließlich vereinigen wir es mit den Leben aller lebenden Wesen.
Dies ist eine Verwirklichung, die uns
auf unserem Spiel-Weg der Ewigwerdung früh angeboten wird.
Sie mag nicht alles enthalten, was Ewigkeit bedeutet,
aber sie bringt uns die Süße von dem, was Ewigkeit ist.
Und wir können sie schon hier kosten, gerade jetzt.

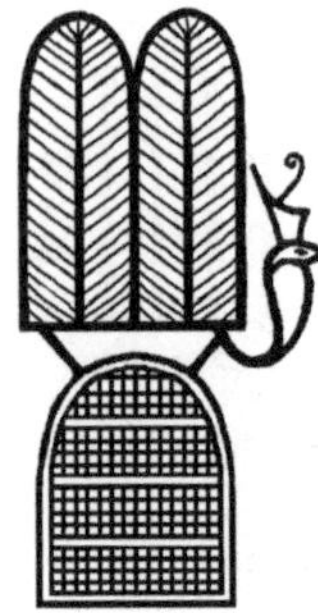

Anmerkungen und Quellenangaben zu Seiten 139-141

Das Herz des Osiris

1 Das Symbol auf unserem Spielbrett ist eine Adaption eines Details aus einem Bas-relief in Abydos; Budge, *Osiris and the Egyptian Resurrection*, I, 54.

2 Siehe auch Medhananda, *Der Weg des Horus*, 109 ff. und *Die königliche Elle*, 120 ff.

3 Im alten Ägypten ist das Herz (nicht der Kopf) der Sitz der Intelligenz, des Willens und der Gefühle (Faulkner, Dictionary, 14). So kann uns das spätere Erscheinen von Osiris' Kopf auf seinem Reliquiar nicht überzeugen, der Ausdruck eines älteren Wissens zu sein. Dass der Behälter einen Bienenkorb darstellt (Bonnet, *Reallexikon der Ägyptischen Religionsgeschichte*, 3) legt nahe, dass darin ein Herz (und nicht ein Kopf) ist.

4 Aus dem Grab des Senenmut in Deir el-Bahari, in Peck and Ross, *Drawings from Ancient Egypt*, 37, Detail.

5 Ein Name von Osiris ist Unnefer, der im Großen Senet-Text genannt wird: Das schöne, vibrierende, glückselige Sein (siehe S. 111).

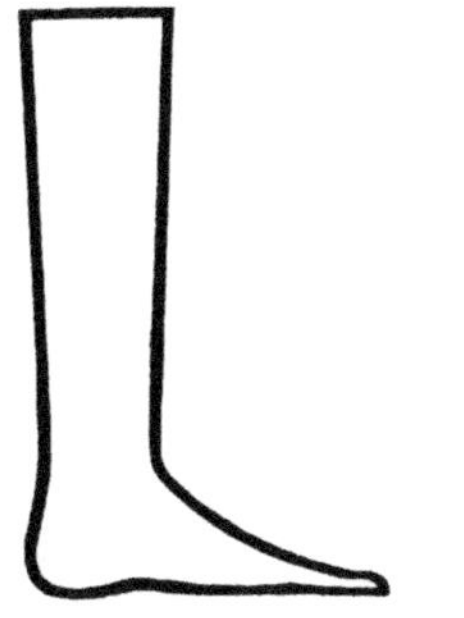

[1]

BA

Bei der nächsten Station unserer Pilgerreise
zum integralen Gewahrsein unserer selbst
treffen wir auf einen Aspekt von uns,
den die alten Ägypter BA nannten
und mit einem ‚Fuß' oder ‚Bein' darstellten.
Obwohl unser Sein mit all seinen verschiedenen Funktionsweisen
ein ungeteiltes Ganzes bildet, ist es für unser Verständnis hilfreich,
es in verschiedene Ebenen (Stufen, Strukturen) zu unterteilen.
So gesehen zeigt uns der Fuß, dass –
verglichen mit unserem gesamten Sein –
nur ein kleiner Teil oder Aspekt unseres ganzen Wesens
in direktem Kontakt mit der Erde steht
und an unserer physischen Existenz teilnimmt.
Der Fuß ist auch ein Symbol für unsere Vital-Seele, BA,
und deutet an, dass diese für den Körper
das ist, was der Fuß für den Schuh.[2]
In den Märchen und im Unterbewusstsein der Menschheit
sind Fuß und Schuh als Symbole bis heute lebendig geblieben.[3]

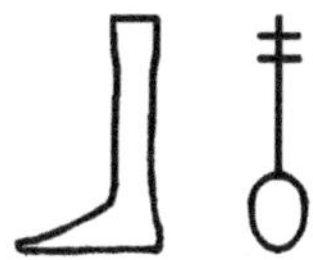

‚BA' in Resonanz mit ‚Schönheit'
bringt ‚Glückseligkeit'.[4]

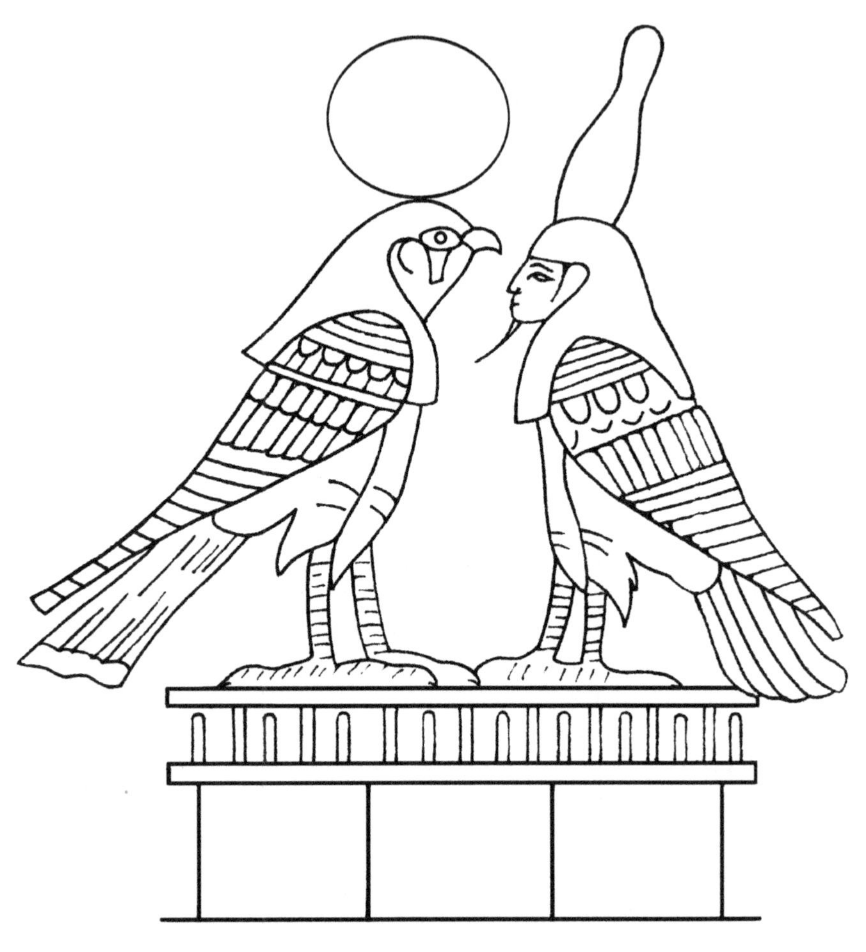

‚Ich bin Seine Zwei Seelen in seinen Zwillingen‘ [5]

Das BA von RE
und das BA von Osiris
im Papyrus Ani [6]

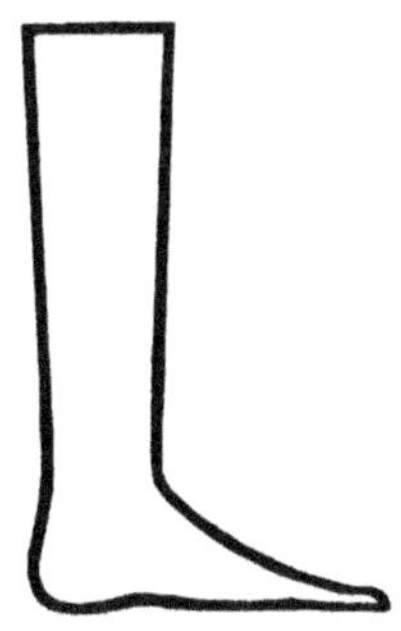

BA ist immer das Erste, was den Körper verlässt,
wenn sich dieser zum Schlafen hinlegt,
sei es zum kleineren Schlaf in der Nacht
oder zum größeren Schlaf zwischen zwei Leben.
Selbst wenn unser Körper und unser Mental müde sind –
unser BA ermüdet nicht:
Es ist der Teil von uns, der träumt und umherwandert.
BA lehrt uns Wachsamkeit, indem es uns zeigt,
wie wir wach bleiben können, wenn Körper und Mental schlafen.
In ägyptischen Bildern und hieroglyphischen Schriften
kommt BA auch im Plural vor, als BAU.
Es symbolisiert dann die vielen Seelenkräfte der einen großen Seele;
unsere ewigen Bewegungen (Archetypen oder Neteru)
wählen BA als verbindende Kraft und erscheinen alle als BAU.

Interessanterweise hat ‚ba' als Wort verschiedene Bedeutungen:
Es kann verstanden werden als Fuß, als Schaf (Widder) oder als Seele.[7]
Trotz des Verlustes an psychologischem Wissen über uns selbst
gibt es in der heutigen Zeit immer noch die Empfehlung,
jeden Abend vor dem Schlafengehen (wie ein Hirte) unsere Schafe,
unsere BAU, zu zählen:
jene freundlichen Archetypen (Neteru),
die Teil unseres irdischen Lebens geworden sind.[8]

Und BA in der Form eines Vogels
war eine der wichtigsten Darstellungen der Seele –
und ist es in unserem Unterbewussten immer noch.

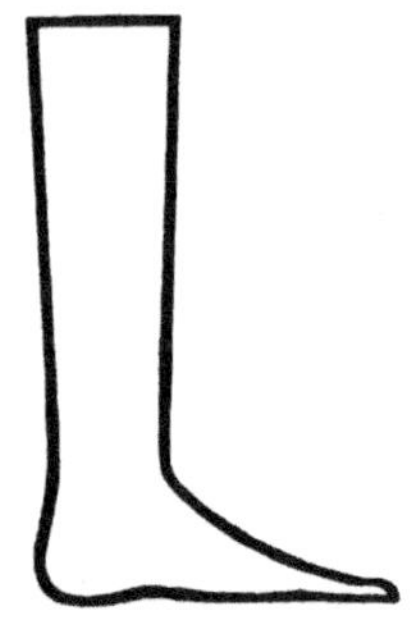

Als Fuß aber zeigt BA seine primäre Funktion:
uns physisch an die Erde und die Zeit zu binden.
Es ist das, was uns zu Kindern der Erde macht,
was uns mit ihr, mit ihrer Landschaft, mit ihrer Herrlichkeit verbindet.
BA bewirkt, dass wir die Erde unwiderstehlich finden und sie lieben.
Wir kommen immer wieder als ihre Pilger,
um ihre heiligen Stätten der Schönheit,
der Aspiration, der Verehrung zu besuchen.
Erst nachdem wir dieser Bewegung der Involution (BA als Fuß) gefolgt sind,
können wir uns des Kraftfelds unseres individuellen Programms,
unserer Maat (siehe nächstes Haus) bewusst werden,
das bereits wahrnehmbar ist im Charakter
und in den Qualitäten unseres BA –

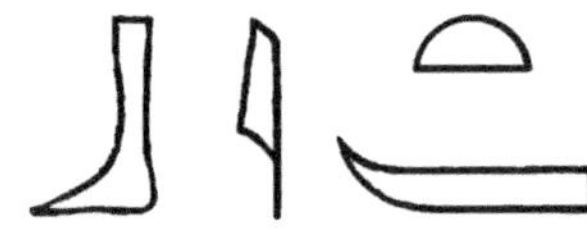

‚Charakter',
‚Qualitäten'[9]

und so der Bewegung der Evolution folgen
und ein Liebender der Sterne, KA, werden (siehe übernächstes Haus).

Der königliche Spieler sagt:
Ich betrete das Spielfeld meines BA,
ich werde eins mit ihm,
ich werde den Tod nicht kosten.

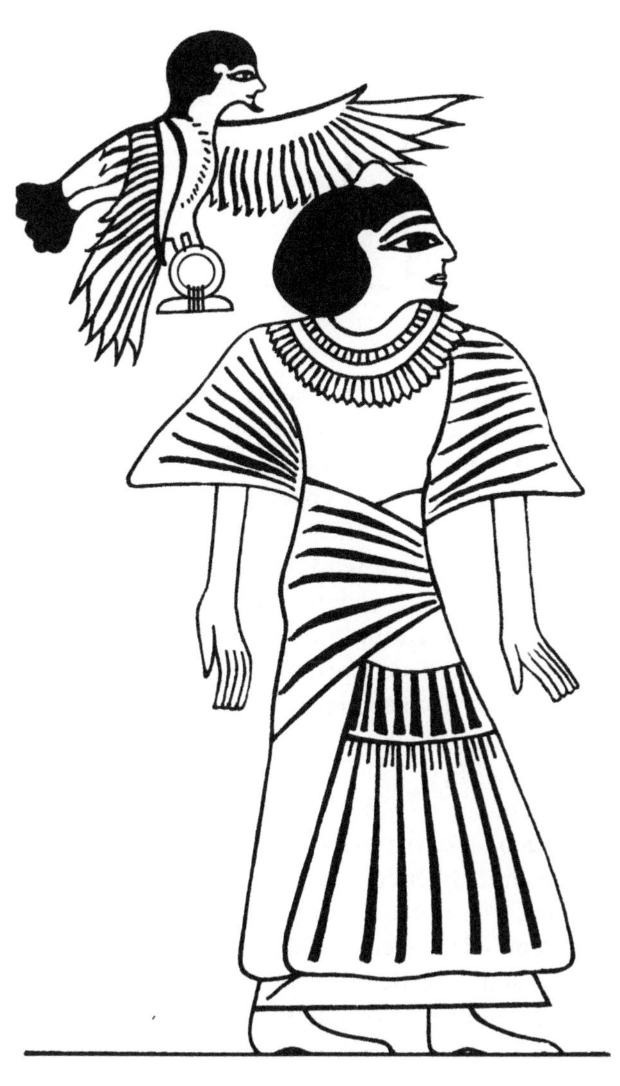

Ani und sein BA
im Papyrus Ani [10]

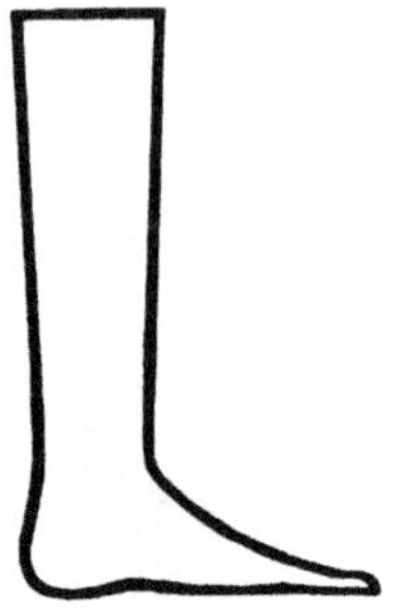

Das BA ist die am stärksten individualisierte unserer Seelenkräfte,
im Sinne einer Begrenzung, einer Inkarnation.
Es ist auch das, was die Abenteuer liebt.
In der populärsten Darstellung, dem Vogel,
erscheint BA oft mit einem menschlichen Gesicht.
Aber selbst wenn es so dargestellt wird, ist es nicht ein Wesen;
sein Name ist nicht ein Nomen, sondern ein Verbum,
eine Art des Seins, eine Art, zu funktionieren.
Unsere Traum-Körper ändern sich fortlaufend,
unsere Erscheinung ändert sich andauernd;
aber die innere Bewegung, die ihnen Leben gibt,
ist immer dieselbe: unser BA.
Das Gefühl, zu fliegen,
von den Begrenzungen unseres physischen Körpers frei zu sein,
kann im BA-Feld nachhaltig erlebt werden.
Es ist eine Befreiung, wenn auch eine kleine.
Wir können nun, wenn wir wollen, unabhängig von unserem Körper sein,
aber immer noch ein individuelles Wesen bleiben.
Wir können fliegen, wenn auch noch nicht wie eine Rakete
oder ein Stern, sondern nur wie ein kleiner Vogel,
über eine kleine Distanz und noch nicht in die Unendlichkeit
und in die Ewigkeit, nach der wir uns sehnen.
Die Hauptbewegung aber, die es im BA-Feld im Moment zu üben gilt,
ist, sich voll und ganz zu inkarnieren.

Anmerkungen und Quellenangaben zu Seiten143-148

BA

[1] BA wird in den großen Senet-Texten nicht erwähnt. Aber welcher Pharao würde ohne sein BA spielen? Er sendet sein BA als Wegbereiter voraus, um so den Weg zu seinem Ziel vorzubereiten.

[2] Die Vitalseele ‚benutzt' den Körper so, wie der Fuß den Schuh. Siehe Medhananda, *Archetypen der Befreiung*, 113.

[3] Die Füße, die mit der ‚Mutter' Erde in Kontakt stehen und ihre Vibrationen empfangen, wurden von der Steinzeit an als besonders heilig betrachtet. In den Ländern des Orients zieht man seine Schuhe aus, um in direkten Kontakt mit einem heiligen Platz zu kommen. Nur der Jungfrau Maria war es erlaubt, mit Schuhen an den Füßen in den Himmel einzugehen. Aber die Schuhe sind ebenfalls ein Symbol für BA, und Maria blieb so in stetem Kontakt mit der Erde.
Die Sandalen des Fischers sind Teil der pontifikalen Insignien der katholischen Kirche.
Der Test der ‚passenden Schuhe' ist aus den Märchen wie *Cendrillon ou La petite Pantoufle de vair* (Perrault) oder *Aschenputtel* (Grimm) bekannt, von denen es in der ganzen Welt sehr viele Versionen gibt. Die falschen Bräute müssen, in der Version der Gebrüder Grimm, ihre Zehe oder ihre Ferse abschneiden, um die Schuhe anziehen zu können. ‚Die Schuhe sind voll von Blut' singen die heiligen Vögel der heiligen Mutter. Nur die echte, die wahre Braut kann sie problemlos anziehen. Die Schuhe von Aschenputtel sind in einigen Versionen aus Pelz, mit der glatten Seite außen, während der Pelz in Kontakt mit dem Fuß ist.
In ‚*La Belle au bois dormant*' (Perrault), durchmisst der Zwerg mit den Sieben-Meilen-Stiefeln mit jedem Schritt sieben Meilen und reist so schnell, wie BA es vermag. Und der gestiefelte Kater (*Le chat botté*, Perrault) im Dienste des Marquis de Carabas – ein Name, der sich aus drei altägyptischen Archetypen zusammensetzt, KA-RA-BA (KA, RE, BA) – vollbringt magische Taten für seinen Herrn.
Siehe die französischen Versionen dieser Geschichten in Charles Perrault, *Contes de ma Mère l'Oye.*

[4] Budge, *Dictionary*, 214a.

[5] Piankoff, *Litany of Re*, 10; Kapitel 17 des Totenbuches.

[6] Rossiter, *Ägyptische Totenbücher*, 37.

7 Wegen der verschiedenen Bedeutungen von ‚ba', änderten die übersetzenden Mönche das Wort Jesu ‚Ich bin das BA Gottes' in ‚Ich bin das Lamm Gottes'. Was Jesus aber wohl vermitteln wollte, war: ‚Ich bin jener Teil des Göttlichen, der die Erde berührt' – so dass gesagt werden kann, Gott wandelte auf Erden.

8 Medhananda, *Der Weg des Horus,* 79.

9 Faulkner, *Dictionary*, 80.

10 BA als Vogel: Rossiter, *Ägyptische Totenbücher*, 37

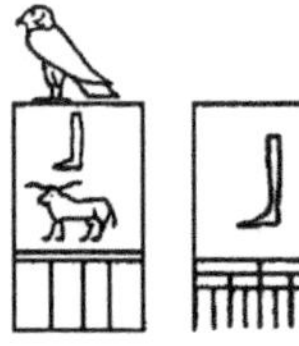

BA als Fuß/Bein:
N. Swelim, *Some Problems on the History of the Third Dynasty*, 1983.

Auch das archaische chinesische Piktogramm für TAO zeigt einen Fuß (links unten) mit Fußspuren (links oben), und ein Gesicht mit drei Haaren (auf der rechten Seite).

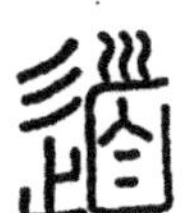

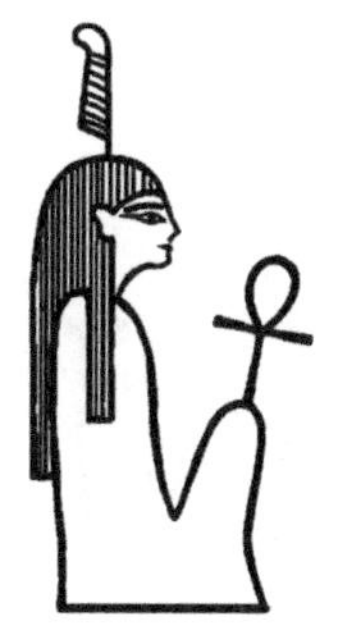

[1]

Maat

Die Frage eines Pontius Pilatus „Was ist Wahrheit?“
wird hier nicht gestellt.
Unser intellektuelles, analytisches Mental wird in diesem Spiel nicht
mit neuen Philosophien, neuen Dogmen oder neuen Theorien gefüttert.
Uns wird einfach eine Feder gezeigt (auf dem Kopf von Maat) –
ein von einigen Hautzellen eines Vogels hervorgebrachtes Wunder.
Wenn jemand mit etwas kommt, das schwerer ist,
und uns zu überzeugen versucht,
dass seine Wahrheit *die* Wahrheit ist, können wir nur lachen,
denn Wahrheit ist nicht etwas, das uns schwer macht;
sie ist das, was uns von schrecklichem Aberglauben
und all dem gelehrten Unsinn, unter dem wir begraben sind, befreit.
Wahrheit lässt sich nicht formulieren;
kein Wort, kein Buch kann sie enthalten.
Aber wir können sie *sein.*

Sie ist zunächst das unerschütterliche Fundament,
der Fußsockel, auf dem wir stehen sollten, ‚Wahrheit‘ [2]
wenn wir uns selbst bauen wollen.
Sie ist nicht die endgültige Entdeckung, sondern deren Ausgangspunkt.
Dann wird sie, wie der Bug unseres Seelenschiffes,
zu dem, was uns führt
und uns in jedem Moment den Weg zeigt. ‚Wahrheit‘ [3]

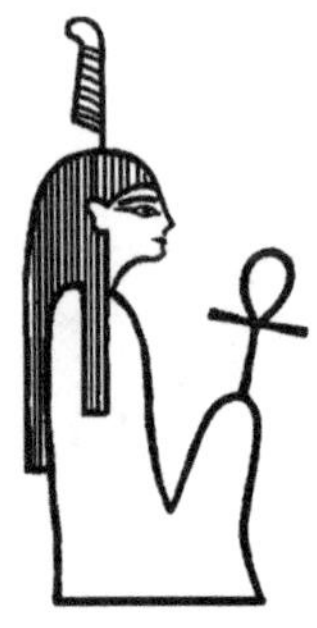

Es gibt keine Wahrheit, die für alle gültig ist;
jeder hat und ist seine ganz eigene Wahrheit.
Jedes lebende Wesen, jede Zelle, jedes Samenkorn,
jedes Photon, jedes Elektron, jede Galaxie,
alles hat seine eigene Feder, sein eigenes Programm,
seinen inneren Lotsen, der es durch die unermesslichen Spielfelder
von Raum und Zeit führt.
Ein Lotse, der sich streng an ein Buch hält
und von mentalen und moralischen Regeln geplagt wird,
würde seine wahre Bestimmung bald aus den Augen verlieren.
Ein guter Lotse, der auf seine psychologischen Parameter eingestimmt
und in Resonanz mit den Parametern des Universums ist,
steuert das Schiff sicher in den heimatlichen Hafen.
Unsere Wahrheit ist unser individuelles Programm,
das in jede unserer Zellen eingeschrieben ist,
die magische Feder der Wahrheit, von der wir uns
(wie in dem Märchen *Die drei Federn*)
führen lassen können, vom Wind unseres Schicksals.
Sie ist unser größter Schutz
und gleichzeitig die Verheißung ihrer Verwirklichung.

Wir lesen im *Buch von den Zwei Wegen*: [4]
‚Ich bin heute gekommen mit gereinigtem Antlitz
von den Windungen des Heiligen Sees.
Ich habe denjenigen gesehen, welcher der Wahrheit entgegen geht …
Ich habe ihn von seiner Müdigkeit befreit,
ich habe ihm Wahrheit gebracht, von der er lebt.‘

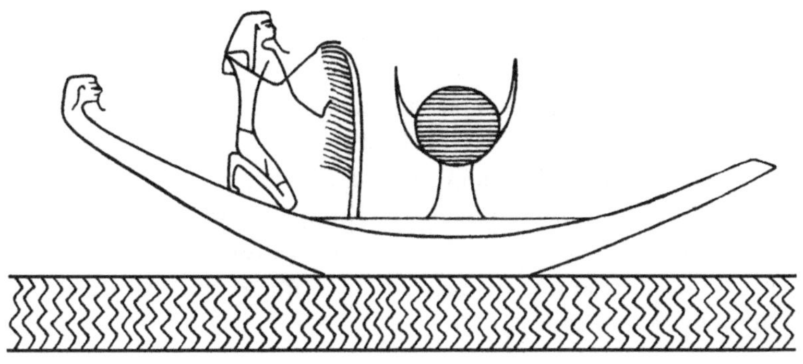

Aus der zweiten Stunde des Amduat
im Grab von Amenophis II.[5]

Was zeigt uns das Bild oben?
Wir reisen in unserem Seelenschiff,
von unserer Wahrheit stets begleitet:
Neben dem Symbol für den Neumond,
der sich langsam zum Vollmond,
zur Erleuchtung hin wandelt,
(die wir potenziell schon sind),
hüten und pflegen wir liebevoll
unsere Feder der Wahrheit, die still heranwächst.[6]

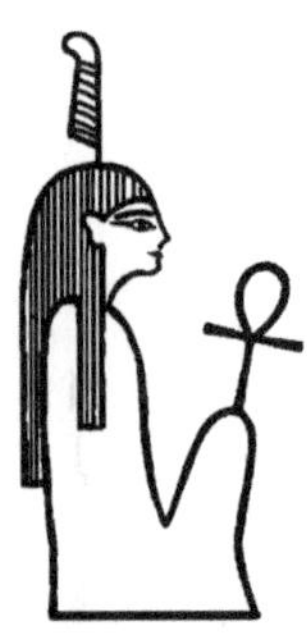

Es gibt in der ägyptischen Psychologie nicht ein Absolutes,
weder ein individuelles noch ein überkosmisches.
Aber die Feder könnte eine Annäherung daran sein,
ein Symbol für einen gewissen höchsten Sinngehalt unseres Lebens,
den wir schon in unserem physischen Körper spüren, und der sich –
durch unsere Aspiration und unsere Hingabe, ihn zu verwirklichen –
mehr und mehr in uns entfaltet.

Der königliche Spieler nähert sich
dem Spielfeld der Wahrheit, seiner Mutter, und sagt:

SCHWUNGVOLL ÖFFNE ICH DIE TÜRE
DES WUNDERSCHÖNEN
(STILLEN)
HAUSES VON MAAT

Und wir versprechen unserer Feder der Leichtigkeit,
dass wir ihr treu bleiben werden und ihr folgen wollen,
wenn sie uns den Weg zu unserer
wahren Selbst-Manifestation zeigt.

Maat,
in den großen Senet-Texten
als eine Form unserer Mehen dargestellt.

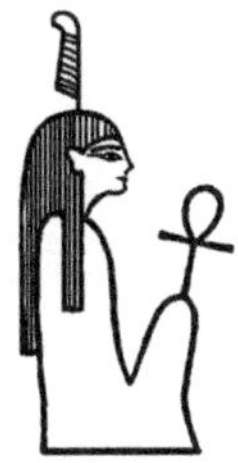

Anmerkungen und Quellenangaben zu Seiten 151-154

Maat

1 Unser Spielfeld zeigt Maat, wie sie im Greenfield Papyrus (Piankoff, *Mythological Papyri*, Texts, Fig. 37, 53) und in vielen anderen Papyri und Gräbern dargestellt ist.

2 Budge, *Dictionary*, I, No. 60, cxli.

3 Ibid., No. 13, cxxxix.

4 Piankoff, *Wandering of the Soul*, 13; Piankoff erklärt in seiner Einführung, dass das Problem ist, den richtigen Weg zu wählen unter den vielen anderen Wegen, die nirgendwohin führen.

5 Bucher, *Les Textes des tombes*, Pl. XXVIII, IIe heure.

6 Im Grab von Ramses IX. wird der Pharao dargestellt, wie er in einer symbolreichen Zeremonie sein altes Konzept der Wahrheit (eine kleine Maat mit Feder auf dem Kopf) darbietet, um eine größere Maat, eine neue, größere Wahrheit zu empfangen (siehe Medhananda, *Der Weg des Horus*, 104 ff). Die alten Ägypter sind damit schon recht nah an der modernen Auffassung von Entwicklung und Fortschritt. Noch näher sind sie bei Sri Aurobindo, der sagt: ‚Die Evolution hat eine Intention, aber es ist eine Intention in einem Kreis. Es ist keine gerade Linie der Progression vom Nicht zum Ist, vom Weniger zum Mehr.‘ Sri Aurobindo, SABCL, XVII, *The Hour of God and other Writings*, 148 (Kapitel 'Words of the Master').
An anderer Stelle sagt er:
‚Es ist wahr, dass die Bewegung der Welt nicht in einer geraden Linie verläuft, es gibt Zyklen, es gibt Spiralen; aber dennoch kreist sie, nicht immer um denselben Punkt, sondern um ein immer weiter fortschreitendes Zentrum, und deshalb kehrt sie nie genau auf ihren alten Weg zurück und geht nie wirklich rückwärts. Stillstand ist eine Unmöglichkeit, eine Täuschung, eine Fiktion.‘ Sri Aurobindo, SABCL, XVI, *The Supramental Manifestation and other Writings*, 317 (Kapitel ‚Conservation and Progress‘).

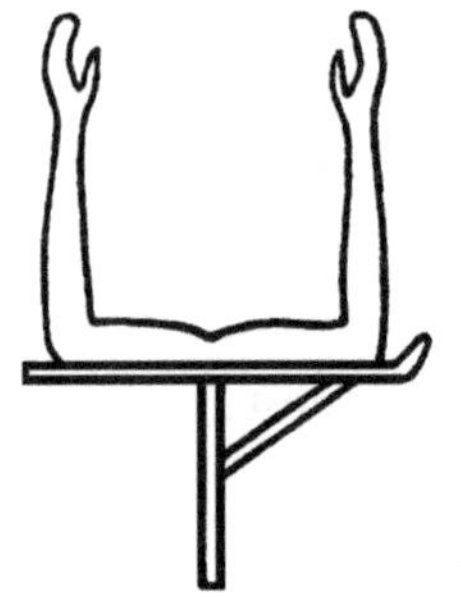

1

KA

Dies ist ein weiteres jener schönen Symbole,
deren Bedeutung sich nicht durch gelehrte Forschungsarbeit,
sondern ganz einfach durch das Verstehen von Körpersprache offenbart.

Die Hieroglyphe der hochgehobenen Hände
ist ein Bild für unsere stille Sehnsucht.
Wonach wir uns sehnen, wissen wir noch nicht;
wir stehen einfach mit erhobenen Armen da
und werden uns unseres Sehnens bewusst,
eines Sehnens, das sich nicht auf Dinge,
sondern auf unser Sein bezieht.
Solange wir uns nach Dingen sehnen,
sind wir nicht fähig, dieses Feld des Spiels zu betreten.
Die Bewegung der Sehnsucht geht über all das hinaus,
von dem wir glauben, wir seien es – sogar über die Zeit.
Die Ägypter nannten sie KA
und erkannten und verehrten sie
als die größte Kraft im Universum.
Wir treffen sie in uns selbst als die Kraft,
welche uns durch viele Zeitalter der Transformation geführt hat.
Sie ist das, was hinter der Evolution steht
und uns Fisch, Lemur und Mensch werden ließ;
und sie wird den Menschen in etwas anderes transformieren,
in etwas, das die Ägypter mit einem Stern dargestellt haben.

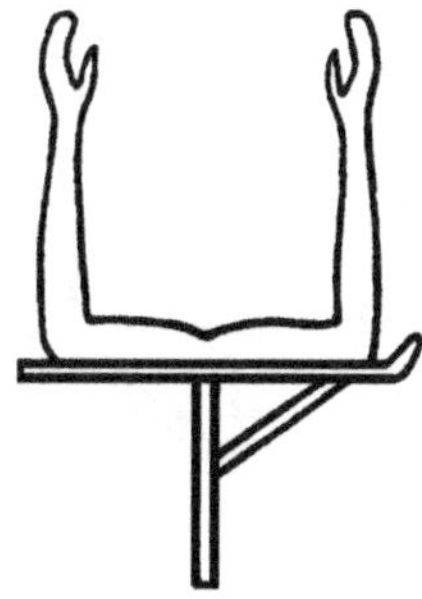

Es gibt da nichts, was wir tun müssten oder tun sollten
oder tun könnten – denn wir *sind* das ‚Sehnen‘;
es geht nur darum, diese Energie, diese Intensität zu erkennen
und bereit zu sein, unser unsterbliches Programm
von Geburt zu Geburt zu erfüllen,
durch alle geologischen Zeitalter hindurch.
Die Identifikation mit unserer Aspiration, unserem KA,
ist eine fundamentale Bewegung und hilft uns,
unsere Egozentrik
und die damit verbundene Engstirnigkeit hinter uns zu lassen.
Das Zentrum unseres Seins wird verschoben,
und damit ändert sich auch
die Dimension und die Art unserer Selbsterkenntnis.

Im mythischen prädynastischen Ägypten
nannte sich ein König
‚Ich übe die Kraft meiner Aspiration, mein KA‘.[2]
Neue Ausblicke eröffnen sich, die es uns ermöglichen,
den Weg zu unserem Ursprung zu finden.
Wir erreichen ihn vielleicht noch nicht vollständig,
treten aber mit ihm in Verbindung
und können diese Verbindung mit ein wenig Übung halten –
ganz einfach, indem wir unsere Arme hochheben.
Man muss es ausprobieren, um es zu glauben.
Unser KA strebt auch danach,
das ganze Universum zu umarmen.
Sind Arme nicht genau dafür gemacht?

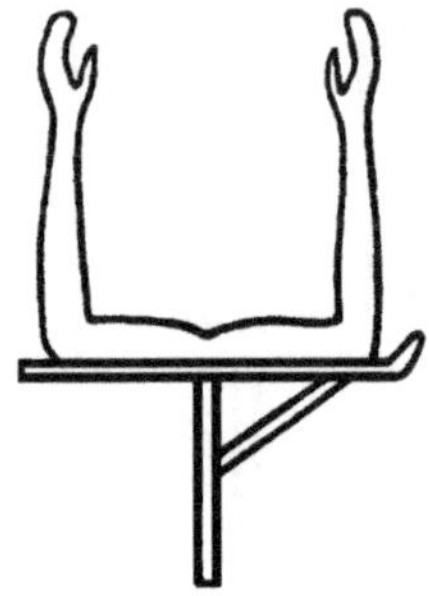

Das Symbol KA kommt oft in Königsnamen vor,
von der prädynastischen Zeit bis zu den ptolemäischen Dynastien.
Einer der Beinamen von Nebka[3] (3. Dynastie) war ‚Sohn des RE', aber als Kind hatte er den Namen ‚Totale Aspiration'.

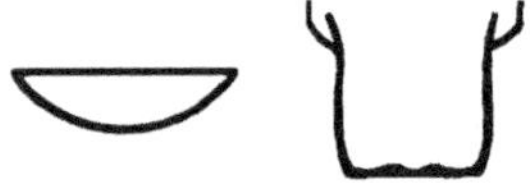

Der Thronname von Sesostris III.[4] (12. Dynastie) war ‚Aspirationen, die zusammen aufsteigen wie die aufgehende Sonne'.

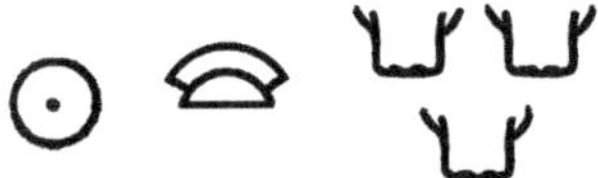

Im Leben – im Yoga – Fortschritte zu machen, sich zu freuen, das sind Bewegungen, die von unserem KA initialisiert werden.
In der Pyramide von Unas lesen wir:
‚Derjenige, der mit seinem KA geht, der geht.
Horus geht mit seinem KA,
Seth geht mit seinem KA,
Thoth geht mit seinem KA …
Auch Du gehst mit Deinem KA.
Du bist KA.' [5]

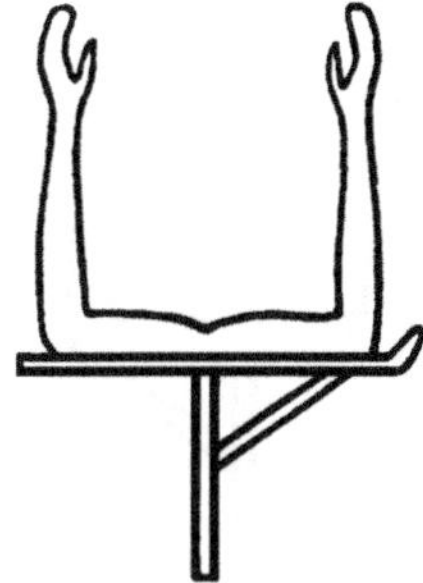

Im alten Ägypten werden die zwei Hörner des Stiers –
Symbol für die psychologische Fähigkeit, alle Türen zu ‚öffnen'
und Hindernisse zu überwinden – in Zusammenhang gebracht
mit der bewussten Kraft der Evolution im Menschen,
unserer Aspiration: KA.
Allein der KA-Stier ist fähig, die zusätzliche Energie,
die für große Errungenschaften notwendig ist, aufzubringen.
Die KA-Energie benötigt, um als wahres Instrument der Evolution
richtig verwendet und ausgerichtet zu werden, einen Stier,
aber einen genügend gezähmten, der von uns gleichsam
auf eine höhere Ebene des Seins gehoben wird,
dargestellt als Stier, den wir auf unseren Schultern
oder über unserem Kopf tragen.[6]

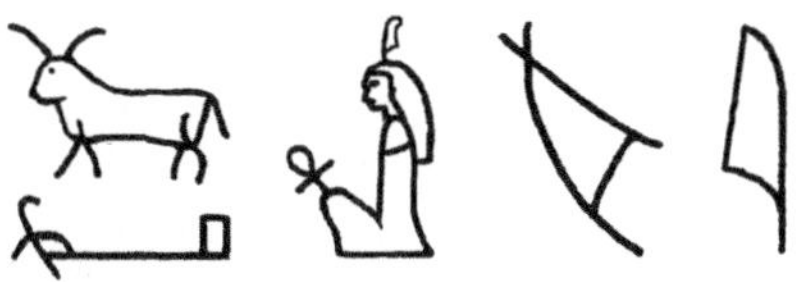

Einer der Thronnamen von Thutmosis I.[7] zeigt:
Der Stier wurde ‚gezähmt'
durch seine ‚Liebe'
zur ‚Wahrheit', seiner Mutter.
Nur mit einem gezähmten Stier können wir lernen, uns –
wie in alten ägyptischen und kretischen Stier-Spielen – höher
und höher zu projizieren, in die Logosphäre, in eine Bewusstseinsebene
über dem Mental, wo selbst die Evolution sich entwickelt.

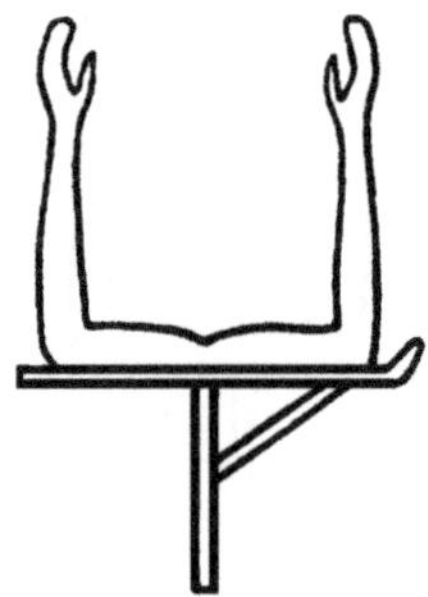

Wenn uns bewusst wird, dass unsere Aspiration
in Wahrheit ein Ausdruck unserer Energieschlange, unserer Mehen ist,
die sich in unserem Leben entrollt,
kommt unser Yoga der Selbsterkenntnis und der Transformation
in eine entscheidende Phase.
Auf einem Spielbrett der 20. oder 21. Dynastie sehen wir im KA-Feld
die folgenden Hieroglyphen, welche die Rolle, die die Mehen darin spielt,
sichtbar machen: [8]
Das Seil symbolisiert ein ‚anbinden':
Sich-anbinden an die Mehen,
an die führende Kraft im Weltenspiel.
So gelangt der Spieler immer mehr in den Besitz
der größten aller Energien, seiner Mehen.
In einer Version des Senet-Spiels im Turiner Papyrus [9]
lesen wir in diesem Feld:
‚Möge der große *Neter*
die *Mehen*
von *Allem*
gedeihen.'

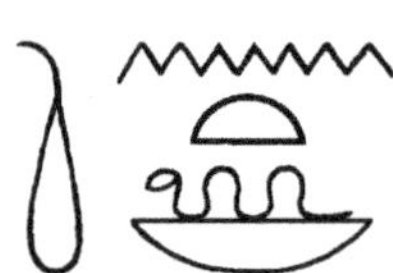

Der königliche Spieler ist sich
der Wirkungsweise seines KA bewusst und sagt:
MEIN INNERER FÜHRER
BEGLEITET MICH
INS HAUS DER DREISSIG
(IN DER TAT IN ALLE DREISSIG HÄUSER)

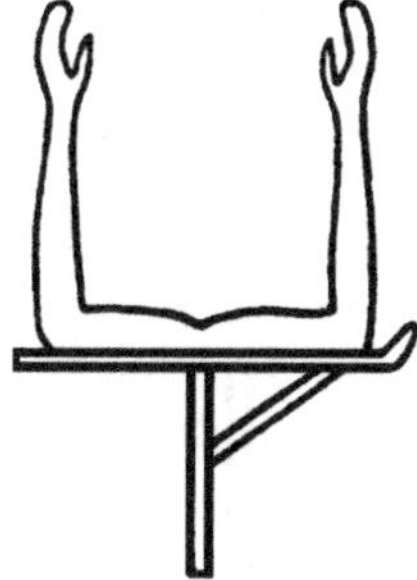

Anmerkungen und Quellenangaben zu Seiten 156-160

KA

[1] Das KA wird in den großen SENET-TEXTEN nicht ausdrücklich erwähnt, könnte aber mit MEIN INNERER FÜHRER (siehe S. 160) gemeint sein. Wie das BA konnte es in einem Spiel des Pharao nicht fehlen.
Das Bild von KA auf einer Standarte stammt aus *Annales du Service des Antiquités de l'Egypte*, 11, 173, zitiert in Bonnet, *Reallexikon*, 361.
BA und KA manifestieren zwei komplementäre Bewegungen, wobei BA in Richtung Involution und Inkarnation gewandt ist und KA in Richtung Evolution und Befreiung.

Zusammen bilden sie z.B. das Verb ‚schwanger sein'; Faulkner, *Dictionary*, 85.

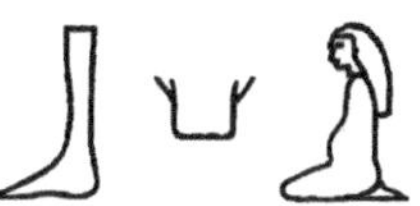

[2] von Beckerath, *Handbuch ägyptischer Königsnamen*, 169.

[3] Ibid., 176.

[4] Ibid., 198.

[5] Piankoff, *Pyramid of Unas*, 76, 61.

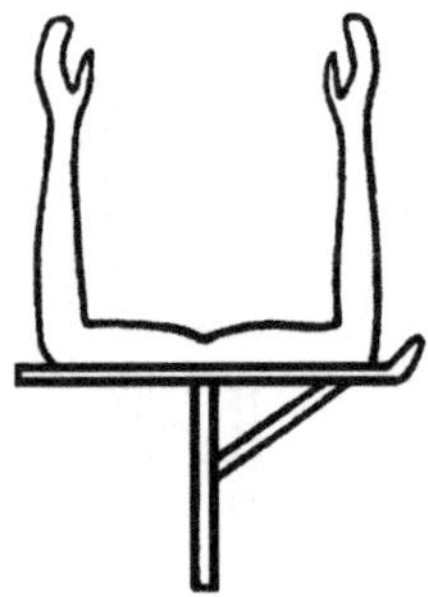

6 Ibid., *Tomb of Ramesses VI*, Texts, Fig. 37, 153.
Siehe auch Medhananda, *Archetypen der Befreiung*, 191 ff.
Ein reziproker Prozess der Domestikation findet zwischen dem Menschen und seinen Archetypen statt.
Budge, *Book of the Kings*, I, 167, 1.

7 von Beckerath, ibid., 225.

8 Pusch, 1.1, 336.

9 Ibid., 336.

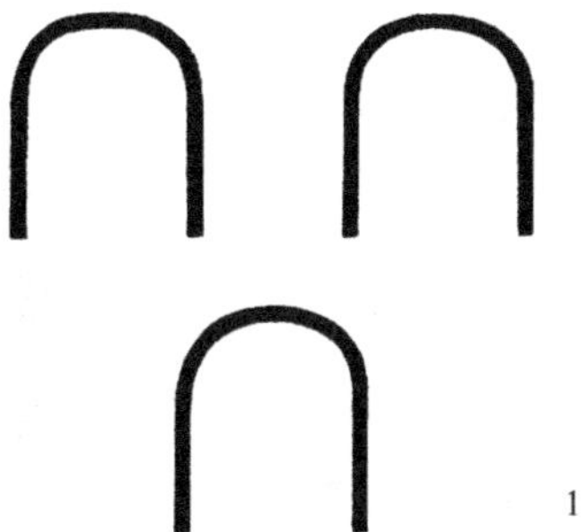

[1]

Die Dreißig

Unsere Sehnsucht, alles zu umarmen, entwickelt sich in eine Aspiration,
uns mit allem zu vereinen und schließlich alles zu sein.
Unsere Fähigkeit, das umfassende Miteinander, das wir sind,
zu verwirklichen – und sei es nur für einen Moment –,
wird im Haus der ‚Dreißig' ausgelotet.
‚Dreißig' ist ein Symbol für all jene Archetypen,
die wir als Komponenten und Gefährten
unseres inneren Lebens ausgewählt haben.
Manchmal werden sie die ‚Sechsunddreißig' genannt
(im ägyptischen Jahr gab es sechsunddreißig ‚Wochen'),
oder die ‚Zweiundvierzig', eine weitere heilige Zahl
(die zweiundvierzig Bücher des Thoth).
Das sind wenige, wenn wir an die siebenhunderteinundvierzig Neteru
denken, die im Grab von Tuthmosis III. dargestellt sind.[2]
Wie vertraut wir auch immer mit jedem einzelnen der Dreißig
geworden sind, sie alle zusammen anzutreffen, ist ziemlich eindrucksvoll –
und wird bald zu einem lang erwarteten Fest.
Vergessen wir nicht, dass es sich um verschiedene Weisen
des Seins handelt, um Bewegungen des Bewusstseins, um Seelenkräfte,
Archetypen, Aspekte von uns selbst – und nicht um Richter,
wie sie in Volksreligionen gerne dargestellt werden.

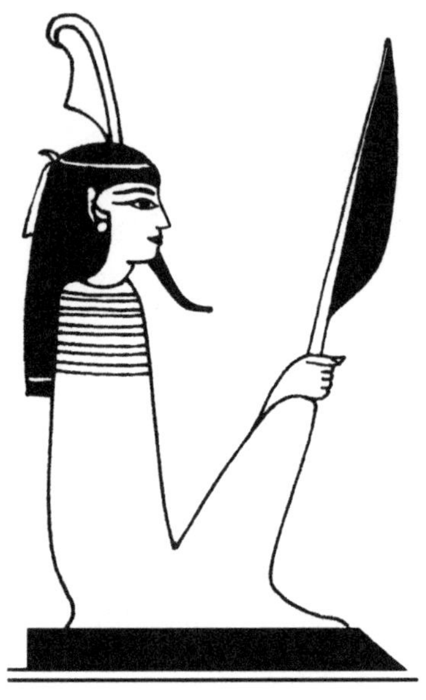

Aus dem Papyrus Anhai [3]

Keiner von ihnen spricht ein Wort oder öffnet den Mund.
Nur ihre Knie sind psychologisch aktiv.
Sie sitzen still da, und ihr Fuß – das BA –
verlängert sich ins Knie, das eine Feder trägt,
ein genetisches Programm.
Wenn ein Messer auf dem Knie erscheint,
symbolisiert dies die Kraft, zu unterscheiden,
was zu unserem inneren, wahren Programm gehört und was nicht.
Einige Figuren (wie diejenige oben) tragen,
auf dem Sockel der Wahrheit sitzend, beide Symbole:
Die Feder der Wahrheit (auf dem Kopf)
rechtfertigt das Messer der Diskrimination (auf dem Knie).[4]

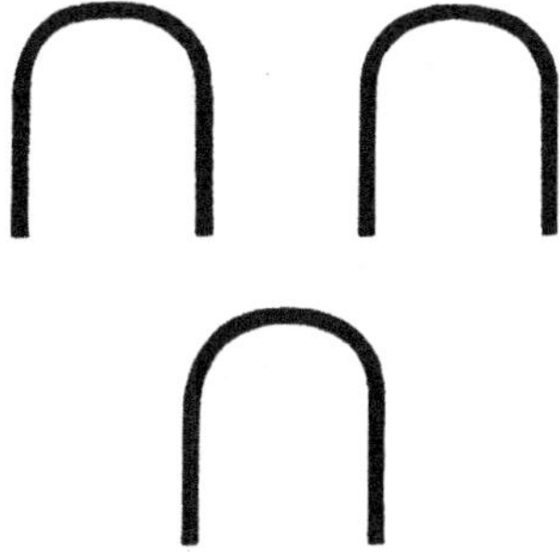

Wir sind hier auf Erden, um jene Potenzialitäten und Kräfte
auszuwählen, die unserem Programm
der Selbsterschaffung und Ewigwerdung entsprechen,
und die uns nicht nur in diesem Leben,
sondern auch im nächsten begleiten werden.
In diesem Sinne sind wir Vater und Mutter unserer nächsten Inkarnation,
die schon jetzt sehr bewusst vorbereitet werden muss.

Einer der großen Beiträge des alten Ägypten
zu tiefer Selbsterkenntnis war die Resonanz.
Das ideale Leben war ein Zustand der Resonanz von allem mit allem.
Die sicherste Art und Weise, unsere Archetypen auszuwählen,
ist deshalb, zu prüfen, ob und wie sie mit unserem zentralen Wesen
und inneren Programm, unserer Intention, mitschwingen.
Was auch immer wir tun oder erschaffen,
es muss mit all den von uns gewählten Komponenten unseres Wesens
in Resonanz sein.
Von dieser Art ist also das Haus der ‚Dreißig':
Zu lernen, im Einklang mit den Dreißig zu vibrieren.
Und von dieser Art ist das Senet-Spiel der ‚Dreißig':
mit ihnen zu gehen, als Geeinter, auf dem Weg des Werdens.

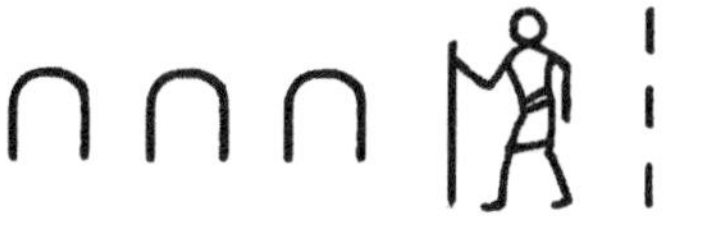 [5]

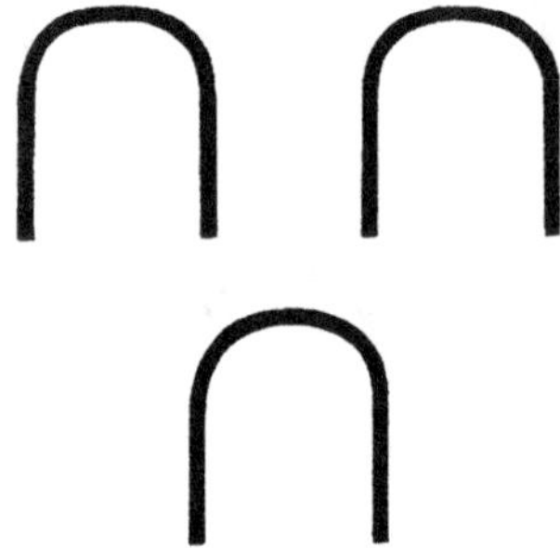

Auch wenn wir die ‚Dreißig' in uns gesammelt haben
und sie sein können, ist der Weg noch weit,
bis wir das ‚Große Haus', Per-ao (Pharao)[6] sind,
das *alles* enthält.

Wenn wir aber im Zustand gegenseitiger Resonanz
mit unseren Archetypen, unseren Totemtieren,
unseren Seelenkräften sind,
können wir an unserem nächsten Schritt nicht zweifeln;
ob unser Ziel einen Namen und eine Form hat oder nicht,
ob es nah ist oder Millionen von Jahren entfernt,
wir werden es erreichen,
weil es potenziell schon in uns ist.

Der königliche Spieler sagt:
Ich betrete das Haus meiner Seelenkräfte, der Dreißig.
Möge ich der Einunddreißigste werden –
(ein Versprechen, dass ich mir selbst gab,
bevor das Spiel begann). [7]

Anmerkungen und Quellenangaben zu Seiten 163-166

Die Dreißig

1 Pusch, Teil 1.1, 392 f.
Die ‚Dreißig' werden in den Großen Senet-Texten erwähnt. Moderne Mathematiker kamen bei ihrer Suche nach einem Zeichen für ‚Vereinigung' und ‚Intersektion' auf dieses alte Symbol für 10, das im Unterbewussten verborgen liegt. In der Mengenlehre wird es verwendet für Schnittmenge und (mit der Öffnung nach oben) für Vereinigungsmenge.

2 Eggebrecht, *Das alte Ägypten*, 459.
Siehe auch Medhananda, *Der Weg des Horus*, 79.

3 Rossiter, Ägyptische Totenbücher, 101.

4 Knie – lateinisch *genu* – steht in Beziehung zu den Wörtern *Gen, Genie, genial, Genesis, Generation, Gnosis* (inneres Wissen).
Unterscheiden zu können, was zu unserem Programm gehört, kommt von einem inneren Wissen. Siehe auch Medhananda, *Archetypen der Befreiung*, 44, 48; Piankoff, *Myth. Papyri*, II, Papyrus 11 of Konshu Renep, Detail.

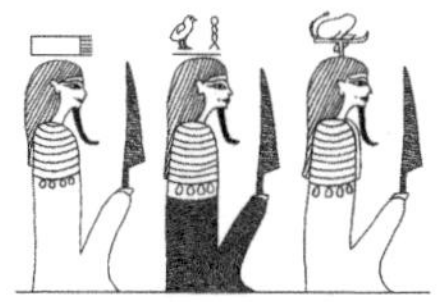

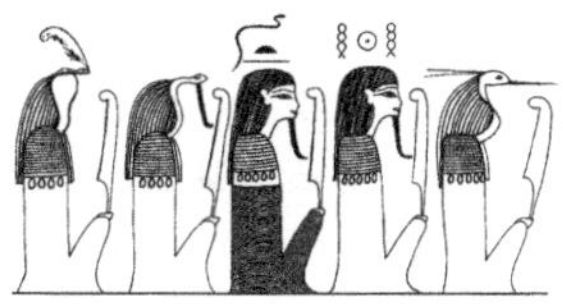

5 Budge, *Dictionary*, 281a.

6 Hieroglyphen 'per-ao': Faulkner, *Dictionary*, 89:
'Great House, palace: later Pharaoh'
(Großes Haus, Palast, später Pharao)
Siehe auch Medhananda *Der Weg des Horus*, 86-87.

7 ‚Möge ich unsterblich werden, unter den dreißig Unsterblichen der einunddreißigste' steht im ersten Teil des Großen Senet-Textes (vgl. auch S. 112 und 338).

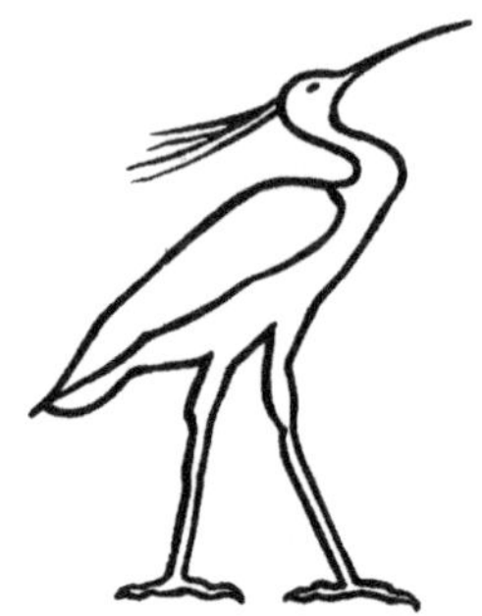 [1]

Benu

Die nächsten drei Felder oder ‚Häuser', denen wir uns nun nähern,
repräsentieren komplementäre Antworten bei unserer Suche
nach Unsterblichkeit.
Wir sind in diesem ‚Haus', um uns einzustimmen
auf das Prinzip der Selbst-Manifestation
und der unbegrenzten Wiederauferstehung
aus unserem eigenen Energiefeld.
Die Ägypter nannten dieses Prinzip Benu.
Benu ist in der ägyptischen Mythologie der Vogel,
der bei der Entstehung der Welt zugegen war.[2]
Er wurde schon in prädynastischen Zeiten in der Gestalt
eines Reihers verehrt und wohnte in der heiligen Stadt ŌN[3],
wo Atum, das Prinzip der Selbsterschaffung,
seine erste Inkarnation, *Benben*, projizierte.
Benben ist ein Stein, ein Symbol für den sich aus dem Wellenozean
erhebenden Ur-Hügel der Welt.
Wie Atum hat auch Benu seinen Ursprung in sich selbst
und ist in gewissem Sinne auch Benben (Stein, Urhügel),
auf welchem er steht – eins mit ihm.
Hier sehen wir den Namen, wie er im Papyrus Ani[4] geschrieben ist:

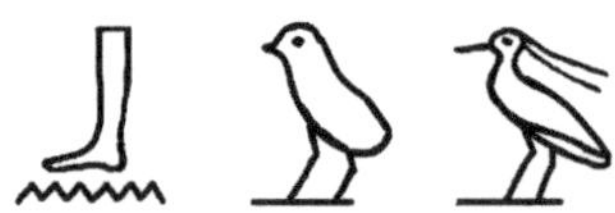

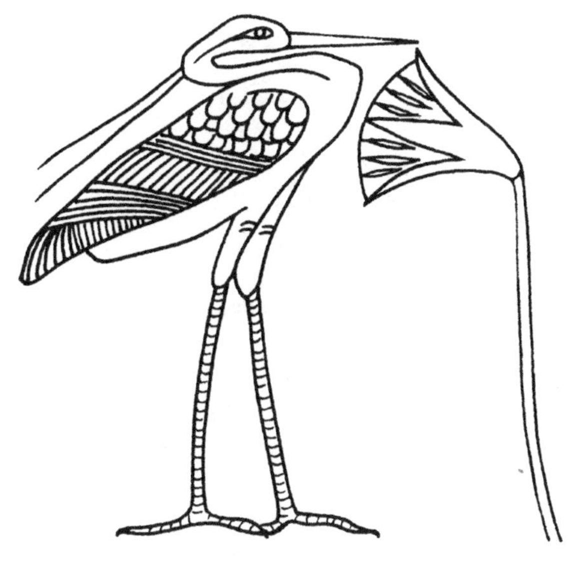

Aus dem Papyrus Ani [4]

Benu ist eine erhöhte Form von BA,
wie die Wurzel *ben* zeigt:
‚Ben‘ bedeutet
‚aufsteigen‘, ‚scheinen‘ [5] –
immer wieder, wie die Sonne.

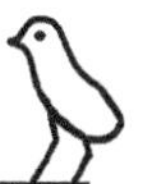 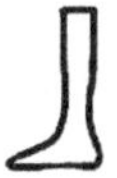 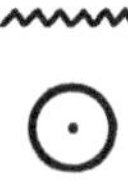

Der Lotos vor Benu (Bild oben)
ist ein anderes Symbol für Wiederauferstehung.
Wenn wir Benu begegnen, identifizieren wir uns mit ihm: [6]
‚Ich bin der Phönix (*Benu*),
das BA des RE,
der göttliche Geist (*Ach*).‘ [7]

‚Ach‘ [8]

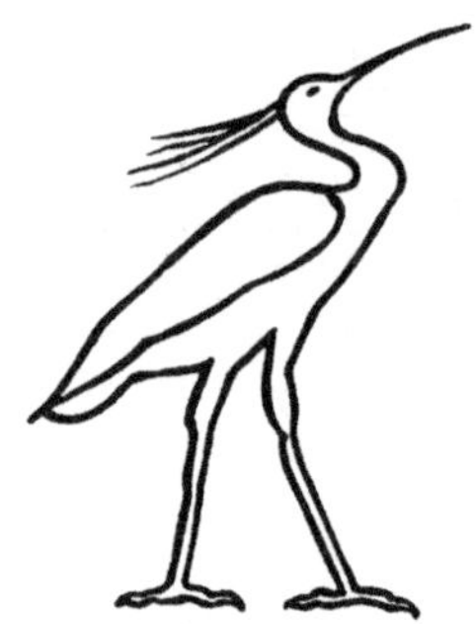

In diesem Feld oder Haus können wir uns
als die psychologische Kraft der Wiederauferstehung erkennen.
Während das Ego mit seinem beschränkten Leben
von Katastrophe zu Katastrophe geht,
bewegt sich das Selbstgewahrsein des Pharao
von Wiederauferstehung zu Wiederauferstehung.

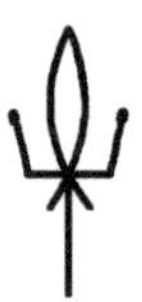

Hieroglyphe ‚Osten', ‚Erneuerung des Lebens', Wiederauferstehung [9]

Die religiöse Literatur späterer Zeitalter
ist voll von Propheten des Untergangs;
aber das höchste Selbstgewahrsein
verspricht dem Menschen ewige Wiederauferstehung.
Sie erscheint im Spiel der Archetypen nicht als etwas,
das uns irgendwann nach dem Tod erwartet,
sondern als eine kontinuierliche Übung der Identifikation
mit jenem Teil in uns, der sich fortlaufend
aus seiner eigenen Asche erhebt und neu manifestiert.
Tod und Wiederauferstehung sind nicht Begebenheiten,
die einmal waren oder die einmal sein werden,
und denen wir uns zu unterwerfen haben,
sondern sie sind ein kontinuierliches Üben
und eine sich stets erneuernde Quelle der Freude.

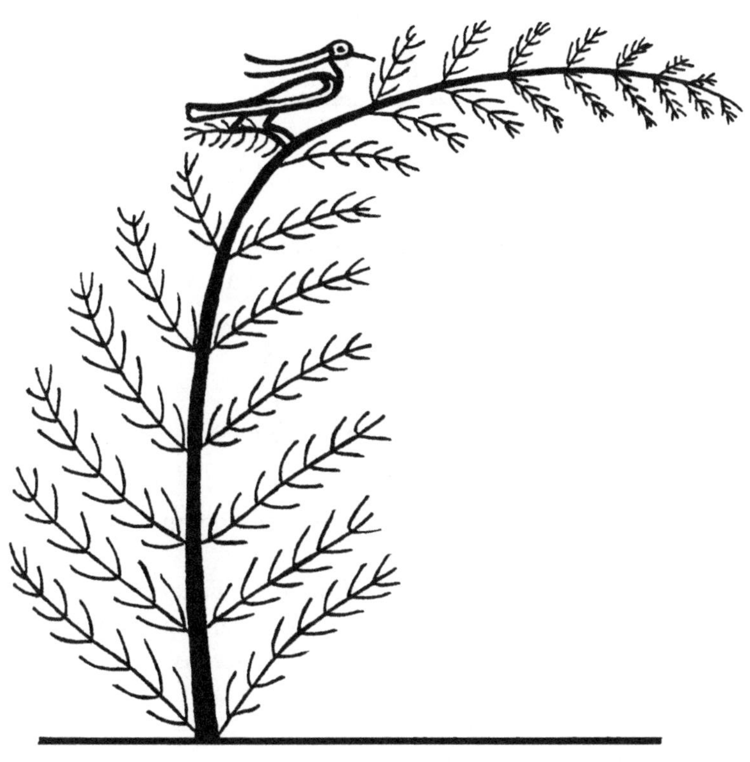

Der Phönix biegt den heiligen Baum von ŌN herunter,
um aus ihm eine Brücke in das neue Leben zu machen.[10]

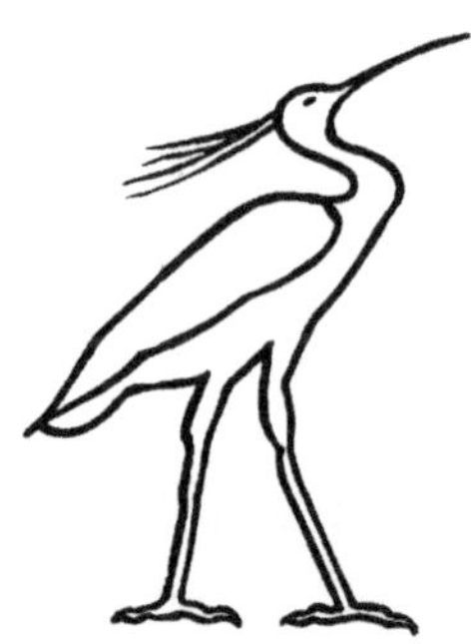

Auf dem Spielbrett des Turiner Papyrus,
das von Edgar Pusch rekonstruiert wurde,[11]
erscheinen auf dem Feld von Benu Hieroglyphen,
die das, was er symbolisiert, besser wiedergeben als Worte:

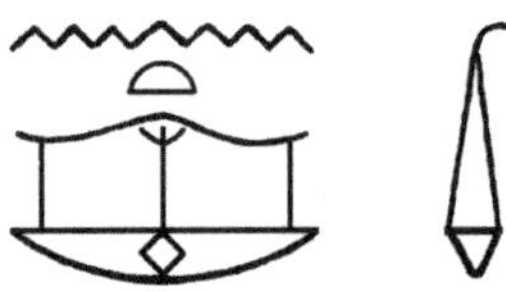

Zuerst kommt der ‚Pavillon der Jubelfeiern', gefolgt von
dem freundlichen Feuer der ‚Tempellampe';
zusammen werden sie zum ‚Fest des freundlichen Feuers'.
Damit wird der Titel von Benu bekräftigt: ‚Herr der Jubelfeiern'.[12]
Es geschieht während solcher Momente des Jubilierens,
dass wir unseren Zweiten antreffen.
Der Phönix ist nicht das Feuer selbst;
er ist das, was sich am inneren Feuer erfreut.
‚Er ist für Dich wie ein auf einem Baum niedergelassener Vogel,
wie das göttlich-mondene Strömen der Somapflanze,
wie ein rauschender schäumender Ozean …',[13]
aus dessen Schaumkronen wir entspringen
wie ein Schwarm Licht-Wellen – das ewig Aufsteigende.

Der königliche Spieler sagt:
Ich trete ein als Falke.
Ich gehe hinaus als Phönix.[14]

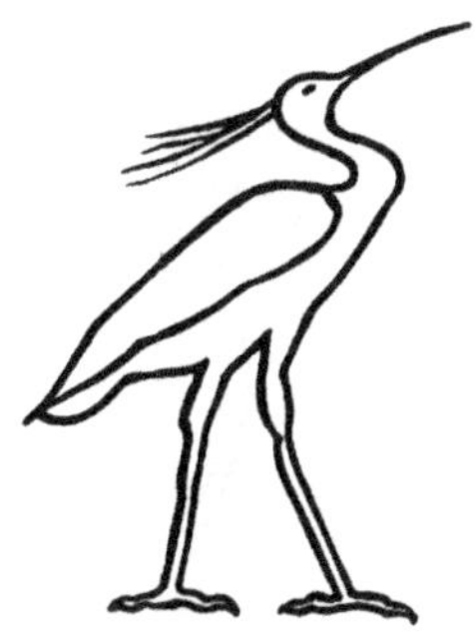

Anmerkungen und Quellenangaben zu Seiten 168-172

Benu

[1] Im Turiner Papyrus, in Pusch 1.2, Tafel 101, erscheint in diesem Feld eine Kombination von Hieroglyphen, die wir als Benu, den Phönix, interpretieren. Das Symbol auf unserem Spielbrett stammt aus Lanzone, *Dizionario*, I, LXX/2.

[2] Jacq, *Le Voyage dans l'autre monde*, 199.

[3] Bonnet, *Reallexikon*, 594; ägypt. annu oder lunu; kopt. ωN, ōn; griech. später Hēlioúpolis (Stadt der Sonne).

[4] Rossiter, Ägyptische Totenbücher, 35.

[5] Faulkner, *Dictionary*, 58.

[6] Hornung, *Totenbuch der Ägypter*, 94.

[7] Die Klammern wurden von Erik Hornung eingesetzt.
‚Ach' ist der Archetyp unserer spirituellen Essenz und der ihr innewohnenden Kraft, Meisterschaft, Pracht und Herrlichkeit. Als solcher unterstützt er Benu in einem so hohen Grad, dass dieser von ihm ununterscheidbar wird.

[8] Faulkner, *Dictionary*, 4.

[9] Lurker, *Götter und Symbole*, 103; Faulkner, *Dictionary*, 8; Piankoff, *Mythological Papyri*, I, 36 f. Siehe auch Medhananda, *Der Weg des Horus*, 77. Der Osten, wo die Sonne jeden Tag aufgeht, wurde zu einem Symbol der Auferstehung.

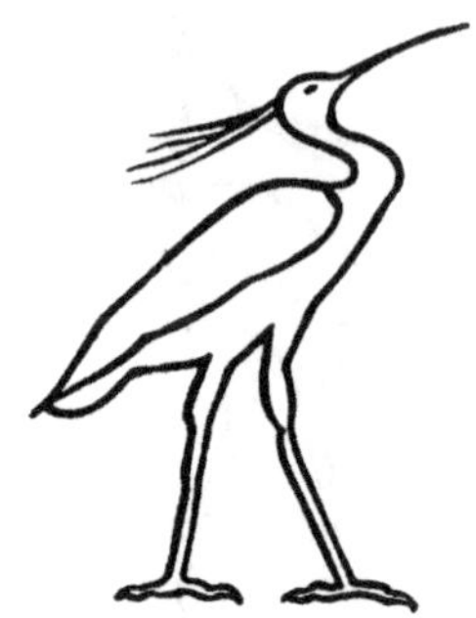

[10] Lanzone, *Dizionario,* I, LXX/1, Detail.

[11] Pusch, Teil 1.1, 335.

[12] Bonnet, ibid., 596.

[13] Sri Aurobindo, SABCL, XI, *Hymns to the Mystic Fire*, 427.
(Soma ist der mystische Wein des Entzückens und der Unsterblichkeit).

[14] Jacq, C. *Le voyage dans l'autre monde*, 199.

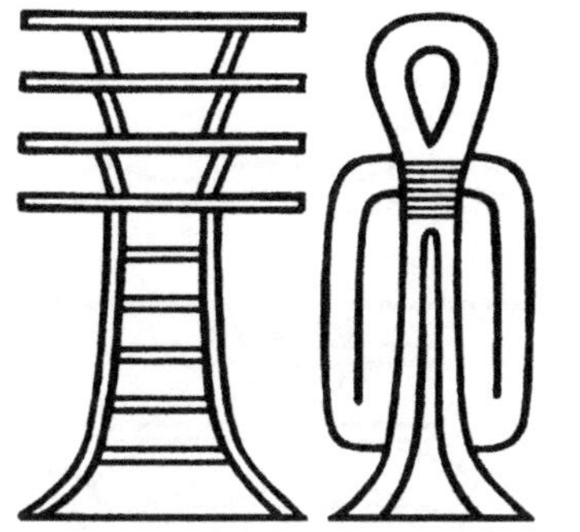 [1]

Djed Tet

Während das Haus der ‚Dreißig' einen Überblick
über die das Senet-Spiel konstituierenden Archetypen gibt,
präsentiert das Haus des Djed Tet
die Synthese ihrer psychologischen Aktivitäten.
Die Djedsäule ist ein Symbol für die psychologische Fähigkeit,
alle Aspekte unseres Seins, alle unsere Archetypen zu sammeln
und sie – wie Schilfhalme oder Fasern –,
mit Hilfe von Tet zusammenzubinden,
sodass sie Festigkeit und Stabilität bekommen,
um als eine Säule in der Ewigkeit zu stehen.[2]
Aber die Djedsäule ist mehr als eine lebendige Synthese:
sie ist ein Symbolbild für das Erschaffen des eigenen Selbst,
indem wir diejenigen Elemente auswählen,
die wir auf ewig sein wollen, und sie vereinen.
Sie wird zu unserem Baumstamm[3] der Kraft,
reicht tief hinab in unser Fundament
und weit hinauf durch das Dach des Himmels
zum Gipfel unseres Wesens.
Die Djedsäule ist, wie ihr Bild zeigt,
auch horizontal strukturiert,
wie eine Leiter oder ein indischer Tempelturm (Gopuram),
den es beharrlich zu erklimmen gilt,
von einer Ebene des Selbstgewahrseins zur anderen.

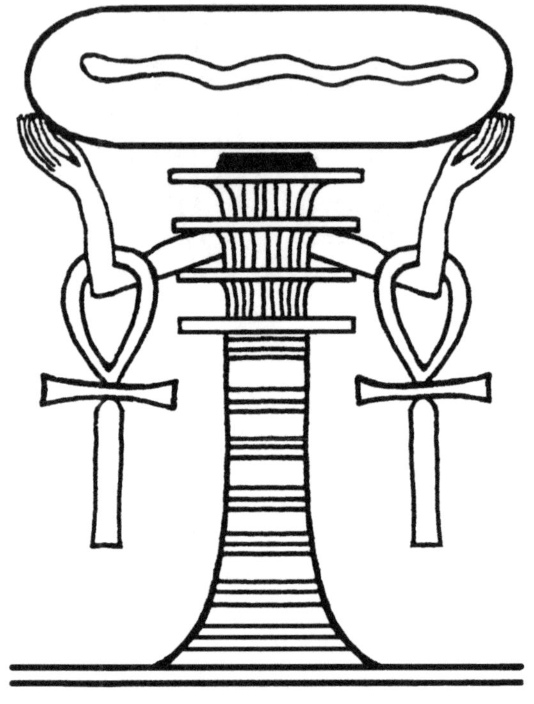

Aus dem Papyrus von Khonsu-mes [4]

Die psychologische Säule wird zum Stamm,
aus dem sich unaufhörlich Zweige neuen Lebens
und neuer Aspirationen bilden.
Aber ihre Hauptfunktion und bedeutendste Aktion ist es –
so könnte man sagen –,
unsere niemals endende fundamentale Schwingung zu messen,
sich auf diese eingestimmt zu halten
und unsere ewige Mensur zu sein.

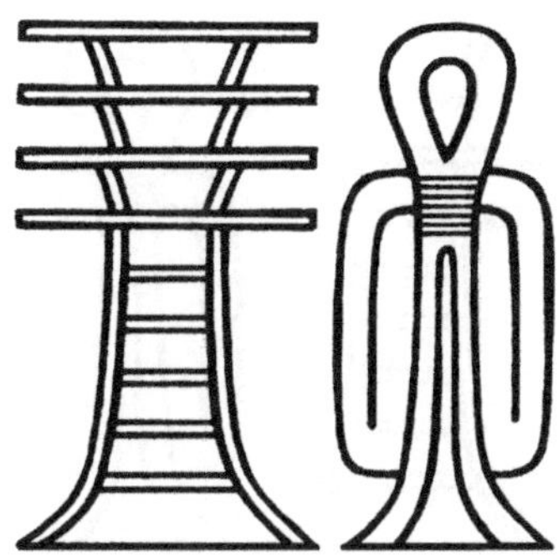

Während Djed eher den Weg nach oben versinnbildlicht,
betont Tet, seine ewige Gefährtin, den Weg nach unten
in die endliche Welt, damit diese umgewandelt werde.
Hinaufgehen ist *eleison*, die Bedingung für spirituelle Freiheit.
Herunterkommen ist *religere*, die grundlegende Notwendigkeit,
die Vielheit, die wir sind, zusammenzubinden;
sonst würden wir gar nicht existieren.
Beide erscheinen als ein und dieselbe Bewegung,
denn Tet symbolisiert die auf- und niedersteigende Blutzirkulation
der großen Mutter Isis, die mit ihrer zirkulären Bewegung
auch Djed umarmt und gürtet,
und die auch einen Knoten macht, um Djed Permanenz zu verleihen.
Diese verbindende Bewegung in unserem Bewusstsein
zwischen den Vielen und dem Einen,
zwischen dem Hinaufgehen und dem Herunterkommen,
zwischen dem Zustand des Tagesbewusstseins
und dem Zustand von Schlaf und Tod,
wird zu einem fortwährenden Yoga des Miteinanders und des Einsseins –
mit den Worten von Sri Aurobindo:
‚… unsterblich bauen mit sterblichen Dingen'.[5]

Der königliche Spieler sagt:
MEIN INNERER FÜHRER RICHTET MICH AUF
ALS SÄULE DER EWIGKEIT DJED
ZUSAMMENGEBUNDEN
MIT DEM GÜRTEL DER LIEBE TET
werde ich siegen.[6]

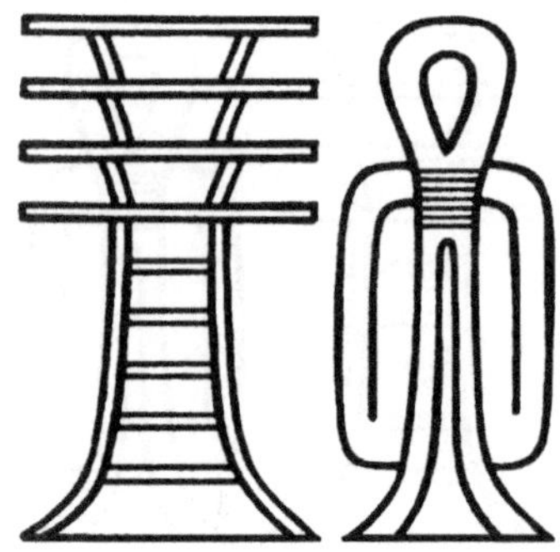

Anmerkungen und Quellenangaben zu Seiten 175-177

Djed Tet

1 Djed und Tet werden in den großen Senet-Texten erwähnt, und es ist unbestritten, dass sie diesen Platz auf dem Spielbrett einnehmen. Das Bild auf unserem Spielbrett stammt aus dem Papyrus Ani, in Rossiter, E., *Die Ägyptischen Totenbücher*, 64. Djed und Tet erscheinen häufig in Friesen, wie zum Beispiel demjenigen rund um die Senet-Spiel-Box von Amenophis III., abgebildet in Pusch, 1.2, Tafel 58a.

2 Djed und Tet werden auch erläutert in Medhananda, *Der Weg des Horus*, 122-129.

3 Budge, *Dictionary*, II, 914 a.

4 Piankoff, *Mythological Papyri*, Papyrus 17, Detail.

5 Sri Aurobindo, SABCL, V, *Collected Poems*, 61. ‚… to build immortally with mortal things.'

6 Vgl. Pusch, Teil 1.1, 394.

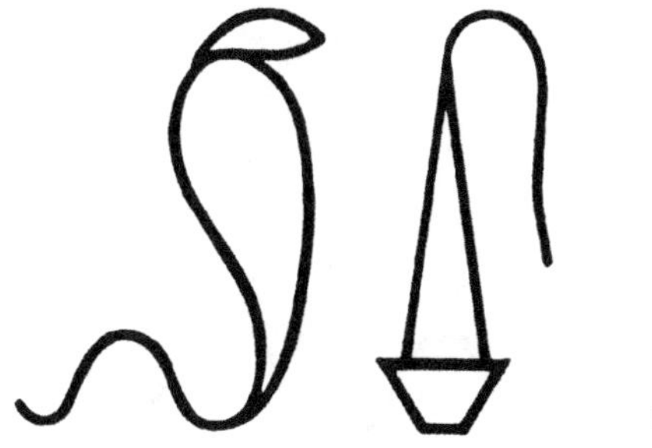

Buto

Mit Hilfe unseres KA,
unserer Sehnsucht nach dem Unendlichen und Ewigen,
entdecken wir,
dass uns und dem gesamten Kosmos mit all seinen Wesen
etwas gemeinsam ist:
eine Feuer-Seele.
Als Phönix (Benu) *erfreuen* wir uns an dem Feuer,
aber als Buto *werden* wir zu diesem geheimnisvollen Feuer.
Und so, wie unsere Ahnen das physische Feuer
immer mit sich trugen, werden wir, wohin wir auch gehen,
dieses innere Feuer als Teil von uns
auf die Pilgerfahrt zu unserem Selbst mitnehmen.

Das Bewegen unserer Arme oder Beine ist nicht nur das Resultat
eines mechanischen Zusammenspiels von Muskeln,
die wie ein Flaschenzug ein Gewicht anheben;
wir können in ihnen die Wärme eines Oxidationsprozesses,
eines inneren Feuers, spüren.
Buto lässt uns verstehen, dass wir
wie jedes andere existierende Wesen
nicht nur eine in Raum und Zeit begrenzte Form sind –
wie ein Stück totes Feuerholz –,
sondern ein ewiger Prozess der Umwandlung.

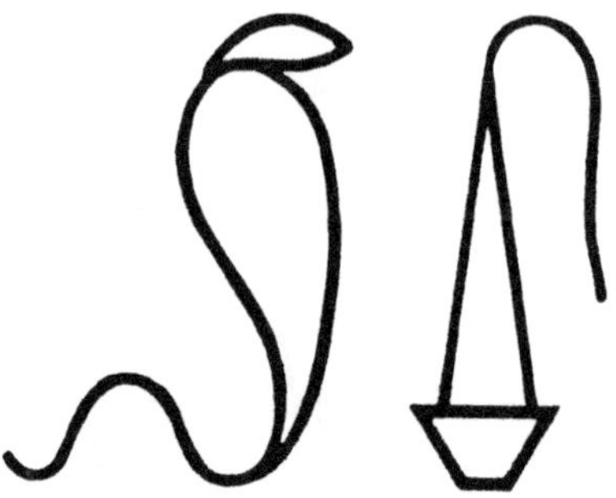

Wenn wir hinter diese Umwandlungen schauen,
hinter das andauernde Kommen und Gehen der Dinge,
erkennen wir die Energie, welche sie projiziert;
wir erleben sie in uns als das, was Heraklit *pyr zoon*,
lebendes Feuer, nannte.
In seinem dynamischsten Aspekt ist Feuer reine Energie,
die sich aus dem vibrierenden Schwingungsfeld des Ganzen
wie ein Blitzstrahl in eine Schlangenform projiziert.
So waren alle Göttinnen im Wesentlichen Schlange und Feuer,
und hin und wieder konnte man sie Feuer speien sehen.
Die Hieroglyphenbilder von ‚Schlange' und ‚Flamme'
zeigen ihre psychologische Identität: [2]

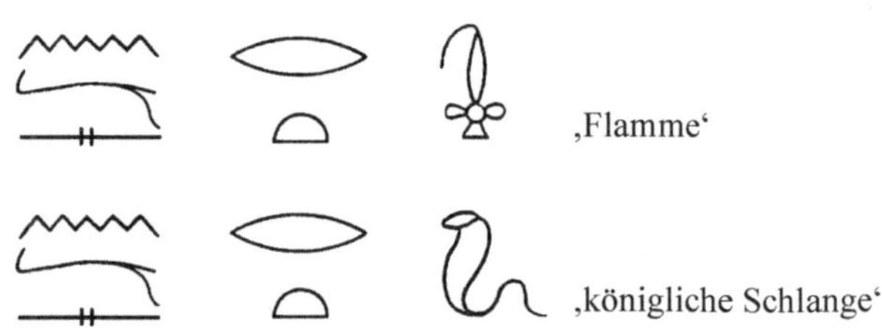

Keine Schlangen-Göttin wurde als Schlange angesprochen.
Buto ist ein Name der Kobra-Göttin des Feuers,
der von dem älteren Namen *Wadjyt* kommt: die Grüne.[3]
Sie ist auch *Uto*, und die Wurzel *ut* erscheint in Verben
wie ‚erzeugen', ‚hochheben', und Schönheit ‚zeigen'.[4]

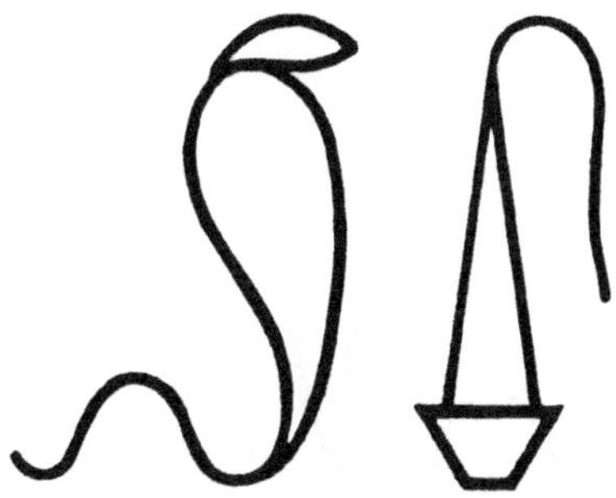

Die für das Leben notwendige Feuerschlange,
die Wachstum und Erneuerung aller lebenden Wesen bewirkt,
wurde in Griechenland zur Begleiterin von Asklepios.
In alten Zeiten und noch bis ins 19. Jh. wurde angenommen,
dass ein König mit seinem natürlichen Gegenpart,
der königlichen Schlange, über Heilkräfte verfüge.
Dass die königliche Macht diese Gabe miteinschließen musste,
gehörte zum unterbewussten Wissen der Menschheit.
Buto nährte an ihrer Brust die Kinder des Horus,[5]
diejenigen, für die das Feuer die Mutter ist.

Beim Betreten des Hauses von Buto sagt der königliche Spieler:

ICH BEFINDE MICH

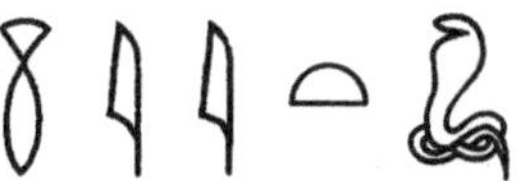

IN DEM (IMMER)GRÜNEN FELD VON WADJYT [6]

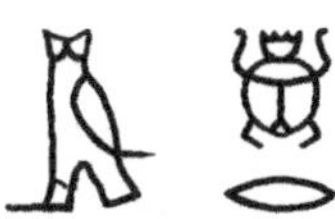

IN (EWIGEM) WERDEN

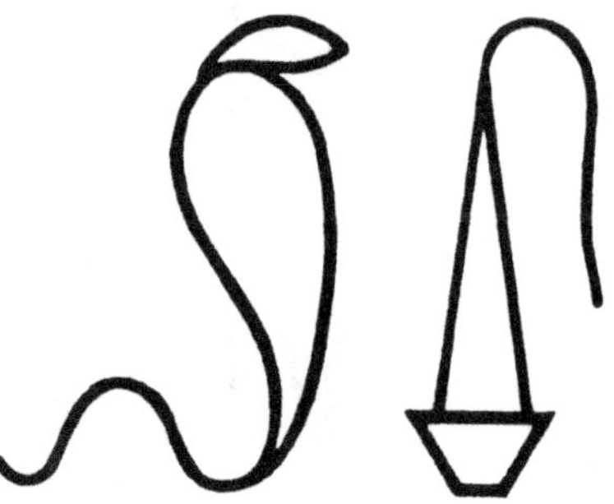

Wenn wir das Feuer erforschen,
entdecken wir den großen Bereich seiner Manifestationen –
von den äußerst explosiven und alles übersteigenden
bis hin zu den unglaublich sanften und wohltuenden.
Wie im Bild oben zu erkennen,
zeigt das Haus von Buto im Senet-Spiel
denjenigen Aspekt des Feuers,
der dem Menschen am liebsten ist:
das gezähmte, stets freundliche Feuer –
dargestellt mit einer Tempellampe.[7]
Es wird gehütet von Seschat,
welche die in allen Hieroglyphen enthaltene Feuer-Kraft
und geheime psychologische Energie verborgen hält.[8]

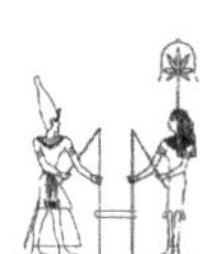

Das Feuer ist in vedischen Hymnen ‚der Träger der wahren Worte'.[9]
Es ist die Fülle, aus welcher uns alle Archetypen erwachsen.
Wir ernähren uns von ihm, und es ernährt sich von uns;
so ist seine Begeisterung in uns kraftvoll,
und sein Wille leuchtet in uns.
Das Feuer arbeitet unermüdlich und weicht nicht zurück.
Das Wahre, das Weite, das für unser inneres Programm Wesentliche
ist sein Ziel.

Der königliche Spieler sagt jetzt staunend:
O Feuer, wenn Ich Du wäre, und Du wärst ich,
dann würde Deine Sehnsucht hier erfüllt werden.[10]

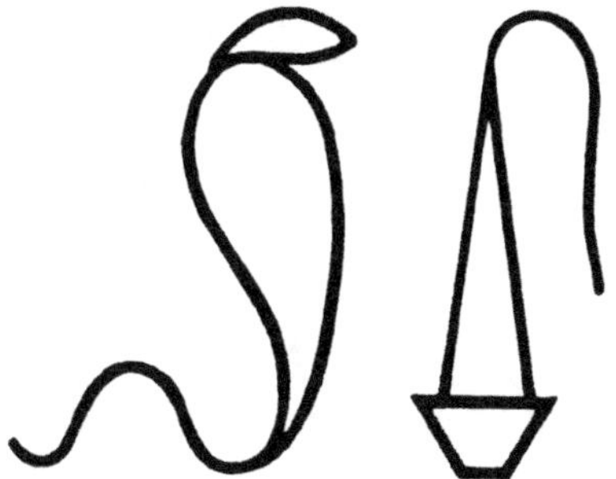

Anmerkungen und Quellenangaben zu Seiten 179-182

Buto

1 Drei Senet-Spielbretter aus der 20. oder 21. Dynastie zeigen das Feuer-Spielfeld symbolisiert durch eine Tempellampe und Wadjyt in menschlicher Form, die Krone des Kriegers tragend und sich der Flamme der Lampe mit ausgestreckten Händen nähernd. Aber in den Großen Senet-Texten wird sie als Schlange dargestellt. Wegen der fundamentalen Schlangen-Energie, der Mehen, im Senet-Spiel haben wir uns entschieden, Wadjyt ihre Schlangenform zurückzugeben. Wadjyt, Uto und Buto sind verschiedene Namen, die in verschiedenen Perioden der ägyptischen Kultur dem gleichen dynamischen Prinzip gegeben wurden: dem Feuer.

2 Faulkner, *Dictionary*, 139, 140. Die ‚Zunge' bedeutet auch ‚Rede, Sprache' und die Autorität des ‚Aufsehers, Führers'. Budge *Dictionary,* I, cxxxv.

3 Helck und Otto, *Kleines Wörterbuch der Ägyptologie*, 74. (Im Großen Senet-Text wird Buto Wadjyt genannt.)

4 Faulkner, *Dictionary*, 72

5 Zu den vier Kindern des Horus siehe Medhananda, *Die Königliche Elle*, 137-146.

6 ‚Das (immer-)grüne Feld', ist die hieroglyphische Schreibweise von *Wadjyt*; vgl. Faulkner, *Dictionary*, 56.

7 Budge, *Dictionary*, I, cxliv, No. 38.

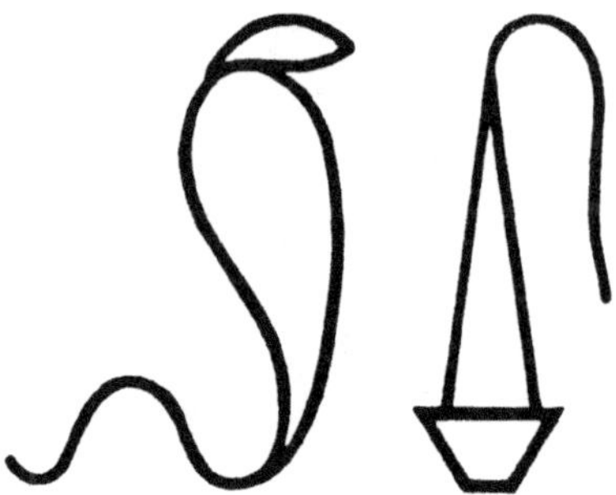

[8] Der Stab auf dem Kopf von Seschat ist das Symbol für ‚Hieroglyphe' (heiliges Zeichen). Er ist gekrönt von einem ‚blühenden Stern', der die erleuchtende Kraft der Hieroglyphen darstellt - das geheime Wissen, wie man sich selbst baut. Seschat ist der Neter, der gerufen wird beim Planen, Vermessen und Erbauen des (äußeren und inneren) Tempels.
Siehe auch Medhananda, *Die Königliche Elle*, 66 f.

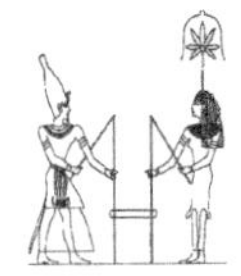

[9] Zitat aus Sri Aurobindo, SABCL, XI, *Hymns to the Mystic Fire*, 74.
Die Inspiration für die dem Zitat folgenden Aussagen zum Feuer ergab sich aus den alten vedischen Hymnen an das Mystische Feuer. Sri Aurobindos Übersetzung und Erläuterung dieser Hymnen der vedischen Dichter und Seher, aus einem Zeitalter noch vor der Entwicklung unseres analytischen Mentals, offenbart das Feuer (Seelenfeuer, Intensität) als ständigen Begleiter des menschlichen Bestrebens, das letzte Geheimnis der Existenz zu finden.

[10] Sri Aurobindo, SABCL, XI, *Hymns to the Mystic Fire*, 351
'O Fire, if I wert thou and thou wert I,
Then would thy longings here become true.'

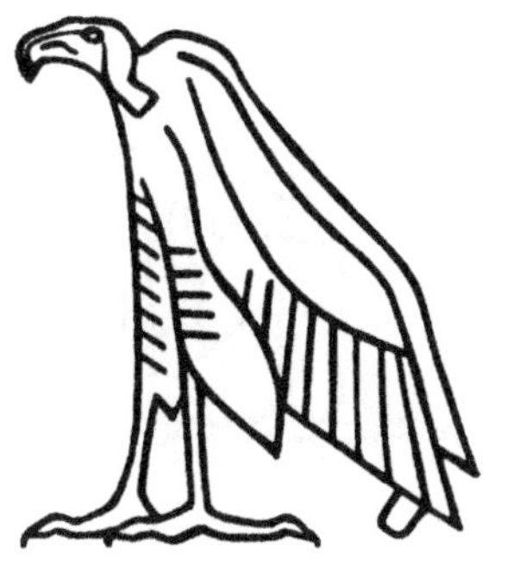
[1]

Mut

Neben Buto steht
DAS HAUS DER GROSSEN MUTTER (NATUR) MUT.[2]
Auch sie ist ursprünglich eine Schlangengöttin,
wird aber meist als Geier dargestellt.
Dass sie neben Buto (oder Uto) steht, deutet an,
dass sie in gewissem Sinne auch Nechbet ist,
ebenfalls ein Geier, und eine der zwei ‚Damen',
die kraftvoll die Krone des Pharaos bilden.
Mut ist jedoch älter und wilder als Nechbet,
und ihr Name wurde selten ausgesprochen. [3]

Uto und Nechbet

Aus der Welt der Schwingungen kommend –
wie der Stängel des großen Lotos,
der das ganze Universum trägt [4] –
repräsentiert Mut die Welt der Partikel
und ist deren mächtiger Archetyp – die Natur.
Mut anzutreffen ist eine Erfahrung,
die wir in jedem Augenblick machen können.
Sie beginnt mit dem Gefühl eines Geschütztseins
und dem Weitergeben dieses Schutzes an alles, was uns umgibt.
Ohne diesen Schutz hätte sich etwas so Zerbrechliches
wie das Leben auf unserem Planeten nicht entwickeln können.
Hinter diesem Schutz nehmen wir die Gegenwart
der großen Mütterlichkeit des Universums wahr, einer Mütterlichkeit,
die sich in allen Müttern, ob Mensch oder Tier, individuell manifestiert.

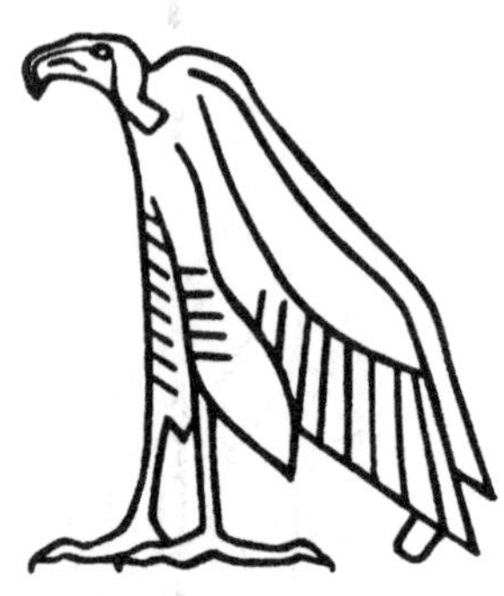

So ist Mut zuallererst die ‚Mutter',
welche die Natur jedem inkarnierten Wesen gibt.

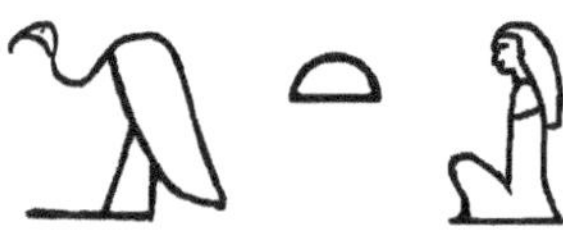

‚Mutter'
in Hieroglyphen geschrieben [5]

Die Komplexität der psychologischen Kraft, die sie darstellt,
kommt von dem sehr alten Phonem *Mu* in ihrem Namen:
Mu ist ‚Wasser', der Ozean des Lebens,

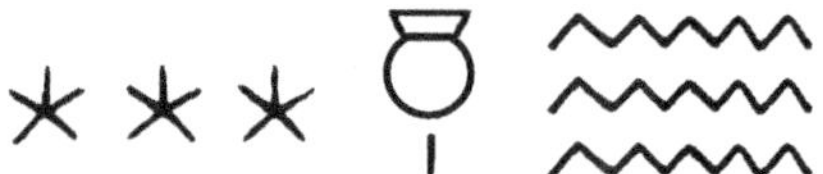

mit den impliziten Bedeutungen von Essenz und Samen,[6]
im Sinne von:
Wir kommen aus der Essenz,
und kehren wieder in unsere Essenz zurück,
durch Auflösung und Tod;
‚natura' ist auch ‚mortuura', könnte man im Sinne von
Lukrez sagen.[7]
Es gehört zu der Wirklichkeit des Geiers, Mut,
dass sie auch das Prinzip ist, das Körper verschlingt.
Was sie auffrisst, ist bereits tot, und indem sie die Toten absorbiert,
bringt sie sie zurück in den Kreislauf des Lebens.

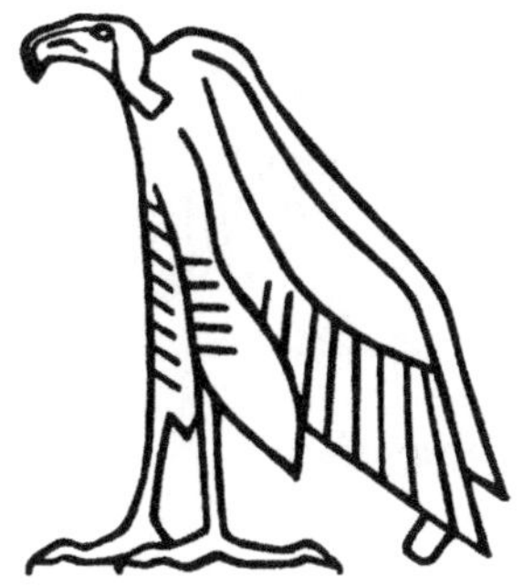

In der altindischen *Bhagavad Gita*, dem ‚Lied des Geliebten',
finden wir eine ähnliche psychologische Situation.
Während der Schlacht von Kurukshetra spricht Sri Krishna –
Symbol für unser inneres Wissen,
unsere innere Führung und alle psychische Süße und Liebe –
zu Arjuna, dem Krieger in uns. Er sagt:
Du stehst hier auf dem Schlachtfeld
und bildest dir ein, Leute zu töten;
aber in Wirklichkeit bin ich es, der sie tötet.
Sie waren schon tot,
bevor du die Handlung des Tötens ausführen konntest.

Wir müssen sehr weit über die Süße der großen ‚Mutter'
und des ‚Geliebten' (Krishna) hinausgehen,
um *das* sehen zu können,
was hinter der grausamen Maske des Lebens steht.

Der königliche Spieler sagt:
Oh Geier, Oh Mutter, die Du ohne Ende
alle lebenden Wesen des Universums
projizierst, ausbrütest, und wieder in Dich aufnimmst,
ich kenne Deinen Namen.
Ich weiß, dass es ohne Dich keine Erneuerung,
keine Wiedergeburt, kein ewiges Leben gäbe.

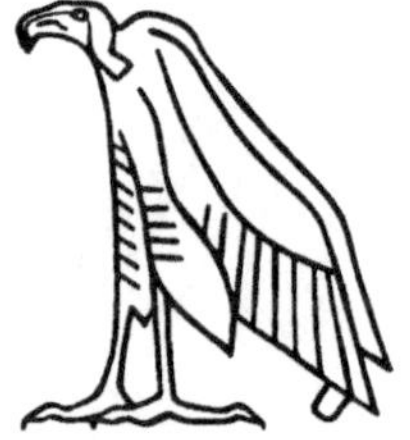

Anmerkungen und Quellenangaben zu Seiten 185-187

Mut

1 Mut auf unserem Spielfeld stammt aus dem Grab des Haremhab. Nach Hornung, *Das Grab des Haremhab*, Tafel 13b.

2 Aus dem Großen Senet-Text (siehe S. 339).

3 Die ägyptischen Archetypen repräsentieren nicht separate psychologische Funktionen. Gewiss unterscheiden sie sich voneinander, aber es gibt immer auch etwas, das sie gemeinsam haben. Die Tatsache, dass Buto und Mut im Senet-Spiel nebeneinanderstehen, erinnert uns daran, dass sie auch die ‚zwei Damen' sind, die als Wappentiere von Unter- und Oberägypten, Schlange und Geier (Uto und Nechbet), vorkommen. Das heißt, Mut ist auch Nechbet. Aber Mut ist weiter gefasst als Nechbet und schließt sie als Teil ihrer selbst und als ihre Repräsentantin mit ein. Nechbet ist mehr omnipräsent und erscheint in den Kronen und dem Halsschmuck von Königen und Königinnen.

4 Aus dem Tempel von Edfu. Nach Husson, *L'Offrande du Miroir dans les Temples Égyptiens de l'Époque Gréco-Romaine*, 66.

5 Faulkner, *Dictionary*, 106.

6 Budge, *Dictionary*, I, 293a.

7 ‚natura' ist auch ‚mortuura' [Part. futur. sing. fem. von mori = sterben] ist eine lateinische Wortspielerei, im Sinne der Aussagen von Lukrez, der im 1. Jahrhundert v. Chr. das philosophische Lehrgedicht *De rerum natura* nach den Prinzipien von Epikur geschrieben hat. Siehe dort 1. Buch, Zeilen 215-216: ‚.../Diesem kommt noch hinzu, dass Natur in die eigenen Stoffe / alles wieder zerlegt, dass nichts sie gänzlich vernichtet / ...'
und Zeilen 248-249: ‚... Kein Ding kehret daher in Nichts zurück; ja getrennet / kehren sie alle zurück in die ersten Körper des Urstoffs. / ...'.

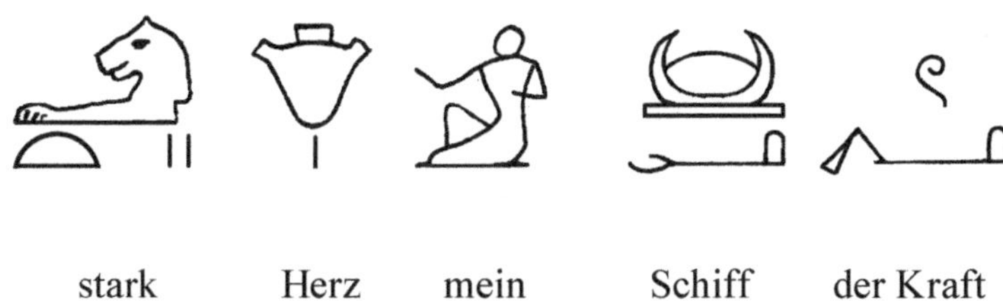

MEIN HERZ IST JETZT STARK
EIN SCHIFF DER KRAFT
NICHT GETEILT
GROSS IST JENES MEIN HERZ

UND OFFEN
ZEUGNIS FÜR MICH ABZULEGEN
WENN ICH JENE STEINE
MEINES MITSPIELERS NEHME
UND SIE DORT HINSTELLE WO ICH MÖCHTE

SEINE FINGER ZITTERN
SEIN HERZ POCHT
ER WEISS NICHT WIE ER
DEM KÖNIG IN SEINEM HAUS ANTWORTEN SOLL

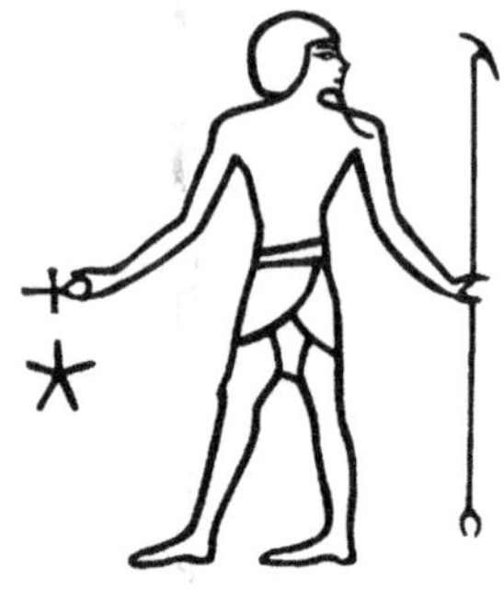

[1]

Orion – Sahu

Eine lange Periode der prähistorischen Menschheit
wird als *Steinzeit* bezeichnet.
Für den frühen Menschen war es eher die *Sternenzeit*,
das Zeitalter des Zaubers des Sternenhimmels,
das Zeitalter, in dem es darum ging, wie man selbst Stern sein kann.
Wenn man altägyptische Bilder oder Texte vergleicht,
so scheint es, dass die Aspiration, Stern zu werden,
älter ist und eine größere Anziehungskraft hatte
und mehr Freude an der Befreiung bereitete
als der Wunsch, Osiris zu werden,[2]
dem später Orion (in Ägypten *Sahu* genannt) zugeordnet wurde.
Die Innenseiten von Särgen und die Decken von Gräbern
waren mit Sternen übersät.
Sogar die irdische Gestalt des Königs
wurde als Stern gesehen, als ‚führender Stern'.[3]
‚Duat'[4] zu erreichen,
das Reich der Sterne,
und wie ein Stern zu werden,
war das Ziel der Reise in die andere Welt.
Wir finden dies auch in der griechischen Herakles-Sage:
Herakles wurde zu einer ganzen Sternenkonstellation,
einem Sternbild, das immer noch seinen Namen trägt.

Der königliche Spieler beritt das Haus von Orion und entdeckt:
‚Ich bin ein Stern, der den Himmel erleuchtet.'[5]

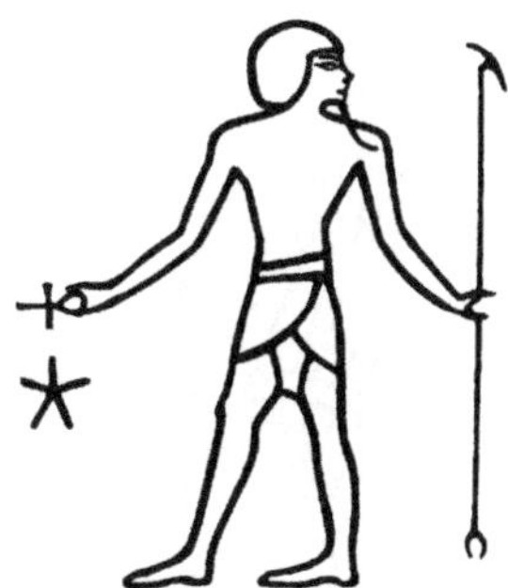

Die alten Ägypter unterschieden sechsunddreißig Gruppen von Sternen
oder Dekanen. Die hellste im Süden ist Orion.
Orion geht im Orient, im Osten, auf
und ist mit seinen Komponenten Rigel und Betelgeuse sehr imposant.
Sirius folgt dicht hinter ihm.
Die Ägypter hatten ein und dieselbe Hieroglyphe
für ‚Osten', ‚Wiederauferstehung' und ‚Himmelfahrt'
und drückten damit aus,
dass der Mensch glorreich wird, indem er sich immer wieder erhebt.
So wurde Orion zum Symbol für die innere Himmelfahrt.
Wenn wir uns in seine Richtung bewegen,
bewegt er sich, so sagt man, auf uns zu [6]
und streckt seine Hand zu uns aus.
In der ägyptischen Ikonographie wird er
als derjenige präsentiert, der große Schritte macht.[7]
Er dreht seinen Kopf und schaut nach hinten,
um seinen prächtigen Seelen- und Wächterengel
direkt hinter sich zu sehen:
Isis in der Form ihres Sterns, Sirius.[8]

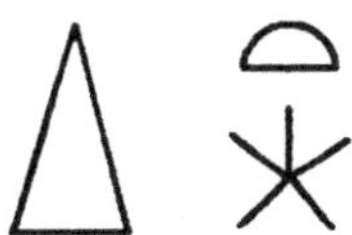

Wir sehen Orion schon in älteren prähistorischen Zeichnungen,
wie in der zentralen Sahara im Tassili-Gebirge und im Fezzan,
wie er große Schritte tut.

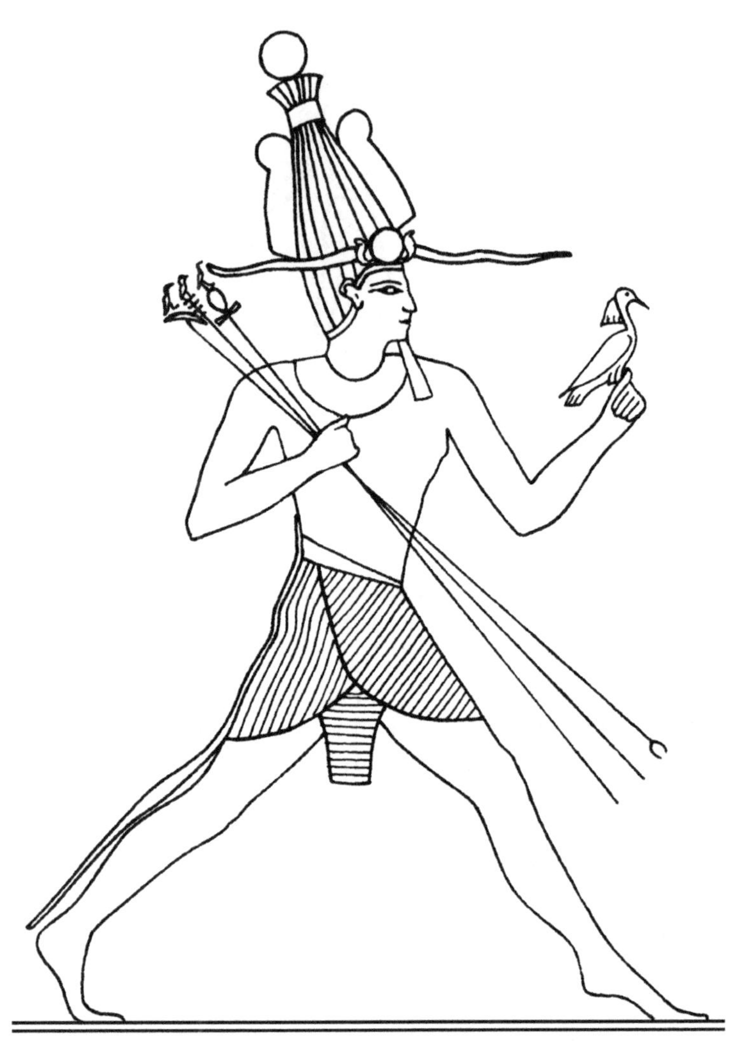

Aus dem Tempel von Dendera [9]

Wenn ein Neter ruft, eilt auch der Pharao mit großen Schritten herbei. (Große Schritte zu machen, war Teil der königlichen Zeremonie.)

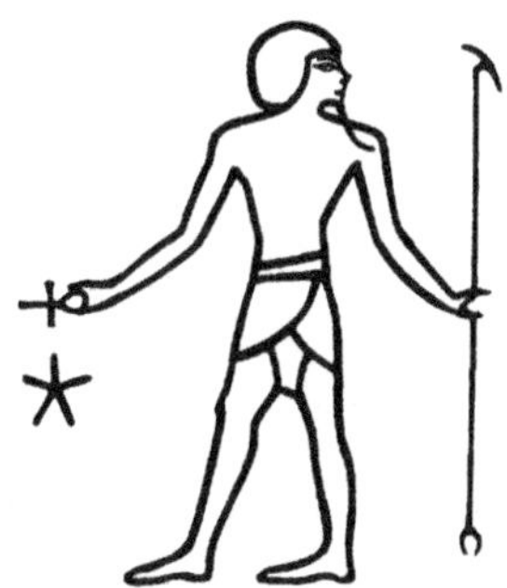

Orion, der Ur-Jäger,
hatte immer eine spirituelle Bedeutung:
Was er jagt, ist seine Wahrheit,
seine eigene Wiederauferstehung,
seine Unsterblichkeit,
und er verkündet allen die gute Nachricht:
‚Auch ihr werdet wiedergeboren.'

Sobald der Mensch sich seiner psychologischen Möglichkeiten
jenseits des Spektrums des gewöhnlichen Lebens bewusst wird,
nimmt er die Haltung des Jägers ein: Er ist wachsam.
Er will sich seiner selbst und seiner Umgebung
in jedem Moment bewusst bleiben, damit ihm nicht eine rare
und unschätzbare Begegnung mit seinem wahren spirituellen Selbst
für immer entgeht.

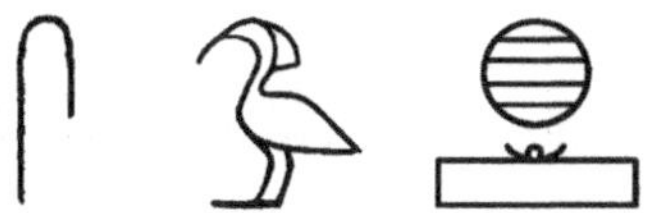

Es ist kein Zufall, dass *Sahu*
(der ägyptische Name für Orion)
dieselbe phonetische Lesart hat wie
‚spiritualisieren', ‚verschönern', ‚verherrlichen'
(oben in Hieroglyphen geschrieben).[10]

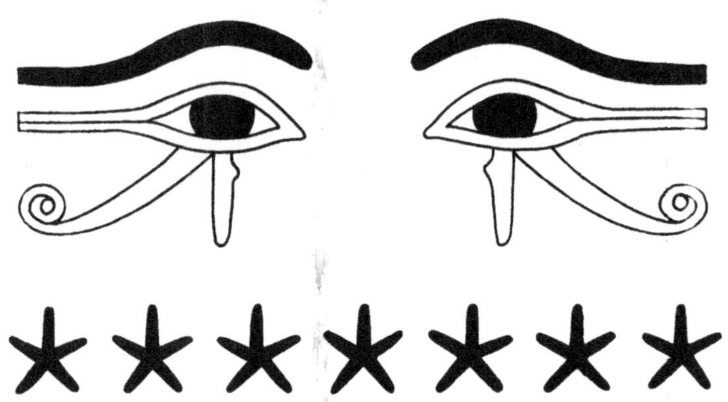

Sahu/Orion [11]

An den ältesten Ort des Pilgertums in Europa,
Santiago de Compostela
(compostela heißt ‚Konstellation' von Sternen),
gingen die Menschen, um *Sahu* (= Jakob = Jacques/Iago) anzutreffen
und ein Versprechen und einen Blick auf ihre eigene Unsterblichkeit
zu bekommen.
Von den Ägyptern wurde diese Sternenkonstellation
nicht in scheinbarer Unordnung, wie wir sie heute sehen, dargestellt,
sondern in größtmöglicher Ordnung, in einer geraden Linie –
die sieben Sterne in göttlicher Sicht perfekt vereint.

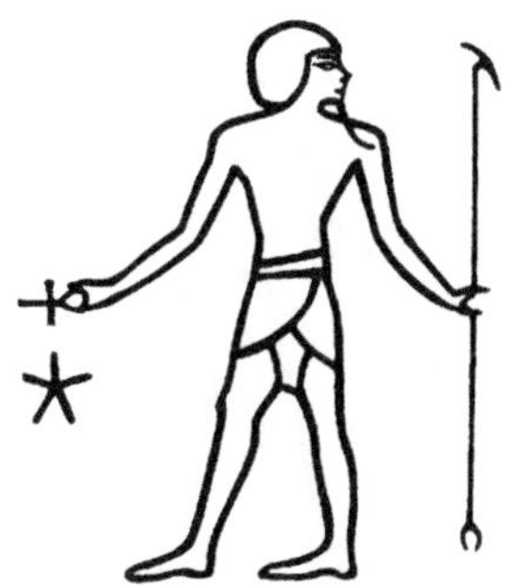

Der Mensch muss wieder fähig werden,
alles innerhalb und außerhalb seiner selbst
als eine Konstellation zu sehen.
Selbst seine ‚Zehen',[12] die ja auch
(wie eine Sternengruppe) zusammenstehen,
kommen in den Hieroglyphen, die Sahu (Orion) darstellen,[13]
als Symbol für ‚Konstellation' vor

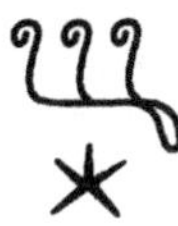

und sind wie eine Einladung, im Reich der Sterne zu wandern –
im wunderschönen Sternenzeitalter, dem ‚Goldenen Zeitalter',
das immer noch präsent ist.
Schreitet nicht die Evolution voran,
indem sie alles, was getrennt oder geteilt wurde, zusammenbringt
und in Konstellationen verbindet –
und alle Konstellationen in eine königliche Gesamtschau vereint?

Der königliche Spieler sagt
(wie es im Grab von Sarenput bei Assuan geschrieben steht):
Ich jubiliere … mein Kopf hat den Himmel durchdrungen …
wie ein Stern leuchte ich,
wie eine Sternenkonstellation tanze ich.[14]

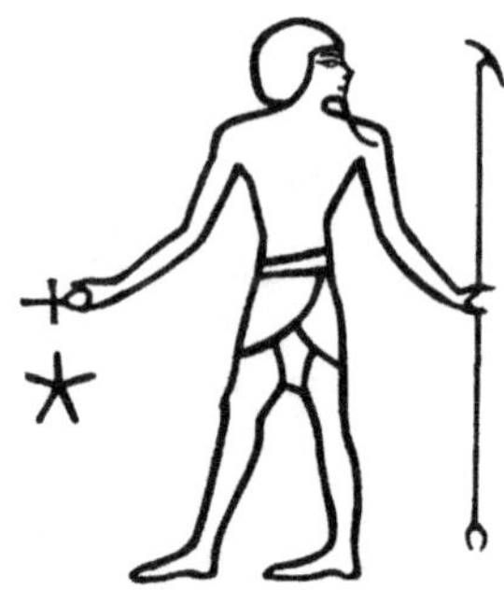

Sahu (Orion) ist im Senet-Spiel der Archetypen anwesend,
um diese Bewegung des Zusammenbringens aller Archetypen
zu initiieren und sie alle zu *einem* Begleiter des königlichen Menschen
werden zu lassen.
Sahu geht in seinem Lehren sogar noch weiter,
indem er dem Spieler zeigt, dass es möglich ist,
alle Archetypen zu überholen, vor sie zu gelangen,
sie alle zu transzendieren,
einschließlich der Zeit, die zurückgelassen werden muss.
Dazu müssen wir uns schneller als sie bewegen,
indem wir ‚große Schritte' (Bewusstseinssprünge) machen.

Der königliche Spieler sagt:
ICH MACHE MEINEN NAMEN LEBENDIG

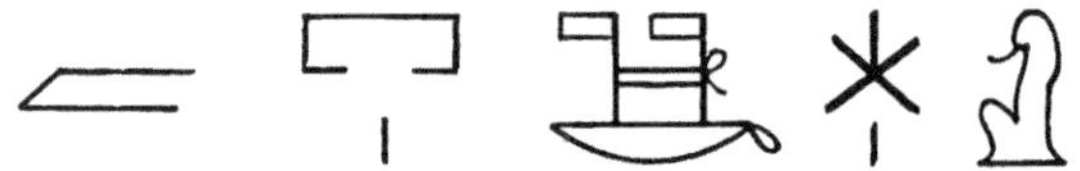

IM HAUS DER VERHERRLICHUNG
WO DAS LEBEN UNVERGÄNGLICH IST
UND EWIG

und fügt hinzu:
Mein Auge leuchtet heller als alle Sterne.[15]

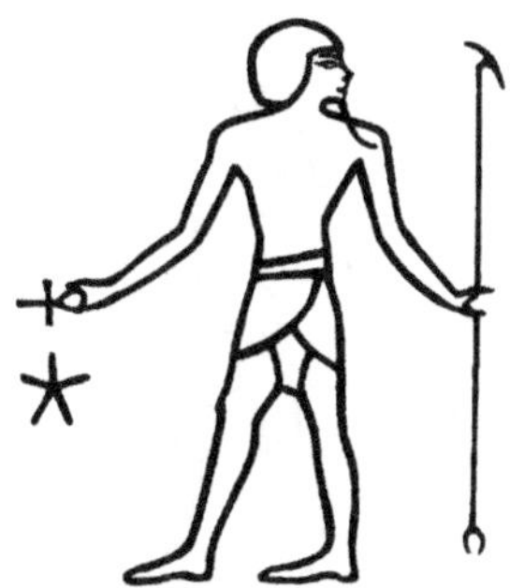

Anmerkungen und Quellenangaben zu Seiten 190-196

Orion-Sahu

[1] Von der Decke des Grabes des Senenmut; in Peck and Ross, *Drawings from Ancient Egypt*, 130,
und nach dem Senet-Spielbrett des Turiner Papyrus, in Pusch, 1.2, Tafel 99, 67 a.

[2] Jacq, *Le Voyage dans l'autre monde*, 167.

[3] Ibid, N 2121.

[4] Faulkner, *Dictionary*, 310. Vgl. unsere Ausführungen über das Amduat auf S. 30.

[5] Idem, *The Ancient Egyptian Pyramid Texts*, 224.

[6] Jacq, *Le Voyage dans l'autre monde*, 173.

[7] Bonnet, *Reallexikon*, 566.

[8] Faulkner, *Dictionary*, 224.

[9] Roeder, Ägyptische Götterwelt, 247.
Versuchen wir, das Bild zu lesen: Der Pharao trägt die Atef-Krone des Vollkommenen auf dem Kopf und seine Mutter Mut, den Geier, auf dem Uas-Zepter (Symbol für Freude), seinen Bruder Horus auf dem Djed-Zepter (Symbol für Unvergänglichkeit) und seinen Lehrer Thoth auf dem Zepter immerwährenden Lebens. In seiner linken Hand hält er den Phönix (Ach), sein spirituelles, glorifiziertes Wesen, das bereit ist, zu fliegen, um seine Ankunft zu verkünden.

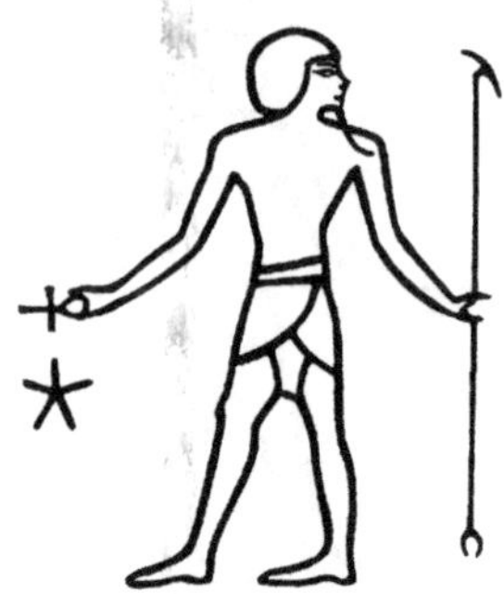

[10] Faulkner, *Dictionary*, 210.

[11] Budge, *Dictionary*, II, 638b.

[12] Faulkner, *Dictionary*, 210.

[13] Budge, *Dictionary*, 638b.

[14] Jacq, *Le Voyage dans l'autre monde*, 167.

[15] Ibid. N 2121

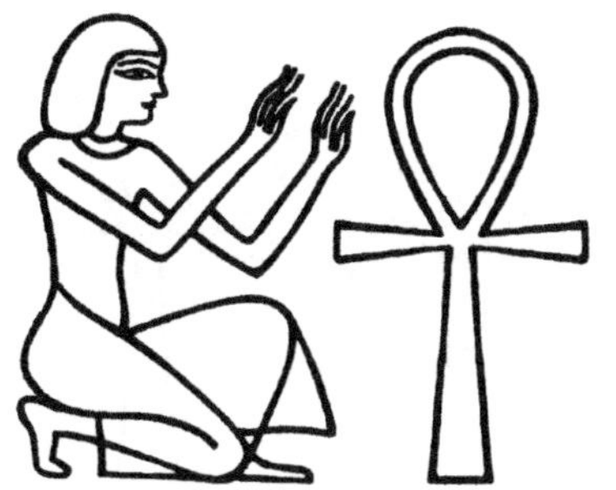 [1]

Leben

Eine der beliebtesten Hieroglyphen im alten Ägypten
war das Symbol ‚Ankh',
das auf jeder Tempelwand,
in jedem Papyrus gefunden werden kann.
Es bedeutet ‚Leben', aber nicht im heutigen Sinne,
wenn wir zum Beispiel von Biologie sprechen.
Es ist ein Instrument für das Selbst-Gewahrsein,
wie die Hieroglyphen für ‚Spiegel' es andeuten.[2] Spiegel
Es ist ein Schlüssel, der uns hilft,
das Leben in allen seinen Dimensionen zu verstehen,
und lehrt uns, wie wir es in seiner ganzen Tiefe
und Weite und Höhe erforschen und selbst werden können.
Wenn wir uns in seine Höhe projizieren,
folgen wir einer kreisenden Bewegung,
welche unser Hinauf- und unser Hinuntergehen
und unser Sich-rundum-weiten wunderbar verbindet.
Dank diesen drei ‚Bewegungen-in-einer'
wird die zirkulierende Kraft zu ewigem Leben.
Das Ankh spielte eine große Rolle in der ägyptischen Liturgie:
Auf Bildern sieht man, wie es der Neter in der Hand hält,
wenn er den Menschen
über seine irdische Existenz hinaus führt,
oder wie es dem Pharao angeboten wird
als ‚glückselig machendes Leben'.[3]

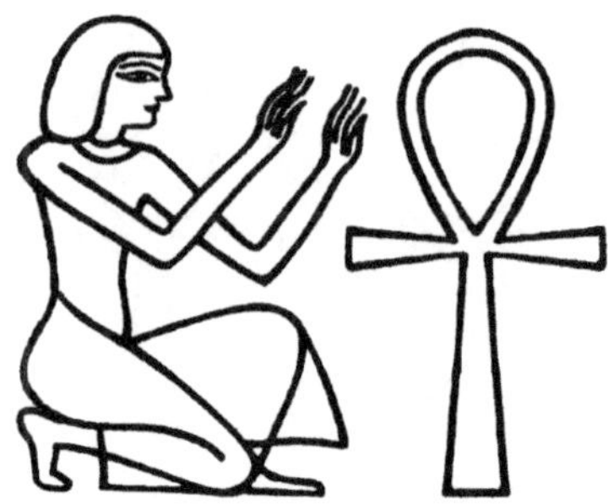

Vom Pharao selbst sagt man, dass er ‚Leben gibt wie RE':

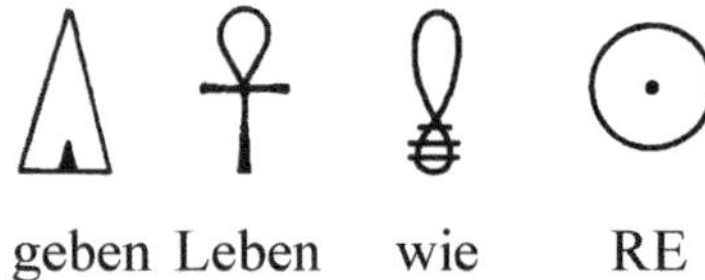

geben Leben wie RE

Das Leben zu *sein*, ist seine Hauptfunktion.
Aber wie wird ‚Leben' in Hieroglyphen geschrieben?

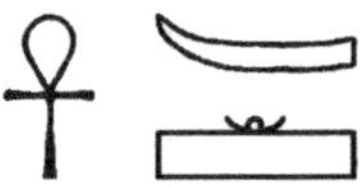

Es ist die gewaltige Kraft, das ‚Hu',[4]
das mit dem Stoßzahn eines Elefanten symbolisiert wird.

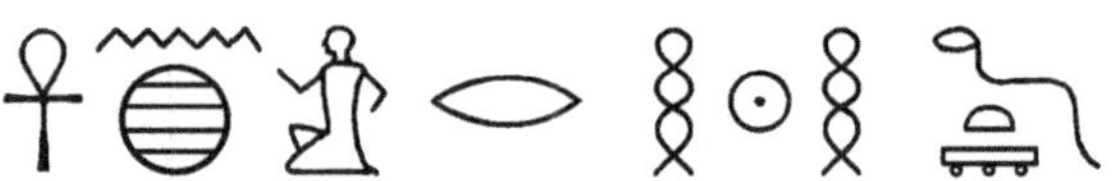

In den großen Senet-Texten bedeutet ‚leben',
das Leben *zu sein*, die Energie, die ‚vibrierende Kraft',
der fundamentale Impuls, der immer wieder
von hinter dem ‚Schleier' der Realität erneuert wird
und deshalb ‚immerwährend' und ‚ewig' ist.[5]

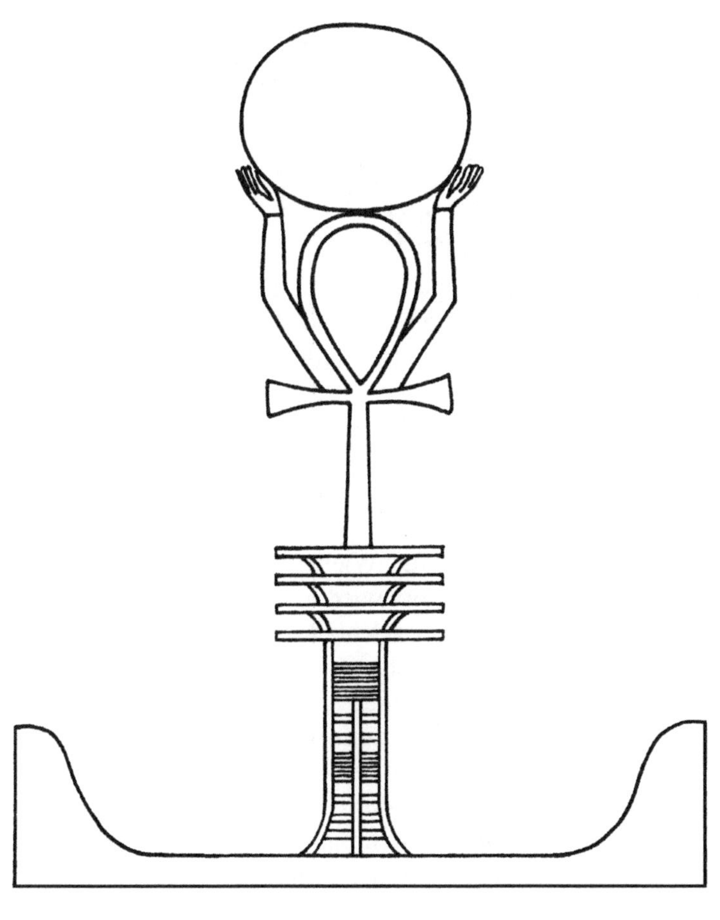

Aus dem Papyrus Ani [6]

Das ‚Leben' steht
auf der stabil gebauten Djedsäule,
die sich aus dem ‚Horizont' erhebt,
und hält das Sonnenbewusstsein der ewigen Selbsterneuerung hoch.

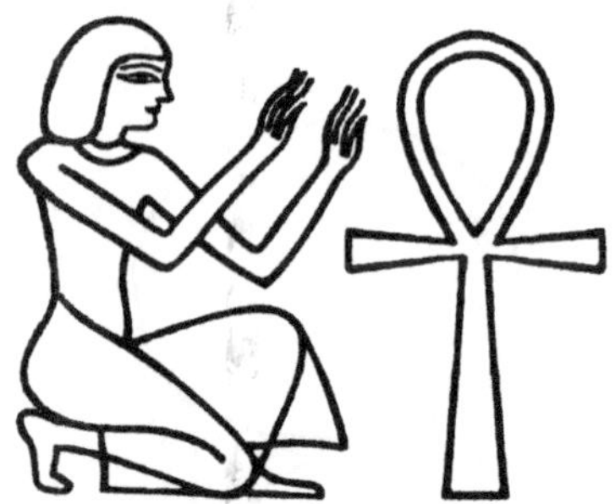

Das heilige Wissen um die ewige Erneuerung des Lebens
wurde in einer etwas begrenzteren Art und Weise
mit den folgenden Hieroglyphen dargestellt:[7]

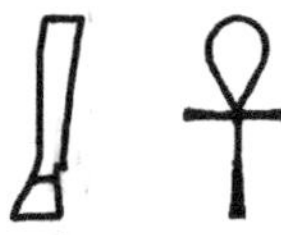

Das Pferdebein war ein Symbol für ‚Wiederholung‘ –
das Leben wiederholen, wieder und wieder leben.
Dasselbe Symbol erschien auch bei den alten nordischen Völkern:
Die acht Beine des Pferdes von Wotan, Sleipnir,
standen für acht Wege der Erneuerung.
Im Mittelalter wurde der Pferdefuß zum Attribut des Teufels, denn
in der christlichen Theologie gibt es keine Wiederholung des Lebens.
Das Ankh überlebte einige Jahrhunderte lang die große,
sich im Menschen ab ca. 500 v. Chr. ereignende Bewusstseinsmutation,[8]
bei der das Kreisdenken der alten Gnosis abgelöst wurde
von einem linearen, teilenden Entweder-oder-Denken,
wie es sich bei den griechischen Philosophen zeigte.
Die griechischen Kirchenväter ersetzten das Ankh,
das ‚Ich bin das Leben‘,
durch das Kreuz der Teilung, der Endgültigkeit,
der Qual und des Todes.
Was auch immer die jetzigen, scheinbaren Begrenzungen
des Lebens sein mögen, es bleibt doch, was es in Wahrheit ist:
Eine nahtlose, unendliche Bewegung der Erneuerung,
welche die Essenz der Ewigkeit ist.

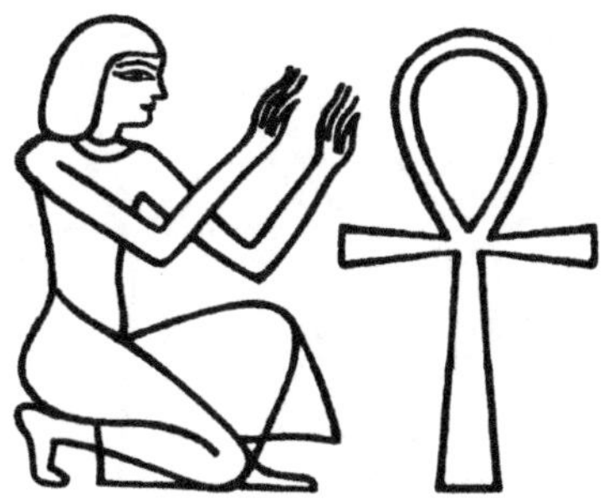

Während der königliche Spieler das Haus des Lebens betritt,
wendet er sich an alle Wesen
mit dem ägyptischen Gruß, Wunsch oder Segensspruch:
ankh dja seneb[9] (‚mögest du leben, gedeihen und gesund sein').

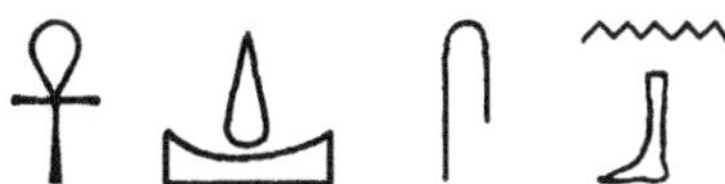

Darin enthalten sind: der Schlüssel des ‚Lebens' und der Erneuerung;
die Freude, überall ‚Wohlergehen' zu sehen,
symbolisiert mit einem Feuerbohrer;
und die ‚Aktion' des ständigen Erneuerns unseres Kontaktes mit der Welt der Schwingungen, wie auch mit der mütterlichen korpuskularen Erde, auf welcher unser BA, unsere Vitalseele, fest stehen sollte.
Die drei letzten Hieroglyphen bedeuten auch ‚Gesundheit',[10]
'heilen' und dessen Geheimnis.
Das *s* ist das ‚Tuch' über dem Arm oder in der Hand des Adligen,
das einzige Instrument (‚Aktion') eines wirklich zivilisierten Volkes [11]

Ein anderer oft anzutreffender Segensspruch beinhaltet
Djed und Uas, Symbole für ‚Beständigkeit' und ‚Seligkeit'.[12]

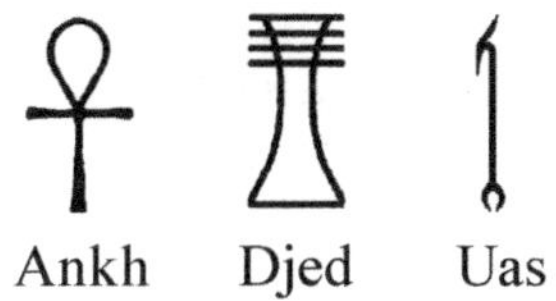

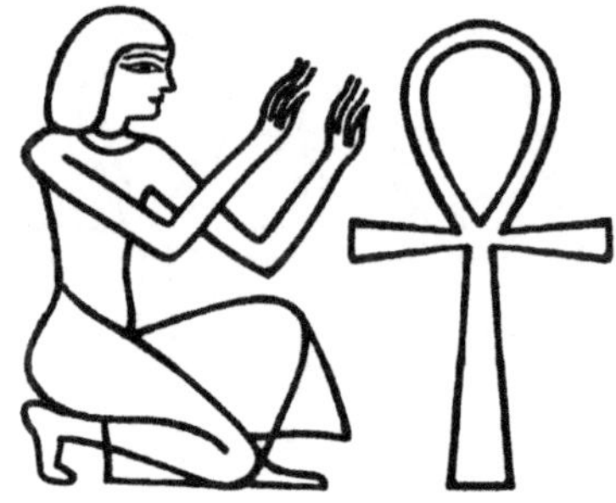

Anmerkungen und Quellenangaben zu Seiten 199-203

Leben

1 Von dem Senet-Spielbrett im Turiner Papyrus in Pusch, 1.2, Tafel 99, 67 a.

2 Faulkner, *Dictionary*, 44.
Der Handspiegel von Tut-Ankh-Amun hatte die Form eines Ankh. Das Leben ist wie ein Spiegel, in dem wir uns selbst erkennen und reflektieren können.

3 Aus dem Tempel des Sethos I., in Ions, *Egyptian Mythology*, 18, siehe auch Medhananda, *Der Weg des Horus*, 21, 220.

4 Budge, *Dictionary*, 124b.

5 Ewigkeit war für die alten Ägypter ein dynamischer Prozess, eine konstante Aspiration und ein Fluss von Energie (mit zwei Dochten dargestellt 𓎛, welche die Energien in die Höhe führen), der sich auf unser sonnenhaftes Selbstgewahrsein ⊙ RE bezieht. (Der statische Aspekt von ‚Ewigkeit' (Permanenz, Beständigkeit) wurde mit der Djed-Säule dargestellt.)

6 Detail aus dem Papyrus Ani, in Rossiter, *Die Ägyptischen Totenbücher*, 26.
Im vollständigen Bild sind auch Isis (links) and Nephthys (rechts) dargestellt, auf dem Symbol für Gold kniend und so jene Erfahrung als golden qualifizierend. Auch die heiligen Paviane sind anwesend und singen eine Hymne des Lobes und der Verehrung an die goldene Sonne. All dies geschieht im ‚Horizont', in dem die Sonne jeden Tag neu aufgeht.

7 Faulkner, *Dictionary*, 44.

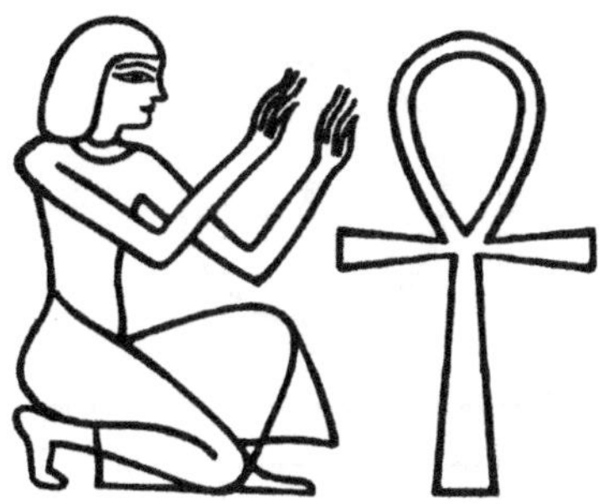

8 Der Kulturphilosoph Jean Gebser (1905-1973) erläutert in seinem Hauptwerk *Ursprung und Gegenwart* ausführlich die sich um ca. 500 v. Chr. ereignende Bewusstseinsmutation von der ‚mythischen' zur ‚mentalen' Struktur (wie er sie nennt). Laut Gebser stehen wir heute erneut in einer Übergangsphase; das mental-rationale Bewusstsein wird abgelöst von einem ‚integralen' Bewusstsein. (Sri Aurobindo nennt es supramentales Bewusstsein oder Wahrheitsbewusstsein). Die jeweils frühere Bewusstseinsstruktur verschwindet nicht, ist aber nicht mehr dominant.

9 Oft abgekürzt zu oder sogar ; Faulkner, *Dictionary*, 231.

10 Ibid., 231; ‚gesund', ‚Gesundheit' = *snb*, bzw. *seneb*

11 vgl. Teil V, S. 325 ff.

12 Vgl. Budge, *Dictionary*, 124 b. Siehe auch S. 215.

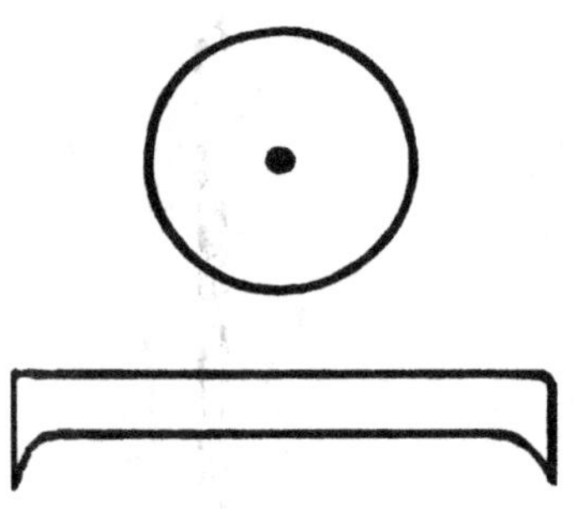
[1]

Sonne

Die zwei Hieroglyphen im Bild oben stehen für
‚Himmelsdecke' und ‚Sonne',
oder ‚Himmel' und ‚Lichtbewusstsein'.
Die Symbolik des Himmels entwickelte sich im alten Ägypten:
Zuerst war der Himmel Mutter Nut,
die mit ihrem sternenübersäten Körper die Sonne schluckt
und jeden Morgen wieder neu gebiert.
In späteren Zeiten wurde der Himmel
als eine physische Begrenzung, als eine Trennung empfunden –
wie der Deckel einer Kiste, den der Mensch hochheben muss,
um sich Raum für sein eigenes inneres Wachstum zu schaffen.

Im Senet-Spiel ist die Sonne nicht mehr in Nut,
sondern über der Himmelsdecke, über allen Trennungen.
Ein fortwährender Energiefluss,
ein ständiges Hinunterströmen von Kraft auf die Erde
gibt dem Leben die Möglichkeit,
zu wachsen, sich zu entwickeln und aufzublühen.
Wir finden dies in einem der Namen der Sonne dargestellt:
‚Geber von Licht
und von Fülle'[2] –
eine doppelte Bewegung
von Involution
und Evolution.

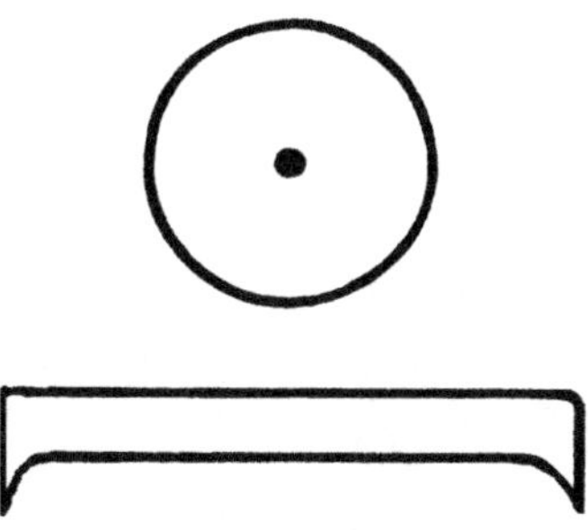

Wir sind hier, um uns selbst als ein leuchtendes Wesen zu sehen,
das in den Prozess und die Seligkeit des Lebens involviert ist
und zum Segen für jedermann wird,
indem es in ansteckender, sonnenhafter Weise ‚Guten Morgen' sagt,
wenn die vibrierende Wellen-Welt der Nacht
wieder zur korpuskularen Welt des Tages wird.

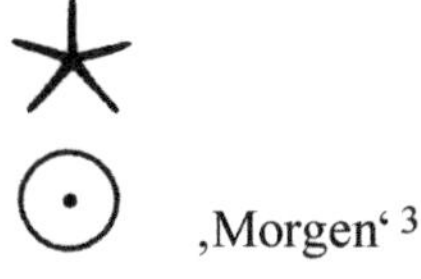

‚Morgen' [3]

Es ist die Zeit der ‚aufgehenden Sonne',
für die auch der Titel ‚kleines Kind' [4] verwendet wird.

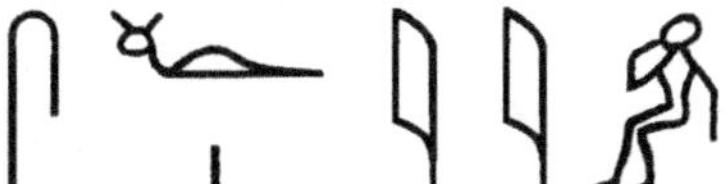

Als solches entdecken wir erneut die Schönheit des Lebens,
die Herrlichkeit des Atmens, des Singens und des Tanzens,
die atemberaubende Schönheit, die uns bei jedem Schritt erwartet,
die Schönheit, einfach nur zu sein.

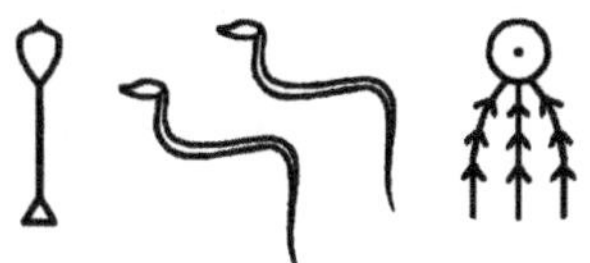

‚Herrlichkeit/Pracht' [5]

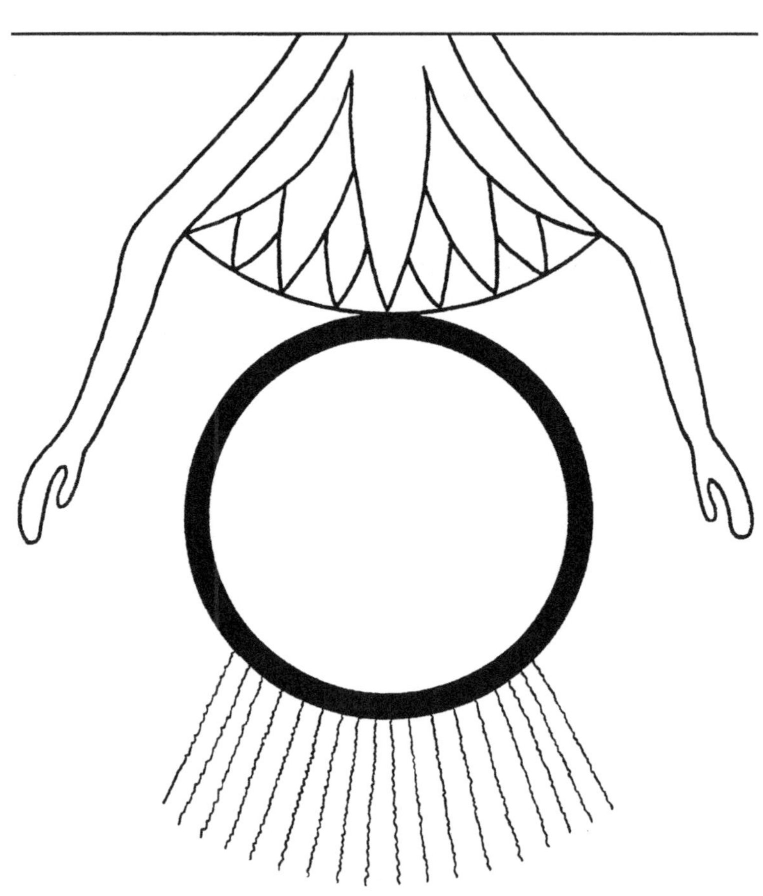

Die Kreisbewegung der Wiedergeburt [6]

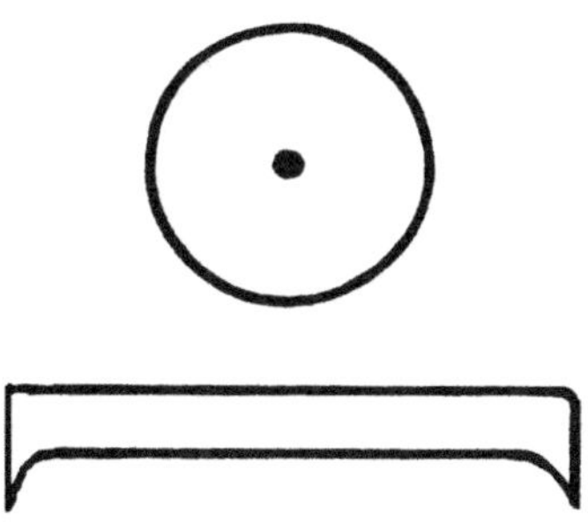

Lasst uns immer wieder neu auferstehen,
so wie es die Sonne jeden Morgen tut.
Dazu sind wir in dieses sehr spezielle Kraftfeld eingetreten:
Das Haus der ewigen Wiederkehr, das des ‚Kreisens der Sonne'.[7]

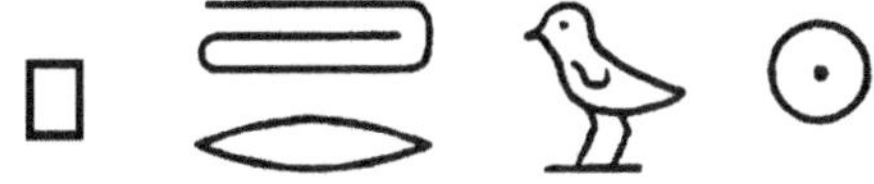

Der königliche Spieler sagt:
Ich gehe mit RE in ferne Länder,
und er lässt mich die Orte des Entzückens sehen.
Ich finde die Täler voll von Wasser,
mit dem ich mich abkühlen und waschen kann.
Ich pflücke Papyrus und Sumpfblumen, Lotosse und Lotosknospen.
Wilde Gänse kommen zu Tausenden zu mir …
zwei Sternengruppen, die ‚Unvergänglichen' und die ‚Unermüdlichen'
sind die Besatzung meines Schiffes,
sie segeln mit mir, sie staken für mich
und ziehen mich mit Seilen den Sandbänken entlang.

Aus Sargtexten [8]

DEM LAUF MEINER SONNE FOLGEND
VOLLKOMMEN BEWUSST
TRETE ICH EIN IN DAS HAUS DER WIEDERGEBURT
WIE RE

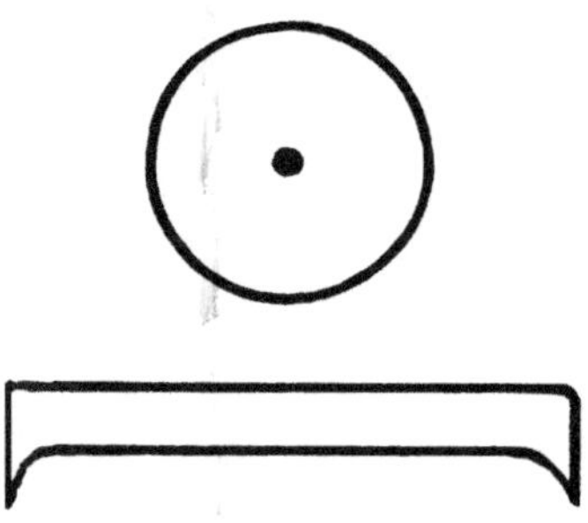

Anmerkungen und Quellenangaben zu Seiten 206-209

Sonne

[1] Von dem Senet-Spielbrett des Turiner Papyrus in Pusch 1.2, Tafel 101.

[2] Budge, *Dictionary* I, 459b.

[3] Ibid., II, 870b.

[4] Ibid., 664b.

[5] Ibid., I, 522b.

[6] Nach Lanzone, *Dizionario*, II, CCXXXIV, No. 4, Detail.

[7] Budge, *Dictionary*, I, 247a.

[8] Nach P. Lacau, zitiert in Piankoff, *Wandering of the Soul*, 7.

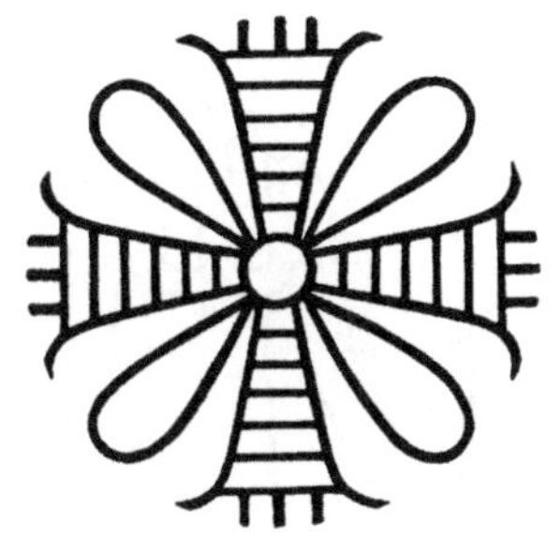
[1]

Wiedergeburt

Im Senet-Spiel, dem Spiel der Archetypen,
steht das Haus der Wiedergeburt nicht an erster Stelle.
Als Erstes kommt das Haus des Lehrers, Thoth;
von dort beginnt unsere bewusste und freiwillige *Evolution*
zum Ursprung von allem: dem Einen.
Das Haus der Wiedergeburt kommt aber auch nicht als letztes.
Das letzte ist dasjenige des Einen;
von dort beginnt unsere *Involution* in die manifestierte Welt:
der Yoga, Eins zu sein, Zwei zu sein, Drei zu sein …
Dies ist für unsere analytische Intelligenz gut verständlich.
Das Kraftfeld aber, das für das ganze Spiel zentral ist
und die Antwort auf alle Rätsel enthält,
ist dasjenige der Wiedergeburt oder der Kreuzung;
es liegt in der Mitte des Spiels, und auch in der Mitte
von individuellem Raum und individueller Zeit.

Es darf uns nicht verwundern,
dass in diesem Feld verschiedene
Symbole für Wiedergeburt
auftauchen können.
Das bekannteste und
beliebteste ist der Lotos.[2]

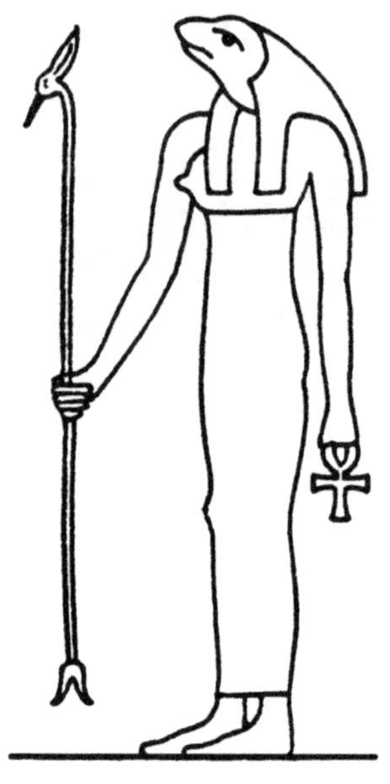

3

Vielleicht noch älter als der Lotos
ist ein Tiersymbol für die Wiedergeburt: der Frosch,
wie er zum Beispiel auf dem Senet-Spielbrett
im Turiner Papyrus abgebildet ist.[4]
Die Ägypter, die großartige Anatomen waren,
sahen in seiner Silhouette eine Ähnlichkeit
mit dem Organ der Schwangerschaft, dem Uterus.
Aber dies hätte nur Geburt bedeutet.[5]
Der Hauptgrund für die kraftvolle Symbolik des Frosches
ist die Tatsache, dass er ein Amphibium ist:
Nach Belieben kommt er aus dem Wasser (den Vibrationen)
und geht wieder in das Wasser zurück.
Die Froschmutter ist in den Märchen
bis zum heutigen Tag lebendig geblieben.

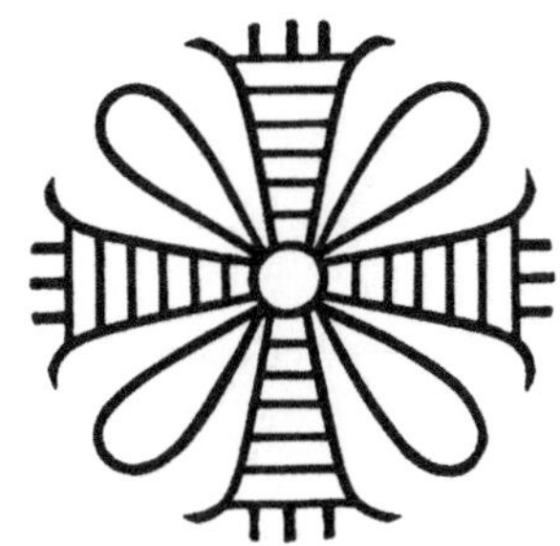

Ein Symbol für Wiedergeburt, das Jahrtausende hindurch überlebt hat,
ohne je verloren zu gehen, ist das Kreuz oder die Kreuzung:
Das Wissen, dass sich dort zwei große Energien des Lebens kreuzen.
Der Pharao wurde mit gekreuzten Armen begraben.
Auch seine zwei Zepter,
Symbole seiner königlichen Kraft,
wurden überkreuzt.
Diese gekreuzte Zweiheit
enthält aber eine Vielheit von Kräften,
die wiederum eine Vielheit von Geschehnissen
hervorbringen können:
Der Krummstab und das Flagellum (die zwei Zepter)
stehen für den Hirten, der *viele* Schafe hütet –
unsere vielen psychologischen Kräfte.
Die Komplexität dieser Kräfte
hat in einigen Sufi-Geschichten überlebt.
Hier ist eine davon:

Der Mullah saß an der leeren Straßenkreuzung.
Ein Passant fragte ihn erstaunt: „Was tust du hier?"
Der Mullah antwortete: „Jetzt ist die Kreuzung leer;
aber bald wird hier etwas geschehen,
wenn viel Volk zusammenkommt –
so viel, dass ich nicht mehr sehen kann, was geschieht."

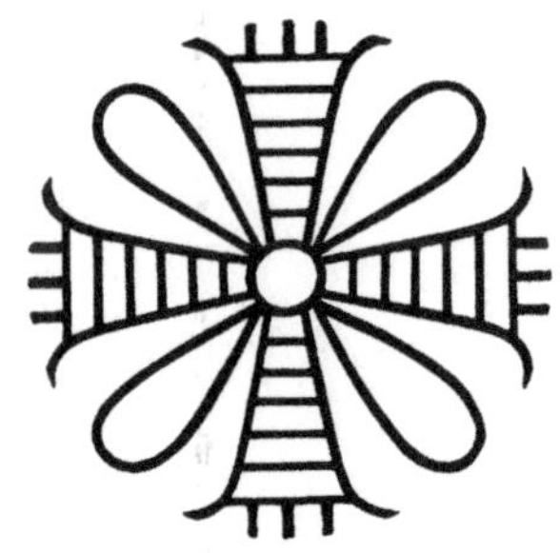

Dies ist eine Anspielung auf unsere Schwierigkeit,
unsere eigene Wiedergeburt zu beobachten:
das Kreuzen der mütterlichen Gene
mit den väterlichen Genen,
welches in wenigen Sekunden
an der Kreuzung geschieht.

Eine intensive Beobachtung muss bereits stattfinden,
während die Kreuzung noch leer ist,
wenn wir (der Mullah) das Geschehen im Haus der Kreuzung,
dort, wo unser physisches Schicksal
auf unser spirituelles trifft,
nicht nur beobachten, sondern auch beeinflussen wollen.

Wenn wir schließlich durch das Tor gehen –
das Tor bewusster Wiedergeburt
oder das Tor der Erleuchtung –,
sind wir wieder,
was wir schon immer waren und auch immer sein werden:
eine Welle, die sich selbst erzeugt
und die in allen Dimensionen des Seins schwingt
und immer wieder in sich selbst zurückkehrt, ohne Ende.[6]

‚sein', ‚existieren', ‚werden' [7]

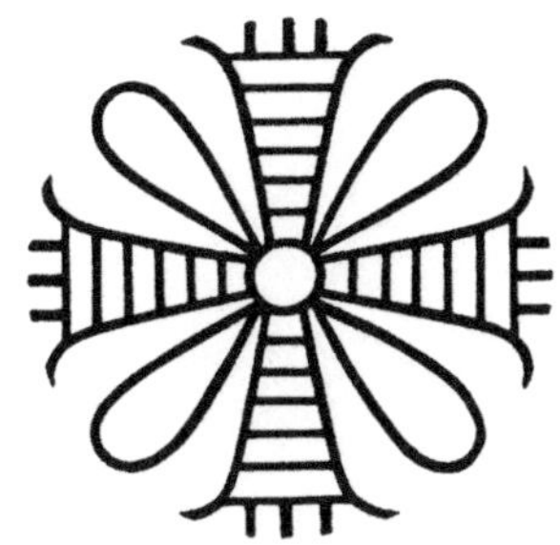

Das komplexe Symbol, das wir auf dem Spielbrett von Sennefer
im Haus der Wiedergeburt finden (siehe oben),
kombiniert kraftvoll *sein*,
sein
was eine vibrierende Bewegung ist,
mit (sich) *verewigen*,
verewigen
was bedeutet, sich selbst wie eine Djed Säule [8]
in den vier Dimensionen des Seins zu bauen
und all die verschiedenen Aspekte seiner selbst zusammenzubinden.
Das Zentrum dieser beiden kombinierten Bewegungen
ist nicht ein Punkt, sondern ein Kreis: Das Eine (RE).
Auch alle Symbole zusammen bilden an ihrer Peripherie einen Kreis.
So wirkt dieses Kraftfeld der Wiedergeburt
als Zentrum und als Schlüssel für das ganze Spiel.
Wir verewigen uns, indem wir die innere Bewegung des Wiedergeboren-
werdens in jedem Moment üben und zu erobern versuchen.
Auferstehen ist nicht etwas, das erst *nach* dem Leben geschieht,
sondern eine Art und Weise zu leben:
Das griechische Wort *anastasis* bedeutet:
‚über' Leben und Tod ‚stehen' (ana-stasis = darüber stehen).
Die Kreuzung ist nicht nur der (symbolisch dargestellte) zentrale Ort
von ‚Sein' und ‚Sich-verewigen',
sondern auch der Begegnungsort
von inneren Energien, jenen der *Mehen*,
und von deren äußeren Ausdrucksweisen, jenen des *HU*:
der Kraft, sich – wie vom Stoßzahn eines Elefanten
hochgehoben –
glorreich zu manifestieren.

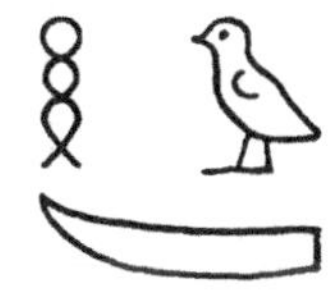

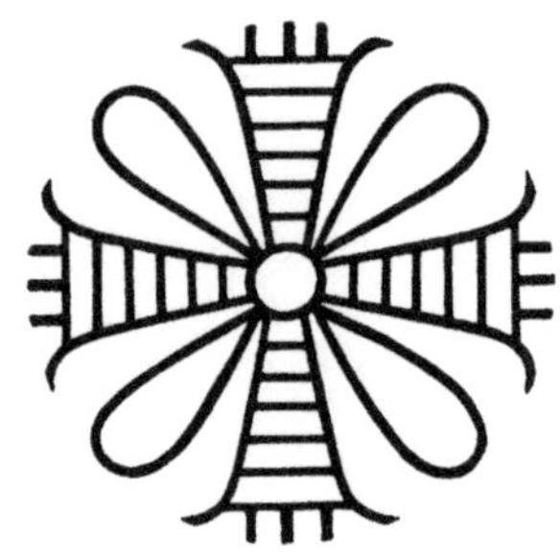

Die Sphinx, deren geheimer Name *HU* war,[9]
und die sich selbst in jedem Moment erneuert,
ist ein Modell solch einer ewigen Epiphanie.
Sich auf dem ‚Balkon der Erscheinung' [10] zu zeigen,
war eine rituelle Geste des Pharao
(die in der katholischen Kirche als Epiphanie-Fest überlebt hat).
In jenem Moment hatte Ägypten trotz seiner sich über Jahrtausende
erstreckenden Geschichte nur *einen* Pharao.
Derjenige, der erscheint, war die Bestätigung
für den einen Unsichtbaren:
‚derjenige, der innen ist'.[11]

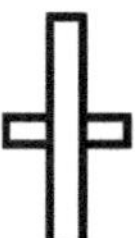

In hieroglyphischer Form wurde *‚derjenige, der innen ist'*
und bestrebt ist, sich außen zu manifestieren,
mit zwei zusammengenagelten Holzbrettern dargestellt.
Wenn wir also von einer Kreuzung sprechen,
so ist es wirklich ein Kreuz, das wir auf uns nehmen müssen:
Die Notwendigkeit, uns selbst in jedem Moment zu erneuern
und das zu manifestieren, ‚was innen ist'.

Der königliche Spieler sagt,
während er in das Haus der Wiedergeburt eintritt:
Ich erfreue mich ewigen Lebens, indem ich eine ewige Geburt werde.

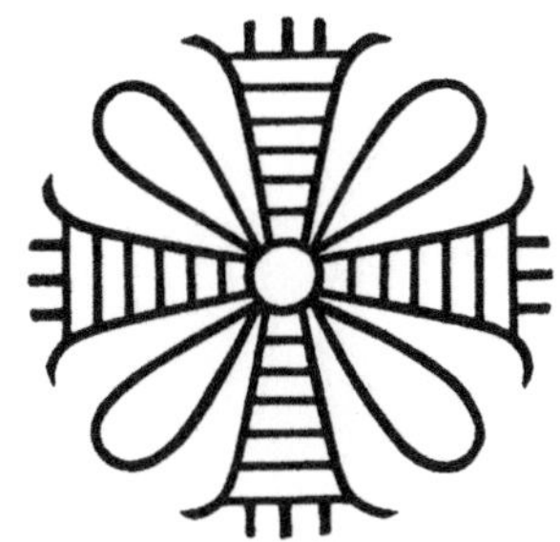

Anmerkungen und Quellenangaben zu Seiten 211-216

Wiedergeburt

[1] Dieses Symbol der Wiedergeburt findet sich nur auf dem Senet-Spielbrett von Sennefer, 18. Dynastie; in Pusch 1.2, Tafel 65a.
Ein weiteres Symbol für dieses Haus basiert auf RE, dem Einen, der hier auch als die Vielen erscheint; in Pusch, Teil 1.1, 353.

[2] Vgl. Medhananda, *Der Weg des Horus*, 28, 153.

[3] Lanzone, *Dizionario*, II, 854.

[4] Pusch, 1.2, Tafel 102.

[5] Die Hieroglyphe ‚Geburten' – immer im Plural – erinnert uns an die Tierhäute, die Adam und Eva gegeben werden, bevor sie das Paradies verlassen.
Das gleiche Symbol kann auch verstanden werden als ein Stern, der sich in dreifacher Weise auf der Erde manifestiert – als das physische, das vitale und das mentale Sein.
In einem der Namen von Ramses II. wurden die Tierhäute zu Blumen.
Zeichnungen: nach Dondelinger, Jenseitsweg der Nofretari, 47 (oben) und Hornung, Tal der Könige, 110, Detail (rechts).

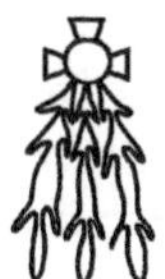

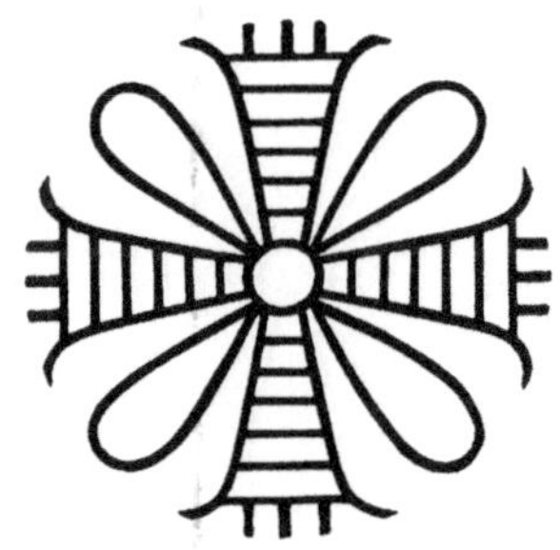

[6] Nach der Verdunkelung der altägyptischen Kultur dauerte es 2000 Jahre, bis uns das Wissen um unsere Wellennatur wieder erreichte. Im Jahr 1926 beschrieb Louis de Broglie das Partikel als eine ‚stehende Welle' in einer nicht-euklidischen Raum-Zeit, wo jede Bewegungsbahn eine Kurve ist; de Broglie, *Ondes et Mouvements*, 1, 19.

[7] Vgl. Medhananda, *Archetypen der Befreiung,*118;
Die vollständige Schreibweise der Hieroglyphe ‚sein' ist:
Budge, *Dictionary*, I, 164b.

[8] Vgl. Medhananda, *Der Weg des Horus*,
‚Aufbau des inneren Wesens', 122 ff.

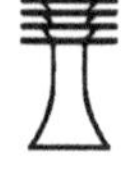

[9] Vgl. Medhananda, *Die Pyramiden und die Sphinx*, 98 ff.

[10] Husson, *L'Offrande du Miroir*, 259 : ‘Celui qui est au balcon d'apparition, en qualité de dieu parfait ... on voit grâce à sa lumière qui claire les chemins dans les ténèbres.' (‚Derjenige, der auf dem Balkon der Erscheinung ist mit den Qualitäten eines vollkommenen Gottes … man sieht dank seines Lichtes, welches die Wege in der Dunkelheit erhellt.')

[11] Budge, *Dictionary*, I, cxxxiii, No.19;
Siehe auch Medhananda, *Die Königliche Elle*, S. 139.

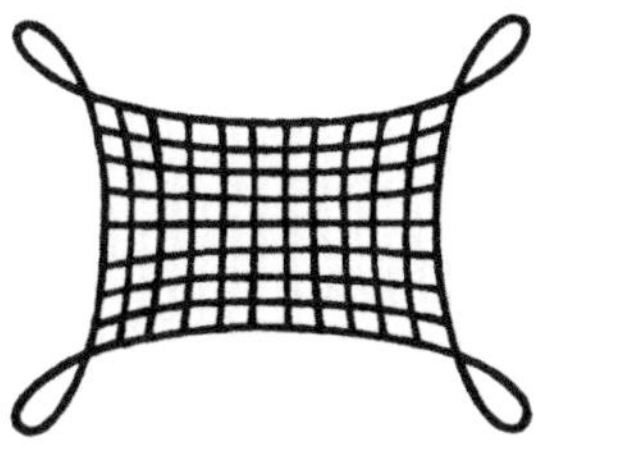 [1]

Netz

Eben erst wurden wir geboren (im Haus der Wiedergeburt),
und nun betreten wir das Feld unseres Netzes: unsere Umgebung.
Wenn wir passiv bleiben, finden wir uns
im Netz gefangen, [2]
beschränkt auf einen korpuskularen Körper
in Raum und Zeit.
Das ist das Netz der Unwissenheit.
Es macht unser Bewusstsein zwergenhaft.
Es bindet uns an Personen und Objekte,
von denen wir glauben, sie gehörten nur uns;
so übersehen wir ihre wirkliche Botschaft
und ihre wahre Schönheit.

Das Netz kann aber auch in dynamischer Weise verwendet werden,
als ein Instrument des Wissens und eine Bewegung der Befreiung.
Wir lernen, es psychologisch weit offen in das Universum
auszuwerfen, wie ein Fischer sein Wurfnetz,
um Fische der Freude zu fangen und uns mit all den Wundern
des Lebens um uns herum zu identifizieren.
Indem wir das Wurfnetz weiter und weiter auswerfen,
weiten wir unser Selbstgewahrsein;
das bringt uns ‚Freude' [3]
(mit den Hieroglyphen ‚Wurfnetz'
und ‚Herz' geschrieben).

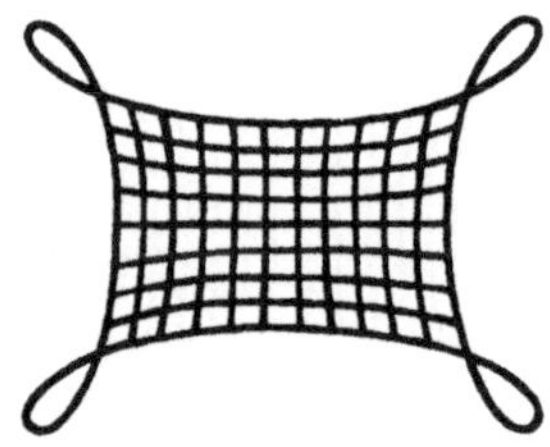

Schließlich ‚fischen‘ wir den Geist [spirit] des Universums selbst.
Aber bald wird das auch nicht mehr genug sein;
wir sehnen uns danach, unser eigenes kreatives Selbst ‚einzufangen‘.[4]

Eine alte Geschichte erzählt uns:
‚Der blinde Homer saß am Ufer des Meeres
und hörte, wie Fischer vom Fischen zurückkehrten.
Er rief ihnen zu: „Oh ihr ‚Jäger des Meeres‘[5], habt ihr etwas gefangen?“
Die Jäger des Meeres antworteten:
„Was wir fingen, warfen wir ins Meer zurück.
Und was wir nicht gefangen haben, tragen wir in unseren Kleidern.“ ‘
Die Geschichte lässt verschiedene Interpretationen zu.
Sie kann so verstanden werden, dass wir –
als Jäger der kosmischen Weite
auf der Suche nach unserer Wahrheit – Ideen jagen.
Die kleinen Ideen werfen wir wieder in das Wellenreich,
aber die große Idee, das große Selbst, das wir insgeheim schon sind,
tragen wir in unseren Kleidern.[6]
Auch ein Sufi-Meister beginnt seinen Weg als Fischer.
Wenn der große Fisch – das Selbst – gefunden ist,
wird das Netz überflüssig.
Auch von den Jüngern von Jesus wird gesagt,
sie seien Fischer gewesen.
Und was ist das Senet-Spiel des Pharao,
wenn nicht ein weit geöffnetes Netz, mit dem wir unsere Vielheit
als unsere unsterbliche Ganzheit einfangen können?

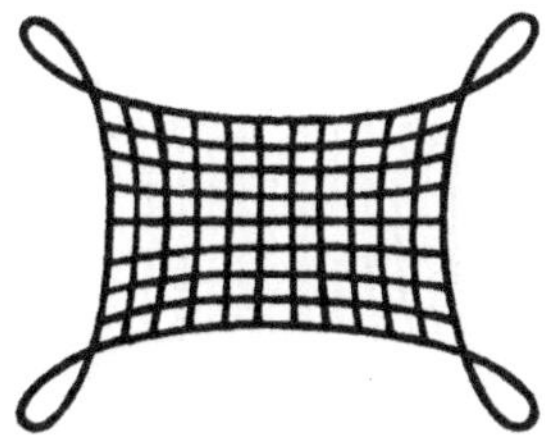

Für die Ägypter war das Netz auch der Schleier.
Um Wissen zu erlangen, musste man den Schleier schütteln oder heben.
Nur so können wir erkennen und unterscheiden,
was der Schleier – und was die Wirklichkeit dahinter ist.
,Wissen'[7] war für die Ägypter:
Die ,vibrierende' Wirklichkeit
hinter dem ,Schleier' der Dinge erkennen. 
Der Schleier ist immer da;
deshalb muss die Bewusstseinsbewegung,
durch ihn hindurch zu sehen, immer wieder geübt werden.
Die Erscheinungsweise der Dinge,
die für uns wie ein Netz oder Schleier ist,
wird in dem Moment transzendiert, in dem wir erkennen,
dass sie uns nicht auferlegt ist:
Wir machen sie, wir ,weben'[8] die Schleier. 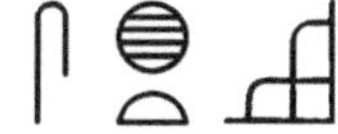
Wir nehmen die Geschehnisse und Kräfte, die zu uns kommen,
bewusst wahr.
Jene, die wir auswählen, werden innig in das Gewebe
unseres Lebens eingewoben.
Sie werden zu einem Teil unseres Bildes.
Der Teppich ist ein Symbol
für ,Weisheit' 
und für die Vernetzung von allem mit allem.
Möge es uns gelingen,
mit unserem wunderschönen Teppich zu fliegen, wohin wir möchten.

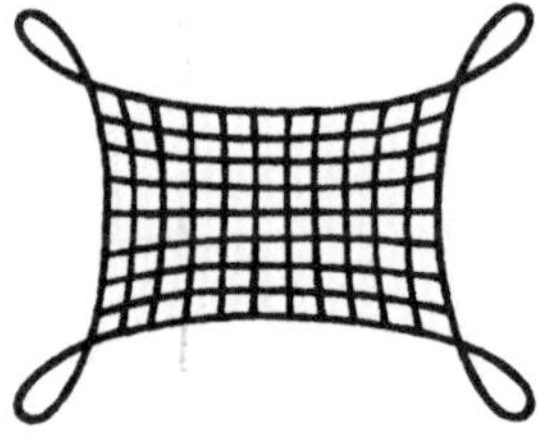

Wenn wir das Mysterium des Netzes noch tiefer ergründen,
erkennen wir seine fundamentale Notwendigkeit:
Es ist im Wesentlichen eine Struktur,
die dem ganzen Universum zugrunde liegt.[9]
Ohne diese Struktur würde nichts existieren.
Sie ist das unsichtbare Gewebe der Manifestation,
hat aber keine festgelegte, fixe Form.
Weil es von unserer Wahrnehmungsweise abhängt,
welche Form die Struktur (die Maschen des Netzes) annimmt,
haben wir potenziell die Macht, zu entscheiden –
für uns selbst und für das Universum –, wie groß oder wie klein
der Abstand zwischen den vibrierenden Fäden des Netzes sein soll.
Wenn die Maschen zu eng sind,
mag die Welt vollgepackt sein mit Dingen und Ereignissen,
jedoch absolut intransparent für die Wirklichkeit dahinter.
Je weitmaschiger das Netz ist,
desto glückseliger ist das Leben, das von ihm unterstützt wird.
Wenn die Maschen aber *zu weit* sind,
könnten wir geradewegs durch sie hindurchfallen in das Eine,
sodass die Manifestation verschwindet.
Einen Bezug zum Netz hat auch die Fadenspule,
die in den Hieroglyphen
‚sicher sein, gedeihen, ganz sein' verwendet wird.[10]

Der königliche Spieler betritt das Haus des Netzes und sagt:
Oh Netz, möge ich in jeder Lebensphase meine Füße auf dich stellen.
Du bist der Schutz für alles, was existiert.

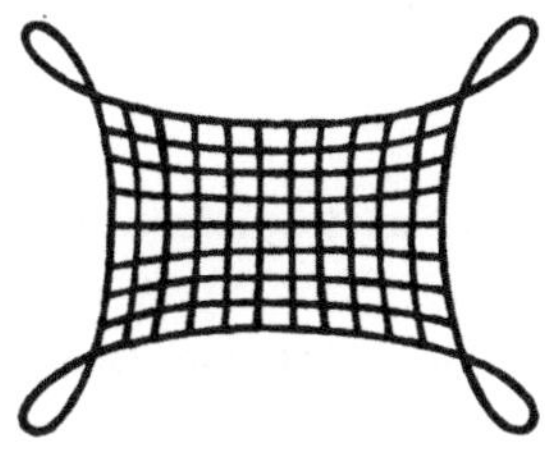

Der königliche Spieler fährt mit seiner Geschichte fort:

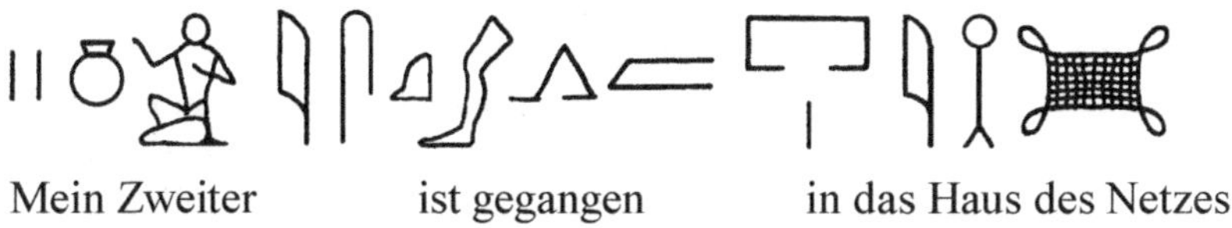

Mein Zweiter ist gegangen in das Haus des Netzes

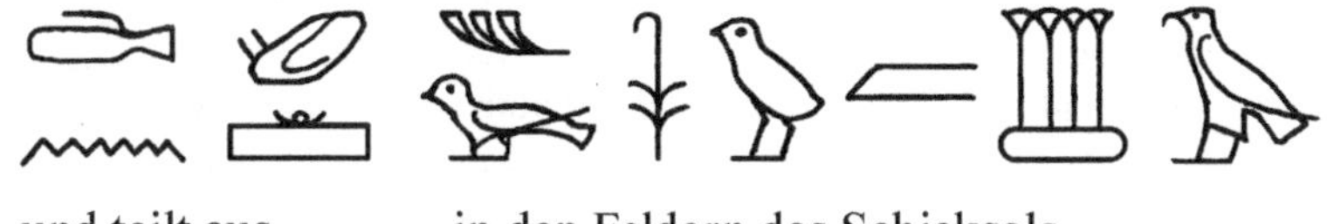

und teilt aus in den Feldern des Schicksals

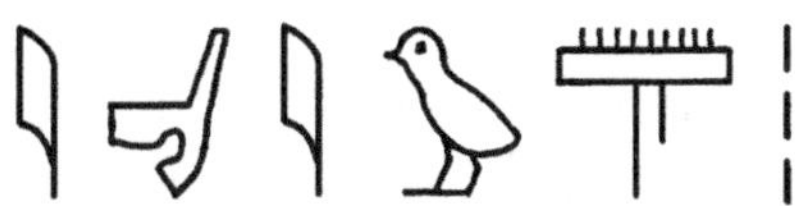

die rote Krone und Kleider.

MEIN ZWEITER IST IN DAS NETZ DES EGO GEFALLEN
ICH TEILE MIT IHM MEINE GEWÄNDER DES SIEGES
UND DER GLÜCKSELIGKEIT
IN DEN FELDERN DES SCHICKSALS.

Anmerkungen und Quellenangaben zu Seiten 219-223

Netz

1 Hieroglyphe ‚Netz', von einem Senet-Spielbrett der 20. oder 21. Dynastie; Pusch, 1.2, Tafel 86.

2 Eine andere Schreibweise für ‚Netz'; Budge, *Dictionary*, I, 458b.

3 ‚Freude'; ibid., 3a; ‚Wurfnetz' nach ibid., cxli., XXI. ‚Gewebtes, Geflochtenes', No. 5. Vgl. auch Medhananda, *Der Weg des Horus*, 98.

4 Im Thomas-Evangelium Log. 8 ist es der *eine* große Fisch (Symbol für unser Selbst), den zu ‚fischen' mehr wert ist als alles andere. In der indischen Mythologie wird Vishnu als Fisch (erster Avatar) immer größer und größer – ein Bild für unser wachsendes Selbst (unser wachsendes Bewusstsein, die Evolutionsmöglichkeit des Lebens). Im Märchen *Vom Fischer un syner Fru* lässt sich ein ursprünglich ähnlicher gnostischer Inhalt noch erkennen: Der Fisch hilft dem Fischer, in einem immer größeren Haus (Bewusstseinshaus) zu wohnen. (Das Märchen wurde wohl in patriarchalischer Zeit ins Moralische verzerrt, wie viele andere Märchen und Mythen auch).

5 Die Jäger des Meeres oder ‚Fischer' sind diejenigen, die nach der Wirklichkeit jagen, welche hinter dem ‚Schleier' der Unwissenheit, auf dem ‚Berg' verborgen ist. Faulkner, *Dictionary*, 187. Vgl. auch Medhananda, *Unsterbliche Weisheit*, 114-115 (Interpretation des Thomasevangeliums).

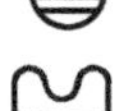

6 In alten Zeiten waren die Kleider ein Symbol für unsere subtilen Hüllen, in Indien *koshas* genannt; vgl. S. 261.

7 ‚wissen/kennen'; Faulkner, *Dictionary*, 151; das Wort vollständig geschrieben: Siehe auch S. 18 und Medhananda, *Der Weg des Horus*, 113.

8 ‚weben'; Faulkner, *Dictionary*, 243.

9 Der Physiker Planck spricht von einer ‚Matrix' als ‚Urgrund der Materie'.

10 In den Hieroglyphen ‚sicher sein, ungefährdet sein' (Faulkner, *Dictionary,* 51), ist der ganze Faden, mit dem wir unsere Leben gewoben haben und noch weiter weben werden, auf einer psychologischen Fadenspule aufgewickelt. Es ist der Faden des Bewusstseins, der die vergangenen Leben mit den zukünftigen Inkarnationen verbindet. So sind wir wirklich sicher und ganz. Vgl. auch Medhananda, *Archetypen der Befreiung*, 83. Im alten China wurde das *I Ging* (*Buch der Wandlungen* unserer inneren Zustände) mit den chinesischen Piktogrammen eines Chamäleons und einer Spindel mit zwei Seidenkokons, die zu einem Faden gesponnen werden, dargestellt; J. Lavier *Les Secrets du Yi king*, 37.

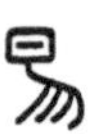

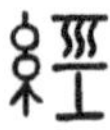

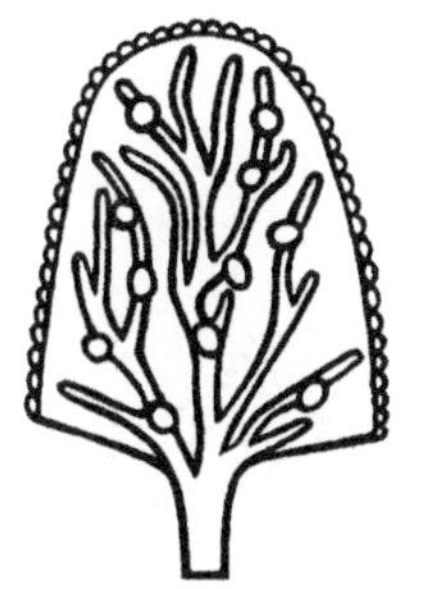

[1]

Baum

Der Pfad, der uns durch das Haus der Wiedergeburt geführt hat
und uns den Schutz des Netzes erfahren ließ,
enthüllt uns nun in den nächsten vier Häusern einen speziellen Yoga,
wobei jedes Haus seine eigene Ambivalenz hat, die es zu erobern gilt.
Schon im Haus des Baumes,
dem paradiesischen Reich der Ganzheit des Lebens,
werden wir dazu eingeladen,
scheinbare Widersprüche
zu transzendieren:
Der Baum ist eine Projektion
der unendlichen dynamischen Energie,
der Mehen,

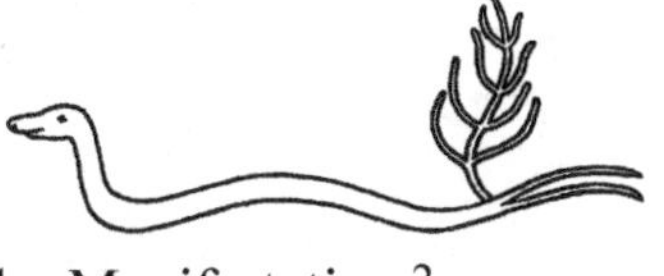

und der wesentlichste Sitz ihrer Kraft in der Manifestation.[2]
Wir genießen die Frische und den Schutz seines ausladenden Schattens.
Es ist der Ort, den wir gewählt haben, um zu meditieren.
Jetzt werden wir das üben, was die Hindus *Raja-Yoga* nennen,
den Yoga des Königs.[3]
In der kraftvollen Gegenwart des Baumes können wir sehen,
dass *alles* ein Baum ist:
Wir sind ein Baum,
das ganze Universum ist ein Baum, ein Baum voll von Leben;
und das Leben ist ein großes Miteinander,
und das große Miteinander ist Sein, Bewusstsein, Seligkeit.

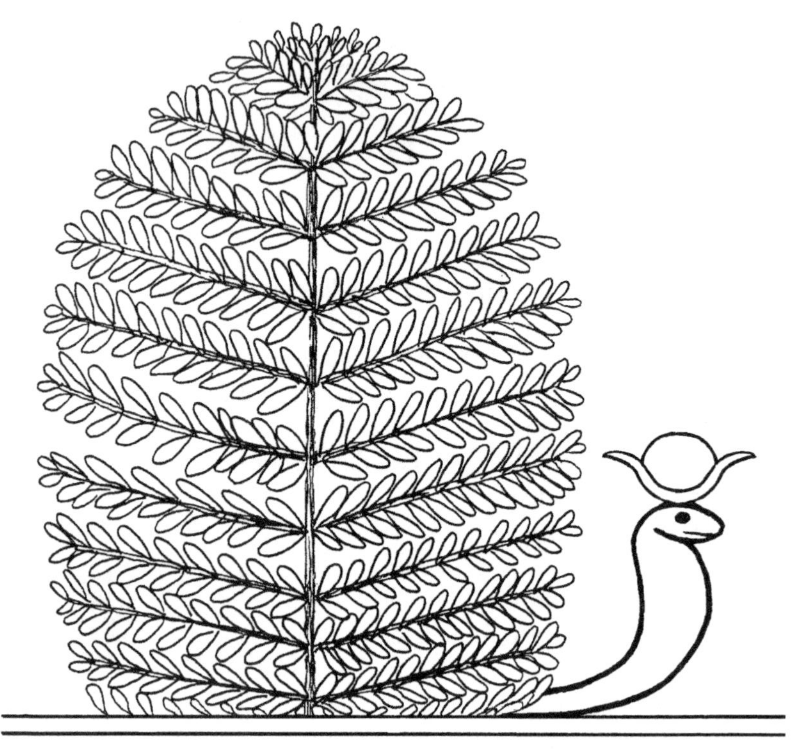

Zeichnung nach Lanzone [4]

Jedes seiner Blätter ist ein Leben,
das aus des Menschen großer Energie-Schlange kommt.

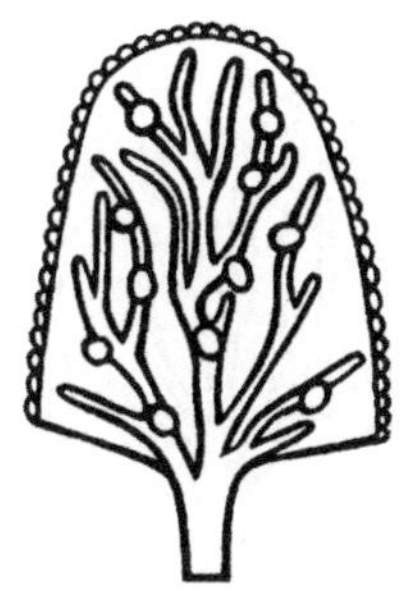

Seine Früchte, die Früchte unserer Handlungen, unserer Meditationen
und unserer Transformationen, die Früchte der Evolution,
der Unsterblichkeit und endlosen Glückseligkeit
können nicht von dem Baum (der Ganzheit) getrennt werden.
Wenn wir sie als die unsrigen betrachten,
schneiden wir uns von unserem mütterlichen Urgrund ab.
Dadurch werden die gepflückten Früchte giftig.
Ein Prozess der Trennung beginnt,
der zu der Illusion von Leiden und Tod führt.

Der *Archetyp* Baum, der alle Trennung transzendiert, wird uns
von innen her die Früchte unserer höchsten Aspirationen geben:
Er tat dies für die germanischen Stämme mit der ‚Säule des Irmin'
(oder Hermes), dem heiligen Baum, dem Baum des Lebens,
an den Odin – das Leben selbst – sich hängte,
wodurch der Baum des Lebens zum Baum der Erkenntnis wurde.[5]
Er tat dies für Herakles am Ende eines langen Yogas,
im Garten der Hesperiden. [6]
Er tat dies für Buddha, der eins mit dem Bodhi-Baum wurde.

Wenn wir den Baum, der wir sind,
mit der feurigen Schlange unserer Energie vereinen,
beginnt er zu glühen, wird unendlich
und enthüllt uns unser wahres Wesen,
das war, bevor wir geboren wurden,
den brennenden Busch des Einen Selbst, das ‚Ich bin das Ich bin'.[7]

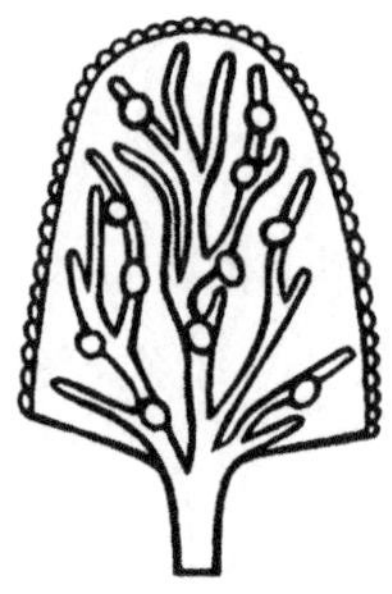

Während der königliche Spieler das Haus des Baumes betritt, sagt er:

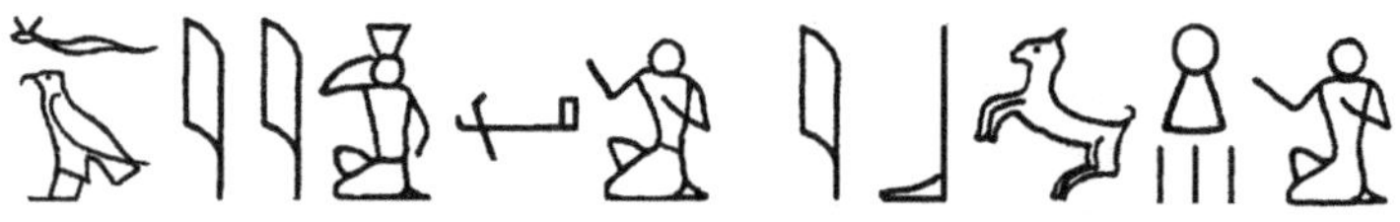

Ich hebe mit all meiner Kraft meine Spielfiguren

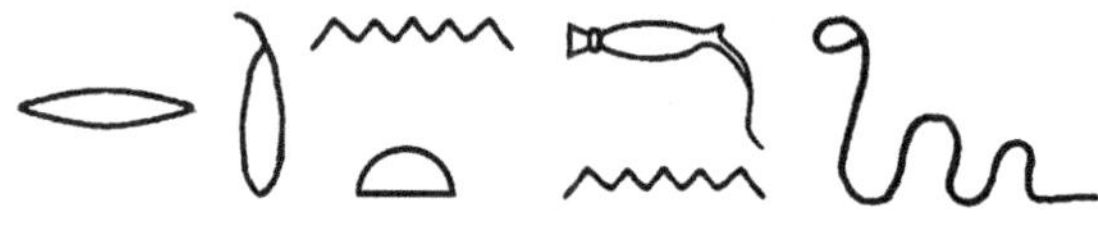

in das was gehört der Mehen

ICH HEBE MEINE INTENTION IN DAS HEILIGTUM
MEINER MEHEN (den Baum)

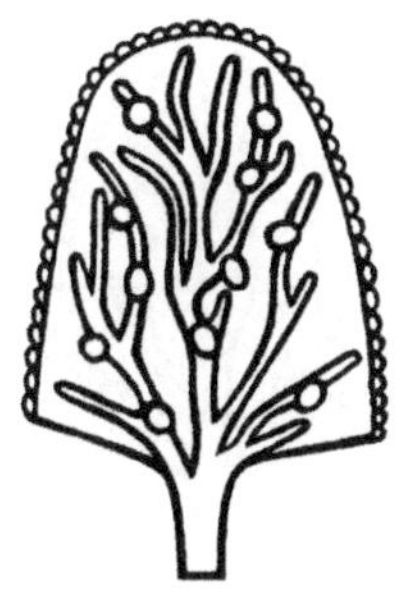

Anmerkungen und Quellenangaben zu Seiten 225-228

Baum

1 Der Inhalt dieses Hauses oder Kraftfeldes konnte aufgrund der Daten, die zum Senet-Spiel vorliegen, nicht mit Sicherheit festgelegt werden. Unsere Wahl, welche auf der psychologischen Verbindung zwischen Baum und Mehen basiert, die wir hier im ‚Haus des Baumes' beschreiben, steht nicht im Widerspruch zu den Großen Senet-Texten. In seiner Interpretation des Kairo Papyrus liest Günther Roeder über den Spieler in diesem Feld des Spiels: ‚Er wird zum Baum' (*Zauberei und Jenseitsglauben im alten Ägypten*, 260). Das Bild, das wir gewählt haben, ist das eines Baumes in dem Garten, der im Grab des Rekhmir (18. Dynastie) dargestellt ist; aus Michalowski, *L'Art de l'Ancienne Egypte*, 570.
Mehr zur Symbolik des Baumes: siehe Medhananda, *The Garden of Man*, The Story of the Tree, S. 41 ff.

2 Denon, *Planches du Voyage*, Pl. 114, No. 10.

3 Was in Indien der Raja-Yoga ist, wird im alten Ägypten von *Imseti*, dem ersten Sohn des Horus, repräsentiert: ‚Er, der innen steht', und so initiiert ist. An den Raja-Yoga schließen sich in den nachfolgenden drei Häusern (*Kheper, Sokar* und *Brot)* drei weitere Yogas an (Jnana-, Bhakti- und Karma-Yoga), die im alten Ägypten von drei weiteren Söhnen des Horus (*Hapi, Duamutef* und *Kebechsenuf*) repräsentiert werden.
Ausführliche Erläuterungen zur tieferen Bedeutung der vier Söhne des Horus in Medhananda, *Die Königliche Elle*, S. 137-145.

4 Lanzone, *Dizionario*, II, Pl. CCLXIII, Detail.

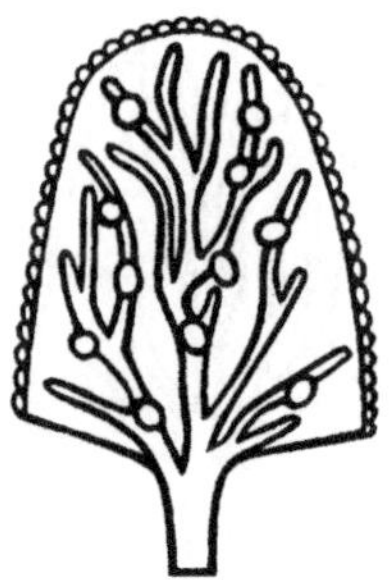

[5] Odin, der Gott-Yogi der alten germanischen Kultur, opferte eines seiner zwei Augen, um fähig zu werden die Einheit, die hinter allem steht, zu sehen. Später durchbohrte er seinen Körper mit seinem Speer, hängte sich an den Baum des Lebens und initiierte so den Prozess der Wiederauferstehung.

[6] Herakles, der Yogi des alten Griechenlands, musste nach Erfüllung vieler großer psychologischer Aufgaben für einen Moment das ganze Universum – die ganze korpuskulare Welt – auf den Schultern tragen (Athene half ihm dabei), um die Unsterblichkeit zu erlangen, die in den goldenen Äpfeln am Baum im Garten der Hesperiden gefunden werden konnte. Später gab er die Früchte der Großen Mutter zurück – sie gehören ihr.

[7] In der Bibel wird erzählt, wie Moses dem brennenden Dornbusch begegnet, dem ‚Ich bin das Ich bin'. Die *Bibel*, Exodus 3:14.

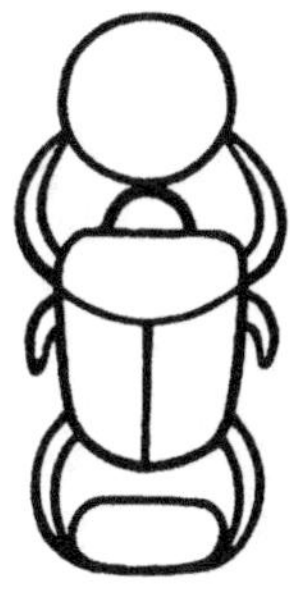

1

Kheper

Dass ein Aspekt von dem, was wir unsere Seele nennen,
mit einem Mistkäfer dargestellt wurde,
mag fromme Philosophen erstaunen.
Aber wie schön, wenn der vollständig entwickelte Mistkäfer
seine Flügel ausbreitet und in die Höhe fliegt.
Erwartungsvoll nähern wir uns also
dem Kraftfeld von ‚Kheper', dem Skarabäus,[2]
dem Magier der Transformation.

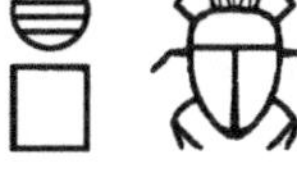

So wie er, spielen wir an dem einen Pol
unserer irdischen Existenz Ball mit einer Mistkugel,
während an dem anderen Pol unseres Seins
unsere innere Sonne leuchtet
und wir mit ihr ‚Goldener Ball' zu spielen beginnen.
Der Grund, weshalb wir unseren goldenen Ball so oft verlieren,
ist der, dass wir ihn für etwas Korpuskulares halten,
während er in Wirklichkeit etwas Vibrierendes ist.
Wenn wir dies einmal verstanden haben,
können wir ihn nicht mehr verlieren:
Er ist in allem für uns auffindbar,
nur ein wenig verborgen
hinter dem Schleier der Erscheinungen.
Eine abstraktere Darstellung von Kheper [3]
weist auf seine geheime Identität mit RE hin.

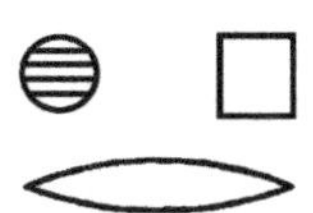

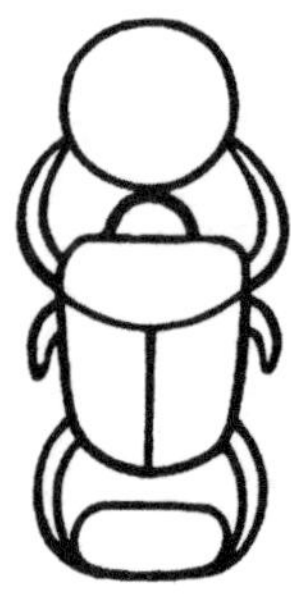

Kheper ist das goldene Bindeglied
zwischen der vibrierenden Wellenwirklichkeit
und dem korpuskularen, materiellen Aspekt der Welt.
Die alten Ägypter trugen ihn als Talisman – sogar noch in ihren Gräbern,
und die wichtigsten äußeren Ereignisse ihres Lebens
wurden auf skarabäusförmigen Steinen eingraviert, um sie
mit ihren verborgenen spirituellen Inhalten in Verbindung zu bringen.
Kheper ist nicht einfach seinen Metamorphosen unterworfen –
vom Ei zur Larve, zur Puppe und zum geflügelten adulten Tier.
Diese sind Akte im Schauspiel, das er zu spielen gewählt hat –
jedes Stadium für sich allein schon eine wunderbare
Art und Weise des Seins.
Kheper weiß, wie man ein solches Stadium –
einen solchen Zustand von Bewusstsein und Seligkeit – verlässt,
um in einen neuen einzutreten.
So kann er uns durch die Tore, über die Energieschwellen führen,
welche die Anwesenheit von neuen
psychologischen Spielphasen signalisieren.
Auf den verschiedenen Etappen der Sonnenreise
sind Kheper und RE immer beisammen;
einmal führt der eine, dann der andere.
Kheper ist der Archetyp des *Werdens* und hilft uns, das zu werden,
was wir sein möchten, nicht nur in der Form,
sondern auch in der spirituellen Substanz.[4]
Das *Werden* wird ‚Herr seines eigenen Seins'
und schließlich ‚Meister der Transformationen' [5] –

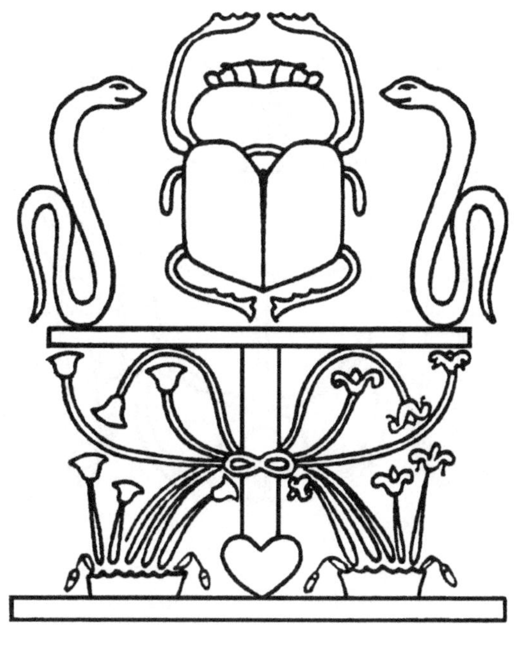

Transformation [6]

beides sind Namen von Kheper, der auch derjenige ist,
der ‚ins Sein kam durch sich selbst', wie RE.[7]
Transformation resultiert aus dem Vereinigen
unserer korpuskularen und unserer vibratorischen Art des Seins,
symbolisch aus dem Vereinigen von Ober- und Unterägypten,
dargestellt im unteren Teil des Bildes mit der Verbindung
von Lotos- und Papyruspflanze,
im oberen Teil mit zwei Schlangen,
die uns helfen, uns psychologisch über uns selbst hinauszuheben.

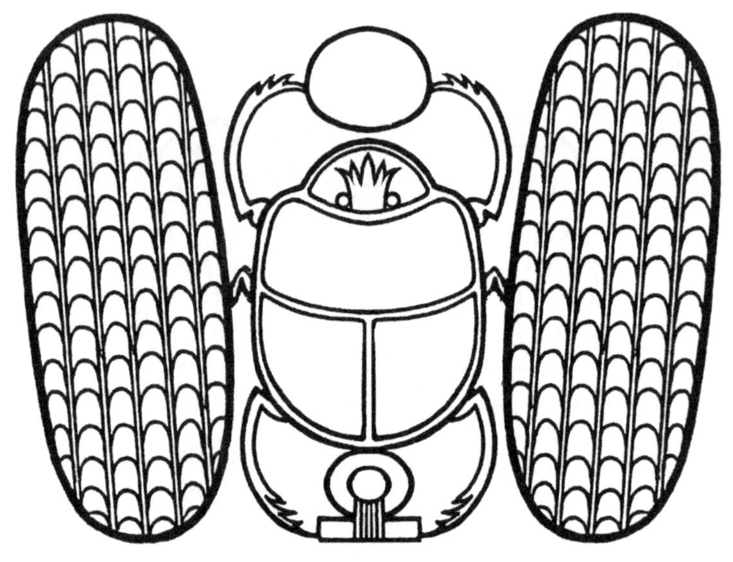

Von einem ägyptischen Armreif [8]
Der Ball aus Dung ist zum Shen-Ring geworden.

Jetzt kann Kheper seine Flügel ausbreiten
und zu dem von ihm gewählten Ziel fliegen.
Der Ball aus Dung ist zum Shen-Ring geworden,[9]
zu seinem permanenten Eintrittsvisum für die Ewigkeit.

Während der königliche Spieler dieses Haus erforscht, sagt er:
Oh Kheper, Kheper des RE,
Kheper aller Neteru,
möge ich Herr meiner eigenen Transformation werden.

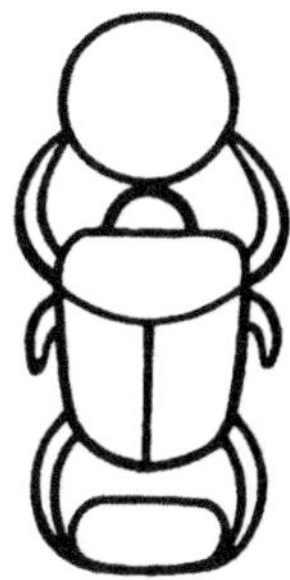

Anmerkungen und Quellenangaben zu Seiten 231-234

Kheper

1 Den Archetypen dieses Hauses findet man auf keinem der bisher bekannten Senet-Spielbretter. Die mögliche Lesart einer schwer erkennbaren Zeichnung an dieser Position im Turiner Papyrus (Pusch, 1.2, Tafel 102), die von Wiedemann in Pusch, 1.1, 338 vorgeschlagen wird, ist:

Das könnte der Name einer Nilpferdgöttin, *Åpit,* sein (vgl. Budge, *Dictionary*, I, 41b), die auch ein Symbol ist für die zwei Welten, die korpuskulare und die vibratorische Seinsweise.
Unsere Zuordnung von Kheper zu diesem Haus steht in Zusammenhang mit dem zweiten Sohn des Horus, *Hapi*, dessen wichtigste Eroberung es ist, seine doppelte Natur zu vereinen und den Weg zum Wissen zu öffnen. Die dazu erforderliche Disziplin wird in Indien (in Sanskrit) *Jnana-Yoga* genannt.
Das Bild auf unserem Spielbrett basiert auf einem Pektoral des Amenophis von Tanis, abgebildet in Aldred, *Jewels of the Pharaohs*, Plate 106.

2 Budge, *Dictionary*, I, 542a.

3 Faulkner, *Dictionary*, 189.

4 Jacq, *Le Voyage dans l'autre monde*, 35.

5 Ibid., 32.

6 Lanzone, *Dizionario di Mitologia Egizia*, III, 934.

7 Faulkner, *Dictionary*, 189.

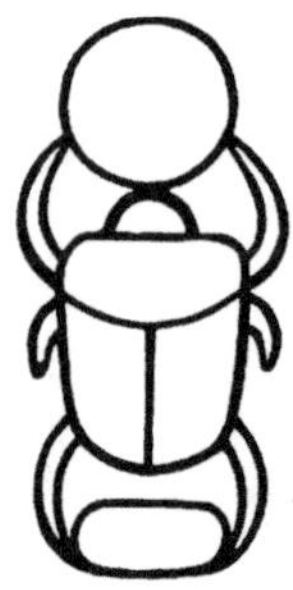

8 Aldred, *Jewels of the Pharaohs*, 99.

9 Der Shen-Ring ist die Hieroglyphe
für Zeit und Ewigkeit:
die lineare Zeit (gerader Stab)
wird mit der Ewigkeit (Kreis) verbunden.
Siehe auch Medhananda, *Die Königliche Elle*, 202 ff.

1

Sokar

Sokar führt uns zu einer weiteren entscheidenden Eroberung.
Alle Yoga-Wege, die eine Bewusstseinstransformation anstreben,
gehen davon aus, dass wir bewusstseinsmäßig noch schlafen
oder träumen oder höchstens teilweise wach,
dass wir noch im ‚Netz' gefangen sind
oder im ‚Sand' stecken, wie es uns das Haus von Sokar zeigt.
Die wichtigste Aufgabe, die uns hier erwartet, besteht darin,
aus dem Sandhügel unseres schlafwandlerischen Zustandes
herauszukriechen, daraus hervorzubrechen und hellwach zu werden.
Die Ägypter zeigen uns in Bildern, dass dies möglich ist.
Sokar ist eine Form von Horus – unser größeres Selbst –
und symbolisiert die psychologische Fähigkeit eines jeden Wesens,
Erleuchtung zu erlangen, selbst wenn der Weg dazu lang ist.

Das Symbolbild (auf S. 241) zeigt uns:
Wie Sokar müssen wir uns
aus unserer korpuskularen und aus unserer vibratorischen Grundlage,
die wie die zwei Kufen von Atums Schlitten zusammengebunden sind,[2]
auf die Ebene eines individuellen Lebens erheben,
(das aber mit der ganzen Biosphäre verbunden bleibt,
dargestellt durch das Boot mit dem Antilopenkopf),
aus dem Sandhügel menschlichen Träumens herauskommen
und unsere Flügel unter der Sonnenkrone
des vollen Selbstgewahrseins ausbreiten.

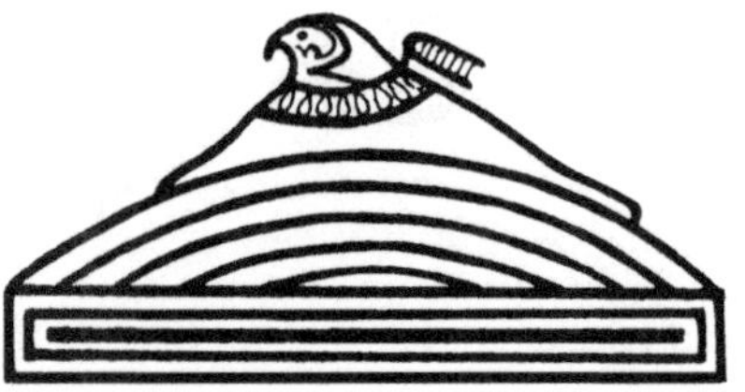

Eine ähnliche Szene, aber auf einer kosmischen Ebene,
kommt in der fünften Stunde der Pilgerfahrt von RE vor.
RE fährt durch die Nacht des *Amduat*, das Reich der Sterne,
als unerwartet das ‚Land des Sokar', in der Form eines Sandhügels,
seinen Weg versperrt (Bild S. 239).[3]
Was hier als Hindernis erscheint, sollte in seiner Tiefe ergründet werden,
so wie Kheper, der Skarabäus, es tut – mit dem Kopf nach unten.
Wir sehen, dass er den Sandhügel erhalten will, als ob dieser
die Sonnenscheibe wäre – so kostbar scheint er zu sein.
Innerhalb des Hügels breitet Isis ihren Schutz aus.[4]
Darunter erscheint eine kleine Figur, Sokar, auf einer geflügelten
Schlange, von einem ovalen Kreis aus Sand umgeben,
der eine königliche Kartusche um ihn bildet,
von zwei sphinxartigen Akeru[5] bewacht.
Wem wir hier als zentraler Kraft dieser Stunde begegnen,
sind wir selbst als Sokar:
Wir stehen mit leuchtenden Augen auf unserer Traumkraft-Schlange,
und, so wie in Indien Vishnu das Universum träumt,[6]
sinnen wir über uns als das Universum nach und bemühen uns,
unseren Traum wahr werden zu lassen.
Schließlich gelingt es uns, unseren Kopf aus dem Sandhügel zu strecken
und Zeuge unseres Traumes zu werden;
indem wir ihn beobachten, wird er bewusst und wirklich –
wir werden in das Geheimnis des Selbstgewahrseins eingeweiht.[7]
Doch dies ist nicht eine Ein-für-allemal-Eroberung:
Sie muss von innen her geübt, aufrechterhalten und intensiviert werden.

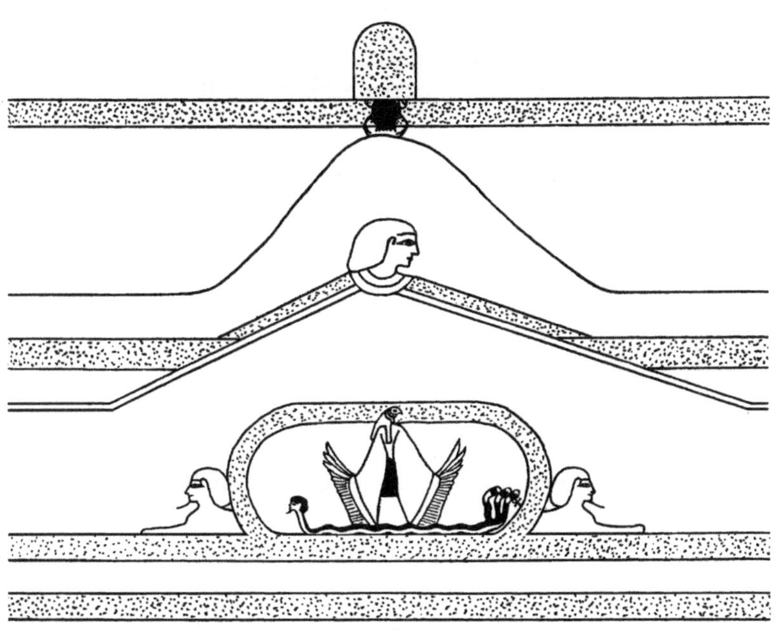

Zentraler Teil der fünften Stunde des Amduat,
wie man sie in vielen königlichen Gräbern findet:
das ‚Land des Sokar'.[3]

Die wichtigste Bewegung, die es hier zu üben gilt,
wird in Hieroglyphen auf einer Wand des Tempels in Edfu gezeigt:

‚Sokar' [8]

die ‚schwingende Saite'

unseres ‚Willens',

den ‚Türriegel' (den Weg) öffnend,

damit die Sonne des Bewusstseins sich in ‚Glorie erheben' kann.

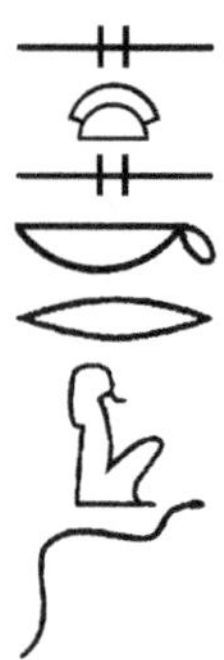

In einer Litanei des Sokar steht:
‚Ich festige die Erde auf ihrem Fundament.
Ich werde Meister über die Vielheit
der Aspekte und Archetypen, die ewig blühen.
Ich vereinige meine Seele mit dem Himmel.
Dann komme ich hervor aus meinen zwei Augen,
als der Prophet und Macher von Festen,
die ewig dauern.' [9]

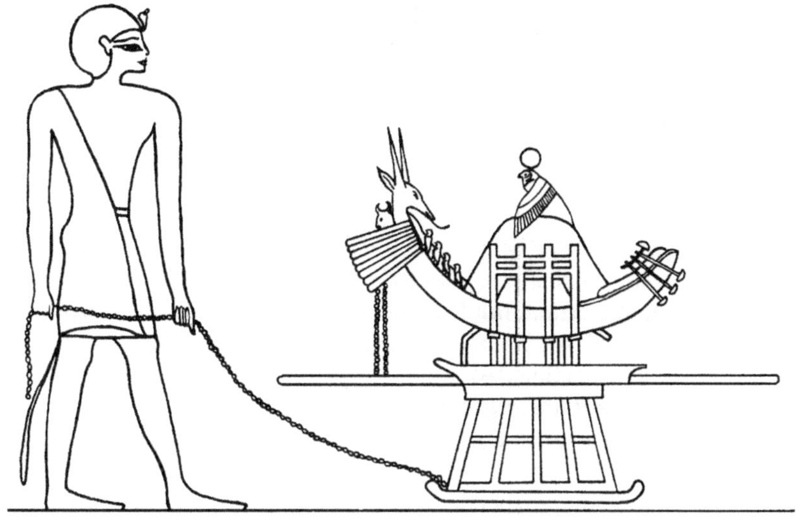

Aus dem Tempel von Edfu[10]

Während der königliche Spieler das Haus von Sokar betritt,
sagt er:
‚Ich ziehe die Barke des Erwachens,
wohin immer ich in einem ewigen Festzug über den Ur-Ozean gehe',
(denn das Weiten, Erhöhen und Erhellen meines Selbstgewahrseins
hat kein Ende),
‚und am Horizont leuchtet RE, das Kind.' [11]

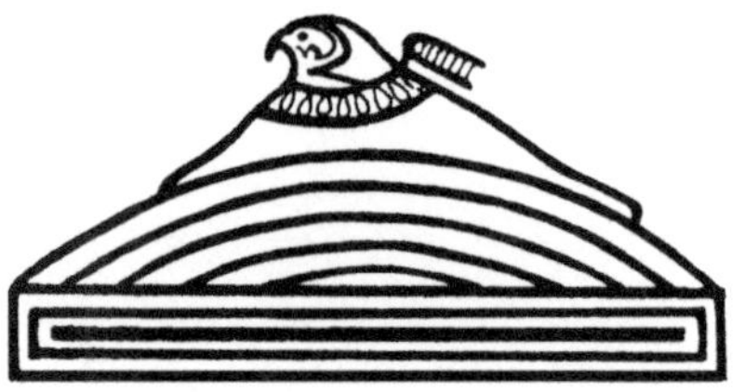

Anmerkungen und Quellenangaben zu Seiten 237-241

Sokar

1 Über dieses Haus ist nichts bekannt. Wir haben ihm Sokar zugeordnet aufgrund unserer Hypothese, die ihn psychologisch mit einem der vier Söhne des Horus in Verbindung bringt, mit Duamutef, demjenigen, ‚der die Harpune des Erwachens zur Einheit handhabt', der durch Liebe zu allem eins mit seinem Ursprung geworden ist (Bhakti-Yoga).
Das Bild von Sokar auf unserem Spielbrett basiert auf einem Bild im Papyrus Ani, wo er siegreich über Osiris und Isis steht. Rossiter, *Ägyptische Totenbücher*, 51.
Die neun sich mit Sokar erhebenden Uraeus-Schlangen – möglicherweise die Enneade –, die im Papyrus Ani auch erscheinen, haben wir in unserem Spielbrett-Symbol weggelassen, um die Aufmerksamkeit ganz auf die zentrale Bewegung zu lenken.

2 Zum Schlitten als Symbol für Atum siehe auch Medhananda, *Archetypen der Befreiung,* 162 ff.

3 Das Bild wurde nach Piankoff und Rambova, *The Tomb of Ramesses VI*, 260, Fig.78, Detail, gezeichnet. (Das gleiche Bild ist auch im Grab von Thutmosis III. als fünfte Stunde zu finden). Der entsprechende Hieroglyphentext und dessen Übersetzung folgen Hornung, *Das Amduat, die Schrift des verborgenen Raumes*, Teil I, 86-94; Teil II, 100-108. (Die zwei ältesten Exemplare des Amduat stammen aus den Gräbern Thutmosis' I. und seiner Tochter Hatschepsut).

4 Isis, die große Mutter des Universums, Begleiterin des Osiris.

5 ‚Aker', (Plural ‚Akeru') ist ein Zwei-in-einem-Archetyp im Dienst der Erde; vgl. Faulkner, *Dictionary*, 6.

6 In der Hindu-Mythologie ruht Gott Vishnu (eine Kraft in uns) auf der Schlange der Unendlichkeit und träumt das Universum, das dann in der Form eines Lotos aus seinem Bauchnabel hervorkommt.

7 Bei seiner Interpretation der Fragmente über das Senet-Spiel im Kairoer Papyrus setzt Günther Roeder in seinem Buch *Zauberei und Jenseitsglauben im alten Ägypten* (auf Seite 261) dieses Haus in Beziehung zu dem Text: ‚Ich bin ein Eingeweihter...‘.

8 ‚Sokar‘
wie üblicherweise geschrieben
(Faulkner, *Dictionary*, 251),
und wie auch in einem Text im Tempel von Edfu geschrieben; nach Naville, *Textes relatifs au Mythe d'Horus, recueillis dans le Temple d'Edfou*, Pl. XXV, Detail.

9 Aus den Litaneien des Sokar in einem Rhind Papyrus, British Museum No. 10188, nach einer Übersetzung von Budge, *Egyptian Reading Book*, 87.

10 Naville, *Textes relatifs au Mythe d'Horus*, Pl. XXV, Detail.

11 Nach ibid., 27.

Der königliche Spieler fährt fort:

MIT MEINEM ZWEITEN TEILEND
DIE SCHÖNEN HÄUSER
HEBE ICH ALLE SPIELFIGUREN HOCH
DIE ICH IN MIR FINDE

WÄHREND MEIN ZWILLING HINTER MIR STEHT
TRAGE ICH UNSERE SPIELFIGUREN
IN DIE HÄUSER DIE ICH MÖCHTE

VON HAUS ZU HAUS GEHEND
WERDEN MIR DIE KRÄFTE
DIE IN IHNEN VERBORGEN SIND
OFFENBART

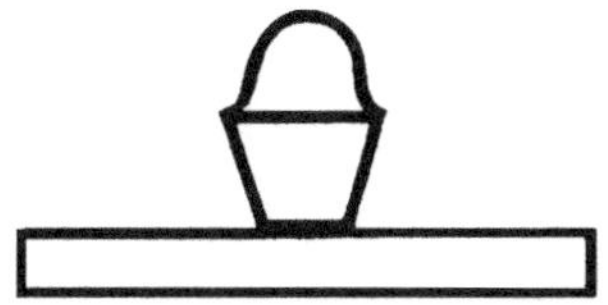 1

Brot

Hier ist das Brot, das von *Mehen* (der vibrierenden Wirklichkeit) kommt.[1]
Es wurde in einer Geste des Opferns auf den Altar gelegt.
Um die tiefere Bedeutung des Opferns zu verstehen,
müssen wir den Sinngehalt der Symbolsprache
im Goldenen Zeitalter erkennen.
Nahrung wurde nicht nur als wichtig erachtet für die Lebenden,
sondern auch für die Toten,
für alle Ahnen, an die man sich noch erinnern konnte,
für die toten Häuptlinge und die toten Könige;
und als ein Geber von Nahrung hatte man die Hoffnung,
dass, wenn man selbst gestorben war, man weiterhin
zu der Nahrungsgemeinschaft in der Einheit des Lebens gehörte.
Dazu nahm der erfolgreiche Jäger,
der glückliche Sammler in der Wildnis
oder der mit der Ernte gesegnete Bauer
einen Teil von dem, was er von der Mutter Erde bekommen hatte,
und legte es auf einen erhöhten Platz, einen Altar –
Symbol für eine Bewusstseinsebene,
die höher ist als die des gewöhnlichen Lebens.
Diese fundamentale Geste machte den Menschen
zu einem glücklichen Teilnehmer
am Fest der Zusammengehörigkeit allen Lebens
in jenen speziellen Momenten,
die nicht zu der gewöhnlichen Zeit gehören.

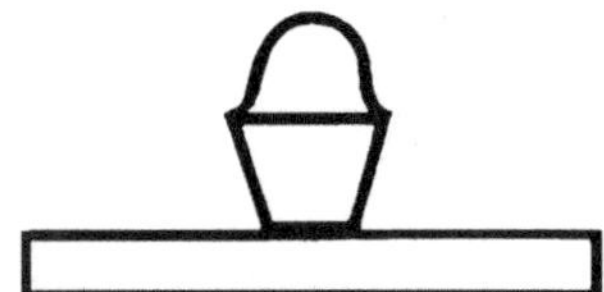

Untersuchen wir nun einige mit dem Opfer in Verbindung stehende Hieroglyphen:

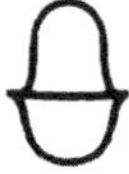

‚Brot‘ [2]

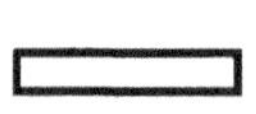

was ein ‚Stein‘,
oder ein ‚Opfertisch‘ sein kann,
ist auch ein Energie-‘Feld‘ [3]

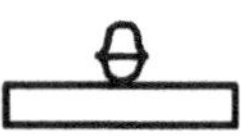

Brot auf einem Opfertisch
wird zur Hieroglyphe für ‚Altar‘ [4]

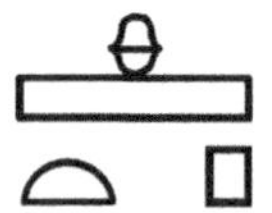

eine Opfergabe schafft
einen Zustand von ‚Frieden‘,
‚Zufriedenheit‘, ‚Genugtuung‘ [5]

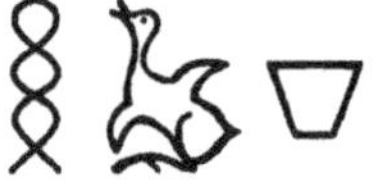

eine andere Art, ‚Brot‘ zu schreiben,[6]
enthüllt dessen Aspekt von vibrierender Energie

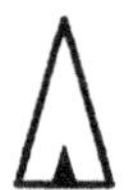

eine königliche ‚Opfergabe‘ deutet an,
dass etwas auf eine unsichtbare Waage gelegt wird,
mit der Intention,
das Universum im Gleichgewicht zu halten.[7]

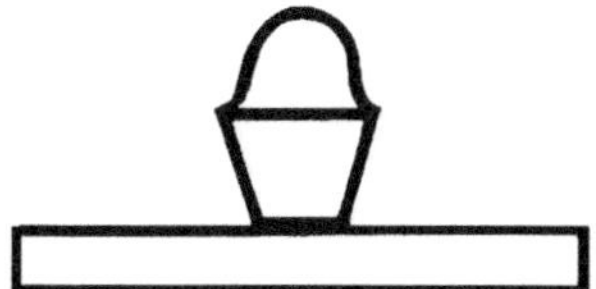

Opfern ist eine Art und Weise zu leben,
nicht ein zufälliges Geben oder ein isoliertes Ereignis.
Es besteht in einem feierlichen königlichen Opfern
unseres äußeren Ichs an unser wahres Selbst,
welches das Geschenk annimmt und es dadurch heilig macht.
Dann werden der Schenkende, das Geschenk und der Beschenkte
zu einer Gemeinschaft der Ganzheit.
Der Zustand, während dessen diese Ganzheit herrscht,
gehört nicht zu einem bestimmten Leben oder Körper;
er gilt nicht für die Welt der Dinge,
sondern gehört zum vibrierenden Energiekraftfeld,
das alle Erscheinungen, alle Dinge und Wesen hervorbringt.
Das Brot, das auf den Opfertisch gelegt wird, ist Seelen-Brot,
und der Tisch ist Symbol für das Energiefeld, aus dem es kommt:
der Tisch der Zusammengehörigkeit.
Wir sollten die Nahrungsopfer,
die die alten Ägypter, wie auch unsere Vorfahren aus der Steinzeit,
dargebracht haben, als rein symbolisch verstehen.
Das, was man im Goldenen Zeitalter des Wissens (der Gnosis) aß,
war nicht ein totes Tier oder eine sterbende Pflanze.
Was man absorbierte,
wurde als eine spirituelle Energie betrachtet.
Die alten Weisen empfahlen: *Iss* deinen Vater und deine Mutter.
Iss den Mutterschoß der Neteru. *Iss* das Auge des Horus.
Iss den Leib der Mutter Ceres.
Trink das Blut von Dionysos.

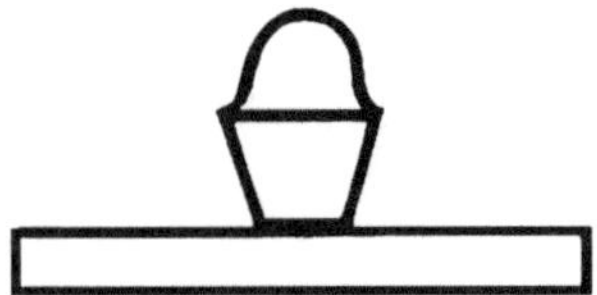

Was gegessen oder absorbiert wurde,
war Bewusstsein in Form von reiner, vibrierender Energie,
und das Opfern war immer ein gegenseitiger Austausch solcher Energien.

Dieses Lehrbild [8]
aus dem Grab des Ramses VI.
fasst den Vorgang
des kosmischen Opfers zusammen.
Auf Atums Schlitten –
Symbol für das Zwei-in-Einem
(ohne die Zwei gäbe es nur das Eine
und deshalb kein Universum) –
steht der Opfertisch des Seins,
der das Ganze, ‚Alles' hochhebt,
das ganze manifestierte Universum,
(Atum bedeutet auch ‚Alles');
und von dieser Höhe her vereint sich Kheper,
der Skarabäus,
derjenige, der sich selbst kreiert –
unser ewiges Werden in der korpuskularen
Welt der Materie –,
wie in einer Gegengabe mit seinem
fundamentalen Prinzip unten.

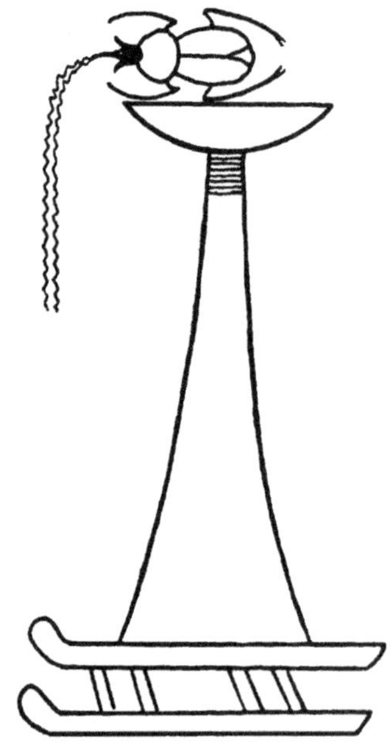

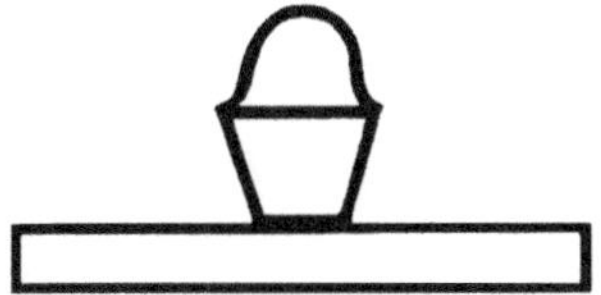

Die Hindus, die dem Einen viele Namen geben,
sagen uns in einer ihrer Upanishaden:
‚Brahman ist Nahrung für alle Wesen
und alle Wesen sind Nahrung für Brahman.'
Das christliche Gebet mit seiner Bitte um das tägliche Brot
war ursprünglich ein psychologisches Ritual der Umwandlung
(Transsubstantiation) des Brotes in seine göttliche Essenz.
In unserer Ära der Quantenphysik können alle Umwandlungsvorgänge
im Universum wieder als ein Opfern betrachtet werden:
Von unserem vibratorischen Sein an unser korpuskulares Ich,
und von unserem korpuskularen Ich an unser vibratorisches Sein.
Diese Form des gegenseitigen Segnens sollte durch alle
unsere Handlungen strömen, als eine Art und Weise zu leben.

Das Haus des Brotes betretend, sagt der königliche Spieler:
Das Haus des Opferbrotes ist mir bekannt,
und mein Herz vergisst es nicht.

MEINE MEHEN, MEIN ZEUGE

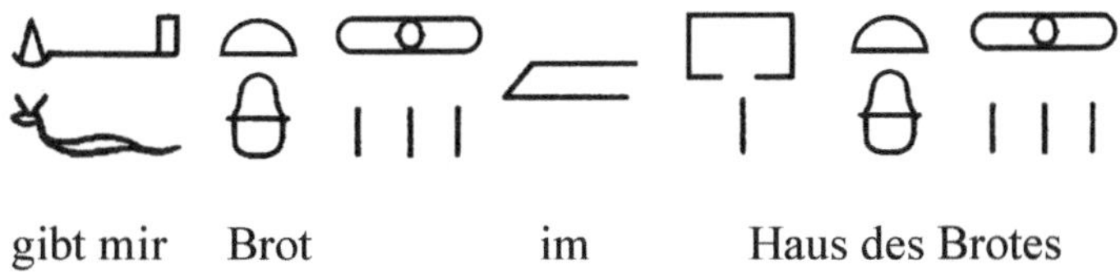

gibt mir Brot im Haus des Brotes

GIBT MIR SEELENNAHRUNG IM HAUS DER SEELENNAHRUNG

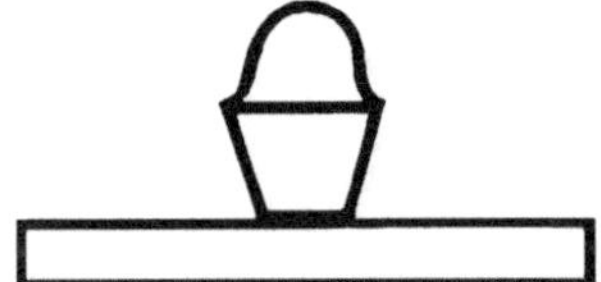

Anmerkungen und Quellenangaben zu Seiten 245-249

Brot

[1] Die Disziplin, welcher hier zu folgen ist, ist die des vierten Sohnes des Horus, *Kebechsenuf,* der ‚seine Brüder mit der Seligkeit erfüllt, die in ihm ist'. Im Sanskrit nennt man diese Disziplin *Karma-Yoga,* Yoga der Werke und des Dienens. Dies bringt das Haus des ‚Brotes' in Beziehung zu dem Haus der ‚Erfrischung', wie in den Großen Senet-Texten angedeutet wird, wo wir lesen: MEINE MEHEN, MEIN ZEUGE GIBT MIR SEELENNAHRUNG IM HAUS DER SEELENNAHRUNG UND KÜHLE IM HAUS DER ERFRISCHUNG.

[2] Budge, *Dictionary,* II, 817a.

[3] Gardiner, N 37, 491.

[4] Budge, *Dictionary,* I, 519b.

[5] Ibid., 517b.

[6] Faulkner, *Dictionary,* 181.

[7] Budge, *Dictionary,* I, No.16, cxlv;
siehe auch Medhananda, *Der Weg des Horus,* 105, und *Die Pyramiden und die Sphinx,* 20.

[8] Nach Piankoff and Rambova, *The Tomb of Ramesses VI,* Plate 196.

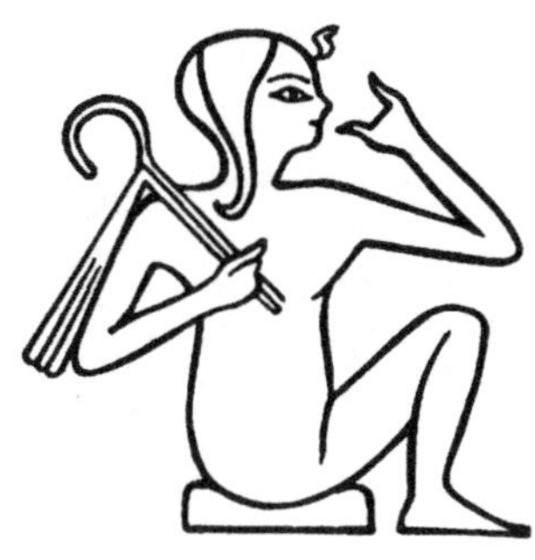
[1]

Kind

Das Haus des Kindes im Senet-Spiel
soll uns daran erinnern, dass unser Wesenskern
in Zeit und Ewigkeit das Kind ist.

Immer wieder von neuem
durch die wunderbare Türe
der vibrierenden Wirklichkeit zu kommen,
das ist die Essenz des ‚Kindes' [2] –
des Kindes, das wir in uns erkennen
und als unseren Spielgefährten wiedergewinnen müssen,
um das Spiel der Archetypen mit ihm zu spielen.

Das Kind ist nicht nur ein Archetyp in jedem lebenden Wesen,
sondern auch der führende Archetyp des Universums.
Fromme Leute, die sich Gott als einen ‚alten Mann' vorstellen,
vergessen, dass das Universum und das Leben auf unserem Planeten
eben erst begonnen haben.

Wir mögen erstaunt sein, einen Archetyp anzutreffen,
der gleichzeitig der kraftvollste
und der zerbrechlichste von allen ist;
kraftvoll aufgrund der Rolle,
die er in der Evolution des Lebens spielt,
zerbrechlich wegen seiner physischen Erscheinung

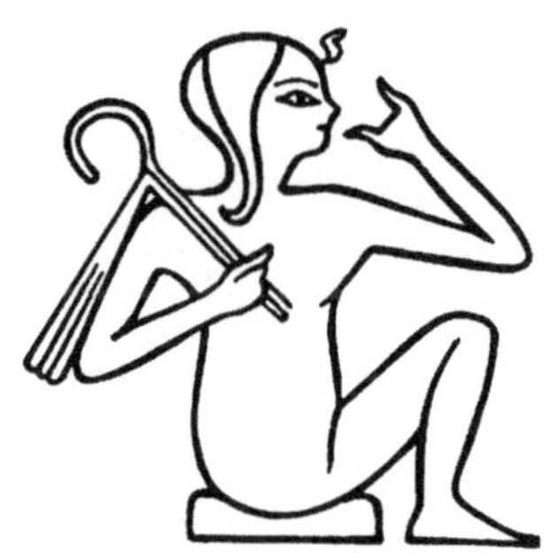

und wegen des Mangels an Verständnis
für seine Majestät und Kraft
vonseiten der Erwachsenen.

Die erhebende Wirkung
und die Großartigkeit,
ein ‚Kind'[3] zu sein.

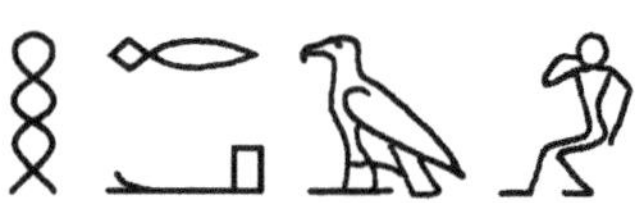

Für körperlich schwach und mental unwissend gehalten,
hatte das Kind viele Jahrhunderte lang
keinen Platz unter den Großen der Menschheit.
Nur in seltenen Fällen, in einigen wenigen Kulturen,
wurde es als den Erwachsenen überlegen behandelt.
Große Lehrer und Kenner der Seelenkräfte versuchten,
ihm seinen wahren Platz zu geben, wie es in Ägypten der Fall war.
Jesus, so wird uns berichtet, nahm ein kleines Kind und stellte es
in die Mitte der Menschenversammlung, auf dass die Erwachsenen
die Geheimnisse des Lebens von ihm lernten.

Die Weisheit des Seins
gehört
dem ‚Kind'.[4]

Nur eine schwache Erinnerung an diese Lehre bleibt uns,
wenn jedes Jahr während einiger Tage das Kind zum
Mittelpunkt des Weihnachtsfestes wird.

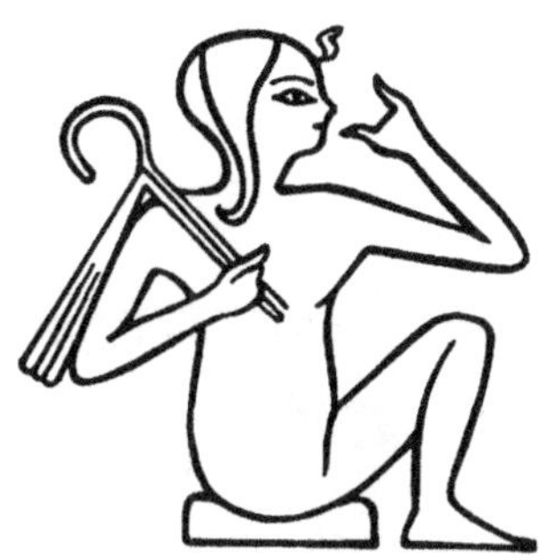

Wäre das Kind der großen Mutter – im alten Ägypten IHY genannt –
immer noch der führende Archetyp unserer Zivilisation,
höher gewichtet als der alte Mann mit dem Bart,
dann wäre unsere Geschichte weniger von Katastrophen geprägt
und unsere Psychologie weniger dürftig.
Unsere Erziehungssysteme zeigen die Tendenz,
aus dem Kind so schnell wie möglich einen Erwachsenen zu machen,
anstatt den unglücklichen Erwachsenen zu lehren,
wie er wieder ein glückliches Kind werden kann.
Um dem Menschen in seinem Bestreben zu helfen,
ein *‚ewiges Kind‘* zu sein,
schufen die Ägypter ein Lehrbild (S. 254);
es stellt das Kind an seinem Finger saugend dar und soll zeigen,
dass es keinen Input von außen braucht.
Die sich in den Schwanz beißende Schlange, die das Kind umgibt,
erinnert es daran, dass Anfang und Ende sich in der wahren Zeit
aufheben, und alles kreisend wiederkehrt.
Und die Arme der großen Mutter Natur – des Universums –
umarmen es, um ihm zu bestätigen, dass das Leben sich
während Milliarden von Jahren unter ihrem Schutz entwickelt hat.

Sich immer umarmt zu fühlen
und von seinem Ursprung
geführt zu werden,
das ist der Yoga des ‚Kindes‘.[5]

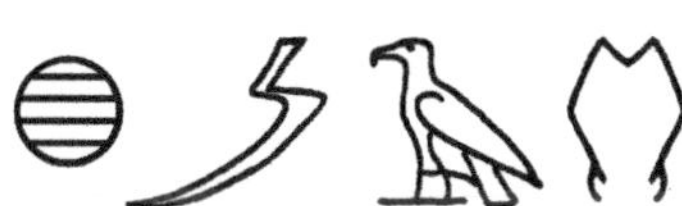

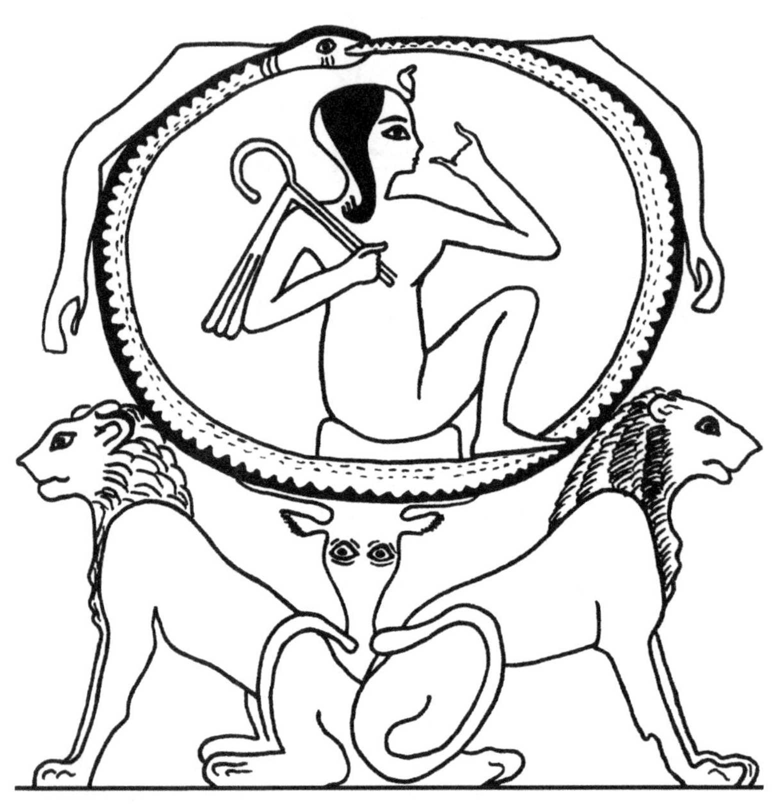

Das königliche Kind
als unser zentrales Wesen;
aus dem Papyrus von Her-Uben [6]

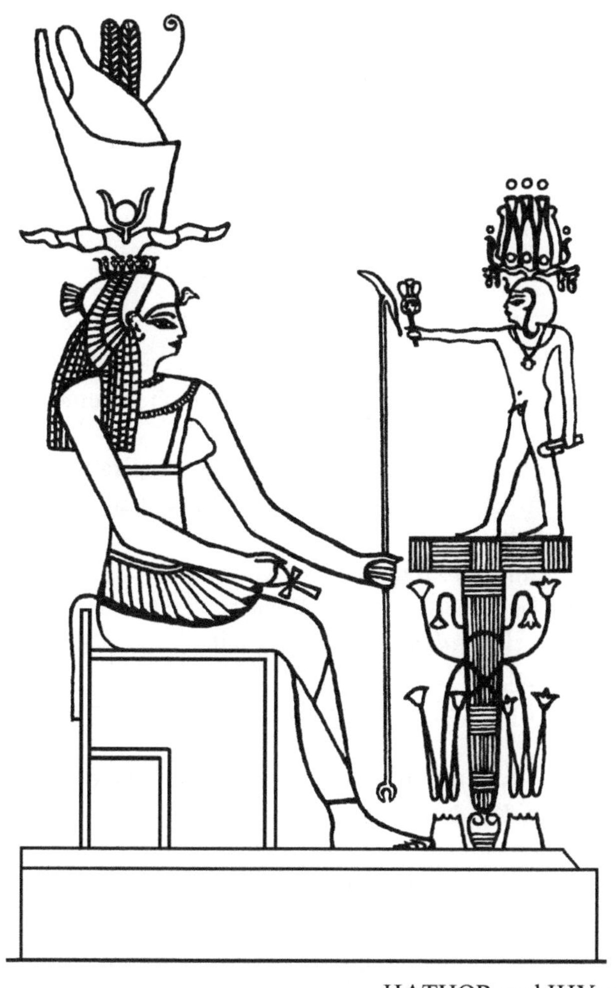

HATHOR und IHY; aus Dendera[7]

Der ägyptische Archetyp ‚Kind' wurde im alten Ägypten
nicht nur durch Horus und die Kinder von Horus dargestellt,
sondern auch durch IHY, das Kind, welches das Sistrum,
eine Art Handrassel, Symbol für Seligkeit, erklingen lässt (Bild oben).
IHY steht für den Menschen, der eine Sichtweise seiner selbst
aufgebaut hat, welche ihn auf die gleiche Ebene
wie die seiner Mutter Hathor stellt, und der – frei von Aberglauben –
in Resonanz mit ihrer Schönheit lebt.

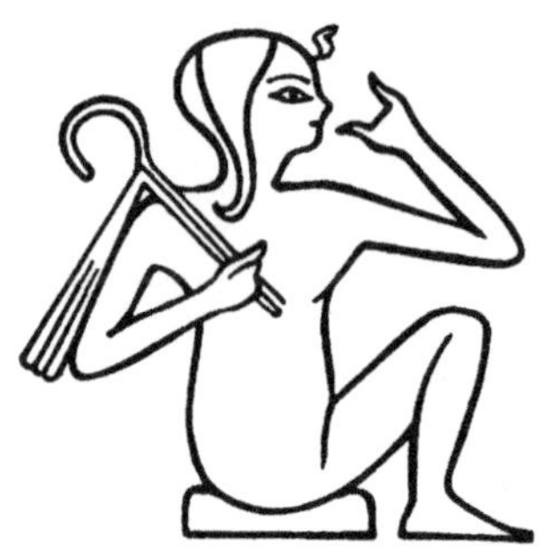

Der Mensch ist psychologisch gesehen immer noch in seinem Ei – ungeboren.
Aber eines Tages wird er, durch die Kraft seiner Aspiration,
IHY, das Kind, sein, ebenso groß wie seine Mutter Hathor,
die ihn in sich enthält;
das ganze Universum wird dann *in ihm* wohnen.
Der Name Hathor bedeutet *Haus des Horus*;
aber IHY wird das Haus *aller Archetypen* sein,
aller Engel, Erzengel, Feen, Götter …
Alle werden seine Spielgefährten sein.

Das Haus des Kindes betretend, sagt der königliche Spieler:
Möge ich das ewige Kind werden,
das in einem ewigen Garten der Schönheit
ein ewiges Spiel der Seligkeit spielt.

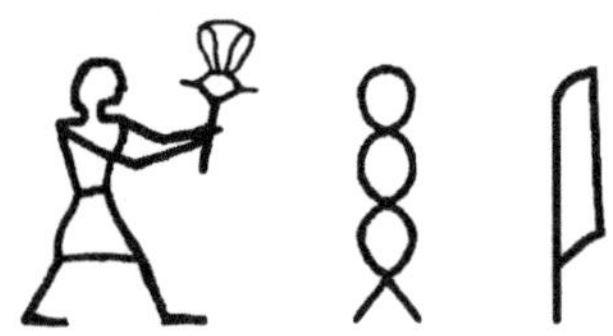

IHY,[8]
der Sistrum-Spieler

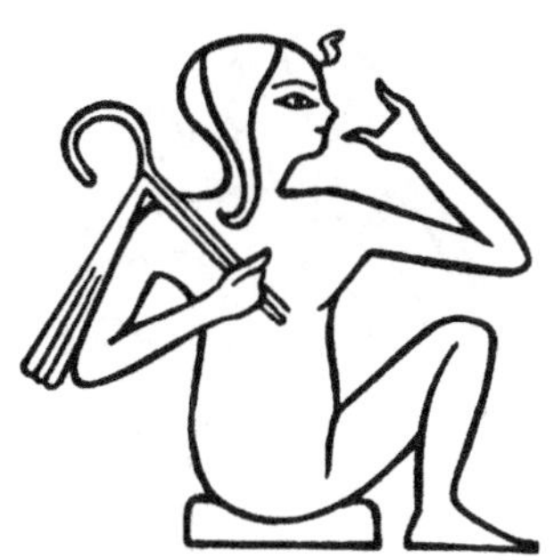

Anmerkungen und Quellenangaben zu Seiten 251-256

Kind

1 Das Bild auf unserem Spielbrett ist das königliche Kind, ein Detail aus dem Papyrus der Her-Uben (siehe Anmerkung 6).
Auf dieser Position des Senet-Spielbretts, die wir als das Haus des Kindes betrachten, zeigen ein von R. Mond entdecktes Spiel und der Turiner Papyrus, beide 20. oder 21. Dynastie (Pusch 1.2. Tafeln 86 und 102), eine Räucherschale mit aufsteigendem Rauch.
Wir betrachten diese nicht als das Symbol eines speziellen Archetyps, sondern eher als Hinweis auf die Präsenz eines Neter, der durch seinen Duft wahrnehmbar ist.
Die untenstehende Abbildung zeigt eines der ältesten Senet-Spielbretter. Nur wenige Symbole sind darauf zu sehen. Es ist Teil einer aus der dritten Dynastie stammenden Wandmalerei im Grab von *Ḥzjj* in Sakkara, die auch noch andere ägyptische Spiele zeigt.
Die fünf Symbole sind an den psychologisch wichtigen Wendepunkten des Spiels platziert.
Pusch, 1.1, 167; 1.2, Tafel 39a.

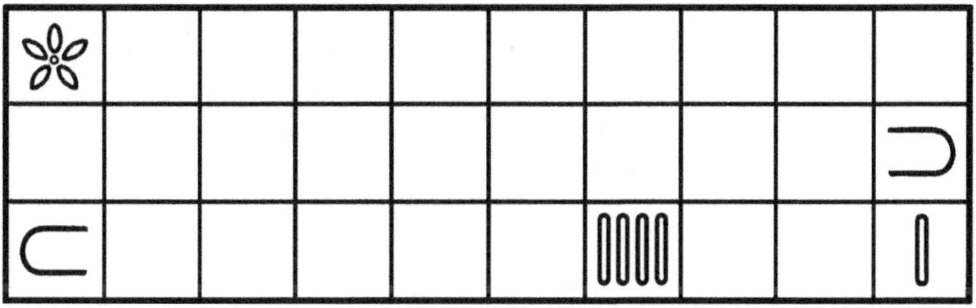

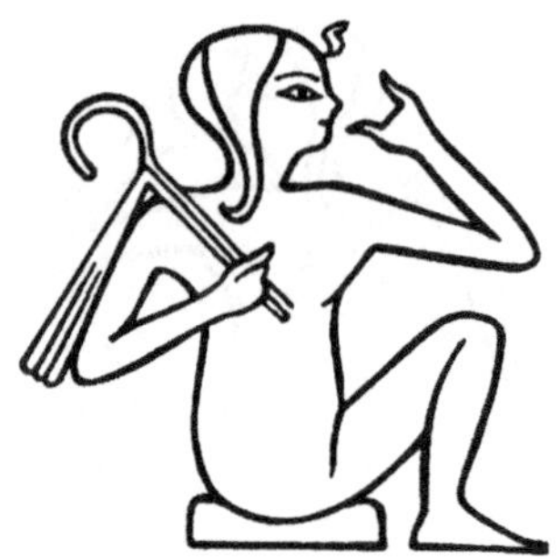

Auf diesem Spielbrett sind zu sehen:
Am Ende (rechts unten): Das *Eine* 𓏤, der endgültige Sieg.
Davor: Die Schwelle 𓏽, wo der Wechsel von dem einem Modus des Seins in einen anderen vor sich geht (Die ‚Schwelle' wird auf den meisten Spielbrettern mit Wasser 𓈗 oder auch als die Vier ✕ dargestellt, vgl. S. 291). Am Anfang steht der Stern ✽, ein Symbol für die fünffache psychologische Struktur des Menschen, die in den ersten zehn Häusern, unter der Führung und im Lichte des Sterns, erforscht werden soll.
Die nächsten zwei Wendepunkte sind mit einem Symbol markiert, das heute die moderne Mathematik mit der Bedeutung ‚miteinbezogen, inbegriffen' oder ‚beinhaltend' kennt. Aufgrund der Boustrophedon-Struktur des Spiels (vgl. S. 87) sind die hier benützten Symbole identisch, und ihre Öffnung zeigt in Richtung der nachfolgenden Häuser. Andere Spielbretter setzen MUT, die Mutter der irdischen und kosmischen Natur, in das Haus, das mit ⊃ markiert ist – es handelt sich um einen Aspekt unserer selbst, den wir unter dem Zeichen ihrer Umarmung in den nächsten zehn Häusern hegen und pflegen sollen.
Dann kommt das mit ⊂ markierte Haus, dem wir das Kind als die leitende Kraft des ‚Yogas des Kindes' zugeordnet haben, die uns zu dem Einen (dem Einssein) bringen wird.
Der Lehrer ✽, die Mutter ⊃, das Kind ⊂, die Schwelle 𓏽 und das Eine 𓏤 ermöglichen den Weg des Menschen von Verwirklichung zu Verwirklichung; das gnostische Wissen wird dem Spieler mit diesen unaufdringlichen Symbolen präsentiert, sodass er die Freiheit hat, diese Felder mit seiner eigenen Vision, seinem eigenen Bewusstsein und seiner Seligkeit zu füllen.

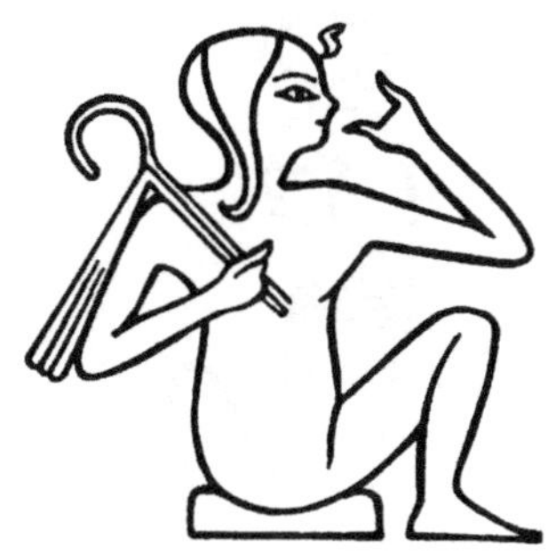

[2] Faulkner, *Dictionary*, 182.

[3] Cf. ibid, 164.

[4] Ibid, 166.

[5] Budge, *Dictionary*, I, 547b.

[6] Piankoff, *Mythological Papyri*, Texts, 22, Fig. 3. Der Papyrus von Her-Uben wird ausführlich erläutert in Medhananda, *Unsterbliche Weisheit;* siehe auch Medhananda, *Der Weg des Horus*, 206 f.

[7] Roeder, Ägyptische Götterwelt, 249.

[8] Faulkner, *Dictionary*, 29.

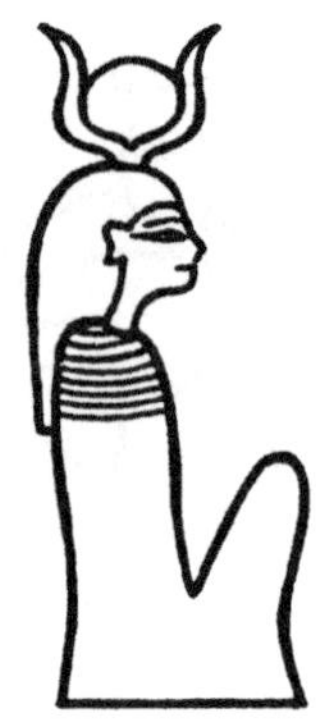
[1]

Hathor

Die große Mutter der Freude und Seligkeit –
im alten Ägypten Hathor genannt –,
eine der wesentlichsten Mächte des Seins und einer der
ältesten Archetypen, ist fast aus unserem Bewusstsein verschwunden.
Nur selten besucht sie unseren Planeten.
Trotz ihrer vielen Namen und Symbole
wird sie in unserer Philosophie, in unserer Psychologie,
in unserer wissenschaftlichen Forschung kaum je erwähnt,
und wir würden in unseren Bibliotheken vergebens nach einem Buch
über sie suchen – es gibt keine Bücher über die Seligkeit.
Wenn wir uns des Mangels an Seligkeit in der heutigen Menschheit
bewusst werden, fragen wir uns: „Was ist da geschehen?"
Die vorgefertigte religiöse Antwort lautet:
„Der Sündenfall" oder „Die Sünde".
In der Tat ist es eine Sonderung im Bewusstsein,
eine Trennung von unserer
eigenen Hülle der Seligkeit.
Die alten Weisen wussten, dass zum *Sein* und zum *Bewusstsein*
immer auch die *Seligkeit* gehört:
Sein, Bewusstsein und *Seligkeit* (in Sanskrit *sat-chit-ananda*)
dürfen nicht getrennt werden,
sonst bleiben wir in einem bedeutungslosen Universum zurück.
Sein hat nur eine Bedeutung, wenn es *seiner selbst gewahr* ist,
und die Fülle des Selbstgewahrseins kann nur erreicht werden,
wenn es von *Seligkeit* durchdrungen ist.

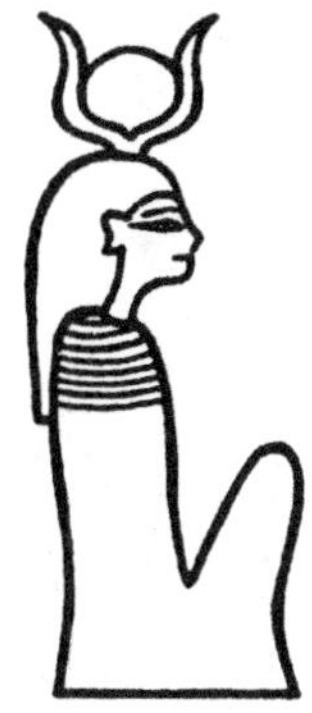

Im alten Ägypten wurde der Mensch als ein Stern gesehen, fünfstrahlig:
Seine zwei Füße symbolisieren die Verbindung
zur Erde, zu seinen Wurzeln, seiner Tiefe;
seine zwei Arme symbolisieren die Verbindung
zum Himmel, zur Weite und Unendlichkeit.
Der fünfte Strahl aber ist Gnade, Schutz, Erleuchtung –
lauter Seinsweisen der Seligkeit.
In ähnlicher Weise hat der Mensch gemäß der Psychologie der Hindus
fünf Körper oder Hüllen. Es sind dies:
annamaya kosha, die Hülle der Nahrung (unser physischer Körper),
pranamaya kosha, die Hülle des Atems (unser vitaler Körper),
manomaya kosha, die Hülle der Gedanken (unser mentaler Körper),
vijnanamaya kosha, die Hülle der Intuition (unser gnostischer Körper),
anandamaya kosha, die Hülle der Seligkeit (unser kausaler Körper,
der alle anderen bewirkt).
Um mit Hathor in Resonanz zu kommen,
müssen wir unser Bewusstsein so intensivieren, dass wir –
über die vier ersten Seinsweisen hinausgehend –
anandamaya kosha, unsere Hülle der Seligkeit, wahrnehmen können.
Der Fortschritt der Menschheit im 20. Jahrhundert in dem Bereich,
welcher immer noch ‚Physik' genannt wird, der sich aber eigentlich
mit ‚Wellenkraft' befasst, könnte uns helfen, zu verstehen,
dass unser wahres Wesen nicht ein physischer Körper ist,
sondern reine vibrierende Wellen-Energie, die auch das ist,
was mit *Tao*, mit *Logos, Liebe, Harmonie* oder mit *Das Wort*
oder mit *Zusammengehörigkeit von allem* bezeichnet wird.

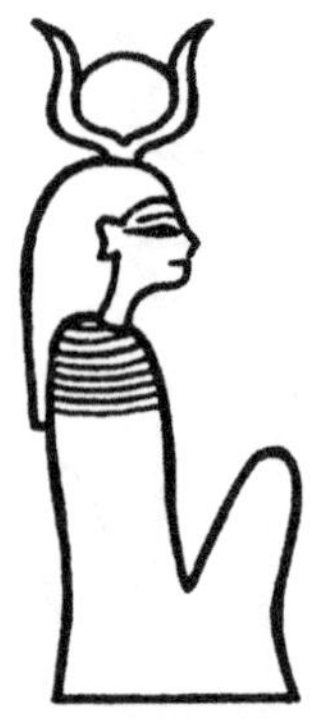

Der Empfänger dieser universalen vibrierenden Wellen-Energie
ist unsere Hülle der Seligkeit, unsere kausale Matrix,
auch Mantel der Herrlichkeit oder – bei den Griechen –
‚Goldenes Vlies‘ [2] genannt.
Für die alten Ägypter war diese Energie ‚Hathor‘: *Haus des Horus.*
Horus, der alle unsere Potenzialitäten des Selbstgewahrseins
und der Seligkeit symbolisiert, ist in diesem Haus,
um in Verbindung zu bleiben mit der kausalen Welt der Seligkeit,
und auch, um zu lernen, deren höchstmögliche Schwingungsintensität
beziehungsweise Tonhöhe zu erreichen.
Diese war für die Ägypter mit der Zahl *Sechzehn* assoziiert,
der heiligen Zahl von Hathor und dem höchsten in Ellen gemessenen
Anstieg des Nils während der fruchtbarsten Jahre.
Sie entsprach auch einem *Sechzehntel*,
der maximalen Sequenz diatonischer Tonstufen – symbolisch ausgedrückt
mit dem Sistrum, einem für Hathor gespielten Instrument –
und auch der höchsten Vibration,
die vom menschlichen Nervensystem ertragen werden kann.[3]

Hathor wird *Ḥt-ḥr* geschrieben.
Ḥt = ‚Haus‘, ‚herrschaftlicher Wohnsitz‘
ḥr = ‚Horus‘
Ḥt-ḥr = ‚Haus des Horus‘
= ‚Hathor‘ [4]

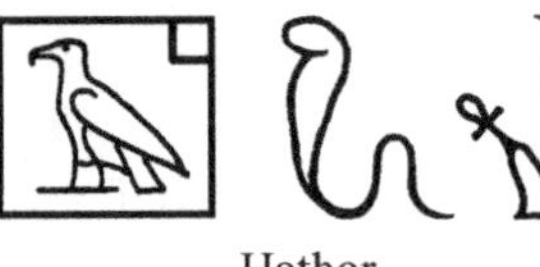
Hathor

Aber kein Wort, keine Beschreibung,
kein Versuch, sie zu porträtieren, könnte sie je begrenzen.

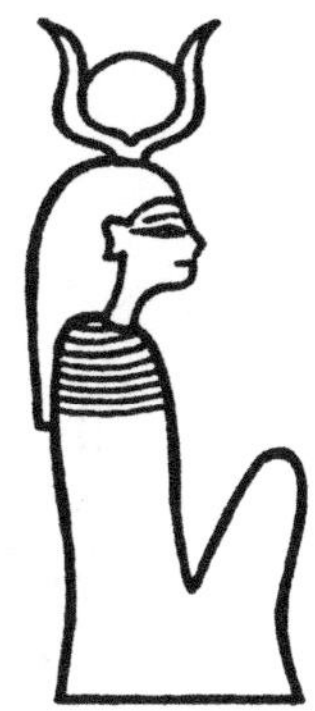

Auf der kosmischen Ebene repräsentiert Hathor
den weiblichen Aspekt von RE und insbesondere sein Sonnenauge
(das andere ist mondhaft),
mit welchem er sein Sonnen-Selbst in allem sieht;
Hathor hilft dem Pharao in uns,
zu sehen, wie RE sieht.
Von dieser Identität mit dem Sonnenauge von RE
könnte ihr Name ‚Gold' stammen: Sie ist das Gold selbst
und auch das Gold als die subtile Substanz des Körpers der Götter.
So kann sie unsere Verbindung mit allen Archetypen aufrechterhalten,
unsere Ewigkeit und Beständigkeit sicherstellen,
und uns die Liebe zu allem gewähren.[5]

Hathors einzigartiges Attribut ist das Menat,
eine breite Halskette aus zahlreichen Schnüren mit vielen Perlen.[6]
Die wertvollen Perlenstränge liegen vorne lose nebeneinander,
und die zwei Enden hinten sind mit einem Gegengewicht verbunden,
als Ausgleich zu dem schweren vorderen Teil.
Man kann mit dieser Halskette Musik machen, wie mit einer Rassel,
und Lieder und Tänze begleiten.
Das Menat mit seinen tausend Perlen
symbolisiert aber auch die Milchstraße, und Hathor selbst.
Es bringt Heilung und alle möglichen guten Dinge,
nicht nur dem Auserwählten allein;
seine Segnungen sollen an andere weitergegeben werden,
in einer sich ausweitenden Umarmung, die kein Ende kennt.

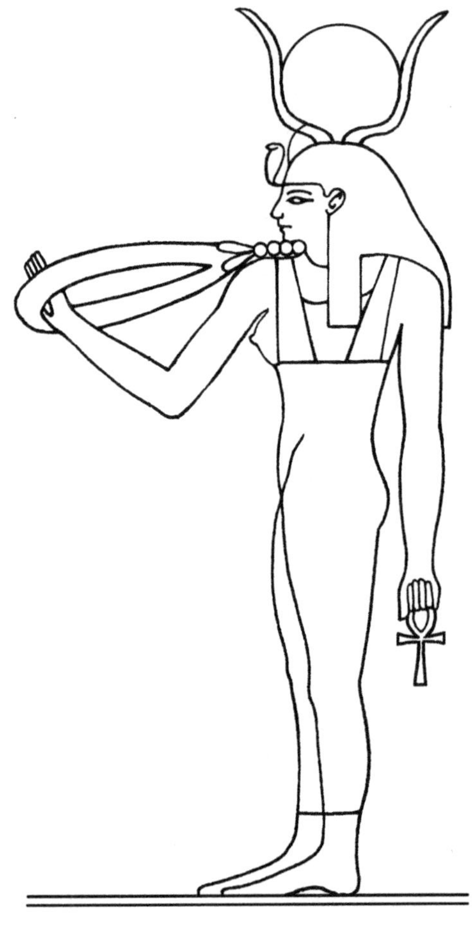

Hathor (aus Dendera) hält das Menat.[7]

Das Menat zu berühren, das uns von Hathor hingehalten wird,
ist reine Seligkeit.

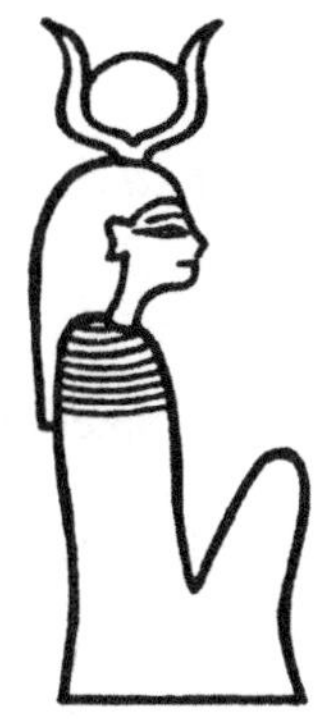

Die ‚Sternen-Halskette' ist das *eine* Gewand des Universums.
Hathor zieht es aus, um es dem Pharao für seine Jubelfeier zu geben.

Zum Initiierten geworden, sagt der königliche Spieler:
Oh Hathor, ‚Gebieterin des Wohnsitzes der Seligkeit',[8]
ich selbst bin dieser Ozean von Seligkeit,
der in jedem Moment das Universum neu kreiert
und immer wieder kreiert.

Dann fährt er mit seiner psychologischen Geschichte fort:

MEINE SPIELFIGUREN HABEN ALLE
IHRE BLEIBENDEN PLÄTZE GEFUNDEN
IN IHREN SCHÖNEN HÄUSERN
ICH BIN MIT IHNEN
AN IHREN SCHÖNEN PLÄTZEN

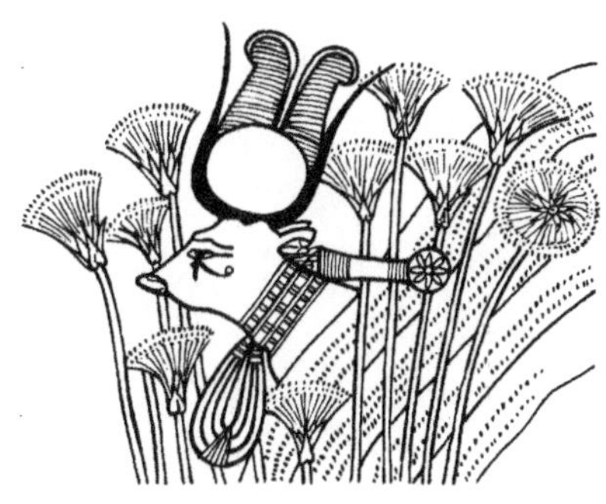

Hathor als die göttliche Kuh
mit dem Menat [9]

Anmerkungen und Quellenangaben zu Seiten 260-265

Hathor

[1] Der Archetyp dieses Hauses des Senet-Spiels bleibt unbekannt; wir haben ihm Hathor zugeordnet.
Die auf unserem Spielbrett gezeigte hieroglyphische Darstellung Hathors wurde auch für Isis verwendet. Budge, *Dictionary*, I, No. 56, cv.

[2] Die griechische Argonauten-Sage erzählt von der Meerfahrt der Argonauten nach Kolchis (heutiges Georgien) auf der Suche nach dem *Goldenen Vlies.*
Es ist ein Symbol für unsere Hülle der Seligkeit (unsere ‚Glückshaut', wie sie im Märchen *Der Teufel mit den drei goldenen Haaren* genannt wird). Das Symbolbild des Goldenen Vlieses entstand wohl dadurch, dass man früher Gold mithilfe von Schafsfellen gewann, welche in die glasklaren, an kleinsten Goldpartikeln reichen Gebirgsflüsse gelegt wurden, so dass die Goldpartikel am Lanolin der Wollhaare hängenblieben und das Schafsfell ‚golden' wurde.
Auch die Plazenta ist eine Art Goldenes Vlies, eine Glückshaut. Das Wort ‚Plazenta' kommt ursprünglich aus dem Griechischen: das ‚Ebene, Sanfte, Angenehme, Gefällige'.
Das Goldene Vlies wird ausführlich erläutert in Medhananda, *Archetypen der Befreiung*, 103-107.

[3] Siehe auch Medhananda, *Die Königliche Elle*, 69.

[4] Budge, *Dictionary*, I, 455b; Gardiner, C9, 449.

[5] Husson, *L'Offrande du Miroir*, 92 and 258.

[6] Bonnet, *Reallexikon*, 277 und 450.

[7] Roeder, Ägyptische Götterwelt, 247.

[8] Husson, ibid., 98.

[9] Bonnet, *Reallexikon*, 279, Detail.

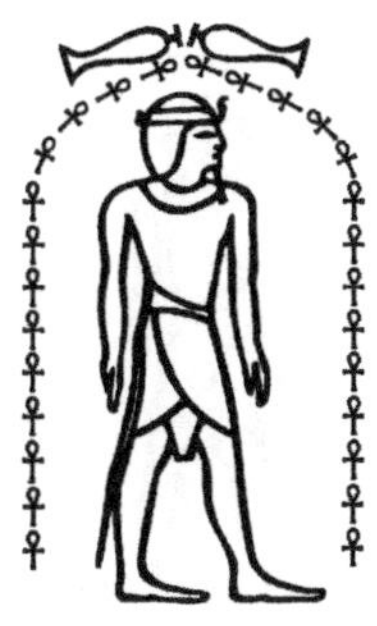

1

Erfrischung

Auch wenn wir unserer Hülle der Seligkeit,
unseres mütterlichen kausalen Gewandes, gewahr sind,
sollten wir unsere anderen Hüllen nicht vergessen (vgl. S. 261).
Diese sind die Instrumente für unsere Verwirklichung.
Weil sie aber in eine Welt von Licht und Schatten projiziert sind,
erweisen sich als anfällig für Unkenntnis und
bedürfen deshalb der steten Erneuerung, der Erfrischung.

Ihnen
GIBT MEINE MEHEN, MEIN ZEUGE
KÜHLUNG IM HAUS DER ERFRISCHUNG.

Das Geheimnis des Lebens und seiner lebenden Körper
ist eine kontinuierliche, in Wellen wiederkehrende Erneuerung,
wie sie von der Hieroglyphe ‚Leben' angedeutet wird.
Essen erneuert unseren physischen Körper.
Atmen erneuert unseren vitalen Körper.
Verstehen erneuert unseren mentalen Körper.
Wahrnehmen erneuert unseren gnostischen Körper.
All dies sind Formen der Erfrischung.
Wir können uns aber nicht ein für alle Mal erfrischen.
Es ist eine unaufhörliche Übung,
die wir auf uns nehmen
und durchführen müssen, um zu leben.

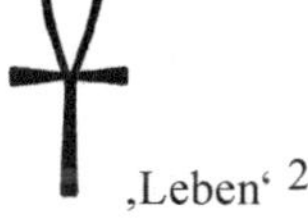

‚Leben' 2

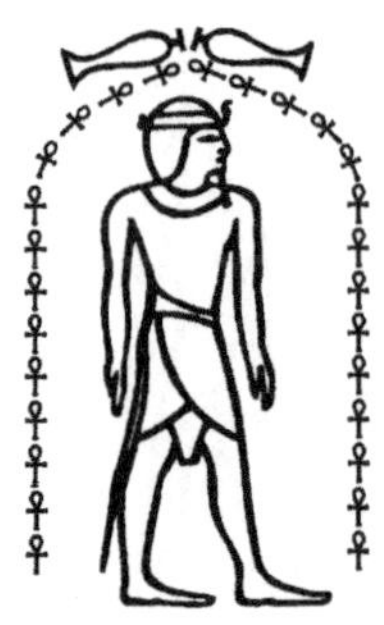

Das Thema Erfrischung ist auch Teil der geheimen Lehre von Jesus.
Um seine Aufforderung ‚Nimm dein Kreuz und folge mir nach'
zu verstehen, müssen wir wissen,
dass *Kreuz* im Griechischen *staurós* heißt.
staurós bildet die Wurzel der Wörter *Restauration* / *restaurieren*,
deren ursprüngliche Bedeutung gänzlich verloren ging.

Was Jesus seinen Jüngern auf sich zu nehmen empfahl,
war nicht das Kreuz der Märtyrer,
sondern das *Kreuz des Lebens*,
Leben für Leben für Leben,
Restauration um Restauration um Restauration:
Die physische, vitale, mentale und spirituelle Notwendigkeit
der kontinuierlichen Erfrischung und Erneuerung.

Im Bild oben kommt die Erfrischung aus zwei Krügen.
Diese werden von zwei sich ergänzenden Protagonisten
oder psychologischen Zwillingen gehalten,
die auf unserem Spielbrett nicht vorkommen,
die aber an der Erfrischung mitwirken: Horus und Seth.[3]
Sie symbolisieren hier, neben anderen Aspekten,
unsere vibratorische und unsere korpuskulare Natur.
Vereint gießen sie den Inhalt des unerschöpflichen Brunnens
der Unsterblichkeit – das Leben selbst –
über uns aus und in uns hinein,
Leben für Leben für Leben für Leben …

Die Erfrischung – wie auch die Erleuchtung –
ist eine Verwirklichung, die wir nicht von außen erwarten können;
sie gelingt nur dadurch, dass wir selbst immer und immer wieder
die dazu notwendige Bewegung machen.
Im alten Ägypten war sie normale psychologische Praxis,
wie im Bild unten gezeigt und auch in vielen Papyri in Form von RE.[4]
Beide, Erfrischung und Erleuchtung,
ergeben sich aus einer kontinuierlichen Aspiration
und sind gleichzeitig – jenseits aller Übungen –
ein uns von unserer Mehen in Aussicht gestelltes Geschenk.

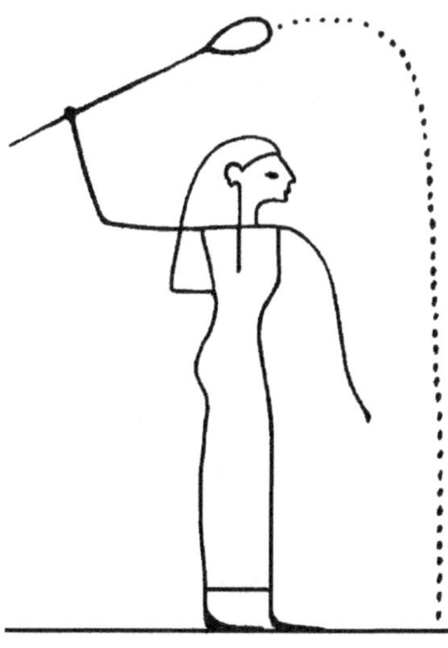

5

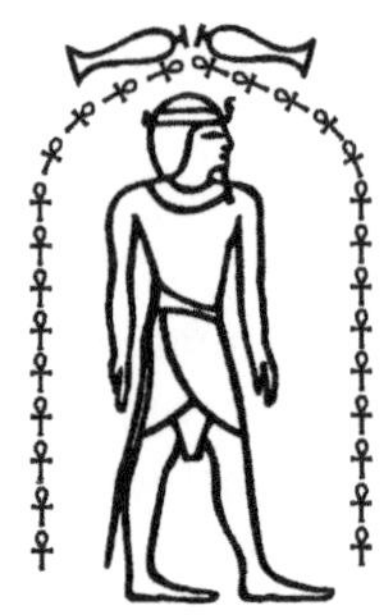

‚*Die zwei Krüge*‘, die zwei *Khebehu*,
ist ein alter Name für Ägypten,
das schöne gnostische Land,
das immer auf die doppelte Wahrheit hinwies:
Die Wahrheit der äußeren korpuskularen Welt
und die Wahrheit der inneren vibrierenden Schwingungs-Welt.
Es war die Aufgabe des Pharao, diese zu vereinen.

Der königliche Spieler betritt das Haus der Erfrischung
und sagt:
Ich komme in das Land der doppelten Erfrischung,
des doppelten Sakramentes.

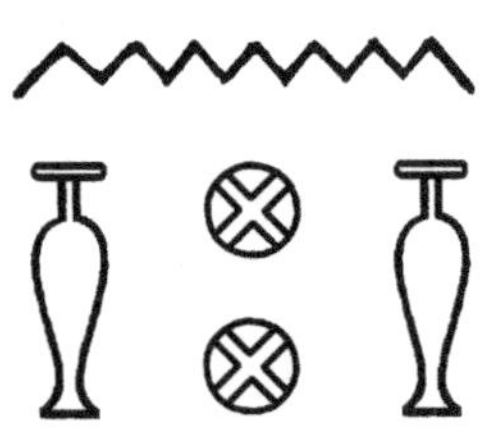

Aus dem Tempel von Dendera [6]

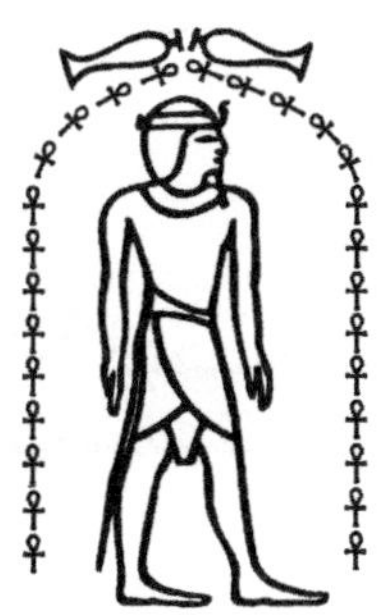

Anmerkungen und Quellenangaben zu Seiten 267-270

Erfrischung

1 Das Bild zeigt den Pharao, wie er vom Leben selbst erfrischt wird – alle die kleinen Ankhs sind Symbole für das Leben.
Roeder, *Ägyptische Götterwelt*, Fig. 3, 32, Detail; auf dem vollständigen Bild halten Horus und Seth die Krüge.

2 Die frühen ägyptischen Christen, die Kopten, übernahmen das Ankh als *Kreuz des Lebens*. Dieses sogenannte Henkelkreuz, lateinisch *crux ansata,* kann man sogar noch im *Codex Glazier* (einem koptischen Manuskript des neuen Testaments aus dem 4. oder 5. Jh. nach Christus) abgebildet finden.

3 Zur psychologischen Beziehung zwischen Horus und Seth siehe auch S. 43-44.

4 Piankoff, *Litany of Re*, 70, 75, 87, 88, 92, 94, 96, 112, 119.

5 Piankoff, *Wandering of the Soul*, Pl. 13/2.

6 Husson, *L'Offrande du Miroir*, 148-150, (Text und Zeichnung).

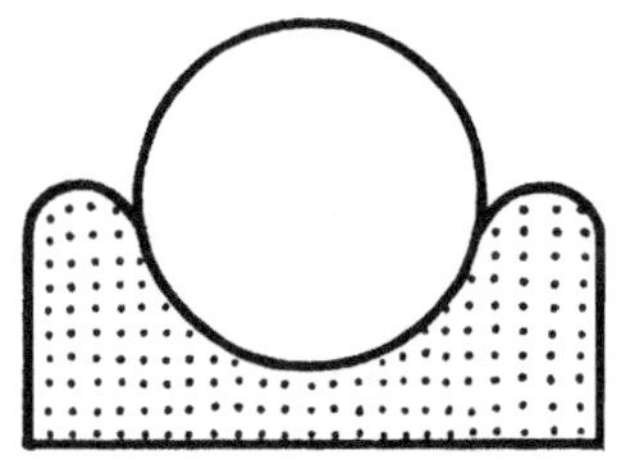

1

Horizont

Wir werden nun zu einer Empfangsstation,
offen für alle dreihundertsechzig Grad
des Horizontes um uns herum.
Wir bewegen nicht den Kopf und auch nicht unsere Augen.
Wir betrachten nichts Besonderes, noch suchen wir etwas –
wie ein Baby schauen wir mit weit geöffneten Augen in das Ganze,
ohne etwas Bestimmtes sehen zu wollen.

In der Schule haben wir gelernt,
uns auf die kleinen Probleme des Menschen zu konzentrieren.
Da gibt es geometrische, grammatikalische,
chemische und viele andere Probleme.
Dem Schüler wird ein Stück Papier gegeben,
auf dem einige Zeichen stehen,
und er muss sich auf das Problem konzentrieren und es lösen.
Es gibt keine Schulen, die auch die komplementäre
Bewegung lehren: sich zu weiten.

Wenn wir beginnen, uns zu weiten, fühlen wir sogleich,
wie uns diese Bewegung glücklich macht.
Sich-konzentrieren mag helfen, ein Problem zu lösen,
aber es wird uns kein Glücksgefühl bringen:
Sich-weiten ist der Schlüssel.

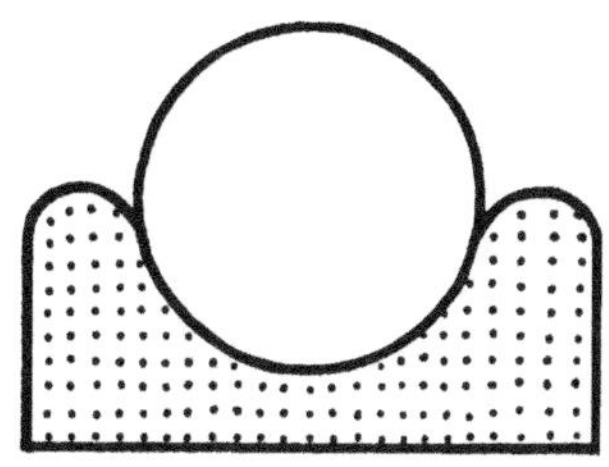

Das Spiel der Archetypen ist ein Spiel der Seligkeit.
Und Seligkeit kann nur gefunden werden,
wenn wir uns weiten,
und alle Begrenzungen, die unsere Kultur
und unser menschlicher Zustand uns auferlegt haben,
hinter uns lassen.

Horus Harachte, der ‚Bewohner des Horizonts',[2]
kann in einer der Schreibweisen
gesehen werden als
‚Sonnenbewusstsein,
welches das Mental transzendiert'.[3]

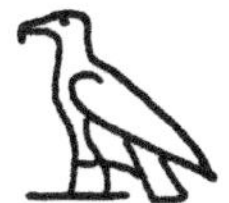

Jeder Schritt auf dem Weg zu unserem wahren Selbst
ist eine Bewegung von einem Horizont
zu einem noch weiteren Horizont:
Wir glaubten vielleicht, wir hätten unsere Ewigkeit gefunden,
aber es gibt immer noch weitere und tiefere Ewigkeiten,
die auf uns warten,
größere Explosionen der Freude
in ein umfassenderes, intensiveres Selbstgewahrsein.
Wir sind zu diesem Feld des Spiels gekommen,
um die Yoga-Übung auszuführen,
uns zu weiten, über uns selbst hinauszugehen,
bis unsere Egozentrik in diesem Prozess verschwindet.
Nun stehen wir an der Schwelle zum Unendlichen.

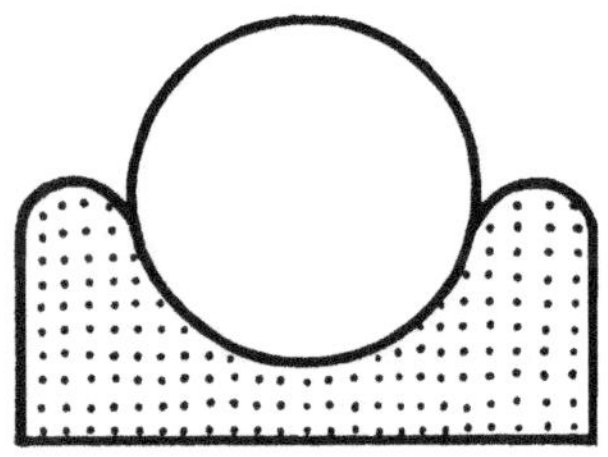

Diese befreiende Bewegung des Sich-weitens
projiziert uns nicht außerhalb unserer selbst.
Was wir durch sie finden, ist unser innerstes Selbst,
das, ‚was innen ist', im Horizont.[4]

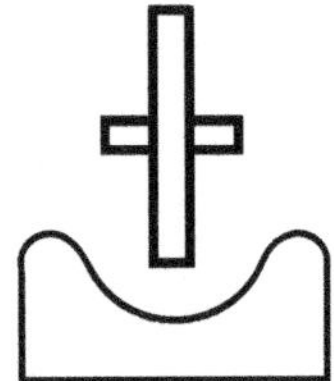

Unendlichkeit bringt nicht Leere.
‚Was innen ist', explodiert in ‚sein'.

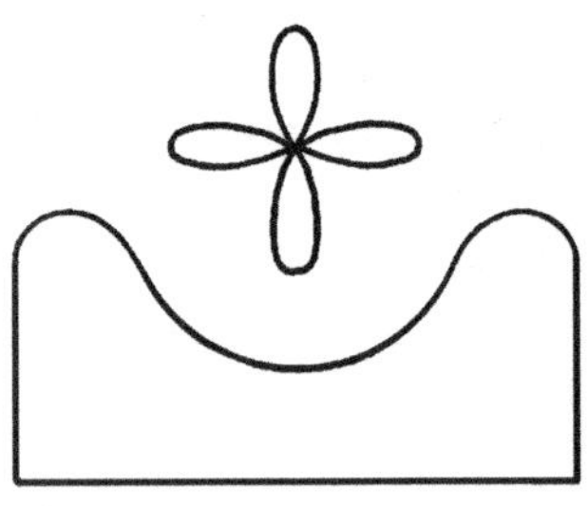

5

Das Sich-weiten in unsere wichtigsten psychologischen Dimensionen
ist verwirklicht.

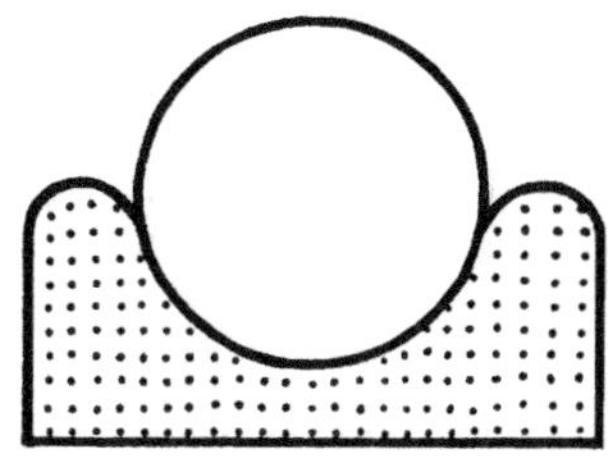

In der Pyramide von Unas lesen wir:

‚Unas (das Sein) leuchtet wieder im Osten, …
Unas nimmt Hu (die Kraft),
Ewigkeit wird ihm gebracht,
Sia (die Weisheit) wird vor seine Füße gestellt.
Jubiliere für Unas,
er hat den Horizont eingenommen!‘ [6]

Das Kraftfeld des Horizontes betretend,
sagt der königliche Spieler:

‚Alle Freude kommt (mit Hilfe) von Horus‘ [7]
und durch die Gemeinschaft mit den Neteru,
die ich selbst geworden bin:
Ein jubelndes Miteinander
auf der Schwelle zur Unendlichkeit und Ewigkeit.

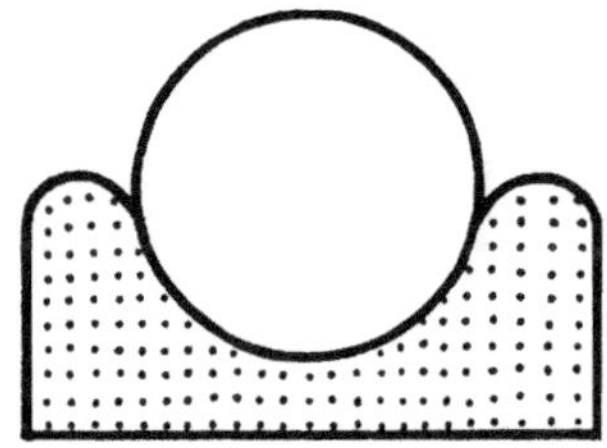

Anmerkungen und Quellenangaben zu Seiten zu 272-275

Horizont

1 Der Inhalt dieses Hauses des Senet-Spiels bleibt unbekannt.
Wir haben ihm den Horizont zugeordnet.
Die Hieroglyphe auf unserem Spielbrett bedeutet ‚Horizont'.
Piankoff, *Mythological Papyri*, I, 33, Fig. 15, Detail.
Siehe auch Medhananda, *Der Weg des Horus,* 101.

2 Wer jemals in die Augen eines Falken geblickt hat, wird verstehen, warum der Mensch mit seiner engen Sichtweise eines speziellen Trainings bedarf, um sich zu weiten und in seinen eigenen psychologischen Horizont zu treten, das Reich des Horus.

3 Faulkner, *Dictionary*, 5.

4 Die Hieroglyphe bedeutet:
‚was innen ist' / ‚der innen ist':
Budge, *Dictionary*, I, cxxxiii, No. 19,
Gardiner, *Eygptian Grammar*, 539.
Siehe auch S. 216 und Medhananda, *Die Königliche Elle*, 139

5 Budge, *Dictionary*, I, cxxxiv, No. 20.

6 Piankoff, *The Pyramid of Unas*, 35. Wir haben uns erlaubt, in Klammern die Äquivalente der ägyptischen Namen in das Zitat einzusetzen.

7 ‚Jede Freude durch Horus' steht auf einem Senet-Spielbrett aus der 18. oder 19. Dynastie, in dem *Horus* den Platz des *Einen* einnimmt. Pusch, 1.1, 293.

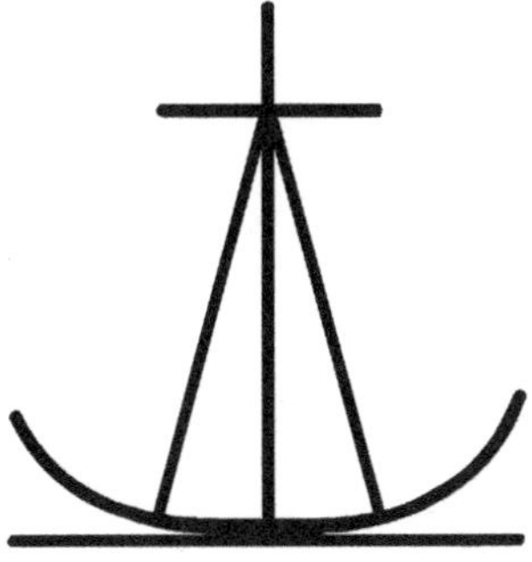

[1]

Schiff

Das Niltal wirkte geradezu wie eine Einladung,
Schiffe zu bauen und das Königreich Ägypten aufblühen zu lassen,
bis es sich schließlich über tausend Kilometer erstreckte,
eine Distanz, innerhalb welcher die Regierung des Landes
bequem per Boot zirkulieren konnte.
So spielte der Archetypus Schiff in der Psychologie des alten Ägypten
eine wichtige Rolle.
Das ganze Land wurde als ein vom König gesteuertes Schiff gesehen.[2]
Sogar in den archaischsten Zeiten neigten Völker,
die für ihr Überleben auf das Schiff angewiesen waren,
dazu, ihm auch ihr spirituelles Überleben anzuvertrauen.
Natürlich brauchten auch Sonne, Mond und jeder Stern ein Schiff;
und immaterielle, rein vibrierende Körper
brauchten vibrierende Schiffe.

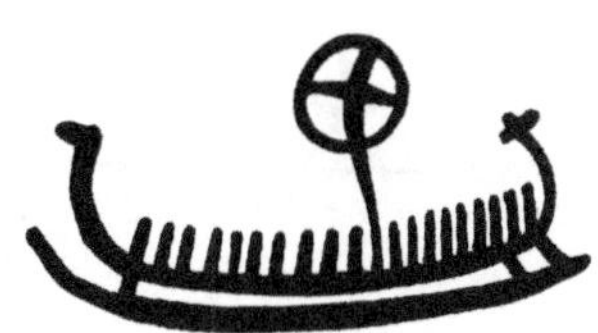

Ein Sonnen-Prozessionsschiff
aus der Nordischen Bronzezeit[3]

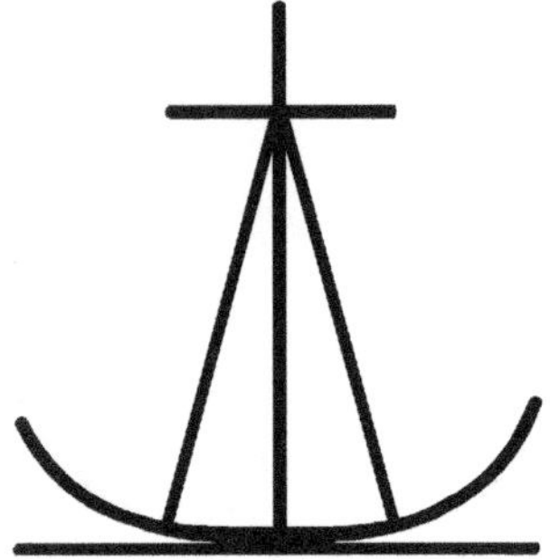

So wurde das Schiff zum magischen Begleiter des Menschen;
es erfüllte all seine physischen und psychologischen Bedürfnisse
und trug ihn von Leben zu Leben, indem es
seinen Weg auf den überirdischen Meeren fand.
Die Barke konnte auch wie von Feuer umgeben erscheinen.[4]
Der Geist des Menschen musste durch dieses Feuer hindurch –
so wie der Prinz im Märchen durch die Dornenhecke,
um das Schloss zu erreichen und das Dornröschen wach zu küssen.
Der königliche Spieler, der sich mit Horus identifiziert hat,
steuert sein Boot selbst,
als einen Teil seines eigenen Wesens.[5]
Wenn es gerudert werden muss, geschieht dies
durch eine Mannschaft von nie ermüdenden Sternen.[6]

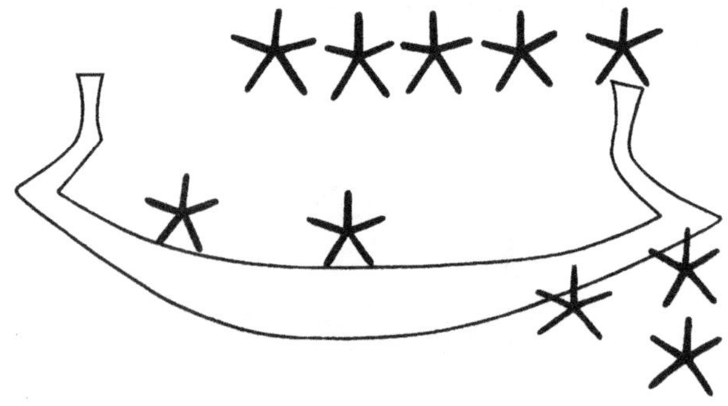

Ein Schiff aus dem Grab von Senenmut in Deir el-Bahari [7]

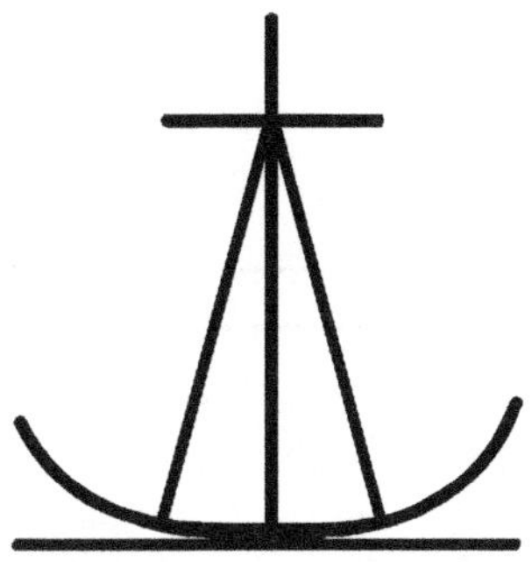

Ob es nun tausend Ellen lang ist – tausend wird mit einem Lotos
geschrieben, einem Symbol für Wiedergeburt –,
oder ob da gerade genug Platz für unsere
auf ihrem Schwanz aufgerichtete Mehen ist,
das Wesen und die Funktion unseres Schiffes ändert sich nicht;
es umfasst alle Archetypen (Seelenkräfte),
die wir auf unserem Weg ausgewählt und gesammelt haben.
Jetzt merken wir, dass wir der Archetyp sind,
der sie alle enthält und in sich trägt:
Wir sind das *Schiff,* die Arche Noah,
die einem neuen Leben und einer neuen Welt entgegensegelt.
Wie in der *Pyramide von Unas* gesagt wird:
‚Du gehst hinauf, du gehst hinunter,
du gehst hinunter mit Nephthys,
verdunkelt mit der Abendbarke.
Du gehst hinauf, du gehst hinunter,
du gehst hinauf mit Isis,
du erhebst dich mit der Morgenbarke.‘ [8]

Der königliche Spieler erzählt:
MEINE FINGER HABEN ALLE SIEBEN SPIELFIGUREN
GEFÜHRT [9]
WIE DIE BARKE DER WIEDERAUFERSTEHUNG
DIE VON WEPWAWET GEZOGEN WIRD
DEM ÖFFNER DES WEGES.

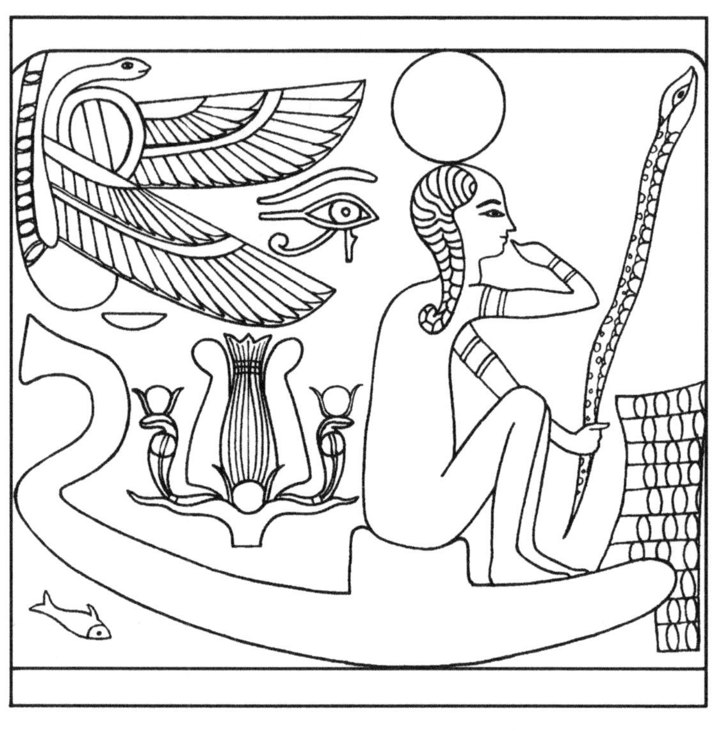

Das göttliche Kind in der Barke seiner Seelenkräfte,[10]
seine sich aufrichtende Mehen in der Hand haltend.
Zeichnung nach Lanzone [11]

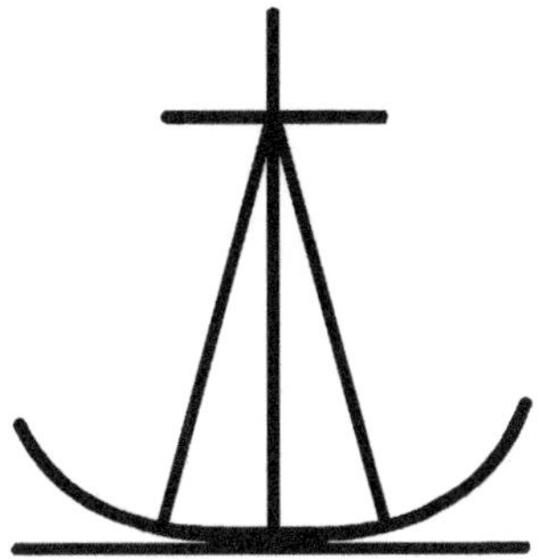

Jenseits dieser märchenartigen Schilderungen sollten wir nun
unsere psychologische Situation im Spiel betrachten.
Wir sind in die Unendlichkeit eingetreten,
und unsere einzige Unterstützung in diesem zeitlosen Bereich
ist eine ‚Mutter-Welle', eine Form unserer Mehen:
das Seelenschiff unserer Potenzialitäten und Essenzialitäten.
Wir haben dort eine Art ‚Zuhause' gefunden,
zusammen mit den uns vertrauten Seelenkräften.
In diesem hohen Zustand vereinen sich
die korpuskulare und die vibrierende Art und Weise unseres Seins,
auf halbem Weg zwischen
dem Abgrund der Materie und der Unermesslichkeit der Transzendenz.
Ein einziger Blick auf die *Erde* –
und schon tauchen wir von dieser Plattform der großen Träume aus
in sie ein, und sie wird wieder zu unserem Garten.
Oder ein einziger Blick in die *Transzendenz* –
und wir entdecken, dass die Unendlichkeit
nicht eine eigenschaftslose Immensität ist;
sie hat eine Struktur: Die primordiale Schlange, unsere Mehen,
ist ihre Struktur, ihre Lichtwelle.

Von innen her das Haus des Schiffes kontemplierend,
zu dem er selbst geworden ist, sagt der königliche Spieler:

Meine Mehen ist überall – in mir und um mich herum.

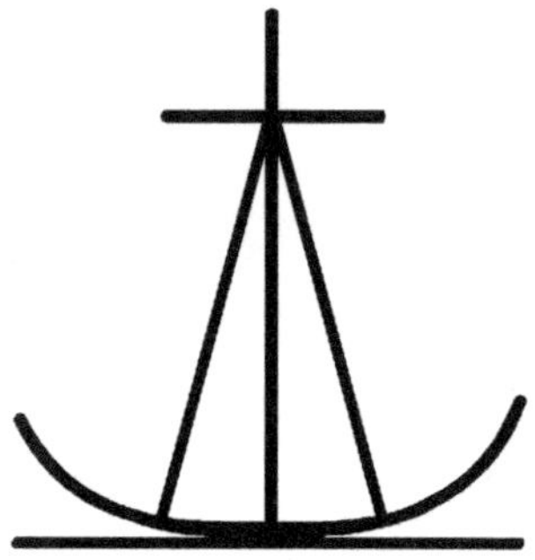

Anmerkungen und Quellenangaben zu Seiten 277-281

Schiff

[1] Über dieses Haus, dem wir das Schiff zugeordnet haben, ist nichts bekannt, außer dass das Schiff in den Großen Senet-Texten erwähnt wird. Die von uns gewählte Hieroglyphe für ‚Schiff' stammt wahrscheinlich aus der 1. Dynastie. Weill, *Recherches sur la première dynastie*, 105.

[2] Jacq, *Le Voyage dans l'autre monde*, 140, Anmerkung 1743.

[3] Biedermann, *Bildsymbole der Vorzeit*, 103, Abb. 149; in Ägypten wurde bei Prozessionen die Barke des Sokar um die Stadt herumgeführt, 239.

[4] Jacq, ibid., 129.

[5] Ibid., 140.

[6] Ibid., 152, Anmerkung 1931.

[7] Peck and Ross, *Drawings from Ancient Egypt*, 131.

[8] Piankoff, *The Pyramid of Unas*, 71.
Es werden die beiden psychologischen Schwestern erwähnt: *Nephthys* lehrt den ‚Yoga des Korbes', der darin besteht, alle Feste im Korb der Erinnerung (der potenziell imstande ist, *Alles*, das Ganze zu enthalten), zu sammeln und lebendig zu erhalten.

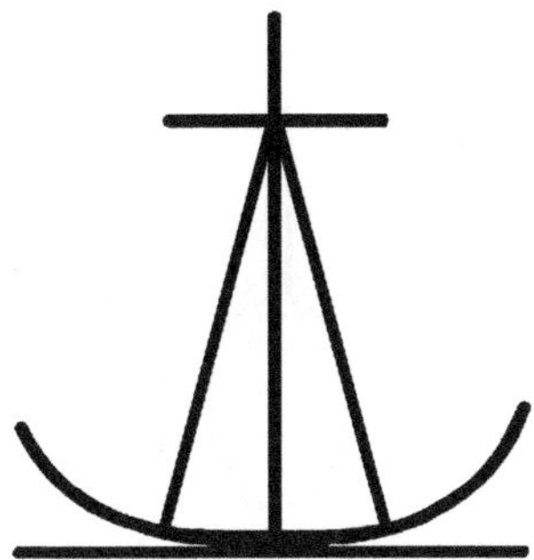

Isis lehrt den Yoga des leeren Sitzes, eines Bewusstseinssitzes, welcher die Inspiration von immer neuen Erkenntnissen und Wahrheiten ermöglicht, da er frei ist von allen Bindungen an vergangene Formen.
Isis und Nephthys werden ausführlich erläutert in Medhananda, *Archetypen der Befreiung*, 123-129.

9 Einige Spiele hatten zwei Sets zu je sieben Spielfiguren.

10 Die symbolisch dargestellten Seelenkräfte (Archetypen), welche das Kind begleiten, sind:
Das göttliche Auge und die geflügelte, sich erhebende Schlange, die festliche Atef-Krone des Vollkommenen, das sonnenhafte Selbstgewahrsein (auf seinem Kopf), und seine aufgerichtete Mehen-Schlange. Neben der Mehen stehen (außerhalb des Bildes, hier in der Abbildung nicht zu sehen) die Hieroglyphen ‚großer Gott'.

11 Aus dem Turiner Museum, Cat. 2226, nach Lanzone, *Dizionario*, II, Plate CLXXIX, No.2, Detail.

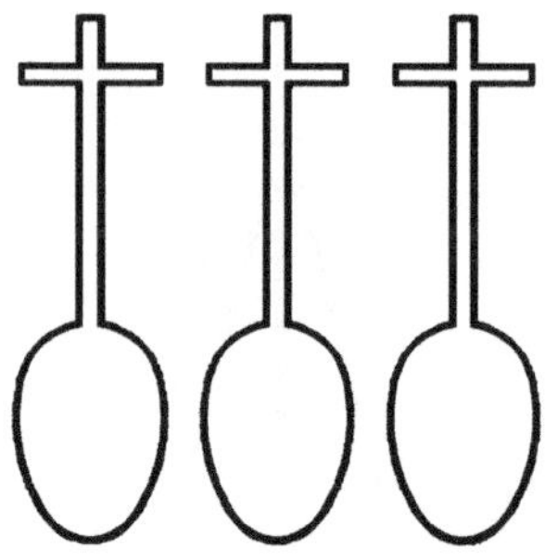

[1]

Schönheit

Wir betreten das Haus der Schönheit,
das unser innerer Führer
uns ‚öffnet' .

Wir finden uns selbst als Amon wieder, der das ewige Spiel spielt.

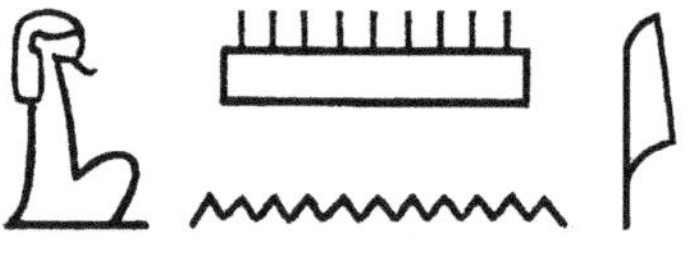

‚Amon'[2]

In einer anderen (unten abgebildeten) Darstellung
des ‚Hauses der Schönheit'[3] ist der mitspielende,
uns gegenüber befindliche Grashalm –
der, im Wind der Veränderungen tanzend,
unsere befristete Existenz symbolisiert –,
verschwunden.
Dafür entdecken wir eine Laute,
die Hieroglyphe für Schönheit.

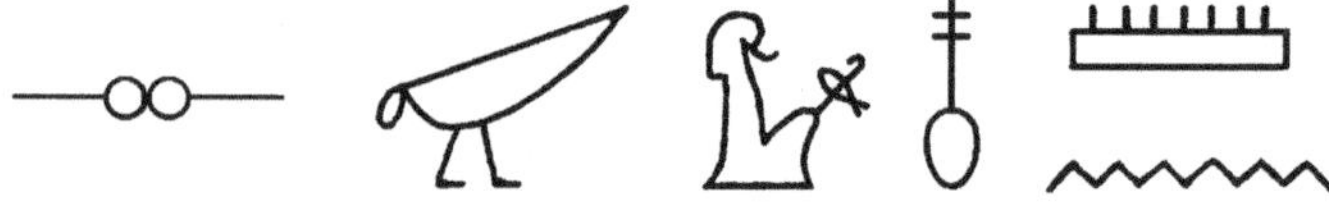

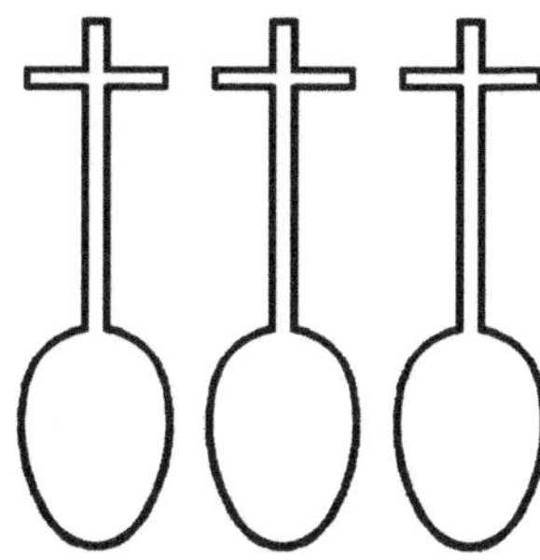

Schönheit ist nicht die Eigenschaft eines einzelnen Objekts.
Schönheit ist das Miteinander-in-Beziehung-stehen aller Objekte,
vorausgesetzt, es gibt einen Betrachter,
der fähig ist, dies wahrzunehmen.
Dann wird Schönheit zu einem psychologischen Ereignis.
Die Laute, das Symbol für Schönheit, bedeutet auch ‚Resonanz'.
Dass Schönheit sich aus der gegenseitigen Resonanz
zwischen zweien oder vielen ergibt,
ist eine wichtige psychologische Entdeckung,
die aus dem alten Ägypten zu uns kommt.
Ohne Resonanz gäbe es keine Schönheit.
Resonanz ist Schönheit.
Wir sollten lernen, reine Schwingung, ja sogar Musik, zu sein.
‚Schönheit! Schönheit! Schönheit!', mit drei Lauten geschrieben,
war der Name, den die Ägypter dem Universum gaben.
Es ist aber mehr als ein Name.
Es ist ein Ausruf und eine Erfahrung, die durch das Mitschwingen
mit der großen Mutter von allem entsteht: dem Kosmos.
(Das griechische Wort ‚Kosmos' bedeutet ‚Schönheit, Schmuck, Ordnung',
bringt dies für uns heute aber nicht mehr zum Ausdruck.)
‚Schönheit' dreimal ausgerufen, bedeutet auch ‚Das Ende der Nacht'.[4]
Diese Interpretation leitet sich aus der Hieroglyphe ‚Laute' ab,
die auch ‚Null' und ‚nicht' bedeutet:[5]
Nichts Korpuskulares mehr bleibt,
nur Schwingung und Resonanz;
sie signalisieren das Ende des Nicht-Wissens.

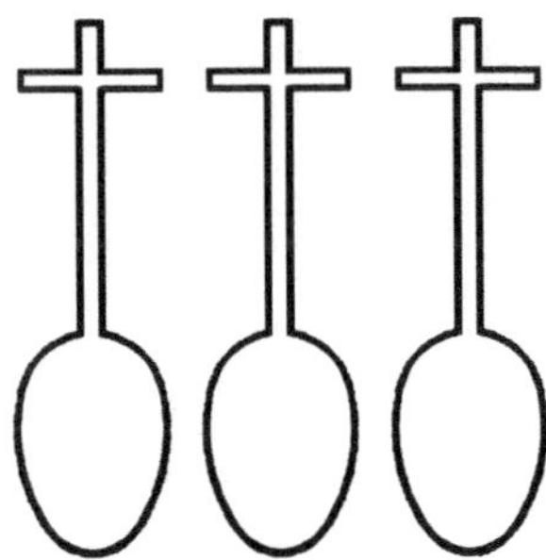

Sri Aurobindo spricht von der Möglichkeit,
eine Art subjektive Seligkeit zu entwickeln:
Die Fähigkeit, alles als Seligkeit oder deren Botschaft wahrzunehmen –
durch die Erschütterung, die Schönheit in uns hervorruft.
Viele Menschen empfinden Schönheit jedoch nur dann,
wenn sie den Eindruck haben, dass diese als solche
mehr oder weniger sorgfältig arrangiert und ausgearbeitet wurde.
Der Brahmane, der Priester, der seiner Gottheit eine Opfergabe
darbringt, sagt:
‚Ich weiß, dass alles Wasser des Universums Dir gehört,
dennoch gebe ich Dir eine Schale mit Wasser,
in der Gewissheit, dass Du es mit Freude annehmen wirst.'

Seligkeit zu spüren – beim Betrachten eines einfachen Pflanzenblattes
oder beim Hören der Zeile eines Gedichts oder beim Einatmen
des Geruchs der Erde nach dem ersehnten Sommerregen –
ist die Antwort, die Resonanz
eines vollkommenen Selbstgewahrseins.
Dazu muss der Wahrnehmende entsprechend sensibilisiert
und geübt sein, bereit, einen Klang, einen Geschmack,
einen Geruch, eine Landschaft oder ein Ereignis
als großartig, schön und von Seligkeit erfüllt
zu empfangen – so dass Schönheit und Seligkeit
immer seine Reaktion und Antwort auf alles ist.
Ein Frosch reagiert nur auf ein sich *bewegendes* Insekt.
Bewegt sich dieses nicht, existiert es für ihn nicht.
In dem Moment, in dem es sich bewegt, wird der Frosch selbst bewegt.

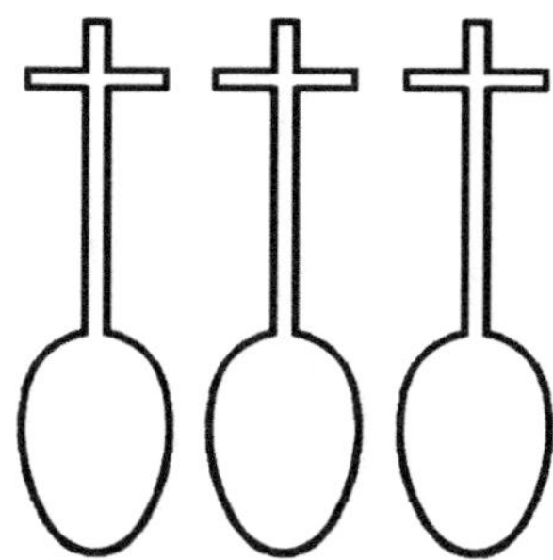

Die alten Ägypter kannten jenen Bewusstseinszustand,
in welchem Schönheit uns berührt.
Das geschieht dann, wenn Sender und Empfänger –
wie zwei sorgfältig aufeinander abgestimmte
und zusammengebundene Kufen eines Schlittens –
während derselben Erfahrung in der gleichen Wellenlänge vibrieren.
Sie nannten dies Nefertum [6]
und stellten es mit einer Laute und einem Schlitten dar
(*nefer* = ‚Schönheit' und *tum* = ‚Schlitten').

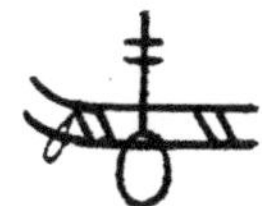

Nefertum wird auch mit einem tausendblättrigen Lotos
über dem Kopf präsentiert.
In der Genesis der Bibel wird die Notwendigkeit der Zweiheit,
welche dem Schlitten (mit den zwei Kufen) inhärent ist,
so ausgedrückt:
Gott erschafft etwas,
und dann sieht er, dass es schön ist.
Der Akt der Schöpfung und die Erfahrung von Schönheit
gehören immer zusammen.
Letztlich schenkt uns *jedes* Haus des Senet-Spiels
seine eigene, ganz spezielle Übung
zur Erlangung subjektiver Seligkeit.

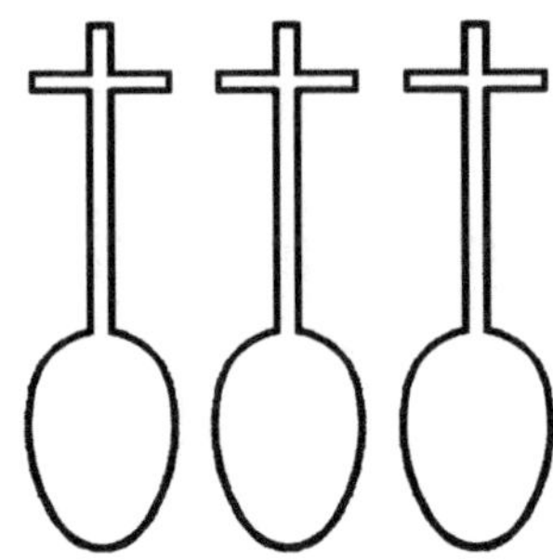

Schönheit ist für uns nun nicht mehr eine Ausnahme, eine Rarität.
Sie erscheint nicht nur in einer Sinfonie von Beethoven
oder einer Venus von Tizian.
Schönheit ist vielfältig und will in all ihren Formen
wahrgenommen und genossen werden.

Der königliche Spieler sagt:

AUFGESTELLT SIND ALLE MEINE SPIELFIGUREN
IM HAUS DER SCHÖNHEIT
BIN ICH VOLLSTÄNDIG
Ich habe meine Vollständigkeit erreicht.[7]
Ich bin das alles, dieses Universum:
Schönheit! Schönheit! Schönheit!

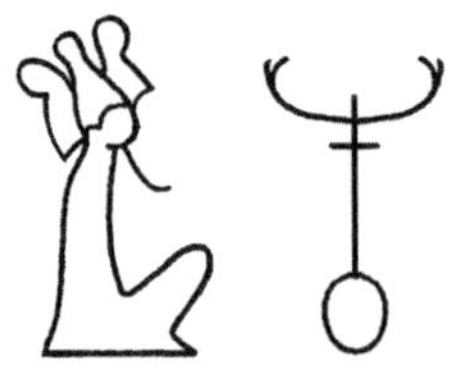

Eine Bildvariante des ‚Hauses der Schönheit‘ [8] zeigt
den Spieler mit der weißen Krone der Erleuchtung
und die Laute mit zwei Armen der Aspiration,
die das Ganze umarmen, indem sie mit ihm in Resonanz sind.

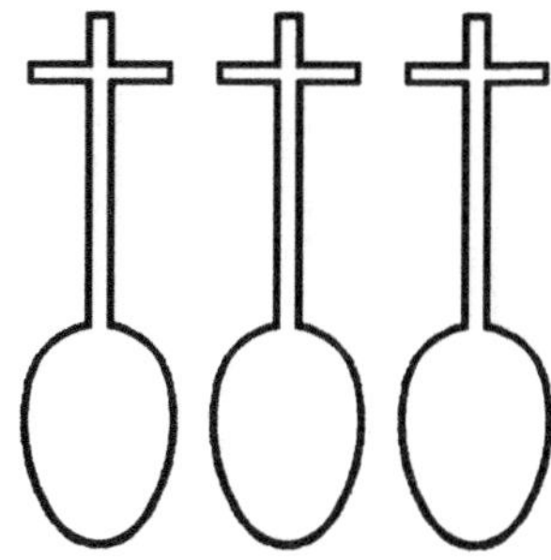

Anmerkungen und Quellenangaben zu Seiten 284-288

Schönheit

[1] Das Symbol, das wir für das Haus der Schönheit gewählt haben, erscheint in genau dieser Position auf den meisten der bisher bekannten Spielbretter des Senet-Spiels.

[2] Nach Budge, *Dictionary*, I, 51b; mehr zu ‚Amon' siehe S. 46.

[3] Von einem Senet-Spiel der MacGregor Collection, zitiert von Max Pieper, *Ein Text über das ägyptische Brettspiel*, 19; und aus dem Royal Ontario Museum, Toronto, No. 922.17, 18. oder 19. Dynastie, zitiert in Pusch, 1.2, Tafel 75a (die dortige Figur hat einen senkrechtgestellten Wurfstock auf dem Knie).

[4] Faulkner, *Dictionary*, 132.

[5] Ibid.;
Leer werden ist der Weg – sonst gäbe es da keinen Weg.
Vgl. die Erläuterungen zum ‚leeren Sitz' in Medhananda, *Archetypen der Befreiung*, 123.

[6] Budge, *Dictionary*, cxlvi, No. 10.
Siehe auch Medhananda, *Archetypen der Befreiung*, 201-203.

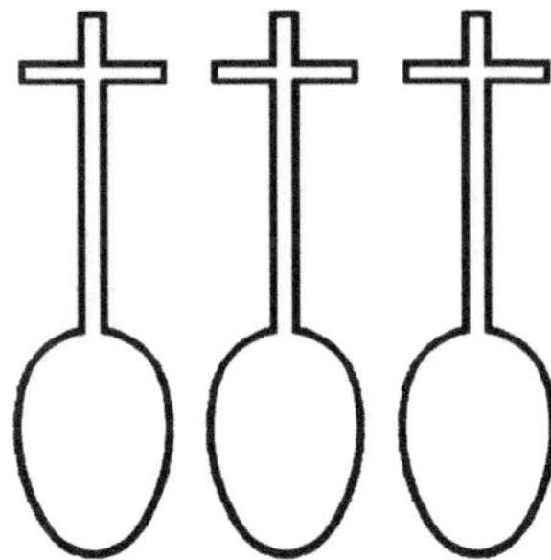

[7] Wenn wir versuchen, eine so komplexe Angelegenheit wie unsere Beziehung zu den dreißig ausgewählten Archetypen zusammenzufassen, so könnten wir sagen:
Wir treffen sie zum ersten Mal alle zusammen im Haus der ‚Dreißig',
wir finden sie alle in ihrer Herrlichkeit im ‚Horizont',
wir bilden mit ihnen eine Einheit im ‚Schiff';
und im Haus der ‚Schönheit' *werden* wir sie alle,
werden das Ganze – durch Resonanz mit allem, was ist.
Alle unsere Spielfiguren nehmen ebenfalls an diesem Fest der Zusammengehörigkeit und Ganzheit teil und lassen alles, was sie antreffen, in Resonanz mit der ‚Schönheit' vibrieren.

[8] Diese Bildvariante kennzeichnet das Haus der Schönheit in einem Senet-Spiel aus der 20. Dynastie, bei dem nur die letzten fünf Häuser der blau-grünen Fayence-Spielfläche Symbole enthalten; Norbert Schimmel Collection, New York, No. 197.

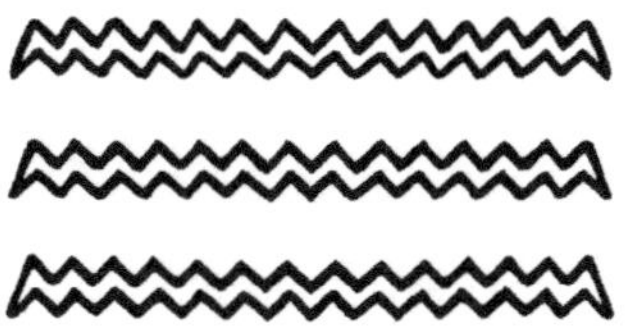 [1]

Wasser

Hier beginnen die Häuser der großen Befreiung für jene, die durch vorhergehende Übungen darauf vorbereitet sind, sie zu betreten. Solange wir noch hauptsächlich als Egoformation funktionieren, trennt uns das damit verbundene Gefühl, etwas Gesondertes, Einzelnes zu sein, von der grundlegenden Seligkeit unseres Seins.

Demjenigen, der seine Begrenzungen liebt und an sie gebunden ist,
erscheint der Tod wie ein ungeheuerlicher Verstoß
gegen sein Existenzrecht;
ein Universum, in dem überall der Tod herrscht,
ist für ihn das Äquivalent der Hölle.
Für eine begrenzte Form gibt es keine Hoffnung,
selbst wenn sie glaubt, auf das Paradies zuzusteuern.
Kein Korpuskel kann als solches die Verewigung erreichen,
während dies für Schwingungsfelder der Selbst-Erschaffung leicht ist.
Das Elend kommt von der falschen Identifikation
mit vergänglichen Formen und Umständen.

Befreiung kommt, wenn wir uns mit dem Schwingungsfeld –
der Matrix – identifizieren,
aus dem alle Korpuskel geboren werden.
In den Schreinen von Tut-Ankh-Amon heißt es:
‚Million (Korpuskel) ist der Name des einen,
Ozean (Welle) ist der Name des anderen.‘ [2]

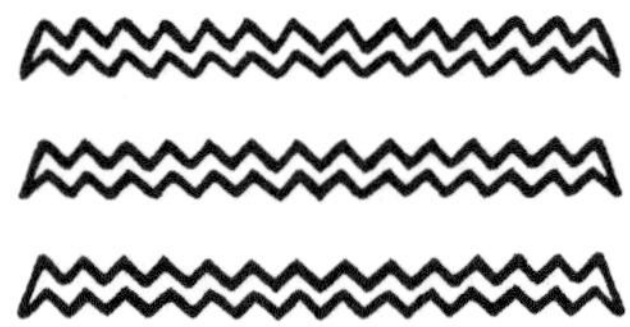

Das Haus der Wasser wurde auch Haus der Auflösung genannt,
und tatsächlich müssen wir all unsere Schwere
und unsere Begrenzungen auflösen,
wenn wir unser wahres Wesen kennenlernen wollen,
jenes Selbst, dessen Existenz nicht von einem physischen Körper
oder von einem Universum abhängt.
Wie buddhistische oder hinduistische Mönche müssen wir frei werden
von unseren Bindungen an Familie, Freunde und Feinde,
von allem, was als korpuskular oder zeitlich begrenzt gesehen,
berührt oder gefühlt werden kann;
wir müssen unser Gebundensein verbrennen
im Feuer der Hingabe an das Eine, das alles ist.
Die Methode, die uns hier in symbolischer Weise
von dem Spiel gezeigt wird, besteht darin,
alle Spielfiguren (unsere verschiedenen Wesensaspekte,
unsere Teilpersönlichkeiten) zu nehmen
und sie alle zusammen in die Wasser zu werfen.

In den Großen Senet-Texten berichtet der königliche Spieler:

ICH NEHME ALLE SPIELFIGUREN
UND WERFE SIE ZURÜCK
IN DIE WASSER DES LEBENS
UND DER TRANSFORMATION
MEIN ZWEITER (MEIN KORPUSKULARES WESEN)
VERSCHWINDET MIT IHNEN

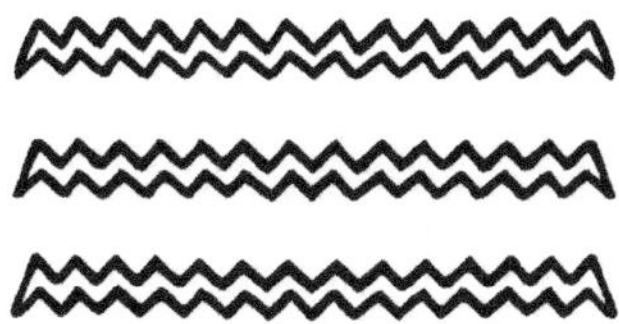

Die Häuser, die wir bisher besuchten,
das Wissen, das sie in uns hineinströmen ließen,
die Bewegungen des Selbstgewahrseins,
die sie zu realisieren halfen,
waren nur die Vorbereitung für dieses finale Geschehen:

[3]

‚Die Auflösung am Ende';
und alles ist wieder reine Vibration.

In dem Moment, in dem der letzte Stein
unserer korpuskularen Art des Sehens verschwunden ist –
so wie es auch bei *Hans im Glück*, unserem yogischen Wegbereiter
(im gleichnamigen Märchen) geschah,
als er den schweren Mühlstein freudig in den Brunnen warf –
verschwindet die Materie, der große Stein,
über den man so oft stolpert,
und die ihr zugehörige Welt der Erscheinungen
in den undifferenzierten Wassern der großen Anfänge.

Während er das Haus der Wasser betritt,
sagt der königliche Spieler:
‚Die Seele der Wasser ist RE.' [4]

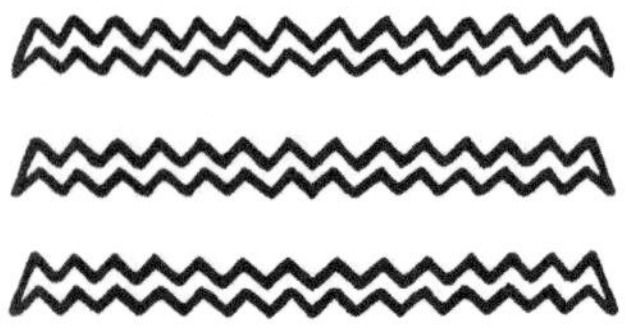

Wir sind nicht ertrunken, wir schwimmen auf den Wassern:
Mit unserem Seelenschiff ‚gehen wir über das Meer,
ohne durch die Wasser zu waten.‘ [5]

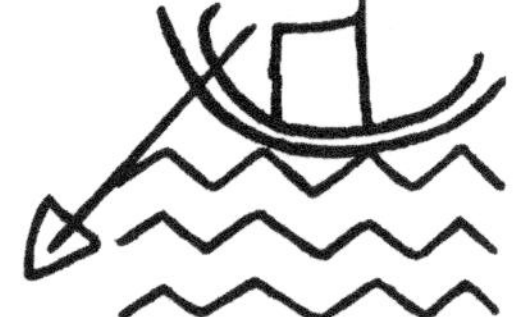

Ein anderes Symbol
für das ‚Haus der Wasser‘:
Die Sonnenbarke mit
dem leeren Sitz des RE.[6]

RE sprach zu den Wassern der Unendlichkeit:
‚Oh du Ältester, aus welchem ich ins Sein kam …‘
Dann sprach die Majestät der Wasser der Unendlichkeit:
‚Mein Sohn RE, du – größerer Gott als jener, der dich schuf,
älter als jener, der dich gemacht hat …‘ [7]
Die Wasser sind nicht eine Negation des Bewusstseins,
sondern eher – wie die Alten beschrieben – ein Wellen-Ozean
ohne einen Behälter, der ihm eine Form gäbe.
Und wenn wir einen Tropfen aus dem Bewusstseinsmeer –
jener Grenzenlosigkeit –
empfangen könnten, würden wir merken,
dass jeder individuelle Tropfen nicht daran gehindert werden kann,
sogleich das Ganze zu füllen,
weil er das Ganze ist:
Die Möglichkeit, das Spiel wieder von vorne zu beginnen –
von unserem vibrierenden Schwingungsfeld aus –
und das ganze Universum zu füllen, ist gegeben.

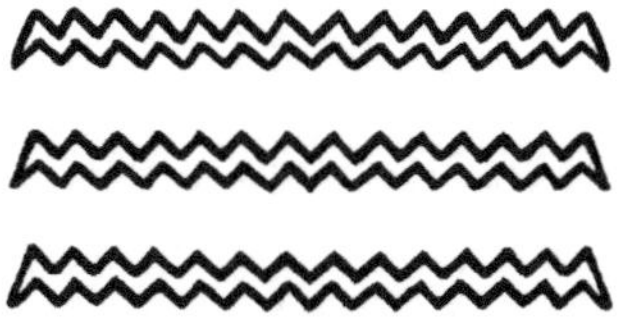

Wir finden dies in dem Bild eines Fisches ausgedrückt,
der über den Wassern schwebt

Eine andere Art,
‚Haus der Wasser'
zu schreiben.[8]

und drei Lotosse, Symbole der Wiedergeburt, aus sich wachsen lässt,
um die Welt neu zu erschaffen.[9]
In der Pyramide von Unas lesen wir:
‚Unas wird in den Wassern der Unendlichkeit empfangen,
er wird in den Wassern der Unendlichkeit geboren.
Er ist gekommen, er hat dir Brot gebracht,
das er dort gefunden hat.' [10]
Die Wasser der Unendlichkeit sind NUN, die Wasser (Schwingungen),
aus denen König Unas immer wieder neu geboren wird.
Das Brot ist ein Symbol für die Projektion
der formlosen Welt der Schwingungen in die Welt der Korpuskel.
Zu wissen, woher es kommt, macht es heilig –
es wird als der Körper der Großen Mutter wahrgenommen.
Unsere Spielfiguren in die Wasser zu werfen,
ist eine so bescheidene und einfache Geste,
dass nicht leicht zu verstehen ist,
dass es sich dabei um einen Festakt großer Befreiung handelt.[11]

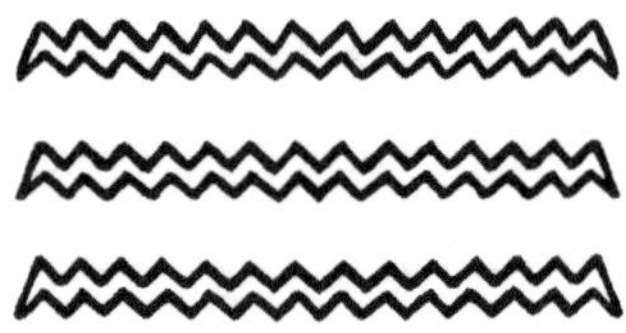

Wir kommen in diesen Zustand jede Nacht[12]
im tiefen traumlosen Schlaf;
aber weil wir nicht bewusst in ihn hineingehen,
können wir uns nicht an ihn erinnern.
Aber es ist ein lichtvoller Zustand.[13]
Jene Wasser könnten genauso gut ‚Licht' genannt werden,
oder ‚lebendes Feuer', oder ‚Nirvana',
oder ‚Seligkeit' oder ‚reine Schwingung'.
Wir werden darin undifferenziert – das heißt ununterschieden,
sind aber zugleich identisch mit allem. Wir werden ein eigenschaftsloses Ganzes, sind aber zugleich dynamisch strukturiert durch unsere Mehen.

„Kein anderer Mensch unter der Sonne ist so glücklich wie ich!"[14]
ruft Hans in unserem Märchen aus.
‚Mit leichtem Herzen und frei von aller Last sprang er nun fort,
bis er daheim bei seiner Mutter war'.
Wir gehen heim zu unserer Mutter Ewigkeit.
‚Die Wasser sind freundlich zu uns'.[15]
Ewigkeit ist nicht irgendwo außerhalb von uns.
Ewigkeit ist unser Selbst.

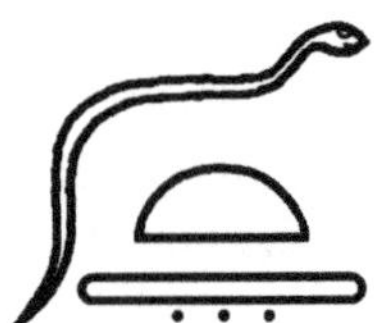

Hieroglyphen ‚Ewigkeit' [16]

Was

Ursprung und was Ziel

zu sein schien,

war

ein weites Tor …

Sri Aurobindo [17]

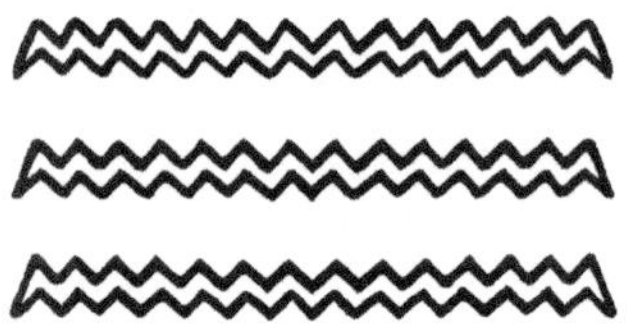

Anmerkungen und Quellenangaben zu Seiten 291-297

Wasser

[1] Die Hieroglyphe, die wir für das Haus der ‚urzeitlichen Wasser', NUN, gewählt haben, findet man auf den meisten der bisher bekannten Senet-Spielbretter.

[2] Nach Piankoff, *The Shrines of Tut-Ankh-Amon*, 51. Die Wörter in Klammern wurden von uns hinzugefügt.

[3] ‚Kanal, See, Fluss'; im Plural bekommt die Hieroglyphe die kosmische Dimension von ‚urzeitlichen Wassern'.
Das ‚Ende', dargestellt mit dem Hinterleib eines Löwen oder Leoparden. Budge, *Dictionary*, I, 244b.
Im alten Indien wurde die Auflösung mit *pralaya* bezeichnet und durch *Shiva* symbolisiert, der reines Bewusstsein und Seligkeit ist und den *tandava* tanzt, den feurigen Tanz, der für die durch ihn zu Boden getrampelte zwerghafte Egoformation furchterregend, für das wahre ewige Selbst aber reine Seligkeit und Befreiung ist.

[4] Vgl. Piankoff, *The Shrines of Tut-Ankh-Amon*, 33.

[5] Pieper, *Ein Text über das ägyptische Brettspiel*, 19, 20.

[6] Symbol der Wasser aus einem Senet-Spiel der 20. Dynastie, in Pusch, Teil 1.2, Tafel 81b.
Auch Jesus zeigte seinen Jüngern, wie man über die Wasser geht – aber nicht um ein Wunder zu vollbringen, sondern um etwas zu lehren: Jedes lebende Wesen muss die Wasser überqueren zu seiner nächsten Geburt. Wir sollten dabei nicht ‚untergehen', sondern bewusst bleiben:
Jede Nacht können wir das im Schlaf üben (vgl. Anmerkung 13).

[7] Piankoff, *The Shrines of Tut-Ankh-Amon*, 27.

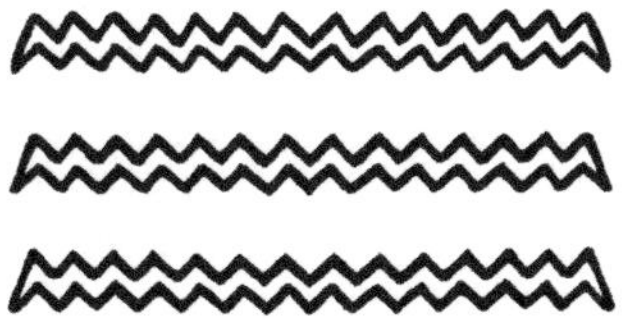

[8] Das Bild kennzeichnet auf einem Senet-Spielbrett aus der 18. Dynastie das Haus der Wasser. Pusch, Teil 1.2, Tafel 64a.

[9] Am Anfang der Schöpfungsgeschichte der Bibel steht:
‚... und der Geist Gottes schwebte über den Wassern.' Genesis 1:2.

[10] Piankoff, *The Pyramid of Unas*, 75.

[11] Die Spielfiguren sind unsere Projektionen, und nicht unser essenzielles ewiges Wesen. Sie können zu einem Hindernis werden, das uns davon abhält, wir selbst zu werden. Deshalb lassen wir sie zurückkehren in den mütterlichen Ozean der großen Anfänge, in den alle Dinge zurückkehren, um wieder neu geboren zu werden. Das ist der schönste und der befreiendste Akt unseres Yoga-Weges.
Auf der kosmischen Ebene, welche die alten Ägypter ebenfalls miteinbezogen (siehe Piankoff, *The Litany of Re*, 49), kann es sein, dass Atum, Symbol für das All – nachdem er mit dem Universum durch Ewigkeiten hindurch ‚Schönheit, Schönheit, Schönheit' gesungen hat – alle seine Spielfiguren in einem gloriosen, umgekehrt verlaufenden Big Bang zurückzieht. Nur seine Mehen wird dann noch bleiben (und unzählige potenzielle Big Bangs in der Folge).

[12] Auf einem Senet-Spielbrett aus der 17. Dynastie (Pusch, Teil 1.1, 195), wird das Haus der Wasser von einer Eule repräsentiert. Das überrascht nicht, denn die Eule ist das Symbol für denjenigen Aspekt von uns, der in der *Nacht* sieht, d.h. derjenige, der Zugang hat zu den inneren Welten: zur Gnosis.

[13] Einige Menschen (Yogis), welche sowohl die Traumphasen als auch den Tiefschlaf bewusst erfahren konnten, haben letzteren als lichtvollen Zustand vollkommener Ruhe beschrieben (ein Ruhen in Sat-Chit-Ananda). Auch die Wissenschaft erkannte, dass man nach verschiedenen Traumphasen (REM-Phasen) in eine Tiefschlafphase absoluter Ruhe und Stille kommt und danach wieder durch verschiedene Traumphasen zum Wachzustand zurückkehrt.

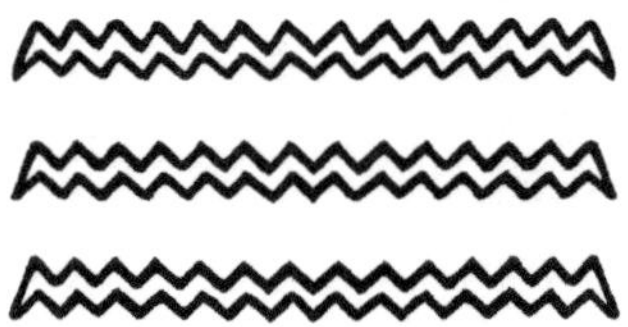

[14] In Piankoff, *The Wandering of the Soul*, 19, erfreuen wir uns an diesem neuen Zustand: ‚Ich bin der (gut) Ausgestattete … von den Geburtsgöttinnen der Wasser der Unendlichkeit.‘

[15] Pieper, *Das Brettspiel des alten Ägypten*, 10.

[16] Budge, *Dictionary*, I, 893a.

[17] Sri Aurobindo, SABCL, XXVIII, *Savitri*, 311, Part One, Book III, Canto I. ‘What seemed the source and end, was a wide gate …’

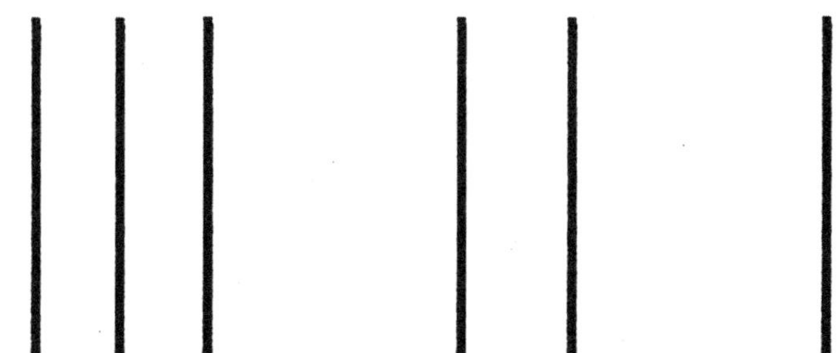

Einleitung zu den letzten drei Häusern

Wenn wir uns den letzten drei Häusern nähern,
sollten wir eigentlich bei dem letzten beginnen,
welches das ‚Eine' darstellt (I)
und dann zu den ‚Zwei' (II)
und den ‚Drei' weitergehen (III) –,
so wie wir als Kind zählen lernten.

Aber im Senet-Spiel sind I, II, III nicht Zahlen,
sondern Symbole.
Jedes steht für eine andere Art des Seins,
für eine andere Bewusstseins-Realität,
für ein anderes ‚Universum'.[1]

Wie in dem von den Griechen überlieferten Rätsel der Sphinx,[2]
‚Was hat 4 Beine am Morgen, 2 am Mittag, und 3 am Abend?',
wird eine ganz andere Art der Arithmetik angewendet:
Die Zahlen beziehen sich nicht auf verschiedene Tageszeiten
oder auf verschiedene Abschnitte des Menschenlebens.
3, 2, 1 sind psychologische Mega-Ereignisse,
während derer wir uns nicht hinsetzen und ausruhen können.
Es sind Archefelder, Archespiele, Archewelten:
die Wurzeln der Archetypen selbst,
und unser innerstes Geheimnis.

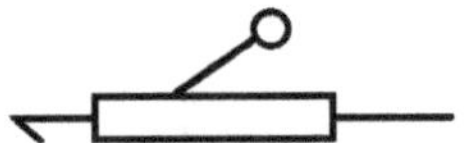

In der alten ägyptischen Hieroglyphenschrift
wurde die heilige Eins mit einer Harpune geschrieben.[3]
Die Harpune, ein steinzeitliches Jagdgerät,
das durch eine Schnur mit dem Jäger verbunden ist
und dadurch die Zusammengehörigkeit
von Jäger, Gejagtem und Jagdvorgang ausdrückt,
ist mehr als eine simple Einheit. Es ist ein Einssein,
das sich aus kontinuierlicher Identifikation mit allem ergibt.

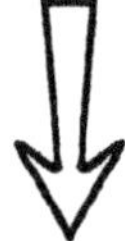

Die heilige Zwei wurde ebenfalls mit einem Gerät
aus der Steinzeit dargestellt, dem Pfeil mit zwei Widerhaken.[4]
Er symbolisiert ein Zwei-in-Einem, eine Polarität.

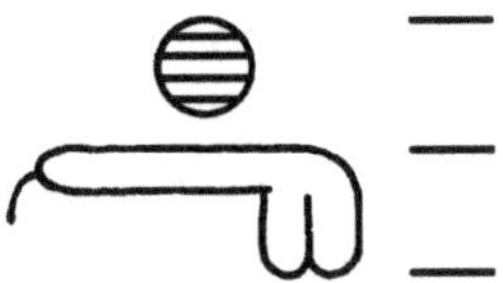

Die heilige Drei
wird mit den männlichen Geschlechtsorganen dargestellt,[5]
mit der Fähigkeit eines jeden lebenden Wesens, sich zu vervielfachen
und das Universum mit sich selbst zu füllen.

In der alten ägyptischen Zahlentheorie
bildet jede Zahl eine eigene Ganzheit,
eine Ganzheit, die, wenn sie in einzelne Bestandteile zerlegt wird,
ihre Kraft verliert.
Jeder Mensch enthält die Drei, die Zwei, die Eins in sich selbst:
Er ist eine *Vielheit* von Organen und Zellen.
Aber jene Zellen enthalten alle dasselbe genetische Geheimnis –
die *Zwei-in-Einem*, Adam und Eva.
Um an die Eins, das Einssein zu erinnern,
wurde die Beschneidung ausgeübt: Das Abschneiden
eines kleinen Kreises von Haut vom männlichen Geschlechtsorgan
weist auf die Zirkularität der *einen* Menschheit hin,
auf die Einheit des Seins, das *Eins-Sein* des Lebens.
Wenn wir dieses *Eins-Sein*, diese Eins in jeder Zahl, vergessen
und uns nicht bewusst sind, dass 3 eine Drei-in-Einem ist
und 9 eine Enneade, eine Neun-in-Einem,
und 1000 eine Tausend-in-Einem,
wird die Eins, die wir selbst sind, zu einer bedeutungslosen Vielheit.

Die Hieroglyphen für 1, 2 und 3 zeigen uns,
dass 1 x 1 x 1 x 1 = 1 ist.
Zusammengehörigkeit und Einssein sind die Schlüssel.
Dass die Zwei oder die Drei für sich allein existieren könnten,
ist reine Illusion.
Ein Rama, *eine* Virgo, *ein* Tao
steht hinter allen unseren Halluzinationen[6] der Zweiheit und der Vielheit.

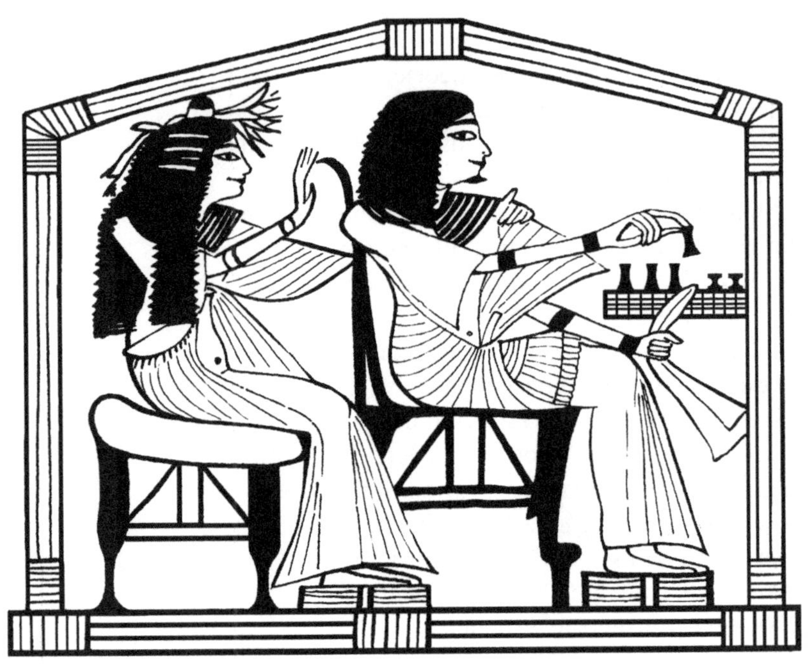

Einheit, Zweiheit und Vielheit:
Mann und Frau spielen zusammen
auf derselben Seite des Spiels
im Papyrus Ani, 18. Dynastie.[7]

Es hat sie immer gegeben und wird sie immer geben:
1, 2, 3 – die Einheit, die Zweiheit, die Vielheit.
Die *Einheit* des Seins können wir nur verstehen,
wenn wir gleichzeitig all die Zweiheiten und Vielheiten betrachten,
welche die Einheit in sich enthält.
Die *Zweiheit* können wir nur verstehen,
wenn wir sie gleichzeitig als Einheit und als Vielheit sehen.
Auch die *Vielheit* ist nicht einfach ein Entweder/Oder;
sie ist durchdrungen von konstanter Einheit und Zweiheit.

1, 2 und 3 sind grundlegende Strukturen der Wirklichkeit;
und diese würden zerstört, wenn wir, auch nur für einen Moment,
das Eine als etwas von der Zwei und der Drei
Getrenntes oder Gegenübergestelltes betrachten würden.

Es ist vielleicht einfacher, sich die 1, 2, 3, 4 etc.
als verschiedene Rhythmen der Musik vorzustellen,
die ihre jeweils eigenen musikalischen Welten entstehen lassen:
Die 4 zum Beispiel entspräche einem Marsch,[8]
der sich von der 3, einem Walzer, unterscheidet;
und doch sind beide eines: Musik.
Ein Zweiklang oder ein Dreiklang unterscheidet sich vom Klang
eines einzelnen Tones, der aber doch alle anderen Töne als Obertöne
gleichzeitig enthält, der also ein ‚Pan'-Ton, ein ‚Alles'-Ton ist.
Der erste ‚Pan'-Ton war ein ‚Big Bang'.

Anmerkungen und Quellenangaben zu Seiten 301-305

Einleitung zu den letzten drei Häusern

[1] Zur Zahlensymbolik im alten Ägypten siehe auch Medhananda, *Die Königliche Elle*, 62.

[2] Das Rätsel der Sphinx wird ausführlich erläutert in Medhananda, *Die Pyramiden und die Sphinx*, 90ff.

[3] Gardiner, T 21, 514.

[4] Ibid. T 22, 514.

[5] Budge, *Dictionary*, I, 548b.

[6] ‚Halluzination' enthält das lateinische Wort *lucina*, ‚Licht', ‚Göttin des Lichts'.

[7] Rossiter, Ägyptische Totenbücher, 34/8, Detail.

[8] Das Haus der Wasser wird auch ‚die Vier' genannt, und auf einigen Spielbrettern erscheint dort das Symbol für Vier ⊠ ; Pusch, Teil 1.2, Tafeln 90, 42.
Vgl. auch das Spielbrett auf S. 257, wo 4 senkrechte Striche erscheinen: ||||
Zur ‚Vier' vgl. Gardiner, 196.
Siehe auch Medhananda, *Die Königliche Elle*, 62-63 und *Die Pyramiden und die Sphinx*, 40.
In der Analogie mit der Welt der Musik entspräche der Vierer-Rhythmus des Marsches der Fähigkeit, über das Wasser zu gehen – eine psychologische Errungenschaft, die in hieroglyphischer Schreibweise dargestellt wurde.

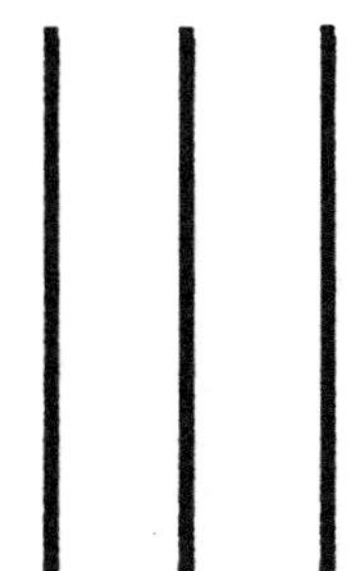

Drei

Auf den meisten Senet-Spielbrettern
wird ‚Drei' mit drei vertikalen Strichen dargestellt,
oder drei Fahnen, oder drei anonymen Figuren,
oder mit einem Drei-in-Einem-Archetyp, wie Maat-Shu-Tefnut,

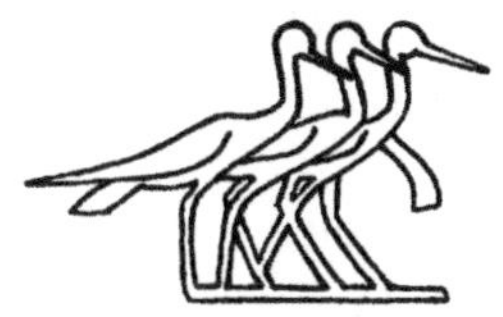

oder drei Seelenvögeln, entweder allein[1]
oder neben der Treppe des ultimativen Aufstiegs,[2]

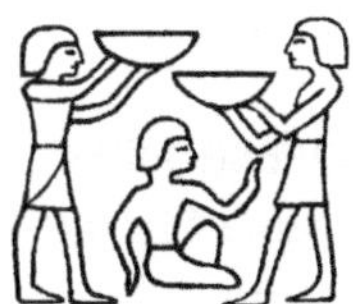

oder mit den Trägern des Korbes, der ‚Alles' symbolisiert.[3]
Andere Symbole entstammen einer mehr volkstümlichen Bilderwelt.
Wenn ontologische Symbole gezeigt werden, stehen diese
nicht für sich selbst. Die Fahne zum Beispiel
repräsentiert nicht ein bestimmtes Ding. Ihre Rolle ist es,
den unsichtbaren Beweger zu zeigen, der sie wehen lässt: das Geistige.
Die ‚Drei' steht in der ägyptischen Schrift auch für Viele, Vielheit,
Zusammengehörigkeit, Fülle des Seins.

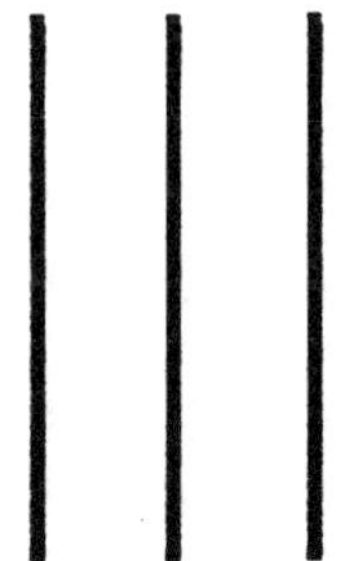

Wir befinden uns im Haus der Befreiten.
Wir haben keine Spielfiguren mehr,
keine korpuskulare Erscheinung, keine Sinne, keine Gedanken.
Aber da ist Fülle.
In der Fülle ist nichts anderes als Fülle.
Da gibt es keine Notwendigkeit und keinen Platz für ein ‚Ich'.
Da ist niemand, der das Spiel weiterführt.
Das Spiel geht von alleine weiter.
In seiner Essenz ist es ein Spiel,
in welchem sich die Vielen, die vielen Seelenkräfte,
im Einssein des Geistigen treffen.
Und die Musik, welche die Fülle der Schwingungen enthält,
ist unsere Musik für immer.
Nur Sri Aurobindo konnte diesen Zustand beschreiben,
in seinem spirituellen Epos *Savitri*:

‚Unabsehbar hervorströmende Unendlichkeiten,
die eine unermessliche Glückseligkeit herauslachten,
lebten in ihrem vielfältigen Einssein; …
Denn eng vereint mit allen waren alle durch spirituelle Bindungen
und unauflöslich mit dem Einen eng verbunden:
Jeder war einzigartig, doch hielt er alle Leben wie sein eignes,
und diesen Tönen des Unendlichen folgend,
erkannte er in sich selbst das ganze Universum.' [4]

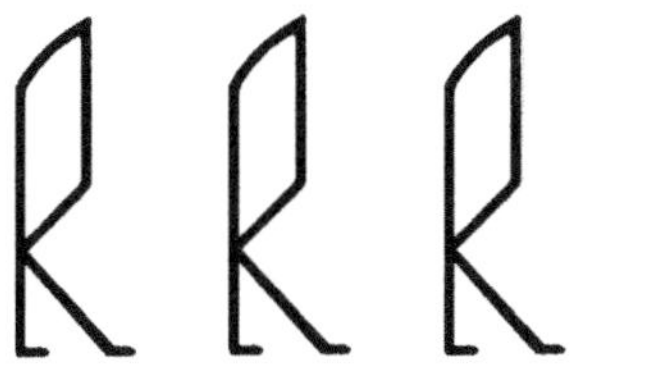 [5]

Anmerkungen und Quellenangaben zu Seiten 307-308

Drei

[1] Pusch, Teil 1.2, Tafel 49a.

[2] Ibid., Tafel 75a.

[3] Ibid., Tafel 82b.

[4] Sri Aurobindo, SABCL, XXVIII, *Savitri*, Book III, Canto 3, p. 323:

Incalculable outflowing infinitudes
Laughing out an unmeasured happiness
Lived their innumerable unity; …
All by spiritual links were joined to all
And bound indissolubly to the One:
Each was unique but took all lives as its own,
And, following out these tones of the Infinite,
Recognised in himself the universe.

[5] Pusch, Teil 1.1, 376, drei Schilfgräser auf Beinen; im Haus der ‚Drei', auf einem Spielbrett aus der Spätzeit.

Zwei

Auf den meisten bisher bekannten Senet-Spielbrettern
werden die ‚Zwei' mit zwei vertikalen Strichen dargestellt,
oder mit zwei Fahnen, oder zwei sitzenden, in die gleiche Richtung
blickenden Tänzern, deren wahre Identität nicht zu erkennen ist.
Doch wie wir schon erwähnt haben (S. 302), zeigt uns
die Pfeilspitze, dass für die alten Ägypter in den ‚Zwei'
immer ein ‚Zwei-in-Einem', eine Polarität, impliziert war.
Auf einigen Senet-Spielbrettern erscheinen
die zwei Schwestern Isis-Nephthys[1]
oder auch RE-Atum als Zwei-in-Einem.
Wir wollen hier nicht näher darauf eingehen,
in welchen Funktionen sie die Zwei-in-Einem darstellten.
Wesentlich ist in der Psychologie des alten Ägypten,
dass zwei oder mehr Neteru sich verbinden können.
Neteru sind ja nicht getrennte Wesenheiten,
sondern psychologische Kräfte, Prinzipien, Energien,
welche in vielfältigen Kombinationen zusammenarbeiten können,
wie zum Beispiel Amon-RE-Horus-Osiris[2]
oder die zwei großen Prinzipien RE-Osiris,
die wir jetzt näher untersuchen – und auch werden – wollen.
Es mag vielleicht schwierig sein, RE-Osiris
als ‚Zwei-in-Einem' zu sehen, denn sie sind nicht nur
zwei bedeutende und gut beschriebene Seinsweisen,
sondern symbolisieren auch ganz unterschiedliche Wege,
die man gehen kann.

Folgen wir dem einen Weg, so scheint es unmöglich zu sein,
gleichzeitig den anderen zu gehen.

Der Weg des RE (der von RE selbst nicht unterscheidbar ist)
besteht darin, immer wiederzukommen wie die Sonne,
stets neu geboren zu werden, einige Fortschritte zu machen,
sich ein wenig weiter zu entwickeln,
und eines Tages, in einer unvorhersehbaren Zukunft,
das zu werden, was uns vorausbestimmt ist:
Ein glücklicherer, vollständigerer Mensch – übermenschlich vielleicht.

Der Weg des OSIRIS besteht darin, in diesem jetzigen Leben
möglichst alles auf einmal und ein für alle Mal zu realisieren.
Das ist der Weg des Yogi, der sich der Meditation,
der inneren Beobachtung und inneren Erleuchtung hingibt.
Durch seinen starken und bestimmenden inneren Willen
und seine Vision (Osiris bedeutet ‚starkes Auge') entdeckt er,
wie man dem Universum Wirklichkeit gibt – durch Kontemplation;
und wie man auch sich selbst Wirklichkeit gibt –
durch Selbst-Kontemplation.

Diese beiden Wege bestanden im alten Ägypten
immer gleichzeitig nebeneinander,
und ‚die Zwei zu finden' wurde als die höchste Erkenntnis betrachtet.
Dies will uns das Haus hier vermitteln.

Aber es ist eine schwierige Aufgabe.
Es sind zwei komplementäre Bewegungen notwendig:
Ein gegenseitiges *Sich-miteinbeziehen*
und ein kontinuierliches *Sich-hingeben.*

Die erste Bewegung, das *Miteinbeziehen,* beruht auf der psychologischen Erkenntnis,
dass ich – als Osiris – in RE ruhe,
und dass ich – als RE – in Osiris ruhe.[3]
Jeder ist die Ergänzung für den anderen.
Das führt zu einer ungeheuren Konzentration von Kraft
inmitten vollkommener Ruhe,
was einen spirituellen ‚Big Bang' auslösen kann.
Diese Situation wird von einer Hindu-Tradition bestätigt,
nach der nur derjenige die Erleuchtung erlangen kann,
der so brennend auf sein Ziel konzentriert ist,
dass er es kaum erwarten kann, es zu erreichen,
und der gleichzeitig seiner Bestimmung so sicher ist,
dass er bereit ist, Tausende von Leben zu warten,
bis er sein Ziel erreicht hat.
Diese ‚Hochzeit' der zwei Wege ist die ‚conditio sine qua non'
für die Erleuchtung.

Die zweite notwendige reziproke Bewegung besteht darin,
sich ganz dem anderen *hinzugeben*.
RE, der unsere innere wie auch äußere Sonne ist,
gibt sich hin für Osiris: Er gibt seine Substanz,
um sie in Energie, in Licht zu transformieren,
so dass Osiris sehen kann.
Osiris, der Seher, gibt sich hin für RE,
indem er alles Licht, das er empfängt,
in Selbstgewahrsein, in Bewusstsein transformiert.
Der voll bewusste Seher, der Erleuchtete, ist ein Licht
nicht für sich, sondern für das Universum:
Durch das erleuchtete Auge des Beobachters
wird das Universum erst wirklich.
Indem der Seher so allem Wirklichkeit gibt,
verschwindet er selbst und wird zu Allem.
Osiris (das betrachtende Auge und das betrachtete Universum)
und RE (das erleuchtende Licht und Selbstgewahrsein)
spielen das Spiel 'Zwei-in- Einem'.

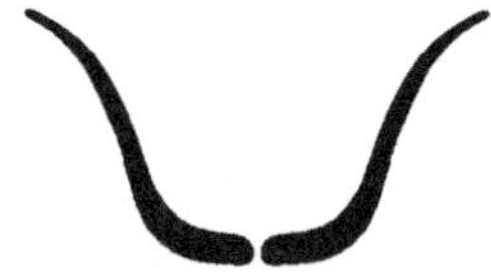

Auf einem Senet-Spielbrett aus der 18. Dynastie
werden die Zwei-in-Einem mit den Hörnern eines Stiers dargestellt,[4]
mit einer Kraft in uns, die alle Tore zu öffnen vermag.
Alles wird möglich.
In den Worten von Sri Aurobindo:
‚Dies ist der Knoten, der die Sterne miteinander verbindet:
Die Zwei, die eins sind, sind das Geheimnis aller Kraft,
Die Zwei, die eins sind, sind der Dinge Macht und Recht.' [5]

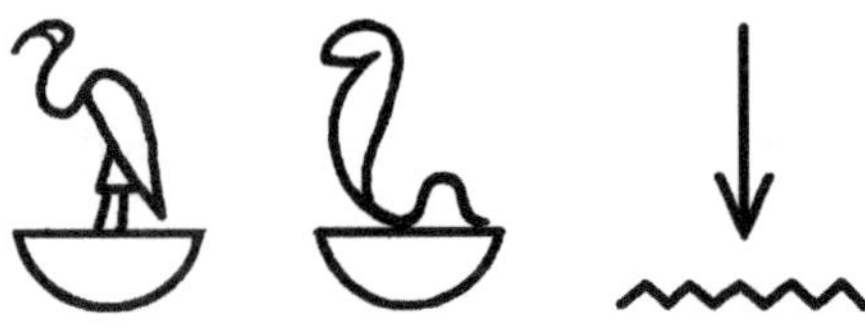

Die ‚zwei Damen', [6]
Geier Nechbet und Schlange Uto;
zwei vibrierend als Eines in Aktion.

Anmerkungen und Quellenangaben zu Seiten 310-313

Zwei

1 Siehe S. 3, und S. 5 Anmerkung 2.

2 Budge, *The Gods of the Egyptians*, II, 22.

3 Medhananda, *Die Königliche Elle*, 122-123.

4 Pusch, Teil 1.2, Tafel 56b.

5 Sri Aurobindo, SABCL, XXVIII, *Savitri*, Book I, Canto 4, p. 63:
'This is the knot that ties together the stars:
The Two who are one are the secret of all power,
The Two who are one are the might and right in things.'

6 ‚Zwei Damen' ist der Name eines Pharaos der ersten Dynastie.
J. von Beckerath, *Handbuch der ägyptischen Königsnamen*, 172.

Die ‚Zwei Damen', der Geier Nechbet und die Schlange Uto,
sind die Wappentiere von Ober- und Unterägypten
und Symbole für das äußere, materielle Korpuskelreich (Geier)
und das innere, psychologische Wellenreich (Schlange),
die der Pharao als die ‚Zwei-in-Einem' kennen und bemeistern muss.

Eins

Auf den bisher bekannten Senet-Spielbrettern wird das letzte Haus –
aus der Sicht der Involution ist es das erste –
entweder durch einen senkrechten Strich gekennzeichnet,
oder durch eine Fahne, oder durch RE, Osiris oder Horus.
Horus wurde, wie es scheint, am häufigsten verwendet
und könnte der beliebteste Avatar des *Einen* gewesen sein.
Ein Spielbrett der späteren Zeit (um 500 v. Chr.)
erfreut seine Spieler mit dem *goldenen* Horus;[1]
golden deshalb, weil er zwei grundlegende Pole des Seins
(in diesem Fall Horus und Seth) in sich integriert hat.[2]

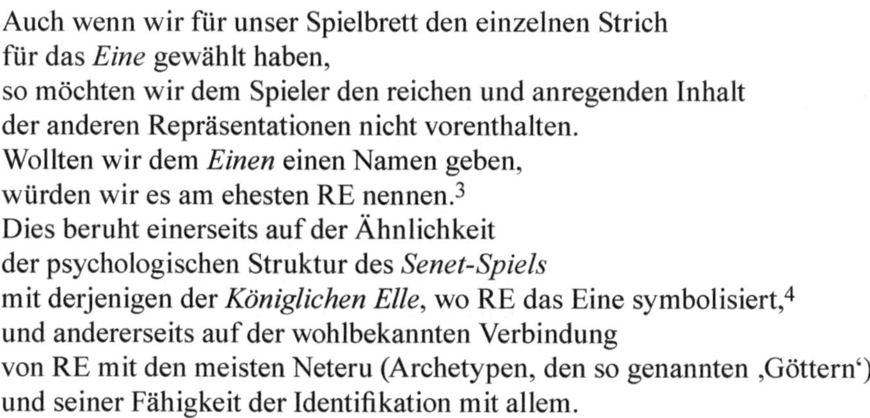

Auch wenn wir für unser Spielbrett den einzelnen Strich
für das *Eine* gewählt haben,
so möchten wir dem Spieler den reichen und anregenden Inhalt
der anderen Repräsentationen nicht vorenthalten.
Wollten wir dem *Einen* einen Namen geben,
würden wir es am ehesten RE nennen.[3]
Dies beruht einerseits auf der Ähnlichkeit
der psychologischen Struktur des *Senet-Spiels*
mit derjenigen der *Königlichen Elle*, wo RE das Eine symbolisiert,[4]
und andererseits auf der wohlbekannten Verbindung
von RE mit den meisten Neteru (Archetypen, den so genannten ‚Göttern')
und seiner Fähigkeit der Identifikation mit allem.

Ein weiterer Grund, weshalb wir das *Eine* RE nennen würden,
ist die große Formbarkeit und evozierende Kraft seiner zwei Symbole:
Kreis und Punkt.
Die Spitze einer Pyramide ist in ihrer reinsten Abstraktion ein Punkt –
ein Punkt, von welchem in einem übertragenen Sinne
ein Pendel herabhängen und schwingen kann.
Der Punkt hat keine Dimension, er ist eine Nicht-Entität.
Von einem Punkt aus schwingend, machen Pendel zwei Bewegungen:
Sie gehen nach außen und kommen wieder nach innen.
Kommend und gehend können sie,
wie aus der Physik bekannt,[5]
relativ zu dem Punkt einen vollen Kreis beschreiben.
Dies ist ein dynamisches Symbolbild von RE.
Es zeigt uns:
Wir haben nicht das Ende des Spiels erreicht,
sondern den Kern von Sein-Bewusstsein-Seligkeit,
die Essenz von Leben, Mensch und Kosmos.
Um hier anzukommen und die Bedeutung
von allem und von uns selbst zu entdecken,
mussten wir in jedem der aufeinander folgenden Häuser
etwas von unserer Schwere loswerden, die uns daran hinderte,
das nächste Haus zu betreten, die nächste Stufe hinaufzusteigen.
Nun, auf der Spitze der Pyramide,
kann der Hinaufsteigende seinen Zeugen aufgeben,
kann der Spieler sein Spiel weggeben,
um wieder reiner, ewiger Neubeginn zu sein: reiner Big Bang.

Kehren wir zu dem einen Strich als Symbol für das *Eine* zurück.
Schon vom Cro-Magnon-Menschen entdeckt,
ist er das einfachste aller Zeichen.
In der ägyptischen Schrift bedeutet die gerade Linie *Hieroglyphe.*
Alle Hieroglyphen sind von diesem heiligen Symbol – dem *Einen* –
abgeleitet, dem einfachsten und zugleich schwierigsten,
das es zu realisieren gilt.
Nur ein Kind kann das *Eine* spontan leben.
Falsch verstanden, wäre dies Blasphemie,
richtig verstanden, bedeutet es: Der Denker hat aufgehört, zu denken,
er ist ganz *eins*, ganz *Gegenwart.*
Es gibt nur *ein* ICH BIN, nur *einen* brennenden Dornbusch,[6]
das *Eine*, das *Alles* ist, und *Alle*, die das *Eine* sind.
Von dem königlichen Spieler, der dieses Stadium erreicht, wird gesagt:
‚Wer ist er? …
Sein Name ist Jubel des RE,
mit der Seele des RE hat er sich vereinigt.‘ [7]

Der Strich kann auch die Rolle einer teilenden Linie spielen,
der ersten Bewegung der Trennung
zwischen dem Hier und dem Dort, zwischen Erde und Himmel.
Biegt er sich aber rund herum zu sich selbst hin,
wird er zum Kreis.
Der ewig Trennende wird zum ewig Vereinigenden.
Es gibt nichts, was RE nicht auch wäre;
wie sollte also Trennung stattfinden?

Ein weiteres Symbol von RE, das mit der geraden Linie verwandt ist,
bringt eine andere Sicht des Universums mit sich:
Es ist die Saite oder das Monochord,
nicht in statischem Zustand, sondern vibrierend:
RE, die ewig schwingende Saite,

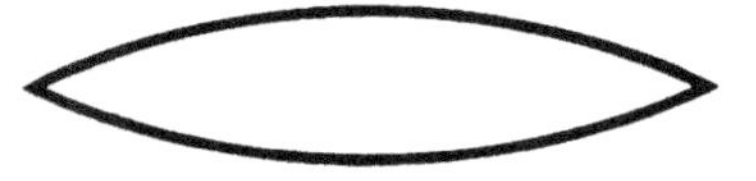
[8]

die später von den Monotheisten als das kreative Wort aufgefasst wurde.[9]
Für den modernen Menschen wäre es der ‚Superstring',[10]
dessen Schwingung alles hervorbringt und alles ist.

In der ‚Großen Litanei' des RE lesen wir:

> ‚Sei gegrüßt, RE! … höchste Kraft …
> … Du bist die Körper des Hervorfließenden. …
> … Du bist die Körper des Reisenden. …
> … Du bist die Körper von Horus. …
> … Du bist die Körper des Verborgenen Einen …
> … Du bist die Körper des Einen der Katze. …
> … Du bist die Körper des Schaffers von Körpern. …
> … Du bist die Körper des Verwesten Einen …
> … Du bist die Körper des Flammenden Einen. …
> … Du bist die Körper des Jubelnden Einen. …
> … Du bist die Körper des Immer Eins Werdenden. …' [11]

‚Ich bin RE.' [12]

I

Zu der Zeit von Parmenides[13] gab es keine gerade Straße
von einem Ort zu einem anderen – mit einer Ausnahme,
dem Pfad zum Tempel der Wahrheit,
wie Parmenides zu seiner großen Verwunderung feststellte.
In einer Vision sah er sich in einem Wagen, der sich so schnell
bewegte, dass er nur wie ein Pfeil geradeaus fahren konnte,
und man sah nicht, wie die Räder sich bewegten, nur wie sie glühten.
Die Göttin der Wahrheit erwartete ihn am Eingang des Tempels.
Sie sagte:
‚Was ist, das *ist* –, das *war* schon immer –, und das *wird* immer *sein.*'
Zu denken, dass etwas *ist* und früher nicht *war* oder später nicht *sein wird,*
würde bedeuten, die Magie der geraden Linie zu verfehlen,
den einzigen Pfad, der zu dem Tempel der Wahrheit führt.
Wir können wählen, ob wir uns verändern,
also stets etwas anderes sein wollen,
oder ob wir immer in demselben Seinszustand bleiben möchten:
Es hängt ganz davon ab, ob wir an das Leben glauben
oder an die ewige Ruhe, und wie lange wir daran glauben.
Aber ‚*nicht sein*', das gibt es nicht.
Weil Parmenides dies erkannt hatte, wurde er ‚der Große' genannt.
Er ging an die Grenzen unserer Denkfähigkeit,
zwischen Ewigkeiten des Sich-veränderns
und Ewigkeiten der Wiederholung derselben Schwingung.
In beiden Situationen gibt es etwas, das wir nicht anhalten können,
und das ist die Ewigkeit selbst: die einzige RE-alität.
Das ist die Substanz des Senet, des Spiels der Ewigkeit.

Der königliche Spieler sagt:

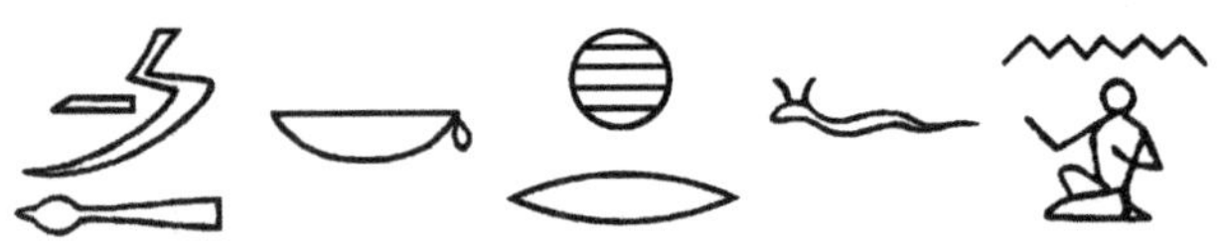

Wahrheit führt dich so sagt zu mir

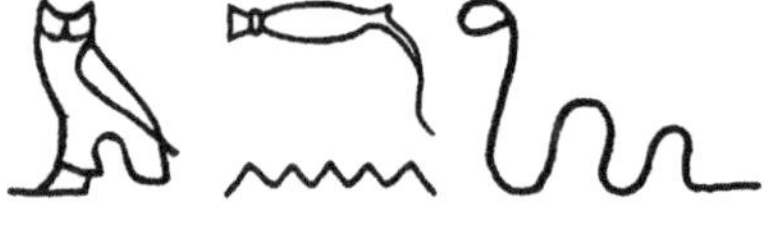

meine Mehen

MEINE MEHEN SAGT ZU MIR
DIE WAHRHEIT FÜHRT DICH

MEIN HERZ BLEIBT ...
in Frieden

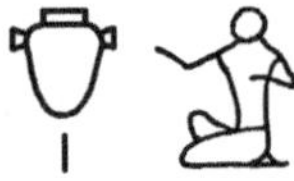 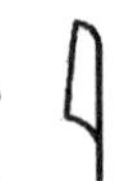 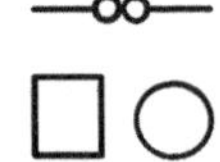

Anmerkungen und Quellenangaben zu Seiten 315-320

Eins

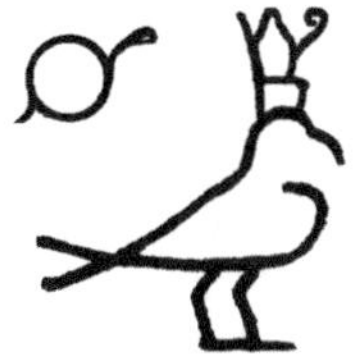

1 Pusch, Teil 1.1, 376.
Eine andere Darstellung des Hauses des Einen (Pusch, 1.1, 310) zeigt Horus mit der Doppelkrone des Kriegers und des Erleuchteten, und hinter ihm die Mehen, die mit ihrem Körper einen Kreis der Einheit bildet.

2 Vgl. S. 43-44 und siehe auch Medhananada, *Die Königliche Elle*, 130.

3 Es ist nur ein Spielbrett bekannt, das die Hieroglyphe RE trägt. Pusch, Teil 1.2, Tafel 76c.
Auf dem Spielbrett des Thutmoses III. (Pusch, Teil 1.2. Tafel 55) könnte es laut Pusch später hinzugefügt worden sein.

4 Medhananda, *Die Königliche Elle*, 99-104.

5 Vgl. das Foucaultsche Pendel, das durch die Erdrotation einen Kreis beschreibt.

6 *Die Bibel*, 2. Buch Mose, 3:2 und 3:14. Siehe auch S. 227.

7 Piankoff, *The Shrines of Tut-Ankh-Amon*, 107.

8 In der ägyptischen Schrift ist dies das Symbol für ‚Mund', das auch die ‚Stimme' von RE repräsentiert, das Wort, die Schwingung.
Medhananda, *Der Weg des Horus*, 53 und *Die Pyramiden und die Sphinx*, 51.

9 Vgl. *Die Bibel*: 1. Buch Mose, Genesis, 1:3-26 „Und Gott sprach …";
sowie Johannes-Evangelium, 1:1-2 „Im Anfang war das Wort, und das Wort war bei Gott, und das Wort war Gott. Dieses war im Anfang bei Gott. Durch dieses ist alles geworden, ...".

[10] Die Superstring-Theorie der theoretischen Physik postuliert mikroskopisch kleine schwingende Saiten als Grundlage der Materie und aller fundamentalen Kräfte.

[11] Nach Piankoff, *The Litany of Re*, 22-43; einige Auszüge.

[12] Piankoff, *The Wandering of the Soul*, 27.

[13] Parmenides war ein vorsokratischer Philosoph, geboren 515 v. Chr. in Elea, der später von Platon ‚Der Große' genannt wurde. Er schrieb ein Buch über die verborgenen Dinge, in welchem er berichtet, was die Göttin der Wahrheit ihm sagte – was wir hier in stark vereinfachter Form wiedergeben:
‚Bemühe dich, nicht auf die Art und Weise der Sterblichen zu denken, die wie Betrunkene von rechts nach links torkeln, die unschlüssig sind, ob Sein und Nicht-Sein dasselbe ist.
Alles ist Eins in seiner Ganzheit, in seiner Verbundenheit. Nichts ist nicht. Das, was ist, kann nicht ins Nichtsein verschwinden, kann nicht geteilt werden. Es ist immer seiend, in sich immer gleich.'

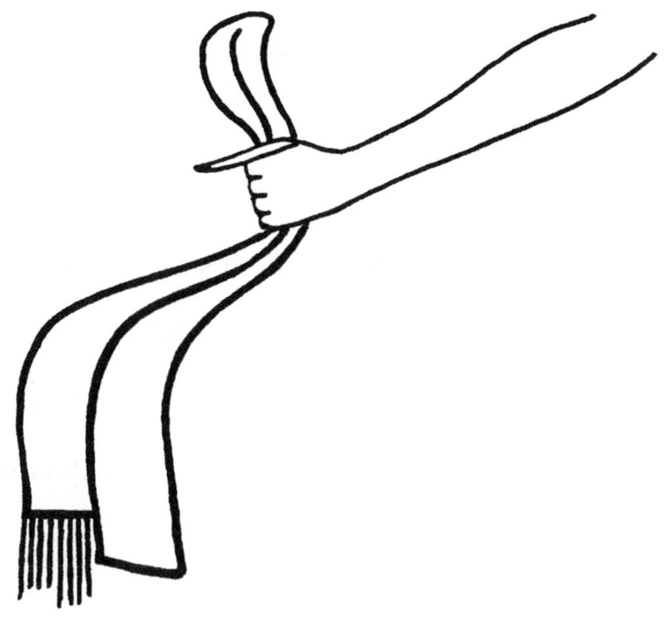

V

SCHLUSSFOLGERUNG

Eine Welt, die sich selbst umarmt

„Was alles man dereinst für unmöglich gehalten,

konnte jetzt zu einer natürlichen Möglichkeit werden,

zu einem neuen Bereich erhabener Normalität.“

Sri Aurobindo [1]

Das Bild auf Seite 323
zeigt den Arm von Jmn-m-Jpt,
einem königlichen Schreiber, der das *snb* (seneb) in der Hand hält,
während er mit der anderen Hand das Senet-Spiel spielt.[2]

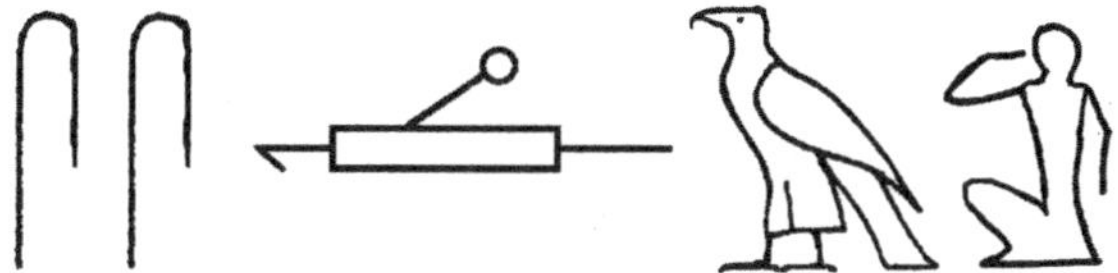

‚Sich selbst weise machen‘ [3]

Eine Weisheit zum Anfassen

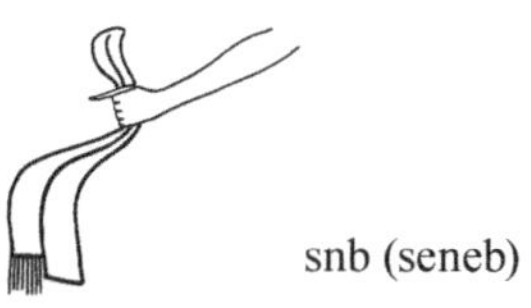

snb (seneb)

Einige Spieler des Senet-Spiels
halten das *snb* (seneb) in der Hand
ein Tuch, das so gehalten wird,
dass es eine Schlaufe bildet.
Durch diese Schlaufe wurde der ägyptische Spieler ständig
an die Wiederkehr von allem
und den Grund seines Daseins erinnert.
Auch ein über den Arm gelegtes Tuch (das somit auch eine
Schlaufe bildet) wurde zu einer bedeutungsvollen Hieroglyphe
in der ägyptischen Schrift.
Sie wurde als ***s*** ausgesprochen, war Teil vieler Verben
und symbolisiert die Aktion und die Kraft,
die ‚verursacht‘ oder ‚macht‘, dass etwas geschieht,
und unsere Fähigkeit, eine Bewusstseinsbewegung zu üben.[4]
Wenn die Hieroglyphe für sich alleine steht, wird sie
(wie die Schlaufe in der Hand des Senet-Spielers) *snb* genannt
und ist die Abkürzung der berühmten Segensformel:
Ankh, dja, seneb‘ ‚Mögest du leben, gedeihen und gesund sein.‘[5]
Sie ist auch der aktivierende Prozess von
‚heilen‘ und ‚Gesundheit‘,
ebenfalls *snb* ausgesprochen.
Snb konkretisiert das geheimnisvolle Geschehen des Heilungsprozesses:
das Zusammenbringen von Zeitlichem und Ewigem,
von Endlichem und Unendlichem,
von Korpuskularem und Vibrierendem;
denn *snb* ist beides zugleich.[6]

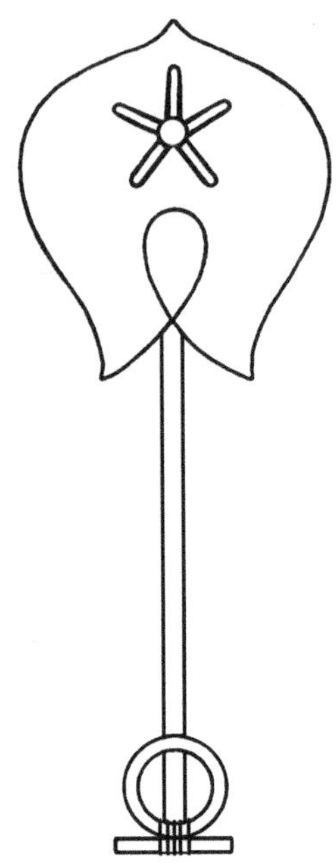

Aus dem Papyrus von Khonsu-mes[7]

Wenn wir die *Schlaufe* als solche untersuchen,
so finden wir sie im Schlüssel des ‚Lebens', im *Ankh,*
wo sie das ewige Wiederkehren symbolisiert.
Eine ihrer Funktionen ist es auch, ‚Schutz' [8] zu geben –
eine Hieroglyphe, die mit der großen Nilpferd-Mutter
Taweret (Tauret, Toeris) assoziiert ist
und oft als Amulett getragen wurde.
Eine doppelte Schlaufe finden wir
im Symbol des Fächers (Bild oben),
der uns erfrischt und tief und bewusst atmen lässt,
und der uns im Zentrum unser Lichtwesen, unseren Stern zeigt.
Fest gegründet steht er (ein Symbol für uns selbst)
im Shen-Ring und bringt uns die Seligkeit
des Sich-selbst-Erkennens und des Sich-selbst-Umarmens.
Und ist nicht der Shen-Ring – die Vereinigung von Ewigkeit und Zeit –
die ultimative Schlaufe?[9]

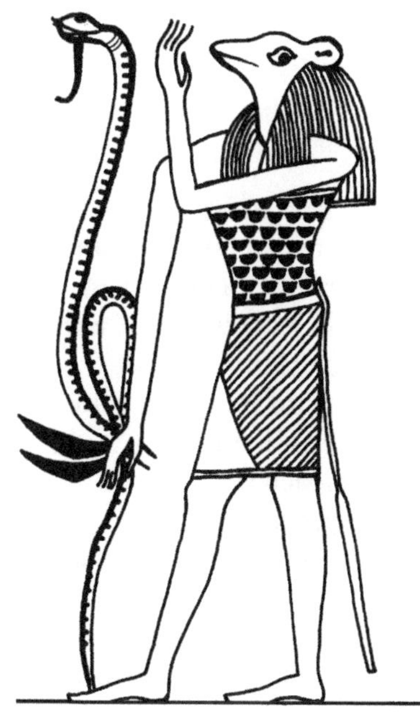

Detail aus dem Papyrus von
Nisti-ta-Nebet-Taui [10]

Die Schlaufe hat uns aber noch mehr zu sagen.
Wir alle kennen das Bild von der Mehen,
die sich in den Schwanz beißt (siehe S. 15).
Es symbolisiert eine in sich selbst vollkommene
Bewegung des Bewusstseins, die schwer zu verwirklichen
und aufrechtzuerhalten ist.
Mit unserem Bewusstsein nur eine ‚Schlaufe' auszuführen,
scheint praktikabler zu sein.
Im Bild oben sieht man die Mehen, wie sie von ihrem vertrauten
Archetyp, der göttlichen Ratte, getragen und veranlasst wird,
eine Schlaufe zu bilden, über den Messern der Dualität.[11]
In gleicher Weise könnte das *snb* – das als Schlaufe gehaltene Tuch –
interpretiert werden; als eine Erinnerung und als ein Symbol
für eine Bewegung des Selbstgewahrseins,
die ohne Ende in sich selbst zurückkehrt –
in unsere eigene Ewigkeit und Unendlichkeit –
und von da immer wieder neu geboren wird.

Apotheose

Das Senet-Spiel, so wird uns gesagt, ist ein Spiel der Verewigung.
In später entstandenen Religionen versuchte man, aus dem irdischen Spiel in ein Nirvana oder in ein Paradies zu entfliehen.
In der ägyptischen Psychologie jedoch hat das Spiel kein Ende.
RE ist der Eine am Anfang der Manifestation,
und er ist es immer noch und wird es immer sein.
Er ist der Mund (das Wort, die Schwingung),
durch welchen das Universum sich manifestiert,
und er hat nie aufgehört, zu sprechen.
Thoth hat nie aufgehört zu schreiben, was RE sagt,
und Amon hat nie aufgehört, das ewige Spiel zu spielen.
Damit wir an dieser göttlichen Unendlichkeit teilhaben können,
musste sich unsere Korpuskularität, symbolisiert durch die Spielfiguren, einer vollständigen Auflösung unterziehen. Was aber tatsächlich aufgelöst wurde, war unsere Identifikation mit einem sterblichen Körper.
Befreit von diesem Hindernis, waren wir bereit,
eine Kontinuität zu entdecken, die nur jenseits von Formen existiert,
vibrierend mit dem Bewusstsein einer wesentlichen Energie,
unsere ewige ‚Schlangen'-Natur, unsere Mehen (vgl. S. 30).
Dieses Wissen mit seiner Symbolik gehört zu einer tieferen Bewusstseinsschicht im Menschen;
wir finden es auch in der mesoamerikanischen Kultur der Olmeken,
in der fernöstlichen der Chinesen und in anderen alten Kulturen,
so zum Beispiel im griechischen Mythos von Herakles.
Nachdem Herakles die zwölf Arbeiten seiner Selbst-Eroberung
erfolgreich abgeschlossen hat, steigt er auf den Scheiterhaufen,
der für ihn entzündet wird, und liegt dort selig als blumenbekränzter Gast,
als plötzliche Blitze alles zu Asche reduzieren.
Darauf erscheint er in all seiner Majestät
als eine Schlange, die sich gehäutet hat,
und Zeus macht ihn zu einem der Zwölf Olympier.[12]
Unsere wahre, unendliche Wellen-Natur wiederzuentdecken,
ist die spielerische Übung, die uns das Senet-Spiel vorschlägt.

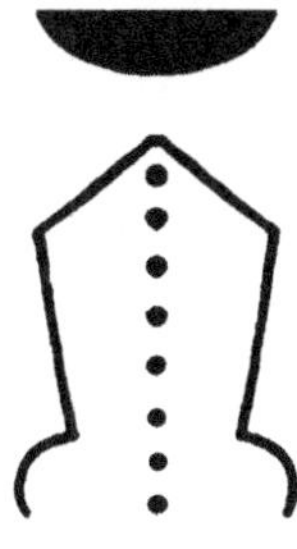

‚Herr (oder Dame) der Umarmungen' [13]

Die Litanei des RE

Die Litanei des RE – des *Einen* in der *Manifestation* –
spielte im alten Ägypten eine große Rolle in der Erziehung.
Neben der Großen Litanei gab es auch kürzere Litaneien,
darunter die Aufzählung der Neteru (der Archetypen) des *Senet-Spiels*
und der *Königlichen Elle*.
Litaneien wurden auswendig gelernt und in den Tempeln gesungen,
und jeder Name entsprach einer Seelenkraft (Schwingung)
und einem Symbolbild,
an das sich die Ägypter mit ihrem gut entwickelten
visuellen Gedächtnis leicht erinnern konnten.
So sollte es uns nicht verwundern, dass in einem Zeitalter, in dem
alles im Universum als mit allem anderen verbunden gesehen wurde,
die Stunden des Tages, die Nächte des Mondes, die Töne der Musik,
die Zahlen und Proportionen, die verschiedenen Teile des Körpers,
die Archetypen, die Sonne und die Sterne,
als ein einziger Körper der Resonanz wahrgenommen wurde,
und dass dies so war seit den großen Anfängen.
Auch heute noch lassen sich in alten Alphabeten, wie in demjenigen
des Sanskrit, Spuren dieser mystischen Beziehungen erkennen.
Aber sonst ist wenig von dieser antiken Welt der Zusammengehörigkeit
übriggeblieben.
Erst im 20. Jahrhundert haben uns bahnbrechende Entdeckungen
in Naturwissenschaft, Mathematik und Psychologie neue Schlüssel
geliefert, die es uns ermöglichen, die Bedeutung eines Universums
des Zusammenhalts und der gegenseitigen Umarmung neu zu entdecken.

Regel, Notwendigkeit, Gesetz versus Neues Bewusstsein

Die Archetypen des Senet-Spiels kämpfen nicht gegen Regeln,
Notwendigkeiten und Gesetze der Welt oder greifen in sie ein.
Sie spielen in der parallelen Welt von *Unbestimmtheit, Zufall und Möglichkeiten.*
Für die Ägypter war zum Beispiel die göttliche Geburt eines Archetypen durchaus eine Möglichkeit.
Ihr Kalender hatte zwölf Monate zu je drei Wochen mit zehn Tagen.
Damit blieben die letzten fünf Tage des Sonnenjahres außerhalb der Zeit.
Während dieser Zusatztage (*Epagomenen*) –
es waren Festtage unaufhörlicher Freude –
wurde zum Beispiel, wie der Mythos erzählt, Isis geboren,
‚in der Nacht des Kindes in seiner Wiege,
dem großen Fest der ganzen Erde'.[14]

Später sahen die Christen die Geburt von Jesus
als die Frucht von etwas, das sie ‚unbefleckte Empfängnis' nannten –
eine Empfängnis, die nicht den Regeln einer Notwendigkeit unterlag.

Die meisten Menschen können nicht anders,
als gegen eine Notwendigkeit zu kämpfen,
sogar wenn das Spiel der Korpuskularität wieder einmal zu Ende geht
und das Kämpfen dann völlig sinnlos und entmutigend ist.
Sie erkennen nicht die wenigen kostbaren Momente in ihrem Leben,
in denen die Notwendigkeit von der Bühne verschwindet
und das Spiel sich weit öffnet.
Das ägyptische Spiel der Archetypen ist ein pädagogisches Instrument,
das uns lehrt,
sowohl den Moment zu erkennen, in dem das Spiel
(für einen Teil von uns) aus ist,
als auch den Moment, in dem keine Regel,
keine Notwendigkeit mehr herrscht.
Dann nimmt ein völlig neues Bewusstsein den Platz des anderen ein,
und alles wird möglich.

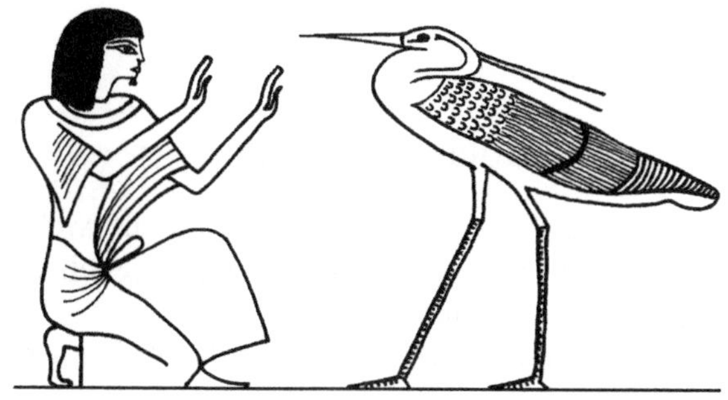

Hunefer verehrt sein
eigenes Bild als Phönix.[15]

Gegenseitige Spiegelung

Um aus dem Dilemma der Welt herauszukommen,
müssen wir zuerst ihre Dichotomie akzeptieren.
Das *Eine* projiziert sich als das *Andere*,
damit es sich selbst finden kann.
Nur mit Hilfe der Anderen wird es sich der vielen Aspekte seines Einsseins bewusst.
Licht wird zu ‚wirklichem' Licht, nicht während es Raum und Zeit
durchläuft, sondern wenn es auf etwas anderes trifft
und von ihm reflektiert wird.
Die Archetypen benötigen den Menschen,
um von ihm gespiegelt zu werden,
und der Mensch braucht die Archetypen,
um sich selbst zu erkennen und zu lieben.
Und die Archetypen benötigen einander,
um sich gegenseitig Zeugen und Messende zu sein.[16]
Das, was immer war, und das, was immer sein wird,
spiegelt sich in dem sich bewegenden Bild des Augenblicks,
mit dem Menschen auf der Schwelle zwischen beiden.
Lasst uns das Endliche auf unserer Seite des Spiegels messen,
ohne unseren Hauptzeugen auf der anderen Seite zu vergessen,
der das Gleiche mit dem Unendlichen misst.
Das *Senet-Spiel* und die *Königliche Elle* sind Lehr-Spielzeuge
zur Selbstentdeckung, die dem Menschen wie in einem Saal
mit tausend Spiegeln seine eigenen psychologischen Kräfte zeigen.

Das Senet-Spiel und die Königliche Elle

Die von uns für das Senet-Spiel getroffene Auswahl an Archetypen
und die Positionen, die wir ihnen auf dem Spielbrett gegeben haben,
basieren auf zwei Informationsquellen:
Auf den aus der prädynastischen bis hin zur ptolemäischen Zeit
bekannten Senet-Spielbrettern
und auf den drei Großen Senet-Texten (S. 337 ff.) aus der 18. Dynastie,
nebst anderen, kürzeren Texten,
welche die bildlichen Darstellungen von Senet-Spielern begleiten.
Die wahre Führung durch die noch unbekannten Bereiche
des königlichen Spiels erhielten wir aber
durch unsere eingehende Untersuchung der *Königlichen Elle*.
Es gibt eine Beziehung zwischen den Archetypen
des *Senet-Spiels* und denen der *Königlichen Elle*,
auf die wir im Rahmen dieses Buches nicht weiter eingehen können.
Die *Königliche Elle* ist besser dokumentiert, in dem Sinne,
dass alle ihre Archetypen gut bekannt sind;
und sie ist gänzlich in Hieroglyphen geschrieben,
sodass eine Verzerrung ihres Inhaltes nicht möglich ist.
Sie ist das am besten kondensierte und kodifizierte System
eines vollständigen Yogas (eines Weges der Selbstvervollkommnung),
das bisher entdeckt wurde.
Das *Senet-Spiel* mag zugänglicher und attraktiver sein
mit seiner freudevollen psychologischen Pantomime
der Bewusstseinsbewegungen – nicht zögernd,
sich auch mit Tod und Wiedergeburt zu befassen.
Es ist ein Spiel, das sich sehr fein
dem Selbstgewahrsein des Spielers anpasst.
Seine Grundlage ist so solide und tragend,
dass es Änderungen und Revolutionen unterstützen
und doch seine einzigartige Charakteristik beibehalten kann,
wie auch sein Ziel der Verewigung,
das nicht eine Sackgasse ist,
sondern ein „Noch einmal!“ an das Leben und die Auferstehung.

Ein nie endendes Spiel

Das Symbol von Amon, dem ewigen Spieler, ist,
ohne die Person selbst (vgl. S. 46),
der Name des ersten Pharao der 1. Dynastie:
Menes, der Permanente, Dauernde, Beständige.

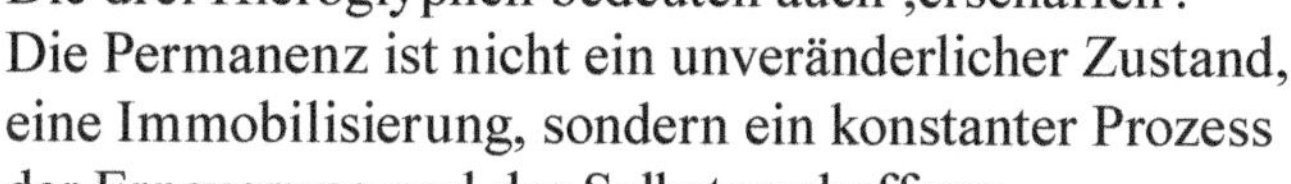

Menes

Die drei Hieroglyphen bedeuten auch ‚erschaffen'.[17]
Die Permanenz ist nicht ein unveränderlicher Zustand,
eine Immobilisierung, sondern ein konstanter Prozess
der Erneuerung und der Selbsterschaffung.
Ein so grundlegendes Spiel wie das Senet-Spiel entwickelt sich mit,
wenn unser Bewusstsein wächst, sich weitet, sich intensiviert.
Ein Senet-Spiel, das der Kambrischen Explosion vor 530 Millionen
Jahren und den ersten Chordatieren[18] entspräche,
würde sich gewiss von einem königlichen Spiel
der 18. ägyptischen Dynastie unterscheiden.
Dennoch hätten sie eines gemeinsam:
Eine Struktur, die dem Spiel zugrunde liegt – eine so grundlegende
wie die Reihenfolge der Zahlen oder jene der Nächte des Mondes.
Wenn wir nun von den pharaonischen Zeiten
in das 20. Jahrhundert springen,
ist es ganz natürlich für uns, das Senet-Spiel im Lichte
der modernen wissenschaftlichen Entdeckungen zu betrachten
und mit dem am weitesten fortgeschrittenen
psychologischen Wissen unserer Zeit, dem von Sri Aurobindo.
Wir spielen ein Spiel voller kreativer Kräfte, welche die
irdische Evolution ausgewählt und in ihrem Gepäck mitgebracht hat –
für den nächsten Schritt der Menschheit.[19]
Deshalb kann dem Spiel *keine endgültige Form* gegeben werden.
Das Universum wird ohne Ende immer Neues verwirklichen
und uns immer schöner erscheinen.
Dennoch wird es immer dasselbe Universum sein, derselbe Mond
und grundsätzlich dasselbe Spiel.
Nur unser Verständnis, unsere Wahrnehmung von Raum, Zeit und Leben
wird sich weiterentwickelt haben.

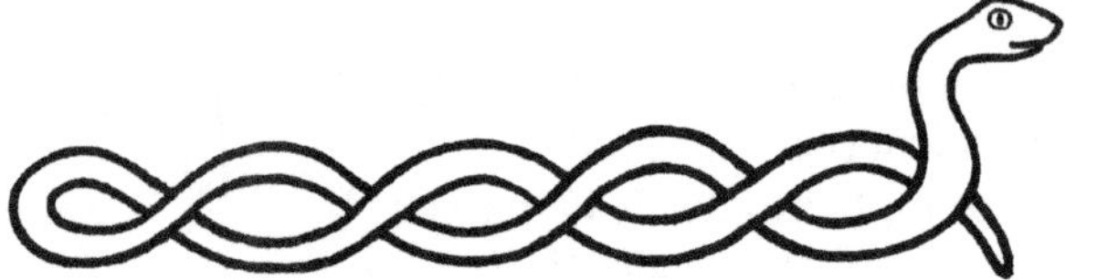

20

Das fehlende Bindeglied

Wir mögen vielleicht Lücken
oder Unterbrechungen
in der Kontinuität wahrnehmen,
wenn wir als Spieler
von einer Rolle zur anderen wechseln,
wenn wir eine Spielfigur bewegen
und dann eine andere,
wenn wir von Haus zu Haus gehen,
von Quantensprung zu Quantensprung.
Aber eines Tages werden wir
das fehlende Bindeglied (‚the missing link‘) entdecken:
uns selbst.

Anmerkungen und Quellenangaben zu Seiten 323-334

Teil V *Schlussfolgerung*

[1] Sri Aurobindo, SABCL, XVIII, *Savitri*, 84, im Kapitel ‚The Yoga of the King: the Yoga of the Spirit's Freedom and Greatness': 'All once impossible deemed, could now become a natural limb of possibility, a new domain or normalcy supreme.'

[2] Pusch, Teil 1.2, Tafel 27, Detail.

[3] Sich ‚weise machen' schließt ein Gefühl tiefer ‚Befriedigung' mit ein. Faulkner, *Dictionary*, 245.

[4] Gardiner, F 29, 507. Siehe auch S. 203.

[5] Faulkner, *Dictionary*, 231,
Vgl. auch S. 203: ‚Ankh dja seneb'

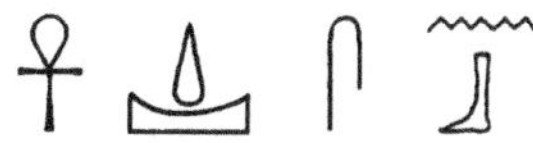

[6] Das Paradox von ‚Schrödingers Katze' illustriert den Unterschied der zwei physikalischen Konzeptionen des Universums. In der klassischen Physik ist die Katze *entweder* tot *oder* lebendig. Aber in der Quantenphysik können die zwei Zustände – tote *oder* lebendige Katze – *koexistieren.* Abgekürzt aus H. Zwirn, 'Du quantique au classique' in *Pour la Science*, édition française de *Scientific American* décembre 1992, 38-46.
Das *Entweder-oder* wird in der Quantenphysik zum *Sowohl-als-auch* (wie z.B. bei Korpuskel und Welle).

[7] Piankoff, *Mythological Papyri*, Papyrus 17, Detail.

[8] Faulkner, *Dictionary*, 207.

[9] Mehr zum Fächer siehe Medhananda, *Der Weg des* Horus, 178-179; mehr zum Shen-Ring siehe Medhananda, *Die Königliche Elle*, 202.

[10] Piankoff, *Mythological Papyri*, Papyrus 8, Detail.

[11] Medhananda, *Archetypen der Befreiung*, 77-79.

[12] Graves, *The Greek Myths*, II, 203, 145 h, i.
So, wie der siegreiche Senet-Spieler der *einunddreißigste* unter den ‚Dreißig' wird (obwohl es nie mehr als dreißig geben wird), nimmt Zeus den Herakles in den Kreis der Zwölf Olympier auf (obwohl es immer nur zwölf sein werden). Ähnlich kann auch *Tausendundeine Nacht* (der Titel einer Sammlung orientalischer Erzählungen) verstanden werden; auch er weist auf die Vielheit und Einheit hin, die in allem zu finden ist.

13 Piankoff, *Litany of Re*, 139. Detail aus dem Papyrus von Mut-em-uia 75/7.

14 Text aus dem Tempel von Dendera; Husson, *L'Offrande du Miroir*, 167.

15 Rossiter, Ägyptische Totenbücher, 86, Detail.

16 Unsere eigenen inneren Potenzialitäten zu messen – die verschiedenen Dimensionen unseres Bewusstseins, die Fülle, mit der wir eine spezielle Bewegung ausführen, war eine Kunst, die der Mensch früherer Zeiten kannte und die mithilfe der *Königlichen Elle* im alten Ägypten praktiziert wurde. Siehe dazu Medhananda, *Die Königliche Elle.*

17 ‚erschaffen, kreieren', wie geschrieben in den Pyramiden-Texten. Faulkner, *Dictionary*, 21.

18 Die Chordatiere (oder Chordaten) besitzen eine *Chorda dorsalis*, einen stabförmigen Stützapparat im Rücken. Gould, *Wonderful Life*, 321.

19 Was in der Evolution das Erscheinen der Eukaryoten [Lebewesen mit einem echten Zellkern] für das *Leben* war, war das Erscheinen des Senet-Spiels für das *Selbst-Gewahrsein.*

20 Aus dem Zodiak im Tempel von Dendera; nach Denon, *Planches du Voyage*, Pl. 132, Detail.

DER GROSSE SENET-TEXT

von Medhananda aus den Hieroglyphentexten
ins Englische übersetzt,
mit von ihm in Klammern hinzugefügten
Erläuterungen oder vermuteten Weiterführungen
(Quellenangabe: siehe S. 7, Anm. 3).

EIN KÖNIGLICHES GESCHENK
AN DIE SELBSTERKENNTNIS RE-ATUM
UND AN ALLE MEINE BEWUSSTSEINSEBENEN
THOTH SHU MAAT UNNEFER
(MENTAL ÜBERMENTAL SUPRAMENTAL
UND SELIGKEIT)
UND AN DIE DREISSIG HÄUSER DES SPIELS
DIE HÄUSER DER VERWIRKLICHUNG MEINER SEELE
GEFÄSSE VON MAAT

MÖGEN ALLE MEINE SEELENKRÄFTE
HORUS INPU THOTH SHU MAAT
MICH UMARMEN WENN ICH
IN IHRE SCHÖNEN HÄUSER EINTRETE
(IN DIESEM SPIEL)

MÖGE MEINE ASPIRATION HEKKET
MEINE SEELENKRAFT HU
MEINE WEISHEIT SIA
SICH OFFENBAREN
WENN ICH IN DIE HALLE
MEINER DREISSIG BESCHÜTZER EINTRETE
MEINER SELBSTE

MÖGE ICH UNSTERBLICH WERDEN
UNTER DEN DREISSIG UNSTERBLICHEN
DER EINUNDDREISSIGSTE

JETZT
NÄHERE ICH MICH
MEINEM INNERSTEN WESEN
MEINER MEHEN

ES SIND IHRE SPIELFIGUREN
DIE ICH ZU MEINEM HERZEN HEBEN WERDE
UND IN DIE HÄUSER UNSERER
GEMEINSAMEN SEHNSUCHT

ICH BETRETE DAS HAUS MEINES LEHRERS
UND ENTDECKE MEINEN PLATZ
JETZT KANN ICH GEMEINSAM MIT IHM KÄMPFEN
ALS EIN GOTT

(ICH BETRETE DAS HAUS MEINER MUTTER
ICH KENNE DEINEN NAMEN)
OH NEITH ICH KANN DEINE AUSGESTRECKTEN ARME SEHEN
ÜBER DEM TISCH DER OPFERGABEN

SCHWUNGVOLL ÖFFNE ICH DIE TÜRE
DES WUNDERSCHÖNEN
(STILLEN)
HAUSES VON MAAT

MEIN INNERER FÜHRER
BEGLEITET MICH
IN DAS HAUS DER DREISSIG
(IN DER TAT IN ALLE DREISSIG HÄUSER)

UND RICHTET MICH AUF
ALS SÄULE DER EWIGKEIT DJED
ZUSAMMENGEBUNDEN
MIT DEM GÜRTEL DER LIEBE TET

ICH BEFINDE MICH
IN DEM (IMMER)GRÜNEN FELD
VON WADJYT
IN (EWIGEM) WERDEN

(DANEBEN STEHT)
DAS HAUS DER GROSSEN MUTTER
(NATUR)
MUT

MEIN HERZ IST JETZT STARK
EIN SCHIFF DER KRAFT
NICHT GETEILT
GROSS IST DIESES MEIN HERZ

UND OFFEN
ZEUGNIS FÜR MICH ABZULEGEN
WENN ICH JENE STEINE
MEINES MITSPIELERS NEHME
UND SIE DAHIN SETZE WO ICH MÖCHTE

SEINE FINGER ZITTERN
SEIN HERZ POCHT
ER WEISS NICHT WIE ER
DEM KÖNIG IN SEINEM HAUS ANTWORTEN SOLL

ICH MACHE MEINEN NAMEN LEBENDIG
IM HAUS DER VERHERRLICHUNG
ORION
WO DAS LEBEN UNVERGÄNGLICH IST
UND EWIG

DEM LAUF MEINER SONNE FOLGEND
VOLLKOMMEN BEWUSST
TRETE ICH EIN IN DAS HAUS DER WIEDERGEBURT
WIE RE

MEIN ZWEITER
IST IN DAS NETZ DES EGO
GEFALLEN
ICH TEILE MIT IHM
MEINE GEWÄNDER
DES SIEGES UND DER GLÜCKSELIGKEIT
IN DEN FELDERN DES SCHICKSALS

ICH HEBE MEINE INTENTION
IN DAS HEILIGTUM
MEINER MEHEN

MIT MEINEM ZWEITEN TEILEND
DIE SCHÖNEN HÄUSER
HEBE ICH ALLE SPIELFIGUREN HOCH
DIE ICH IN MIR FINDE

WÄHREND MEIN ZWILLING HINTER MIR STEHT
TRAGE ICH UNSERE SPIELFIGUREN
IN DIE HÄUSER DIE ICH MÖCHTE

VON HAUS ZU HAUS GEHEND
WERDEN MIR DIE KRÄFTE
DIE IN IHNEN VERBORGEN SIND
OFFENBART

ICH KENNE IHRE NAMEN
UND IHRE BEDEUTUNGEN
NICHT UNWISSEND IST EIN SCHREIBER
(EIN KENNER DER HIEROGLYPHEN)
MIT LEICHTIGKEIT MACHT ER DIE BESTANDSAUFNAHME
SEINER SEELENKRÄFTE
(DER MANIFESTATION UND DER TRANSZENDENZ)

MEINE MEHEN MEIN ZEUGE
GIBT MIR SEELENNAHRUNG
IM HAUS DER SEELENNAHRUNG
UND KÜHLUNG
IM HAUS DER ERFRISCHUNG

MEINE SPIELFIGUREN HABEN ALLE
IHRE BLEIBENDEN PLÄTZE GEFUNDEN
IN IHREN SCHÖNEN HÄUSERN
ICH BIN MIT IHNEN
AN IHREN SCHÖNEN PLÄTZEN

MEINE FINGER HABEN ALLE SIEBEN SPIELFIGUREN
GEFÜHRT
WIE DIE BARKE DER WIEDERAUFERSTEHUNG
DIE VON WEPWAWET GEZOGEN WIRD
DEM ÖFFNER DES WEGES

AUFGESTELLT
SIND ALLE MEINE SPIELFIGUREN
IM HAUS DER SCHÖNHEIT
BIN ICH VOLLSTÄNDIG

ICH NEHME ALLE SPIELFIGUREN
UND WERFE SIE ZURÜCK
IN DIE WASSER DES LEBENS
UND DER TRANSFORMATION
MEIN ZWEITER
(MEIN KORPUSKULARES WESEN)
VERSCHWINDET MIT IHNEN

MEINE MEHEN SAGT ZU MIR
DIE WAHRHEIT FÜHRT DICH

MEIN HERZ BLEIBT
(IN FRIEDEN)

Die Häuser und ihre Bedeutung – kurz gesagt

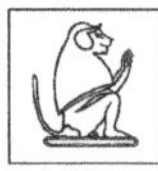

Thoth: spielen, um perfektes Gleichgewicht
und vollkommenen Gleichmut zu erlangen

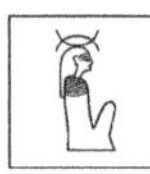

Neith: an die Energie appellieren,
die uns direkt in unser Ziel projizieren kann

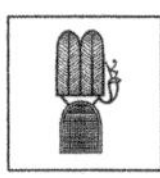

Das Herz des Osiris: den Ort des Entzückens
in allen Dingen bewohnen

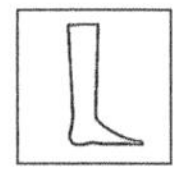

Ba: die Mutter Erde lieben –
mit unseren Füßen und unseren Wanderungen

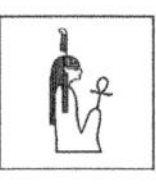

Maat: uns der sicheren Führung
unseres wahren Programms anvertrauen

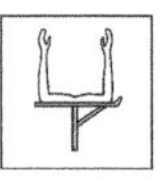

Ka: der Aspiration folgen, die unsere ursprüngliche kreative
Absicht mit unserem unendlichen Ziel verbindet

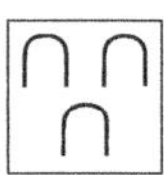

Die Dreißig: das Universum auf unsere eigene
Art und Weise sehen, wie es jeder Archetyp tut

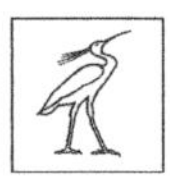

Benu: den Weg nach oben nehmen, den Weg zur Freiheit
jenseits von Leben und Tod

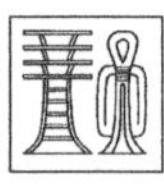

Djed Tet: sich selbst bauen wie eine Säule,
umarmt vom Gürtel der Ewigkeit

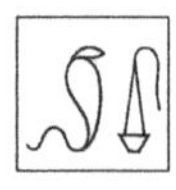

Buto: sein eigenes Licht werden

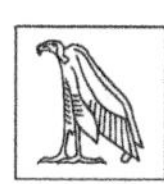

Mut: die Mutter von allem und das Kind von allem sein

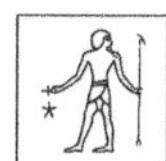

Orion: wie eine Sternenkonstellation Signale der Freude in das ganze Universum senden

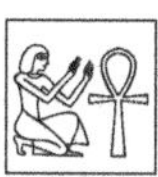

Leben: üben, in jedem Moment neu geboren zu werden

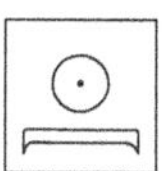

Sonne: am Tag und in der Nacht gleichermaßen strahlen

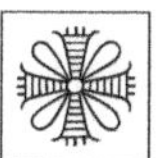

Wiedergeburt: an jeder Kreuzung sicher sein, welcher Weg zu nehmen ist

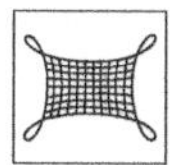

Netz: sein Leben wie einen Teppich weben und ihn zum Fliegen bringen

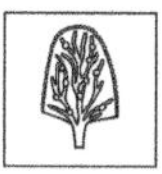

Baum: in allen Dimensionen des Seins wachsen

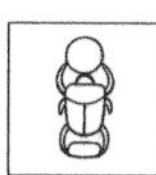

Kheper: sich transformieren, in was immer man sein möchte

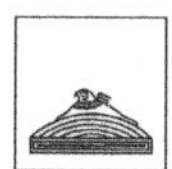

Sokar: seine schönsten Träume wahr werden lassen

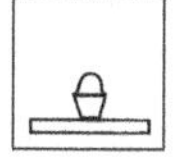

Brot: sich selbst domestizieren und ein zivilisiertes Wesen werden

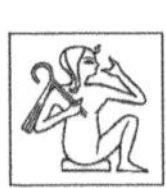

Kind: darauf vertrauen, dass alles,
was wir sein möchten, wirklich möglich ist

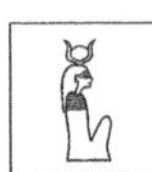

Hathor: das Haus der neuen Schöpfung sein

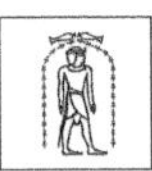

Erfrischung: sich erfrischen, segnen und erneuern

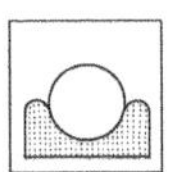

Horizont: unser Bewusstsein weiten,
so weit wir in Raum und Zeit gehen können

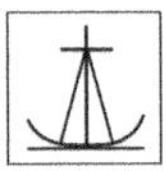

Schiff: von Leben zu Leben navigieren wie in einem Raumschiff,
mit all unseren Archetypen und Totemtieren

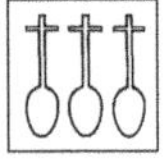

Schönheit: in Resonanz mit allem sein
und die Musik des Ganzen spielen

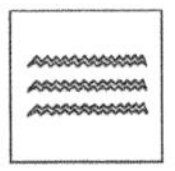

Wasser: sein eigener fundamentaler vibrierender Urgrund sein

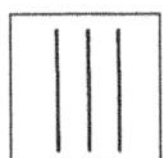

Drei: das Wunder und die Fülle, viele zu sein, erkennen

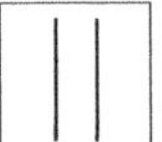

Zwei: seinen ewigen Zwilling und Geliebten in sich selbst finden

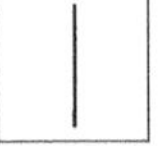

Eins: die Freude des Einsseins und des ewig neuen Beginnens sein

‚Erhebe dich ...
Gerechtfertigter,
steh auf
und komm hervor!
Verwirkliche all die Transformationen,
die du wünschest,
du lebest für immer!‘

Worte, gesprochen von Nut, dem Himmel,
als das glänzende Auge der Sonne;
Piankoff, *The Shrines of Tut-Ankh-Amon*, 59.

Anhang

Wir haben darauf verzichtet, die unvermeidlichen Deformationen
und den Aberglauben zu erwähnen,
die im alten Ägypten ebenfalls existierten.
Stattdessen haben wir uns mit seinen spirituellen Höhen
und deren Bedeutung befasst.
Wir sprechen über das *königliche* Ägypten und sein *königliches* Spiel.
Wir zeigen es in seinen Momenten
höchster Reinheit und Vollkommenheit,
in der Einfachheit der 30 +1 = das Ganze.

Wer sind die Bewohner der 30 Häuser?
Und was ist unser Selbst?
So wie die altägyptischen Könige und Königinnen
können auch wir unsere Vielheit
auf spielerische Weise kennenlernen,
uns ‚psychoanalysieren' und uns anschließend wieder
zur Einheit, zur Ganzheit einsammeln und zusammenbinden.

Das Senet-Spiel ist 5000 Jahre alt oder älter.
Unsere Neugestaltung davon
ist nicht eine Rückkehr in die Vergangenheit.
Sie ist die Weitergabe einer ewigen psychologischen Struktur
an das kommende psychologische Zeitalter,
so dass sich dieses darin spiegeln kann.

Bibliographie

Aldred, C. *Jewels of the Pharaohs*, Ballantine Books, New York 1978

Annales du Service des Antiquités de l'Égypte, Caire

Aurobindo, Sri. *Sri Aurobindo Birth Centenary Library* (SABCL), Sri Aurobindo Ashram Trust, Pondicherry 1972

Aurobindo, Sri. *Das Geheimnis des Veda*, Aquamarin Verlag, Grafing

Aurobindo, Sri. *Das Göttliche Leben*, Aquamarin Verlag, Grafing

Aurobindo, Sri. *Die Stunde Gottes*, Sri Aurobindo Ashram, Pondicherry 1991

Aurobindo, Sri. *Savitri,* Aquamarin Verlag, Grafing

Die Bibel, altes und neues Testament

Biedermann, Hans. *Bildsymbole der Vorzeit, Wege zur Sinndeutung der schriftlosen Kulturen,* Mit einem Essay von Barbara Frischmuth, Verlag für Sammler, Graz 1977

Bonnet, Hans. *Reallexikon der Ägyptischen Religionsgeschichte,* Walter de Gruyter, Berlin ^{2}1971

Bucher, Paul. *Les textes des tombes de Thoutmosis III et d'Aménophis II*, Mémoires publiés par les membres de l'Institut Français d'Archéologie Orientale du Caire 1932

Budge, E.A.Wallis, Sir. *An Egyptian Hieroglyphic Dictionary in Two Volumes*, Reprint of the 1920 ed. London, Dover Publications, New York 1978

Id. *An Egyptian Reading Book*, AMS, New York 1976

Id. *The Book of the Kings of Egypt*, Reprint of the 1908 ed. London, AMS Press, New York 1976

Id. *The Egyptian Book of the Dead,* Reprint of the 1895 ed. London; Dover Publications, New York 1967

Id. *The Gods of the Egyptians in Two Volumes,* Reprint of the 1904 ed. London; Dover Publications, New York 1978

Id. *Osiris and the Egyptian Resurrection,* Dover Publications, New York 1973

Dalal, A.S. *Sri Aurobindo and the Future Psychology,* (Supplement to *A Greater Psychology),* Puducherry 2007

Dalal, A.S. (Herausgeber), *A Greater Psychology: An Introduction to the Psychological Thought of Sri Aurobindo*, Tarcher, 2001

de Broglie, L. *Ondes et Mouvements*, Gauthier-Villars, Paris, 1926, reprinted by Éditions Jacques Gabay, 1988)

D'Espagnat, B. 'Théorie quantique et réalité', in: *Pour la Science* (édition française de Scientific American) No. 27, janvier 1980, pp. 72-87.

Denon, Vivant. *Planches du Voyage dans la Basse et la Haute Égypte pendant les campagnes du Général Bonaparte ;* Imprimerie de Didot l'Aîné, au Palais des Sciences et Arts, Paris 1802

Dondelinger, Edmund. *Der Jenseitsweg der Nofretari, Bilder aus dem Grab einer ägyptischen Königin,* Akademische Druck- und Verlagsanstalt, Graz ^{2}1977

Eggebrecht, Arne. *Das Alte Ägypten,* C. Bertelsmann Verlag GmbH, München 1984

Egyptian Museum Cairo, (Great Museums of the World), ed. C.L. Ragghianti, Text: S. Donadone Montreal; Newsweek & Arnoldo Mondadori Editore, ^{3}1977

Faulkner, Raymond O. *A Concise Dictionary of Middle Egyptian,* Griffith Institute, Oxford ^{3}1976

Id. *The Ancient Egyptian Pyramid Texts*, Oxford University Press, 1969

Gardiner, Sir Alan. *Egyptian Grammar,* Griffith Institute, Oxford ^{3}1978

Gebser, Jean. *Ursprung und Gegenwart* (Band 1 der Jean Gebser Reihe), Chronos Verlag, Zürich 2015

Gebser, Jean. *Vom spielenden Gelingen*, Vorträge, Essays und Schriften (Band 3 der Jean-Gebser-Reihe), Chronos Verlag, Zürich 2018

Gesenius, Wilhelm. *Hebräisches und Aramäisches Handwörterbuch über das Alte Testament*, unveränderter Neudruck von ^{17}1915, Springer-Verlag, Berlin / Göttingen / Heidelberg 1962

Goethe, Johann Wolfgang von. *Goethes Werke,* Aufbauverlag, Berliner Ausgabe, I, Berlin/ Weimar 1976

Gould, S.J. *Wonderful Life*, Hutchinson Radius, London 1990

Graves, Robert. *The Greek Myths*, Vol. I and II, George Braziller Inc., New York ^{2}1957

Griffiths, J. Gwyn. *Plutarch's De Iside et Osiride*, University of Wales Press 1970

Guillaumont, A. et al. *The Gospel according to Thomas,* Coptic text established and translated by A. Guillaumont, H. Ch. Puech, G. Quispel, W. Till and Yassah Abd al Massîh; E.J. Brill, Leiden 1959

Helck, W. und Otto, E. *Kleines Wörterbuch der Aegyptologie*, Otto Harrassowitz, Wiesbaden 1970

Hornung, E. *Das Amduat, die Schrift des verborgenen Raumes,* Harrassowitz, Wiesbaden 1963

Hornung, Erik. *Das Grab des Haremhab im Tal der Könige,* Francke Verlag, Bern 1971

Id. *Das Totenbuch der Ägypter,* Artemis Verlag, Zürich/ München 1979

Id. *Tal der Könige, Die Ruhestätte der Pharaonen,* Artemis Verlag, Zürich/München 1982

Husson, Constance. *L'Offrande du Miroir dans les Temples Égyptiens de l'Époque Gréco-romaine*, Institut V. Loret, Lyon 1977

Ions, Veronica. *Egyptian Mythology,* Paul Hamlyn, London/New York ^{3}1975

Jacq, Christian. *Le Voyage dans l'autre monde selon l'Égypte ancienne,* Épreuves et métamorphoses du mort d'après les Textes des Pyramides et les Textes des Sarcophages; Éditions du Rocher, Monaco 1986

Keimer, L. 'Histoires des Serpents dans l'Égypte ancienne et moderne', in: *Mémoires de l'Institut d'Égypte, Paris, 50*, 1947

Lacau, P. *Sarcophages antérieurs au Nouvel Empire*, Catalogue général des Antiquités égyptiennes du Musée Caire, Caire 1904-1906

Lanzone, R.V. *Dizionario di Mitologia Egizia,* I-III, Reprint of the 1881-84 ed.; John Benjamins B.V., Turin/ Amsterdam 1974

Lavier, Jacques. *Les Secrets du Yi king*, Editions Sand, 1984

Lurker, Manfred. *Götter und Symbole der alten Ägypter,* Scherz Verlag, Bern-München-Wien für Otto Wilhelm Barth Verlag, 1974

Medhananda. *Der Weg des Horus*, Bilder des inneren Weges im alten Ägypten, Aquamarin Verlag, Grafing 2016

Id. *Archetypen der Befreiung*, Psychodynamik im alten Ägypten, Aquamarin Verlag, Grafing 2017

Id. *Die Pyramiden und die Sphinx*, wie die alten Ägypter sie in ihren Hieroglyphen-Inschriften sahen, Aquamarin Verlag, Grafing 2018

Id. *Die Königliche Elle*, Selbstfindung im alten Ägypten, Aquamarin Verlag, Grafing 2020

Id. *The Garden of Man and other stories from ancient times*, Sri Mira Trust, Pondicherry 2006

Id, *Unsterbliche Weisheit*, Sri Mira Trust, Pondicherry 2009

Mémoires de l'Institut d'Égypte, 50, 1947

Michalowski, K. *L'Art de l'Ancienne Égypte,* Édition D'Art Lucien, Mazenod, Paris 1968

Naville, Édouard. *Textes relatifs au Mythe d'Horus recueillis dans le Temple d'Edfou,* LTR-Verlag, Wiesbaden 1982

Id. *Das Ägyptische Todtenbuch der XVIII. bis XX. Dynastie,* 2 Bände und Einleitungsband, Berlin 1886, Neudruck Graz 1971

Peck, W.H. and Ross, J.G. *Drawings from ancient Egypt,* Thames and Hudson, London 1978

Piankoff, Alexandre and Rambova, N. *The Tomb of Ramesses VI,* Text I and Plates II (Bollingen Series XL: 1), Pantheon Books, New York 1954

Id. *The Shrines of Tut-Ankh-Amon* (Bollingen Series XL: 2), Pantheon Books, New York 1955

Id. *Mythological Papyri,* Text I and Plates II (Bollingen Series XL: 3), Pantheon Books, New York 1957

Piankoff, Alexandre. *The Litany of Re* (Bollingen Series XL: 4) Pantheon Books, New York 1964

Id. *The Pyramid of Unas* (Bollingen Series XL: 5), Princeton University Press, Princeton 1968

Piankoff, Alexandre and Jacquet-Gordon, H. *The Wandering of the Soul* (Bollingen Series XL: 6), Princeton University Press, Princeton 1972

Pieper, M. *Das Brettspiel der alten Ägypter*, Weidmannsche Buchhandlung, Berlin 1909

Pieper, M. *‚Ein Text über das ägyptische Brettspiel'*, in: Zeitschrift für ägyptische Sprache und Altertumskunde 66, 1931

Pusch, E.B. *Das Senet-Brettspiel im Alten Ägypten*, Deutscher Kunstverlag, München/Berlin 1979

Ranke, H. *Das altägyptische Schlangenspiel,* Sitzungsberichte der Heidelberger Akademie der Wissenschaften, Heidelberg 1920

Roeder, G. *Die Ägyptische Götterwelt*, Artemis Verlag, Zürich/Stuttgart, 1959

Id. *Kulte, Orakel und Naturverehrung im alten Ägypten*, Artemis Verlag, Zürich/Stuttgart 1960

Id. *Mythen und Legenden um Ägyptische Gottheiten und Pharaonen*, Artemis Verlag, Zürich/Stuttgart 1960

Id. *Zauberei und Jenseitsglauben im alten Ägypten,* Artemis Verlag, Zürich/Stuttgart 1961

Rossiter, Evelyn. *Die Ägyptischen Totenbücher*, Productions Liber SA und Editions Minerva SA, Fribourg/Geneve 1979/1984

Tutanchamun Katalog, von Zabern, P., Verlag Philipp v. Zabern, Mainz 1980

Tyberg, Judith M. *The Language of the Gods, Sanskrit Keys to India's Wisdom,* East-West Cultural Center, Los Angeles 1970

von Beckerath, J. *Handbuch der ägyptischen Königsnamen*, Deutscher Kunstverlag, München/Berlin 1984

Weill, R. *Recherches sur la première dynastie et les temps prépharaoniques*, Institut Français d'Archéologie Orientale, T. XXXVIII, Le Caire 1961

Zwirn, H. *'Du quantique au classique'*, in: *Pour la Science*, édition française de Scientific American, décembre 1992

Die Autoren

Medhananda ist der spirituelle Sanskrit-Name den Mirra Alfassa (im Sri Aurobindo Ashram ‚Die Mutter' genannt) einem ihrer Schüler gegeben hat – dem in Deutschland geborenen Fritz Winkelstroeter (1908-1994), der seine Schulzeit in Pforzheim verbrachte und, neben Englisch und Französisch, schon früh Latein und Griechisch lernte. Trotz seines regen Interesses an den antiken Kulturen, ihren Symbolen und ihrer Spiritualität studierte er, wie sein Vater (ein wohlhabender Ingenieur und Industrieller) es wünschte, in München, Heidelberg und Paris Rechtswissenschaft. Während dieser Jahre hatte er das Glück, von dem hervorragenden Gelehrten Richard Wilhelm – der das ‚I Ging', das ‚Tao Te Ging' und viele andere antike Texte aus dem klassischen Chinesisch übersetzte – unterrichtet und in die chinesische Kultur und Denkart eingeführt zu werden.

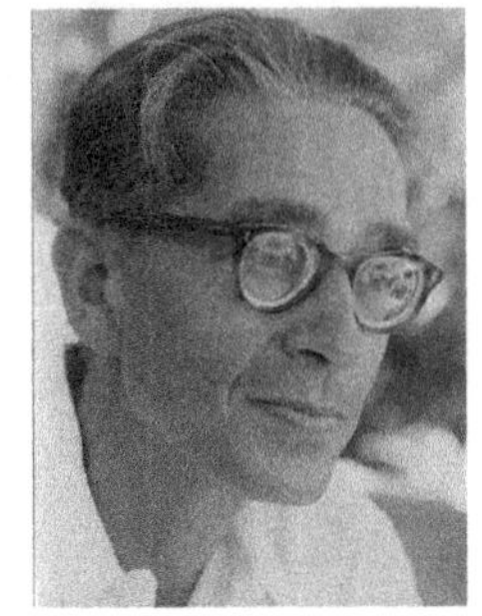

Obwohl Medhananda bereits eine vielversprechende Laufbahn als Jurist vor sich hatte, verließ er 1934 mit seiner französischen Frau Deutschland, um dem zunehmenden Nationalsozialismus zu entgehen. Sie wanderten nach Tahiti in Französisch-Polynesien aus, siedelten sich auf dessen Nachbarinsel Moorea an, wo sie 200 Hektar Urwald kauften, ein kleines Haus bauten und sich zum Anbau von Vanille und Kaffee als Farmer niederließen. Ihre drei Kinder wuchsen in dieser paradiesischen Umgebung auf.

In der unberührten Stille des dortigen Urwalds begann Medhananda, die verschiedenen Bewusstseinsstrukturen, die seinem Selbstgewahrsein zugänglich waren, zu erkunden.

Es bot sich ihm auch reichlich Gelegenheit, die vorchristliche Kultur, die uralte Gnosis Polynesiens zu erforschen und mit deren magisch-mythischen Symbolen in Berührung zu kommen. Während des zweiten Weltkrieges wurde er (ein Deutscher) nahe Tahiti als feindlicher Ausländer von Französisch-Polynesien fünf Jahre lang interniert.

Nach seiner Entlassung 1946 stieß er auf die Schriften des indischen Yogis, Dichters und Philosophen Sri Aurobindo. Tief beeindruckt davon, zog er 1952 nach Indien und lebte im Sri Aurobindo-Ashram in Pondicherry/Indien, wo ihm die Betreuung der Bibliothek übertragen wurde. Viele Jahre lehrte er vergleichende Religionsgeschichte am Sri Aurobindo International Centre of Education, wozu er bestens qualifiziert war durch sein lebenslanges Interesse und Studium der spirituellen Kulturen verschiedenster Kontinente und verschiedenster Zeitepochen. 1965 wurde er Herausgeber der Vierteljahreszeitschrift Equals One, für die er zahlreiche Beiträge verfasste.

1978 gründete er gemeinsam mit seiner langjährigen Mitarbeiterin Yvonne Artaud das Identity Research Institute in 605010 Pondicherry, Indien, ein Forschungsinstitut für fundamentale Psychologie.
Das eigentliche Lebenswerk galt nach langjährigen Studien und einigen Studienreisen der Erforschung der Bilder, Hieroglyphen und Symbole des alten Ägypten. So wie sein Lehrer Sri Aurobindo in den Aussagen der Veden (der altindischen spirituellen Texte) eine psychologische Symbolsprache entdeckte, die tiefes inneres Wissen enthält (siehe dazu: Sri Aurobindo, *Das Geheimnis des Veda*), entdeckte Medhananda in den alten ägyptischen Hieroglyphentexten und Bildern – mit dem gleichen psychologischen Ansatz und Schlüssel – Botschaften der Selbsterkenntnis.

Anmerkung:
Obwohl seine Muttersprache deutsch war, hat Medhananda seine Erkenntnisse, Erfahrungen, Geschichten, ägyptischen Bild-Interpretationen etc. in englischer Sprache geschrieben. Seine Werke werden zurzeit ins Deutsche, Französische und Spanische übersetzt.

Yvonne Artaud

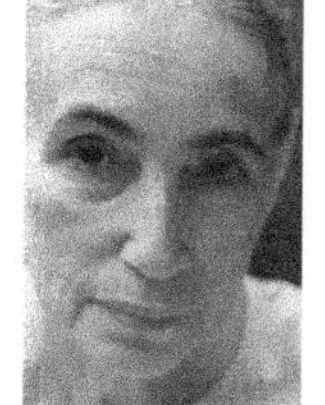

1924 – 2009, in Lyon, Frankreich geboren, arbeitete als Zahnärztin für Kinder in Paris, bevor sie 1952 dem Sri Aurobindo Ashram in Pondicherry/Südindien beitrat. Ihre Aspiration war es, durch den integralen Yoga Sri Aurobindos ihr Bewusstsein zu vertiefen, zu intensivieren.
Sie unterrichtete in der Ashram Schule, dem Sri Aurobindo International Centre of Education, und wirkte als vielfältige Künstlerin: Sie malte, schrieb Gedichte und Bühnenstücke.
Von 1963 an befasste sie sich intensiv mit der Psychologie und der Bewusstseinsentwicklung von Vorschulkindern und auch derjenigen der Primaten Südindiens. Als Partnerin Medhanandas und Co-Autorin der Zeitschrift Equals One verfasste sie zahlreiche Artikel zum Thema Kinder-Früherziehung (auch vorgeburtliche Erziehung) und Tierpsychologie.
In den 70-iger Jahren gründete sie, zusammen mit Medhananda, die Equals One Schule in Pondicherry, welche damals auch von Auroville-Kindern besucht wurde. Dazu kreierte Y. Artaud vielfältige Materialen, Erziehungs- und Bewusstseinsspiele – darunter auch die Aurograms, Symbolkarten zur Förderung der Ausdrucksmöglichkeiten des Kindes, das auf diese Weise sein Innerstes und seine Sicht der Welt spielerisch mitteilen konnte. Auch mit dem Sandspiel, bei dem zahlreiche Figuren, Götter, Archetypen aus allen Kulturen auf Regalen zur Verfügung standen, konnten die Kinder sich täglich ausdrücken und mit ihren tieferen, seelischen

Wesensaspekten in Kontakt kommen. Die Kommunikation mit Symbolen wurde an der Equals One Schule genauso gepflegt wie die verbale, analytisch orientierte Kommunikation: beide wurden als gleichwertige Äußerungsformen angesehen und gefördert, was sehr positive, harmonisierende Auswirkungen auf die Entwicklung der Kinder zeigte.

Mira Alfassa (im Sri Aurobindo Ashram ‚Die Mutter' genannt) betraute Y. Artaud 1972 mit der Aufgabe, für die Kinder Aurovilles eine neue Erziehung – im neuen, integralen Bewusstsein – zu begründen. Die weiteren Symbol- und Bewusstseinsspiele, die Y. Artaud in diesem Zusammenhang schuf, z. B. *Der Weg des Helden Herakles* oder *Das große Haus* erwiesen sich in der Praxis als große Hilfe für die Förderung einer holistischen Entfaltung und Entwicklung des Kindes.

Von 1978 an lebten Y. Artaud und Medhananda mit vielen Tieren, vor allem südindischen Affen, im großen Garten des Identity Research Instituts in Reddiarpalayam (einem Vorort von Pondicherry) und schrieben ihre vielfältigen Erkenntnisse über die alten ägyptischen Symbole – inspiriert durch Sri Aurobindos Bewusstsein und seine Einsichten in die altindische vedische Kultur – in fünf Büchern nieder.

Weitere Bücher von Medhananda

Der Weg des Horus
Bilder des inneren Weges im alten Ägypten

Archetypen der Befreiung
Psychodynamik im alten Ägypten

Die Pyramiden und die Sphinx
Wie die alten Ägypter sie in ihren Hieroglyphen-Inschriften sahen

Die Königliche Elle
Selbstfindung im alten Ägypten

Unsterbliche Weisheit
aus alten Zeiten in Mythen, Märchen, ägyptischen Bildern
und im Thomasevangelium

With Medhananda on the Shores of Infinity*

On the Threshold of a New Consciousness with Medhananda*

The Eternity Game*

Der Goldene Ball
Ein Meditationsspiel (mit 64 Karten)

The Garden of Man

Guardians of Oneness

The Way out is Up

Märcheninterpretationen
von Medhananda, Band 1 und Band 2

*Übersetzungen ins Deutsche, Französische und Spanische in Vorbereitung

Siehe auch: www.medhananda.com
www.liberating-symbols-publishing.com

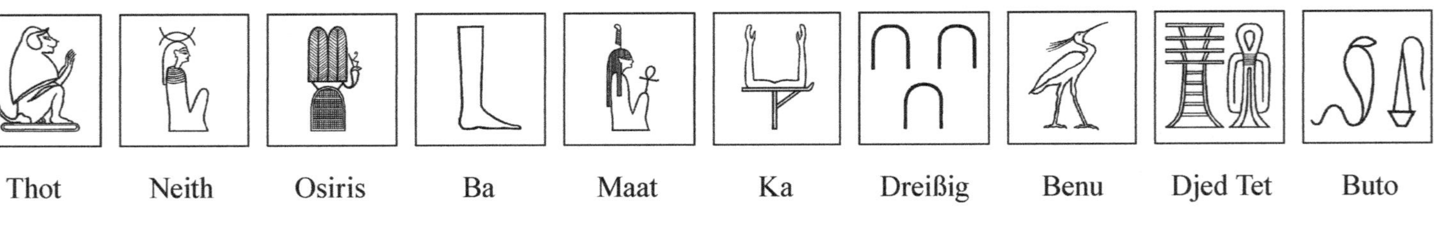
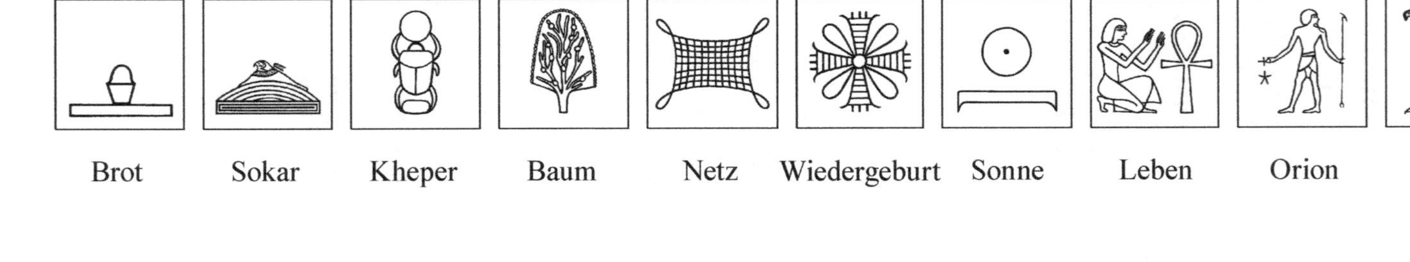
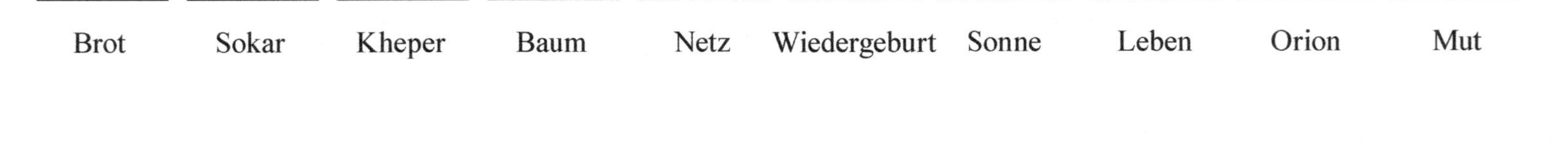
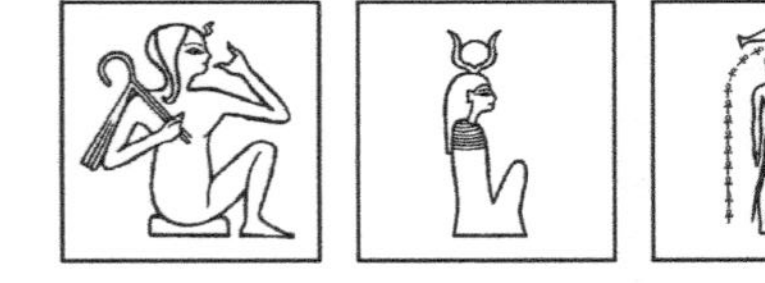
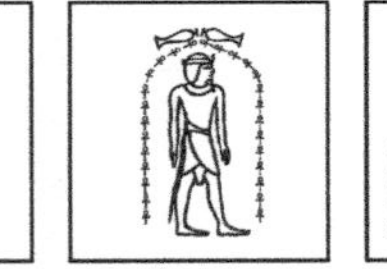
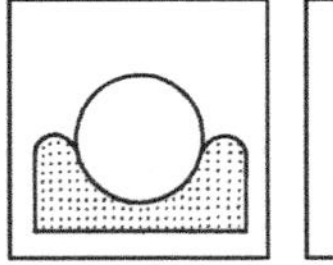
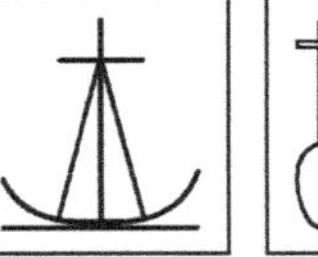
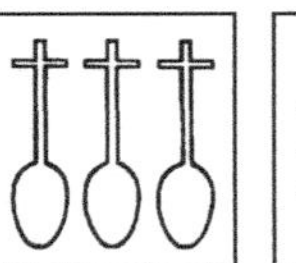
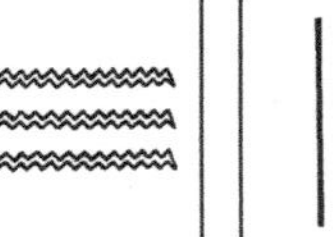
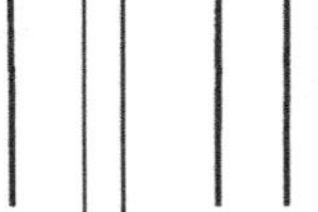
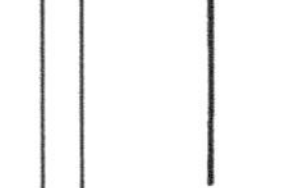
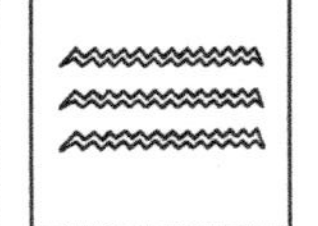
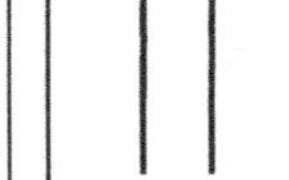
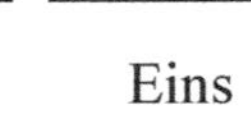

Thot	Neith	Osiris	Ba	Maat	Ka	Dreißig	Benu	Djed Tet	Buto
Brot	Sokar	Kheper	Baum	Netz	Wiedergeburt	Sonne	Leben	Orion	Mut
Kind	Hathor	Erfrischung	Horizont	Schiff	Schönheit	Wasser	Drei	Zwei	Eins

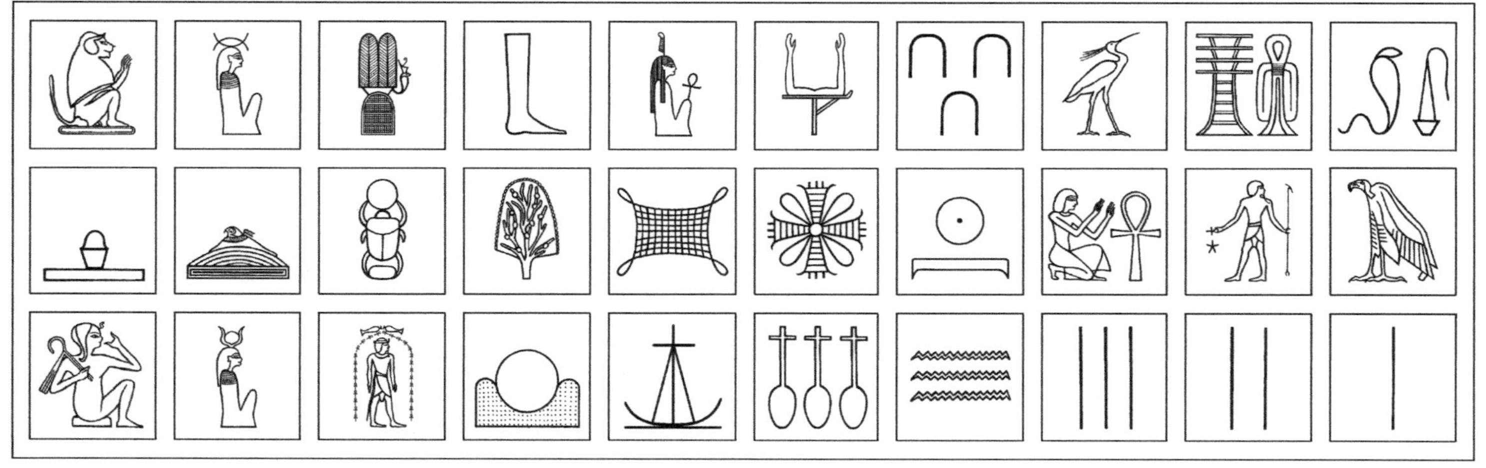

Zu dieser Anordnung der Symbole auf dem Senet-Spielbrett
siehe S. 100-105 und S. 332